Language Arts

Process, Product, and Assessment
for Diverse Classrooms

Pamela J. Farris　Donna E. Werderich

ランゲージアーツ

学校・教科・生徒をつなぐ6つの言語技術

パメラ・J・ファリス｜ドナ・E・ウェルデリッヒ

高橋邦年 監訳　　渡辺雅仁｜田島祐規子｜満尾貞行 訳

玉川大学出版部

To Dick and Kurtis
who provide encouragement, support, patience, and love
—Pamela J. Farris

To my husband Bob and my son Sam,
because it is in them that my strength lies
—Donna E. Werderich

Photo Credits
Chapter openers: pp. 2, 98, 150, 270 Courtesy of Northern Illinois University; p. 42 © Bob Daemmrich / The Image Works; p. 216 Courtesy of Rockford *Register Star*; p. 302 Pamela J. Farris
Hornbook: p. 9 Courtesy of Northern Illinois University
Story quilt: p. 311 Courtesy of Randall Elementary School, Madison, Wisconsin

Copyright © 2011, 2005 by Pamela J. Farris
The English edition of this book is published by Waveland Press, Inc.
4180 IL Route 83, Suite 101, Long Grove, Illinois 60047
United States of America

Japanese translation rights arranged with Waveland Press, Inc.
through Japan UNI Agency, Inc., Tokyo

目 次

原著者はしがき　vii
原著謝辞　xi
訳者まえがき　xiii

第1章　ランゲージアーツを教える　3
本章の目標　5
はじめに　5
ランゲージアーツの発達　6
最近接発達領域　7
ランゲージアーツの歴史的発達　9
21世紀のランゲージアーツ：多面的モダリティ　14
ランゲージアーツとは何か？　14
ことばを上手に使える生徒とは？　28
学際的指導　28
生徒のアセスメント　29
本章で学んだこと　35

第2章　ライティング：多次元的プロセス　43
本章の目標　44
はじめに　44
ライティング・プロセス　46
ライティングに関して考慮すべき事柄　55
上手なライティングの特徴　57
ライティング・ワークショップ　65
ミニレッスン　67
ライティング活動における教師の役割　68
共有式ライティング　72
誘導式ライティング　72
インデペンデント・ライティング　73
生徒とのカンファレンス　73
ライティングを苦手とする生徒への対応　79
生徒のライティングの評価　80
本章で学んだこと　90

第3章　ライティング：物語，詩，説明，説得　　99
　　本章の目標　100
　　はじめに　100
　　リーディングとライティングの結び付き　101
　　物語文のライティング　103
　　対話文　106
　　ジャーナル　107
　　手紙，Eメール，携帯メール　109
　　詩　114
　　情報文と解説文のライティング　125
　　説得文のライティング　140
　　本章で学んだこと　143

第4章　リーディングの指導方法：文章と読み手のインタラクション　　151
　　本章の目標　152
　　はじめに　152
　　プロフェッショナルとしての教師　154
　　教室環境と日常の指導を組織化する　155
　　動機付けとリーディング　156
　　リーディングの指導方法　156
　　「バランスを重視するリテラシー・プログラム」における
　　　リーディング　159
　　共有式リーディングとシンク・アラウド　160
　　誘導式リーディング　161
　　自分で選ぶインデペンデント・リーディング　162
　　文学の学習　164
　　リーディング・ワークショップ　165
　　読み手の反応：リーディングの交互作用理論からの視点　167
　　情報収集読みと耽美読み　168
　　ベイサル・リーディング・プログラム　169
　　グラフィック・オーガナイザー　170
　　教師をモデルにする：シンク・アラウド　173
　　指示を与えない指導（構成主義）　175
　　読解　177
　　小中学生のリーディングに対する指導上のストラテジー　186
　　内容教科と解説文のリーディング　191
　　リーディングのアセスメント　198
　　本章で学んだこと　204

第5章　スピーキング：考えていることを声に出して話す　　217
　　本章の目標　218
　　はじめに　218
　　話しことばの大切さ　218

ことばの使われる状況　220
　　　人と会話をするスキル　222
　　　イントネーション　224
　　　小グループ活動として行う討論　225
　　　詩や散文をオーラル・インタープリテーションする　233
　　　創造的な劇活動としての演劇　250
　　　メディアとテクノロジーを用いた創造的な劇活動　261
　　　本章で学んだこと　262

第6章　リスニング：受容的スキル　　　　　　　　　　　　　　　　　271
　　　本章の目標　272
　　　はじめに　272
　　　リスニングを効果的に行うためのポイント　274
　　　リスニング活動を分類する　277
　　　リスニング活動の準備　283
　　　リスニング・ストラテジーを育てるガイドライン　285
　　　さまざまな指導方法　287
　　　本章で学んだこと　296

第7章　ビューイングとビジュアル・プレゼンテーション：
　　　多面的モダリティとランゲージアーツ　　　　　　　　　　　　　303
　　　本章の目標　304
　　　はじめに　304
　　　ビューイング　305
　　　コンセプト・ミューラリング　306
　　　ビジュアル・プレゼンテーション　310
　　　グラフィック・ノベル　318
　　　ビジュアル・リテラシー　318
　　　アセスメント　320
　　　本章で学んだこと　322

　　　英・和キーワード対照リスト　325
　　　索引　333

原著者はしがき

　「教える」ということはじつに骨の折れる仕事です。学びたいと真剣に願い，生徒を掛け値なしに気づかえるのが，すぐれた教師の証です。生徒に，生徒を「輝かせて伸ばす（a glow and a grow）」ことばをかけます。生徒一人ひとりに，リテラシーが少しずつ向上するようなアドバイスを与え，上手にできたら十分ほめてあげます。生徒はすべて，力を尽くしランゲージアーツ（言語技術）において成果を挙げることが期待されています。リテラシー教育研究をリードした，亡き Michael Pressley とその同僚によれば「すぐれた教師は，たとえ相当なキャリアを積んでいても，『まだまだわからないことがあるし，もっと学びたい』と考えています。一方，そうではない教師は，『すでにすぐれた教師となっているし，教えることは十分学んだ』と考えています。」(2007, pp. 22-23)

　つまり，模範となりうるすぐれた教師は，たとえ自腹を切ってでも専門書を購入し，教師のための研修会や学会に参加します。もともと多いとは言えない給与から必要最低限の生活費を支払うと，勤務している学校からは支給されない，教室の読書コーナーを充実させたり，教材を購入したりする，少額とは言えない経費をさまざまに工夫して捻出します。州や国全体が求める水準に到達して超えられるよう生徒を指導しつつ，夜なべして，生徒がわくわくするような教案を作ります。このようにつねに困難にチャレンジし続けるのがすぐれた教師です。生徒の学習を助ける世話役や生徒を正しい方向へと導く案内役として，すぐれたリテラシー教育を行う教師の教室では，どの生徒も楽しそうに集中して関連するさまざまなランゲージアーツ活動に取り組んでいます。自発的な動機付けにより，生徒はみずから新しい知識を身に付けようとします。そこには Kathy Jongsma (2002, p. 62) が次のように語る状況がたしかに成立しています。「いいですか。忘れないでください。今年度の私たちの目標は，指導を通じて生徒が楽しみながらリテラシーを身に付け『楽しい，やってよかった』と思える体験を与えることです。しかも，その体験は私たち教師の多くが学習と結び付いていると考えられるものでなくてはなりません。」

基本方針

　本書 *Language Arts: Process, Product, and Assessment for Diverse Classrooms*, 5th edition は 6 つのランゲージアーツ，すなわち，リーディング，ライティング，リスニング，スピーキング，ビューイング，ビジュアル・プレゼンテーションについて概観するものです。メインの料理の基本である「肉とじゃがいも」は，自分の好きなように選んだ，食べずにはいられない

デザートがあってすばらしいものとなります。同じように，ランゲージアーツは，生徒がみずからを取り巻く世界について，リーディング，ライティング，リスニング，スピーキング，ビューイング，ビジュアル・プレゼンテーションしたくなるような，生徒自身が自由に選んだアイデアがあってすばらしいものとなります。本書はその第1版から現在の第5版まで，低めの価格を設定しつつも，ランゲージアーツの理論と方法について，現場の教員から得た実際のエピソードを盛り込みながら魅力的に解説しています。このような経緯から，読者であるみなさんは，非協力的な生徒があらかじめ排除されたなかで「模範的」な教室での指導を録画したDVDや，試験問題を準備したり，教案を作成したりする際に役に立つ活動をさまざまに用意したウェブサイトのような内容を本書に期待してはいけません。本書は，リテラシー教育において，広く認知されている，理論，研究，すぐれた実践について解説できるよう，慎重に骨格となる項目を設定し，それぞれを明確に，わかりやすく提示しています。本書では，指導案作成の際のアイデア，テクノロジーの用い方，教師や担当する生徒に関連して，インターネットを用いて情報を探す方法なども含められています。また，本書では，カリキュラム上の複数の教科から，学習項目や学習目的を設定する学際的指導を強く奨励していて，本書全般を通じてさまざまな学習活動の例が示されています。すぐれた教師はバラエティ豊かな指導上のストラテジーを持っています。本書では，現在の学校に在籍する多様な生徒に応えられるような，ランゲージアーツの指導上のさまざまなストラテジーを解説します。

全体の構成

「アセスメントがカリキュラムを大きく動かす」と言われています。アセスメントは評価の標準化の流れの中で中心的なテーマです。アセスメントと評価はランゲージアーツ指導においても重要な役割を果たしており，本書のすべての章において解説と討論が行われています。読者が生徒のリテラシー活動の基盤をどう作るべきか理解できるよう，冒頭の章で，生徒がランゲージアーツにどのように取り組んでいるかを全般的に解説し，その後の章で，個々のランゲージアーツについて具体的に解説します。

トピック

本書は包括的なランゲージアーツの解説書です。それぞれの章の冒頭には，「教室をのぞいてみましょう」として，この21世紀に，小学生や中学生を教える現場教師が実際の教室で，喜び，満足し，苦闘し，葛藤する姿が描かれています。章末には，読者がランゲージアーツの指導法について主体的に理解し実践できるよう，「答えられますか？」という理解確認と，「振り返りをしましょう」という振り返りのための質問を用意しました。

「本章の目標」は，CAN-DOリストの形で構成され，章中の注目すべき項目が何であるかについて，読者の理解を助けます。6つのランゲージアーツは，読者が理解しやすいよう，わかりやすく，簡潔に説明してあります。指導理論の応用，授業活動，最新テクノロジーの使用法などに関する，教育現場からのレポートも本書のいたるところに配置しています。

第5版の共著者であるDonna E. Werderichは，Pamela J. Farrisが指

導した博士課程の大学院生の一人で，幼稚園と中学校での指導キャリアがあります。私たちは，リテラシー教育のすぐれた実践が紹介できるよう，チームとして協力を重ねてきました。第5版は，これまでになく多くのリテラシー教育に関する話題を，より掘り下げて提供できるよう改訂しました。教員志望の学生や現場の教員からの要請にも応えつつ，指導上のヒントやミニレッスンなども配置しています。具体的には，以下のことがらが含まれています。

- リーディング，ライティング，リスニング，スピーキング，ビューイング，ビジュアル・プレゼンテーションに関連した，発達段階に応じた多様な授業活動
- 指導に関する最新かつ詳細な情報の要約とともに，指導上のヒントとミニレッスンをまとめた囲み記事
- 章中において注目すべきトピックの理解を助ける「本章の目標」
- チェックリスト，ルーブリック，ポートフォリオなどのさまざまなアセスメント方法
- 多文化理解を扱っている書籍とともに，多数の小説や情報提供系の書籍を含む，現在入手可能な児童向け書籍のリスト
- リテラシー教育に関連する，発達段階に応じた学際的な授業活動や学習ユニット
- 学習の多面的モダリティに注目した，ビューイングとビジュアル・プレゼンテーションに関する新たな章
- 読者が，年齢や能力の異なる生徒からどの程度まで期待してよいかを考える際に役立つ，数多くの生徒作品の実例

こうした項目は，本書の内容を豊かにし，本書をランゲージアーツに関する包括的な参考資料であるとともに，価値の高い指導上のツール（道具）としての利用も可能にするために，第5版に新たに導入されたものの一例にしかすぎません。

「本書を通じて，読者がリテラシー教育に関して新たな洞察やアイデアを身に付け，それぞれの教室に持ち帰り生徒の目を輝かせてほしい」というのが，私たちの願いです。本書の執筆のために投入された時間と努力のすべては，この願いが実現することで報われます。

私たちは今後もリテラシー教育の分野における，ほかの研究者の論文を読み続けていきます。教師のための研修会や学会には，地域，州，全米，世界といったレベルを問わず，参加し続けます。当然のことですが，今日の生徒の状況を把握するため，実際の教室も訪問します。著者として，よりすぐれたリテラシー教育の実践活動を読者に紹介できるよう，こまめに活動を掘り起こし，有効性を判断しなければならないからです。

私たちが「教える」のは楽しいからです。私たちがもっとも上手にできることは「教える」ことです。とりわけ，私たちが大好きなことも「教える」ことです。教室において，生徒のぼんやりとした知識の明かりが炎として燃え上がるのを見る時，「教える」ことは鳥肌が立つような体験となります。こうした体験が日々，毎年のように繰り返されます。これ以上にすばらしい職業があるでしょうか。

Pamela J. Farris
Illinois State University
Donna E. Werderich
Northern Illinois University

参考文献

Jongsma, K. (2002). Instructional materials: Good beginnings! *The Reading Teacher*, 56 (1), 62-65.

Pressley, M., Mohan, L., Fingeret, L., Reffitt, K., and Raphael-Bogaert, L. (2007). Writing instruction in engaging and effective settings. In S. Graham, C. A. MacArthur, and J. Fitzgerald (Eds.), *Best Practices in Writing Instruction* (pp. 13-27). New York: Guilford.

著者について

パメラ・J・ファリス博士（Dr. Pamela J. Farris）はイリノイ大学で，幅広いトピックを「あれもこれも」と著作活動を行いつつ，リテラシー指導法を学部や大学院生に講義するという多忙な日々を送られています。ファリス博士は，2012 年に，国際読書学会（IRA, International Reading Association）より，大学教授としての児童文学に関するすぐれた業績を称える「アーバスノット*賞」を受賞されました。インディアナ州では小学校教員としてタイトル・ワン・リーディングプログラムと呼ばれる識字率を高める全米的な教育プロジェクトを監督。その後，北イリノイ大学において，教育担当上級教授として学校・大学間連携プログラムのコーディネーターを担当されました。これまで，*Language Arts*, *The Reading Teacher*, *Journal of Reading*（現在は *JAAL*），*The Middle School Journal* などの学術雑誌に 190 本以上の論文を精力的に発表されてきました。*Elementary and Middle School Social Studies: An Interdisciplinary and Multicultural Approach*（第 5 版，2007），*A Balanced Approach for Today's Classrooms*（Carol Fuhler 氏および Maria Walther 氏との共著，2004）といった学術書に加えて，児童や青少年向けの著書もお持ちです。講演のおもしろさには定評があり，博士ならではの体験や知識を，北アメリカ，ヨーロッパ，オーストラリア全域にわたり講演されています。博士とそのご家族はアリゾナとイリノイにお住まいをお持ちです。自由な時間には，読書，執筆活動，ガーデニング，旅行などを楽しまれています。

ドナ・E・ウェルデリッヒ博士（Dr. Donna E. Werderich）は北イリノイ大学においてランゲージアーツ教育担当の准教授です。大学に勤務される以前は，イリノイ州の幼稚園と中学校において，ランゲージアーツを指導されていました。青少年のリテラシーに関連して，*Middle Grades Research Journal*, *Middle School Journal*, *Journal of Adolescent and Adult Literacy*, *Reading Teacher* などの学術雑誌に論文を発表され，州全体や全米を規模とした学会において頻繁にご講演されています。ガーデニング，料理，大学アメリカンフットボール観戦，居間や寝室での読書といった趣味をお持ちです。

* Mary Hill Arbuthnot (1884-1969). 教育者として児童文学の重要性を主張し啓蒙活動を行った。

原著謝辞

　本書の執筆において，著者である私たちは，都市部，都市近郊部，農村部といった地域を問わず，さまざまな小学校，中学校において，観察と授業を実践してきました。同時に，多数のエネルギーに満ちた生徒を相手に，リテラシーを現場で指導している，幼稚園から中学2年生までの優秀で模範的な教師の持つスキルをさまざまに精査してきました。実際，ある小学校4年生は，著者の一人である Pamela による，ライティングの授業に感銘を受け，米国のトークショーの司会者として有名な Oprah Winfrey* よりも「Pamela 先生が来てくれてよかった」と感想を話してくれました。これ以上の賛辞はありません。

　私たちは，英語を母国語としない英語学習者（English Language Learner, ELL）や特別な支援を必要とする生徒も含む，じつに多種多様な生徒を抱えるさまざまな学校において，指導方法論の授業を現場で展開しています。この授業は，現場教師のスキルの高度化を目指す，職能開発学校（Professional Development School, PDS）向けに開発されたものです。この授業のおかげで，私たちは教師が指導の際に直面するさまざまな問題をより身近に感じることができます。私たちは，時代に即した研究活動を行い，成果を教師や同僚の研究者の参考となるように論文としてまとめ，主要な出版社を通じて発表し続けています。私たちが出会った多くの教師が，ランゲージアーツを指導する際の問題点や成功事例について討論する，放課後や土曜日の午前中に行われるミーティングにおいて，アイデア，関心事，問題，提案などを，惜しみなく私たちに提供してくれました。この場から，数えきれないほどの，子どもたちの作った，ストーリー，レポート，本，詩などについて学びました。本書執筆に協力していただいた教師とその生徒たちに心よりお礼申し上げます。同じように，私たちは，同僚はもちろん，担当している学部生や大学院生からも有益な示唆をいただきました。新しい考え方や学び方は，尽きることなく見つかり続けています。

　学会や会議における，リテラシー教育の専門家と討論した話題と同様に，長年にわたって続いてきた，同僚との意見交換や何気ない会話が，本書の執筆を支えてきました。関連する方々，一人ひとりにお礼申し上げます。

　出版社 Waveland Press の諸氏にも深く感謝いたします。編集者 Jeni Ogilvie 氏をはじめ，Deborah Underwood 氏，Katy Murphy 氏らは，支援をいただくのとともにさまざまな相談にものってくださいました。今回の第5版がここまで展開できたのは，激励と裁量の自由をいただいた Neil Rowe 氏と Carol Rowe 氏のおかげです。Kurtis Fluck 氏からは各章の関連資料作成のご協力をいただきました。

* 第6章 p. 273 参照。

訳者まえがき

　ランゲージアーツ（言語技術）とは，社会生活の手段として，現実的に言語を使用するさまざまなスキルを意味します。欧米では，批判的に話を聞き，本を読み，自分の意見を文章にまとめ，わかりやすくプレゼンテーションを行い，多様な可能性の中から最善のものをグループワークや討論を通じて選択する，といったことばのスキルの学習と実践が小学校の早い段階から積み重ねられます。そこでは，単一の正解への収斂を求めず，生徒間のみならず，生徒と教師間においてもそれぞれの意見を批判的に考察することが認められています。そこに一貫して流れるのは，学習者中心主義に裏打ちされた，ことばの技術は学校，教科，生徒を学際的に連携させる，という教育思想です。教師による一方的な講義により，マークカードを用いた試験に対応した正解を求める日本式の「国語」とは大きく異なっています。

　近年，日本の教育界において，ランゲージアーツ（言語技術）教育の重要性に関する提言が増えてきました。平成20年6月に文部科学省より刊行された『小学校学習指導要領解説 総則編』において，改訂の基本方針の1つに，「② 知識・技能の習得と思考力・判断力・表現力等の育成のバランスを重視すること。」という項目があります。この中で，「確かな学力を育成するためには，基礎的・基本的な知識・技能を確実に習得させること，これらを活用して課題を解決するために必要な思考力，判断力，表現力その他の能力をはぐくむことの双方が重要」であり，「その基盤となるのは言語に関する能力であり，国語科のみならず，各教科等においてその育成を重視している」と記されています（p. 4）。しかもこの記述は，小学校のみならず，中学校，高等学校の学習指導要領 総則編においてほぼそのままの形で登場します。ことばの実践的なことばのスキルの養成は，すでに日本においても，教科や教育機関の枠組みを超えた現実的な課題となっています。

　本書は Pamela J. F. and Donna E. W. (2011). *Language Arts: Process, Product, and Assessment for Diverse Classrooms*, 5th edition. Long Grove, Illinois: Waveland Press, Inc. の日本語翻訳版です。翻訳の元となった原著は，総ページ数 xvv+524，全13章から構成される包括的なランゲージアーツ（言語技術）教育に関する書籍です。「第5版」という版数が示すように，米国の教育関係者にとっては長く「定番」として評価されてきました。目に浮かんでくるかのような教育現場における具体的な指導の記述と，学術的評価の高い先行文献を広くかつ深く理解している著者ならではの論理的な裏付けの双方を惜しみなく提供しています。

　原著の「はしがき」において，著者はランゲージアーツを，リスニング，スピーキング，リーディング，ライティング，ビューイング，ビジュアル・

プレゼンテーションという6つのスキルから構成される，と定義しています。本書は，欧米におけるランゲージアーツ教育の実態が明らかとなるよう，原著より，この6つのスキルに関連した章を選択して翻訳したものです。原著と本書との対応は以下のようになります。

	原著		本書
第1章	Teaching the Language Arts	第1章	ランゲージアーツを教える
第5章	Writing: A Multidimensional Process	第2章	ライティング：多次元的プロセス
第6章	Writing: Narrative, Poetry, Expository, and Persuasive	第3章	ライティング：物語，詩，説明，説得
第7章	Reading Approaches: Interaction between Text and Reader	第4章	リーディングの指導方法：文章と読み手のインタラクション
第10章	Speaking: The Oral Expression of Thoughts	第5章	スピーキング：考えていることを声に出して話す
第11章	Listening: A Receptive Skill	第6章	リスニング：受容的スキル
第12章	Viewing and Visually Representing: Multimodalities and the Language Arts	第7章	ビューイングとビジュアル・プレゼンテーション：多面的モダリティとランゲージアーツ

　本書では翻訳できなかった原著の章の中にも，教育的な知見にあふれる豊かな情報が記されていますので，ぜひ，この機会に原著を参照してみてください。

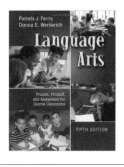

Pamela J. F. and Donna E. W. (2011).
Language Arts: Process, Product, and Assessment for Diverse Classrooms, 5th edition.
Long Grove, Illinois: Waveland Press, Inc.

　原著は米国の小学校や中学校に関連したランゲージアーツ活動を解説したものですが，日本における「国語」に限定されることなく，小学校から大学までのいずれの学校教育機関の教師にとって，示唆のあふれるものとなっています。これは，リスニング，スピーキング，リーディング，ライティング，ビューイング，ビジュアル・プレゼンテーションというランゲージアーツの6つのスキルが，教科や学校形態に関係なく求められることを考えれば，当然のことと言えます。なかでも，英語からの翻訳書であることから，小学校から大学までの英語学習活動には，たいへん有益なヒントが含まれて

います。

　編集を担当された木田賀夫氏（K's counter），ならびに，玉川大学出版部の森貴志氏は，本書の企画，翻訳権の取得，翻訳原稿に対する助言を，編集サイドから，あたたかく，辛抱強く行ってくださいました。また，原著者の一人，Farris博士からは，ご多忙中にもかかわらず，当方からの質問や要請に迅速にご回答いただきました。最後となりますが，厚くお礼申し上げます。

監訳者・訳者一同

ランゲージアーツ
学校・教科・生徒をつなぐ 6 つの言語技術

第 1 章

ランゲージアーツを教える

新しいことを子どもに教えるには，どうしたらよいのでしょう？　実際にやって見せるのが一番です。気の利いた教師なら誰でもそう考えます。リーディングの際にとるべき行動のモデルを示す場合であれ，自分の頭の中でどう考えたらよいかを声に出して示す場合であれ，パートナーと共同作業をするとどのように見えたり聞こえたりするかを示す場合であれ，実際に活動としてやって見せるほうが，ことばで示すよりも確実によくわかります。われわれ教師は，教える時であれ，学びを進める時であれ，われわれの持つ熱い思い入れを行動で示します。われわれがどう考え，われわれがどのような人間なのか，学習者に何を望んでいるかを，しっかりと教師間で共有します。　　　〔Debbie Miller, *Teaching with Intention*（2008）より〕

教室をのぞいてみましょう：小学校 4 年生

　小学校の正門が朝 8 時 15 分に開き，また新しい学習の 1 日が始まります。Kim McNamara 先生が担当する 4 年生はドタバタと教室に駆け込んできます。2 名の女子生徒に手伝ってもらい，McNamara 先生は到着したばかりのペーパーバックの図書の梱包を開けていきます。ほかの生徒たちはすばやく上着とカバンをフックに掛けると，先生が教室の後方に用意した学習活動テーブルの 1 つへと向かいます。どのようなテーブルがあるのでしょうか？　パロディを作るライティング用のテーブル，ユーモア小説や笑い話の本が集められたテーブル，算数ゲームができる PC が置かれたテーブル，手作りカメラを作るのに必要な材料が集められた理科のテーブルなどがあります。教室で飼育している小動物の飼育係となった二人の生徒は，2 匹のアレチネズミ（gerbil）*と水槽のグッピーに与える餌の量を慎重に測ります。さらに，この飼育係の二人は，ハコガメに登校前に捕まえた餌のイエバエを与えます。

　「心配ごと」と大きく書かれた箱に，家で飼っていたネコが死んだことや，ネックレスをなくしてしまったといった，困っていることを小さな紙にメモして入れる生徒もいます。心の中でもやもやとしている「心配ごと」を具体的に文字で書き表したメモにして箱の中に預けてしまいます。すべての授業が終わったあと，生徒は箱からメモを取り出します。すでに放課後ですから，学習を妨げることなく，それぞれの問題の解決に取り組めます。

　教室はそれ自体がとても魅力的です。掲示板は学習に多様性と色彩を与えます。掲示板では，学校やクラスの学習目標が達成されるよう，学習の状況に即したテーマを提供します。年間の学習の進行とともに，生徒が取り組む新しい学習課題が 2 週間ごとに更新される掲示板は，まさに学習活動の中心的な役割を果たしています。「イーゼルパッド（easel pad）」と呼ばれ

*「スナネズミ」とも呼ばれる，人になれやすい性質を持つ飼育に適したネズミ。

* 本章章題ページの前の写真（p. 2）で，教師の背景にある。

* 第2章章題ページの前の写真（p. 42）で，教師の背景にある。

* 思い浮かんだアイデアをまとめ，さらにアイデアを追加させるために，アイデア間の関係を図で表したもの。アイデアの関係を視覚的に捉えることができる（第4章 p. 170 および第7章 p. 314 参照）。

る，画板に立てかけて用いるはぎ取りタイプの大判の紙*は，「アンカーチャート（anchor chart）」と呼ばれる説明用の図表*を作ったり，生徒からの発言をリストしたりする際に用いられます。「スマートボード（smart board）」と呼ばれる電子ホワイトボードを使い，写真やイラスト以外にも，教科書本文，ライティングのお手本，アイデアを図式でまとめる「グラフィック・オーガナイザー（graphic organizer）」*などをプロジェクター表示します。

　教室全体をぐるりと見渡すと，教室内図書の本がひときわ目立つように，チョーク置きやテーブルの上に置かれています。カラフルなポスターもあります。ライティングやリスニングで何をすべきかを簡潔にまとめた図表があります。黒板にはクラス内での望ましいふるまい方を短く3ヶ条にまとめた紙が貼られています。頭の上には，最近読んだ本の中に登場する，生徒たちのお気に入りの人物をモチーフにしたモビールがゆれています。生徒の示す態度や興味に基づいて，教室の環境が作られていることがよくわかります。

　鐘が鳴り，学校の1日が始まります。McNamara先生が到着した7時30分にはまだ静かだった教室が，いまや低いささやき声であふれ，時おりクスクスという笑い声に続いて大笑いする声も聞こえます。生徒たちが着席すると，紙や本をめくるカサコソといった音が聞こえてきます。生徒たちはこうした音を出しながら，さあ今日も勉強するぞ，という気持ちになっていきます。

　McNamara先生は，小学校の生徒たちの指導法を学び終えてからわずか1年しか経過していません。先生は，ランゲージアーツ（言語技術），リーディング，数学，理科，社会などの科目の教え方を学びました。教授法の理論的な学習と並行して，教員養成プログラムの一環として，小学生を観察したり，生徒とともに授業に参加したりしました。いまやMcNamara先生は一人前の教師です。理論を実践に移さなければなりません。生徒たちの今後の人生に重大な影響を与えるかもしれない決定を下さねばなりません。どれだけ上手に授業を準備できるか，授業の計画にどれだけ時間をかけられるか，どれだけ1つひとつのレッスンに思いを込められるか。こういったことがいずれも自分の生徒の学習にはね返ってきます。

　ほどなくMcNamara先生は，自分が教師でありながら同時に「生徒」でもあり，日々，子どもたちや教え方について何か新しいことを学んでいるのだということに気付きました。担当している生徒は，異なる文化的背景や民族的背景を持ち，能力や興味もさまざまです。先生は，「教えることはとてもやりがいのあることで，これまで出会った何よりもすばらしいことです。教えている一瞬一瞬が楽しくて仕方ありません。」と言います。

　McNamara先生は，なんとかして担当している4年生の一人ひとりと良好なつながりを持ちたい，といつも工夫を凝らしています。学年が始まる前，先生は生徒全員に自己紹介の手紙を書き，自宅に郵送しました。手紙には，テニスや水泳といった自分の趣味に加え，ミステリー小説が大好きといったことまで書きました。手紙で「放課後，何をするのが楽しいですか？」と尋ねました。また，「学校でもっと学びたいことは何ですか？」と尋ね，

「みなさんが学びたいことは，かならず4年生の間に学べるようにします」と約束しました。McNamara 先生は，その後も定期的に両親や生徒に学習状況を伝える手紙を送り，開かれたコミュニケーションを続けています。冬休みや春休みになると，生徒それぞれに短い手紙を，各自のインターネットへの接続環境に合わせて，郵送したりメール送信したりします。クラスメイト間の短い手紙のやりとりについては，抑えようとはせず，むしろ，生徒一人ひとりのメールボックスを教室に用意し奨励しています。先生は，「生徒のリテラシー活動*を助けてあげたいのです。ある生徒の書いた手紙を受け取った生徒が読めば，リテラシーの強化と促進につながります。コミュニケーションは著者（手紙の書き手）と読者（手紙の受け取り手）の間で成立します」と言います。一方，先生はコンピュータ上でのインスタントメッセージという，相手を直接呼び出す生徒間の一対一の対話は禁止しています。生徒のセキュリティが確保できるよう，電子メールを送る際には，「最初に先生を通過してから送らなければならない」と指導しています。

　担当する生徒たちが主体的に関心を持って学業上の課題に取り組めるよう，McNamara 先生はクラス全体の雰囲気を綿密に観察します。また，先生は，生徒の持つ課題や関心はさまざまで，しかも学年を通じて変化することも理解しています。

* 基本的な読み書き能力（literacy，リテラシー）を獲得するための活動。

本章の目標

本章を通じて，以下のことができるようになります。
- ☐ ランゲージアーツに含まれる項目を，箇条書きにして定義できるようになります。
- ☐ ランゲージアーツが，それぞれどのように関係し合うかをまとめられるようになります。
- ☐ これまで，ランゲージアーツの指導がどのように展開してきたかがわかります。
- ☐ バランスのとれたリテラシー指導がわかります。
- ☐ すべての子どもたちが言語スキルについて持つ潜在性を最大限開化できるよう，ランゲージアーツの指導を調整する大切さがわかります。
- ☐ さまざまな評価方法がわかります。

はじめに

　ランゲージアーツとは，聞く（listening），話す（speaking），読む（reading），書く（writing），考える（thinking）*，視覚的に捉える〔ビューイング〕（viewing），視覚的に表示する〔ビジュアル・プレゼンテーション〕（visually representing）という活動から構成される，日常に欠かせないコミュニケーション・スキルです。教師はそれぞれのランゲージアーツを理解し，多様な方法で生徒に教えられなくてはなりません。ランゲージアーツについて確固とした土台ができていれば，教師は優秀な教育者に必要な

*「考える（thinking）」については，本章 p. 35 ページを参照のこと。

自信や意志に加え，課題に気楽に取り組んでもよいのか，あるいは，一生懸命取り組むべきなのか，といった違いも生徒の前で見せられます（Danielson, 2007）。本書には，幼稚園から8年生[1]（中学2年生）までの発達段階に応じた複数の活動が示されています。活動を完成させるには，個々のランゲージアーツの大半もしくはすべてを統合しなければなりません。統合的に指導できることは教え上手で有能な教師の必須条件です。リスニング，スピーキング，リーディング，ライティング，ビューイング，ビジュアル・プレゼンテーションという活動の中に，生徒たちは十分浸されなければなりません。イマージョン（immersion）と呼ばれるこの「浸し」の活動を教師が組織化するには，個々のランゲージアーツはもとより，それぞれを調和させて提示する方法について，十分な理解が必要です。教師はランゲージアーツの個々のレッスンについてその目的を示したり，活動の進め方を述べたり，モデルを示したり，レッスンを通じて期待できる成果を生徒にきちんと理解させたりして，この組織化を行います。

注釈1（p.40参照）

　生徒は1つのランゲージアーツについて能力が高まると，関連してほかのランゲージアーツにも良い効果が波及します。たとえば，質の高い子ども向けの書籍のリーディングを通じて，ライティングにおける単語の選び方の幅が広がります。また，生徒に適切な教育指導が与えられて，その結果，生徒のスキルは強化され発達していくので，ランゲージアーツの指導において教師は重要な役割を持つのは当然のことです。

ランゲージアーツの発達

　ランゲージアーツは，リスニング，スピーキング，リーディング，ライティング，ビューイング，ビジュアル・プレゼンテーションという6つのスキルから成り立っています（NCTE/IRA, 1996）。個々のランゲージアーツのスキルはおたがいにからみ合っています。したがって，子どもがランゲージアーツの1つのスキルについて上達すると，ほかのスキルも連動して上達します。つまり，リスニング，スピーキング，リーディング，ライティング，ビューイング，ビジュアル・プレゼンテーションというスキルの発達は同時に起こり，相互に関連します。しかし，この発達は，線状に連続して起こる性質のものではありません。IRA（International Reading Association, 国際リーディング協会）とNCTE（National Council of Teachers of English, 全米英語教師委員会）は，おたがいに協力して，ランゲージアーツの到達目標リストを作成しました。

　子どもは2歳になるまでに，自身の世界を秩序付けようとして，事物を分類するさまざまな仕組みを新たに考え出し，修正を加え，ふるい落とします。この秩序や構造は子どもの環境に対する感じ方や対応の仕方に大きな影響を与えます。たとえば，子どもは，イヌやネコは家の中で飼い，ウシやウマは畜舎の中で飼うことを学びます。さらに，子どもは環境を自分なりに構造化する方法も身に付けます。たとえばKurtisという男の子は，生後20ヶ月には，両親に読んでもらう本を自分で選べるだけでなく，どの本を読んでもらうかをコントロールする方法を学びました。Kurtisは自分の本の中

から好きな本をいくつか選り分け，母親もしくは父親に1冊手渡して読んでもらい，読み終わると手を叩いて喜んだものです。さらに選り分けた本の中からつぎに読んでもらいたい本を取り，「読んで」と言いました。iPodをプログラムする大人と同様に，Kurtis は自分が楽しく読み聞かせをしてもらえるように，両親を「プログラムする」一連の手順を自分なりに開発したのです。物を考えるプロセス（連続した行為）では，情報の分類が役に立つだけでなく，子どもたちが生まれながらに持つ好奇心によっても，そのプロセスが促進されます。たとえば，おもちゃや粘土を手でいじったり，隣の家の裏庭を探検したり，スーパーヒーローに成りきったり，小川におもちゃのヨットを浮かべるとどうなるか，自分なりに立てた仮説を検証したりして，人は，生まれながらにして持つ，楽しみながらさまざまに実験しようとする能力を最大限に利用して思考力を強化していきます。大人やほかの子どもたちがある子どもと接すると，この子どもが行うそのような気まぐれな行動は，観察，比較，分類，組織化，仮説の設定，応用，要約というように発展していきます（Strickland, 1977）。

　子どもはほかの人たちとのやりとりを通じて，文字で書かれた単語を理解していきます。たとえば，3, 4歳の子どもは，家族がよく利用するシアーズ（Sears）やターゲット（Target）のようなお店*や，大好きなバーガーキング（Burger King）やマクドナルド（McDonald's）といったファーストフード・レストランについて，その名前を文字で認識できるようになります。子どものお母さん，お父さんが，買い物や食事に出かける際に，「今日は…に行く」のように伝えるのを聞いているからです。子どもは，自分自身でことばを話したり書いたりすることからだけでなく，大人やほかの子どもたちを観察することで，知識を追加していきます。

* いずれも「オリンピック」や「シマホ」のような品揃えの量販店。「三越」や「高島屋」のようなデパートではない。

最近接発達領域

　リーディング力とライティング力は，社会性のうえに作られる，より高度な思考スキルです。「子どもはこの2つのスキルを，教育のために加工されていないオーセンティックな読み書きの実践を通じて，所属集団中のより知識を持ったメンバーである大人や学年の上の生徒や能力の長けた子どもから，『最近接発達領域』での補助をしてもらいながら，発達させていきます」（Kong and Fitch, 2002-2003, p. 354）。この「最近接発達領域（zone of proximal development, ZPD）」を最初に提唱したのは Lev Vygotsky*（1978）で，子どもが助けを借りずに，自分の問題解決能力の範囲内でできる領域に対し，この領域の上位にあって，一人ではできないものの，大人やより能力の高いほかの子どもに助けてもらえば可能となる領域を意味します。子どもは大人と同様に，身の周りの世界を自分なりに理解しようとします。その際，すでに獲得した知識を用いて，何についても当てはまる一般的な事柄から具体的な事柄へと視点を移していきます。

* ヴィゴツキー：旧ソビエト連邦の心理学者。

　子どもは，自分が現時点で用いていることばより，いくぶんより成熟したことばに接しながら，リスニング，スピーキング，リーディング，ライティング，ビューイング，ビジュアル・プレゼンテーションといったスキルを上

達させていきます（Johnson and Louis, 1987）。したがって，教師は授業で討論する際には，子どもにとってなじみのない単語や概念の意味をクラス全体に説明しながら，新しい語彙を使うようにします。教師がクラスに本を音読して聞かせ，内容について話し合う「読み聞かせ（read aloud）」活動においても，生徒の語彙が広がるように工夫します。読み聞かせは，生徒の理解を助け，基盤となる知識を広げます。学年を問わず日々読み聞かせを行うことは大切です。どの学年でも，物語のようなフィクションのテキストと事実を伝える情報を扱うテキストの両方をクラス全体で取り上げます。「読み聞かせの時間は，子どもたちに本を読みたい気持ちにさせます。良書を読み聞かせると，子どもたちは，また読んでもらいたくなります。読み聞かせによって子どもたちはさらに本に関心を持ちます。上手に読み聞かせることで，子どもたちは，すぐれた文学作品にも興味を持つようになります」(Kiefer, Helper, and Hickman, 2007, p. 26)。

　幼稚園から小学校2年までの学年において，教師は，フォニックス（phonics）に多くの時間を費やし，文字から音への変換（decoding）と音から文字への変換（spelling）を指導します。とはいえ，その際にも，テキストの理解，語彙の習得，ライティングといった活動をおろそかにすべきではありません。「低学年生に対し，文字から音への変換の指導ばかりしていると，基本的な語彙の学習がおろそかになり，テキストを深く理解できなくなってしまいます」(Juel, Biancarosa, Coker, and Deffes, 2003, p. 13) と指摘する研究もあります。幼稚園から中学2年生まで，生徒には，新しく学んだスキルに磨きをかけるだけでなく，リーディングとライティングのスキルの練習の場も十分に与えるべきです。

　メンターテキスト（mentor texts）とは，質の良い子ども向けの書籍やニュース雑誌中の記事，手紙などの中で，リーディングさせる価値が十分あり，ライティングさせる際に手本となるような，質の高いテキストのことです。メンターテキストをふんだんに用意して生徒の近くに置いておきます。教師は，必要な時にいつでも生徒に示せるように，メンターテキストから価値の高い文章を抜き出して，数多くストックしておきます。そのために，教師には，さまざまな本や本の著者についての知識が必要であり，また，新たに刊行された子ども向け書籍の確認も忘れません。いままで習ったことのない，リーディングやライティングに関するスキルの学習に際して，頭韻[2]を踏む言い回しが繰り返して現れる絵本，上手に情報を解説した本からの抜粋，手紙の書き方を解説した文書といった関連したメンターテキストを用意します。クラスにおけるメンターテキストの学習を基にして，生徒は，リーディングやライティングの力を拡大し，読み手，書き手として成長していきます。

注釈2（p.40参照）

　上のような教師による，少し上のレベルのことばに触れさせる工夫に加えて，学習環境全体において，さまざまなランゲージアーツを生徒が自分で有意味に使う機会が十分に提供されなくてはなりません（Morrow, 2004）。つまり，生徒は，文字を見たり，音を聞いたりすることに加え，ことばを実際に使ってみる機会が与えられなくてはなりません。子どもたちのリテラシーは，ことばをさまざまな状況でさまざまに使用することで最大限に開花

し，高いコミュニケーション能力へと変わります。

ランゲージアーツの歴史的発展

　米国におけるランゲージアーツの指導は，もとをただせば，話しことばに重きを置いて始まりました。1700年代，子どもたちは，木やボール紙で作られたピンポンのラケットのような形をしたホーンブック（hornbook）*という教材を用いてアルファベットの文字を学んでいました。子どもたちがホーンブックで，丸めた紙や小石をバドミントンのように叩き合ったために，今日，ホーンブックはごくわずかしか現存していません。物語が知られるようになると夜になり家族や友人たちが集まった時に，声に出して読まれたり，語られたりしました。当時，子どもたちは，聖書や，その頃の宗教観に基づいた教訓が集められた The New England Primer*という本を用いて，リーディングを学んでいました。

* 写真は Northern Illinois University の Blackwell Collection より許諾を得て使用。

* 『ニューイングランド初等教本』のように和書名が訳出されることもある。

　The New England Primer のつぎにポピュラーとなったのが Noah Webster 著の The Elementary Spelling Book で，植民地時代の米国でもっとも重要な教科書でした。一般には "Blue Back Speller" と呼ばれ，家庭内において，兄弟から兄弟へ，また，世代から世代へと引き継がれました。学習は，まず，アルファベットを1つずつ認識することから始まり，つぎに，ab や ac などのように，アルファベットが組み合わさった際の読み方を学びます。さらに bab や bat といった単語の一部，"babble" や "battle" のような単語全体，そして最後に文全体が扱われます。このように，文字の学習は部分から全体へと進められていました。

　この時代，リスニングやスピーキングについてはあまり重視されていませんでした。主要なリスニング活動は，「集中して聞く」ということで，生徒が教師に「暗誦しなさい」と指示されたり，「私の質問に答えなさい」のように尋ねられたりした時以外に，スピーキング活動が生じることはありませんでした。生徒は，あくまで教師が指導する対象ではあったものの，話を聞

いてあげる対象ではありませんでした。

　1800年代半ばになると，William Holmes McGuffey が学習者のレベルに応じて複数の読み物を配置した，グレイディッド・リーダーのシリーズ（graded reading series）を制作しました。このシリーズでは，意図的に，同じ文字，同じ長さの文，同じ語彙が繰り返されていました。当時は著作権について，いまのような厳密な規定はなく，McGuffey は英語が話される世界中の国から文章を借りてきて，シリーズを作りました。William Shakespeare や Henry Ward Beecher のような著名な作家の作品から，*McGuffey Eclectic Readers** の教訓的なテーマに沿う物語や，たとえ話，詩などが集められていたのです。このテキストは，子どもが年長者を敬わないと，良くないことが起こり罰が与えられるといったことを深く暗示しています。それぞれのレッスンには，手書きで文字を書いたり，分量は少ないものの，単語を正しく綴ったり，文を書いたりする練習も含まれていました。McGuffey がこのシリーズから得た収入はわずかに 500 ドルでしたが，今日，ベイサル・リーディング・シリーズ（basal reading series）やベイサル・リーダー（basal readers）* として知られる，初級リーディング教材制作の先駆的な役割を果たしました。

　初期のライティング指導では，作られた作品の正確さが強調される反面，ライティングを行うプロセスについてはほとんど考慮されませんでした。エッセイ・ライティングは小学校高学年ではごく普通に行われる課題でした。作品上の誤りは例外なく探し出され，赤で書き込みが入れられました。

　1800年代の終わりにかけて，音声学を用いた指導法が始まり，リーディング指導は形を変えます。しかし，ともすると単語の分析ばかりが強調され，意味理解の指導が不十分となることに教師は満足できず，異なるリーディングの指導法を模索し始めます。音声学による指導法はやがて look-say と呼ばれる指導法に置き換わっていきます。この指導法において，子どもは単語を「サイトワード（sight words, 視認語）」として学びます。つまり，子どもは見てわかるように，単語を覚えます。

　1900年代初期，ランゲージアーツ指導の中心は，やはりリーディングでした。科学技術の進歩により社会全体が変容していきました。上下水道の室内の配管，電気，電話，ラジオといった新しい技術が，庶民に影響を与えました。リーディングもまた，科学技術とともに進歩しました。リーディング教材や指導法の有効性の測定に，「科学機器」が使われるようになったのです。標準化されたリーディング・テストが始まり，付随して，数多くの調査や研究が行われるようになりました。今日でも標準化されたリーディング・テストは多くの学区で実施されています。

　この時期，なかでも 1920 年頃，音読から黙読へとリーディング指導の中心が移行しました。その後，第二次世界大戦中には，軍隊に召集された兵士の中に文字の読めない者が多くいることがわかったのをきっかけとして，リーディングの方法論について詳細に分析が行われるようになりました。こうして，第二次世界大戦終了時には，リーディングは国民全体が関心を持つトピックとなりました。1950 年代のベビーブームと保守派の台頭がきっかけとなり，Dick と Jane，ペットの Spot と Puff といった架空の登場人物に

---

* eclectic readers は，アンソロジー形式ですぐれた作品を収集した「傑作選」のこと。

* basal reader の basal は base から派生した語。子どものリーディング獲得のための基盤教材として，古くから用いられてきた。主要な出版社からシリーズで刊行されている。第 4 章 p.158 および注釈 5（p.213）参照。

よる中産階級の生活を話題とした，Scott Foresman 社制作のベイサル・リーダーが広く用いられるようになりました。多くの場合，子どもたちは，上位，中位，下位の3つにグループ分けられ，少しずつ交代で音読するのを聞くという活動を通じて，Dick と Jane が展開するアメリカの中産階級の生活スタイルを理解していきます。

　ベイサル・リーダーには，生徒用教材とともに教授用指導書が用意されていました。のちに，生徒用のワークブックも提供されるようになりました。教材中の物語は，意図的に統制された語彙で執筆されています。なかには，子どもたちの話しことばの発達に対応するように文型を導入しようとする出版社もありました。1950年代の半ば頃には，リーディング指導の中心は再びフォニックスと呼ばれる音声指導に戻ります。

　1970年代になると，人間性を重視するヒューマニズムが盛んになり，学習においては「個別化（individualization）」と「統合（integration）」がキーワードとなります。子どもたちはそれぞれのペースで学習を行い，教師がペースを指定することはなくなりました。ランゲージアーツは，ほかの教科と統合されて教えられるようになりました。クラス全体で楽しく詩を音読したり，歌が教えられるようになり，ここにきて初めて，初期の児童教育においてリスニングとスピーキング活動がほかの活動より重視されるようになりました。Roach Van Allen（1976）が提唱する言語体験法では，とりわけ，ランゲージアーツ指導における個別化と統合が強調されています。「個人的言語（personal language）」と呼ばれる，子どもが話す言語がランゲージアーツ指導において重要な鍵となりました。子どもは教師に物語を口頭で説明し，教師はそれをことばどおりすべて書き取ります。子どもの話が終わったあと，教師は子どもに書き取った話を読み返してあげます。子どもは教師が書き取った自分の話をもう1度読みなおすことで，自分が口に出したことばと，紙の上に書き取られたことばとを関連付けます。

　1980年代，研究者たちがリーディングとライティング活動の発達の関係について考察を開始すると，ライティング活動に対する関心が高まりました。最終的に作られた作品よりも，そこに至るプロセスをまず重視すべきである，と考えられるようになったのです。教師は，子どもたちが書いた作品を積極的にクラスの前で発表させます。この発表をクラス全体で聞き，さまざまに意見を言い合います。1970年代と同様に，ここでもリスニングとスピーキング活動の重要性が拡大していきます。プロセスを重視したこの指導法では，ランゲージアーツの発達においては，リーディング，リスニング，ライティング，スピーキングといったサブスキルの間で，あるスキルがほかのスキルよりもより重要であるとする，スキル間の階層性の存在が強く否定されています。

　1984年に *Becoming a Nation of Readers: The Report of the Commission on Reading*（Anderson, Hiebert, Scott, and Wilkinson）という重要な書籍が刊行されました。この本の中で，親は，就学前の子どもには読み聞かせを行い，就学中の子どもには読書に興味を持てるよう支援すべきである，という提案がなされました。加えて，教師に対しても，現状よりも多くの時間を割いて，ライティングや個別リーディングを指導すべきである，という提

案が行われました。同書はまた，フォニックスによる発音指導は，初期のリーディング活動では必要であるとしています。

　1980年代，ホール・ランゲージ・アプローチ（whole language approach）と呼ばれる，部分を積み重ねるのではなく，意味の理解を強調し，ことばを全体として認識させる指導法が台頭し，生徒は，教師からの「権限移譲（empowerment）」*を受けて，自分の学習を主体的に「コントロールする（take control）」ようになります。このアプローチでは，子ども向けの書籍のリーディングと子どもによるライティングがもっとも強調されました。ベイサル・リーダーを制作する出版社も，これまでの行動主義的な傾向を変え，ホール・ランゲージ・アプローチの持つ，全体論的，構成主義的な特徴を配慮するようになりました。当時，新たに作られたベイサル・リーダーでは，幅広いジャンルから，質の高い，子ども向けの作品が集められ，同時に，ライティングのプロセスが強調され，生徒に深く考えさせる質問を提示したり，指導技術を用いて効率よくリーディングを行うストラテジー（strategy）*を教えようとしたりしました。

　1980年代の終わりが近づいても，ランゲージアーツの主導的な研究者間で，初級者に対して，フォニックスとホール・ランゲージ・アプローチのいずれを導入すべきか，という点で激しい議論が続いていました。このような事情から，米国教育省が資金援助を行い，Marilyn Adams（1990）が *Beginning to Read: Thinking and Learning about Print* という報告書において，両者の長所について検証を行いました。報告書によれば，初級者を対象とするリーディング指導では，「リーディング力のレベルの違いに関係なく，すべての子どもに対して，フォニックス活動と，内容のある，生徒が面白いと感じるテキストを読んで鑑賞する活動とを，バランスよく与えなければならない」（p. 125）と結論付けています。

　伝統的な指導法では，教科書とスキルが重視されます。一方，ホール・ランゲージ・アプローチでは学習プロセスを重視するため，生徒により多くの選択肢を与え，より柔軟に指導することが求められます。反面，担当教師に，構造や具体的な指導法についての情報はあまり提供されません。したがって，両者の間で，実際に行われる授業の形態は大きく異なります。ホール・ランゲージ・アプローチによって，学習のプロダクト（産物）ではなくプロセス（連続した行為，活動）に，また，スキルではなくストラテジーの習得に重きを置いたベイサル・リーダーが作られるようになりました。しだいに，子ども向けの書籍は，リーディングとともに，理科や社会科といったほかの教科の内容を教える際にも使われるようになりました。

　依然として多くのクラス担当教師が，あたり前のことのように，リーディング指導をベイサル・リーダーに依存して行っていました。しかし，大半の教師は，ランゲージアーツを指導する時に統合されたプロセスを用いたので，リーディング，ライティング，リスニング，スピーキングという4つの活動を通常の教科の中に統合して指導していました。その結果，スキルやストラテジーが生徒に関連する実生活の場で学習されるという，統合指導ならではの利点がありました（Duffy, 1992）。このことはまた，ビューイングとビジュアル・プレゼンテーションという，2つの新しいランゲージアー

---

* 教師主体ではなく，教師と生徒の双方で協力して，生徒の興味，必要性，能力に応じて関連する学習活動を計画すること。

* 方略。学習の効率を高めるため，学習者が意識的に用いる工夫。

ツの追加をもたらしました。

　1990年代半ばには，フォニックスと読解の指導を組み合わせる「バランスのとれたリーディング活動（balanced reading）」が盛んになりました（Baumann, Hoffman, Moon, and Duffy-Hester, 1998; Farris, Fuhler, and Walther, 2004）。この指導法がこのように呼ばれるのは，フォニックスと書籍を用いた指導法とを対等に組み合わせようとしたからです。

　米国教育省ではなく，国立衛生研究所（National Institutes of Health, NIH）が資金供与する国立リーディング委員会（National Reading Panel, NRP, 2000）は，リーディング指導に関する包括的な研究成果報告書を発表しました。NRPは，リーディングが上達するには，音素の理解，フォニックス，リーディングの流暢さ，語彙力の発達，文章理解のストラテジーの5項目が必要であるとまとめています。この5要素は，2001年から2009年にかけて注目されるようになりました。2001年，「落ちこぼれ防止法（No Child Left Behind Act, NCLB）」が成立します。これは，当時の大統領ジョージ・ブッシュを中心とする政府が，民主，共和という議会の二大政党の賛同を得て企画された法案で，学校がリーディングと数学の指導について，より主体的な責任を果たせるよう265億ドルの予算支出を伴うものでした。具体的には，2014年までに，米国のすべての生徒が例外なく，自分の学年のレベルにふさわしいリーディング活動ができるようになることを目指しています。この目標のため，米国の歴史上初めて，すべての少数グループ*の子女のテスト結果を把握するための評価ツールが開発されたのです。テストは州ごとに開発され，小学校3年から高校3年までの生徒に実施されました。公立学校でテストを実施しないと，国からの財政支援（たとえば，給食の無料化や給食費の減免措置を行う財政支援）は受けられなくなってしまいます。NCLB法中のReading Firstと呼ばれるプランでは，毎年10億ドルの予算を支出して，貧困率の高い，学習困難校における生徒のリーディング力を向上させようとしました。国立リーディング委員会の報告書に基づき，NCLB法でも，音素の理解，フォニックス，リーディングの流暢さ，語彙力の発達，文章理解のストラテジーの5項目に力を入れることが奨励されています。

　残念ながら，このNCLB法においては，ランゲージアーツのスキルのうち，リーディングについてしか言及がありません。ほかの5つのスキル，リスニング，スピーキング，ライティング，ビューイング，ビジュアル・プレゼンテーションは含まれていません。その結果，学校によっては，リーディングにおける高いテスト得点の取得が焦眉の課題となり，理科，社会科，芸術といった科目と同様に，リーディング以外のランゲージアーツの指導が軽視されることもありました。

　2009年になると，NCLB法の強制力のもと，リーディングの指導に加え，テストの開発，運営，評価にも多額の予算を執行しても，生徒は十分にリーディングと数学の学力を向上させていないことが明らかになってきました。一方，リーディング力の向上は，教師の質の高さと関連することが調査から示されました。バラク・オバマ大統領はすぐれた教師に報いる能力給と，すべての州が使用できるリーディング用の標準化されたテストの必要性

*　経済的に困難なグループ，少数民族，障がい者，英語を母語としないグループなどを指す。

を訴えています。

21世紀のランゲージアーツ：多面的モダリティ[3]

注釈3（p.40参照）

1990年頃は，リテラシーやランゲージアーツにおいて，指導的な役割を果たしてきた人たちは，「木の根」を比喩として用いていました。「木の根」を用いて，教師に，歴史的，創始的な視点から，さまざまなランゲージアーツの理論を理解させようとしたのです。文字を読むという基本的なリテラシーの完成を目指していた当時の理論は，読み手，テキスト，文脈，学習活動という4つの項目間の関係に関するもので，地面に深く根を張る1本の木のイメージがよく用いられました。しかし，今日では，新しいメディアや，デジタル・リテラシー，科学技術の持つ多面的モダリティと，新たな発見や議論が，読み手，テキスト，（リスニング，スピーキング，リーディング，ライティング，ビューイング，ビジュアル・プレゼンテーションのいずれにも関連する）文脈，学習活動についてさまざまにもたらされ，ランゲージアーツを「地下茎」にたとえる新しい比喩が用いられるようになりました。深く，太い中心を持った1本の木の根ではなく，地中で太く横に伸びる「地下茎」だと言うのです（たとえば，アイリスの根のように，「地中でさまざまな方向に伸びて節を作り，やがてそこから花を咲かせる葉や茎が出てきます」）(Hagood, 2009, p.39)。

つまり，リーディング力を向上させるために，リーディングの学習だけを議論していても仕方なくなったのです。リーディング力は，ライティング，スピーキング，リスニング，ビューイングといった学習がなければ育ちません。「多面的なリテラシー全体が相互に絡み合って，テキストの消費，生産，構成の際に用いられます」(Hagood, 2009, p.41)。地下茎で考える理論では，リテラシーを使うということは，リスニング，スピーキング，リーディング，ライティング，ビューイングといったすべてのスキルを使うことを意味します。リテラシーの獲得には，大量のテキストについて，「さまざまな文脈を横断するような果てしない練習」(Hagood, 2009, p.41)が必要です。したがって，教師は，大人であれ子どもであれ，例外なく，ありとあらゆるテキストに対して完璧にリテラシーを獲得できるわけではない，という限界は知りつつも，リテラシーの獲得を目指し，テキストを用いた練習が続けられるよう支援するのが教師の役割となります(Coiro, Knobel, Lankshear, and Leu, 2008)。実際のところ，これは教師にとってひと筋縄ではいかない仕事です。

ランゲージアーツとは何か？

リスニング

リスニングは，子どもが最初に獲得するランゲージアーツです。実際，音を聞いて認識する能力は，胎児の段階から少しずつ発達していきます。驚くべきことに，生後2週間以内の乳児であっても，母親と母親以外の大人の声を区別できるだけでなく，妊娠中に母親がよく聞いていた音楽を認識した

りします。

　リスニングは，軽視されるランゲージアーツであると捉えられることがよくあります。ほかのランゲージアーツに比べ，教室内であまり注目されないからです。しかし，実際，子どもたちは学校で過ごす1日の中で，ほかのどのランゲージアーツよりもリスニングに時間を費やします。子どもたちは，新しい学習事項や，課題に関する指示を理解しようと教師のことばに，グループやクラス討議の際にはクラスメイトのことばに，物語の読み聞かせでは図書館の職員の語りかけに，学内放送ではスピーカーからの音声に，耳を傾けます。リスニング活動には，リーディングも含めて，ほかのいずれのランゲージアーツよりも，多くの時間が使われています。

　リスニングによって，幼い学習者は語彙を幅広く増やし，文のパターンを理解し，他人の指示に従うようになります。こうした活動は，スピーキング，リーディング，ライティングといったスキルの発達に欠かせません。リスニング活動の1つに，音の違いを聞き分けるという聴覚上の弁別能力があります。この能力は，単語の文字を綴ったり本を読んだりする能力の基礎となります。子どものリスニング活動には，外的要因と内的要因の双方が影響を与えます。たとえば，インディアナ州の6年生のクラスを，コネティカット州で生まれ育った教師が担当した際に，この教師の方言を生徒が完全に理解できるようになるまで，優に6週間かかった，という報告があります。これは外的要因が関係した例です。また，学習に対する態度，背景となる体験，語彙力，新しい知識をすでに知っている知識と関連付ける力，全般的な知性といった内的要因のすべてがリスニングに影響を与えます。加えて，心や体に問題があると，リスニング活動が阻害されることもあります。

　子どものリスニング学習では，子どもが主体的に取り組むことが大切です。たとえば，自分が読んだ本について，クラス内で話し合いをすることになっていれば，子どもは目的を持ってリスニングに取り組みます。その際，教師は外的な要因によってリスニング活動が阻害されないように注意します。たとえば，教師は，はっきりと話し，クラスのほぼ全員が無理なく聞き取れるように話すスピードを調節し，方言上の違いに配慮し，順序立てて話を提示し，教室内の雑音を少なくしなければなりません。

スピーキング

　幼稚園に入る頃までに，子どもたちは，リスニング用とスピーキング用の2種類の拡張性の高い語彙を身に付けます。リスニング用の語彙のほうがスピーキング用よりもはるかに規模が大きくなります。しかし，それでも，子どもたちは大人とほぼ同じように会話ができます。この2種類の語彙を形成するのは概して，子どもの持つ過去の体験です。小さい頃から頻繁に書籍と触れ合う，動物園，博物館，図書館のような，興味をかき立てる場所をよく訪れる，家族との話し合いに参加する，家で見るテレビ番組について家族と会話する，といった活動すべてが語彙力とスピーキング力の発達に影響します。2009年に行われたUCLA*での調査（Anderson, 2009）によると，平均的なよちよち歩きの幼児に対し1日に13,000語のことばが語りかけられており，衝撃的なことに，就寝時の会話のほうが，就寝時における本の読

---

* カリフォルニア大学ロサンゼルス校（University of California Los Angeles）の略称。

み聞かせより，6倍も子どものことばの発達に良い影響をもたらしていました。つまり，単純に「本を音読する」のではなく，子どもと1日の出来事について話し合ったり，子どもと本を読みながら，子どもにつぎに起きる出来事を予測させたり，子どものことばでまとめなおさせたり，どのように感じたかを述べさせたりすることのほうが，ずっと効果的な学習活動になります。

　教室において，スピーキングは奨励されるべきで，抑止されるべきではありません。子どもがことばを十分に習得するためには，教師からことばの仕組みや使い方について教えられるのではなく，主体的にことばを使わなければならない，という報告もあります（Fisher and Terry, 1990）。ことば遊びは子どもには付きものですが，なるべく多くの機会にことば遊びを実際に試してみる必要があります。たとえば，5歳になる Kurt という男の子は，自分のリバーシブルのダウンベストを "switcher vest" と呼びます。Kurt は登校する時には赤い色を，下校する時に青い色となるように switch して着るからです。

　子どもはすべて，教師やクラスメイトと楽しく，頻繁に，交流しなければなりません。このような交流は，バイリンガルとして母語を2つ持っていたり，ことばの発達に遅れがあったり，学習障がいを持っていたり，心に問題を抱えていたりする子どもにはとくに大切です。こうした子どもには「ことばが豊かな環境」が必要である，という点で教育の専門家たちの見解は一致しています。こうした子どもたちにとって口頭による言語スキルを最大限に活かせるような言語活動は，ことに有益なものとなります。

ライティング

　子どもはライティングを比較的早期に開始します。実際，リーディングよりも早いくらいです。2歳になると，子どもは鉛筆やクレヨンを用い，紙になんらかの図形を描きます。大人には意味のない落書きにしか見えないその図形も，子どもには立派に意味を持っています。子どもたちは物の上に印を付ければ，スピーキングの時と同様に，頭の中にある自分の考えを人に伝えられることがわかっているのです。

　ライティングはもっとも習得しにくいランゲージアーツです。習得には何年もの時間がかかります。ライティングを職業とする人の中には，20年から30年かけなければ習得できない，と言う人もいます。それほどライティングは複雑な活動です。リーディングを行うためには，印刷されたページから，まず複数の記号をまとめ，つぎに，この記号のまとまりから意味を導きます。これに対して，ライティングを行うためには，もっと複雑なプロセスが必要です。さまざまにスキルを組み合わせなければなりません。子どもは，単に頭の中で考えをまとめるだけでなく，その考えが読み手にわかるように，深みと広がりを与え，修正したり削除したりして，組織化しなければなりません。加えて，文法や綴りに正確を期す必要があるだけでなく，ほかの人にも読めるような文字を書かなければなりません。子どもにこれほど多くのことを期待できるでしょうか。じつのところ，Frank Smith (1988) が子どもたちのライティングのプロセスを観察によって把握しようとした

時,「子どもたちがどのようにライティングを学ぶのかを初めて詳しく調査した時,私は,ハナマルバチ*の飛行と同じように,理論的に説明不可能であると結論付けたくなりました」(p.17) と述べています。

ライティング活動には多くの側面があり,活動は頭の中で自分の考えを新たに作ったり,すでにあるものから選んだりすれば終わりになるものではありません。下書きを作成し,編集して書きなおし,完成した原稿をほかの人に読んでもらう,といった活動もライティングには必要です。

子どもはライティングが大好きです。自分の思いつきや考えを文字にしたいと強く願っているからです。しかし,就学前の幼児や幼稚園児の場合,字を書こうとしても正しく綴ることができません。だからといって,周りの人たちと情報を伝え合いたい,という子どもの強い思いがくじけることはありません。綴り方がわからない時には,自分で綴り方を発明します。*たとえば,幼稚園児の Paul は "I WT TWO A FD HS" と文字を書きました。これは Paul にとって,"I went to a friend's house." を意味します。同様に,"ET" で "eat","LF" で "laugh" を表すこともあります。きわめて初期の段階から,子どもは意味を伝えようと,自分なりに発明したり,一時的にのみ用いたりする綴りを使います。意味を伝えようとしていることが,ライティングの結果でき上がったもののもっとも重要な部分なのです。自分で編み出した綴りを用いて,想像上の物語や個人的な体験を他者に伝えようとします。

教師は,ライティングのすばらしさを解き,すぐれたモデルを示さなければなりません。プロセス・ライティングの主要な提唱者である Donald Graves (1983) は,ライティングの教師を職人にたとえ,「その道を追求し,観察し,耳を傾けたりする達人として,情報が具体的な形となるタイミングを待ち続ける」(p.6) としています。つまり,教師は,子どもが自分の強さを見つけ,誤りから学べるよう手助けします。教師は,子どもごとに異なる方法で,少しずつライティングが上手になるよう,子どもの背中をそっと押します。子ども自身に自分のライティングをコントロールできるような力を付けさせるのが,最終的な目標です。この力が身に付けば,子どもは,自信を持って,気がねせずに,楽しみながら書くことができるようになります。

リーディング

4歳の子どもに「学校で勉強して何ができるようになりたい?」と聞くと,「本が読めるようになりたい」というのが,答えとして一番多いでしょう。子どもはリーディングを大人のする,「てごわい」活動と捉えています。リーディングは学習を大きく前進させます。幼い学習者はリーディングを通じて,広大な未知の世界への扉を開け,他人に頼らずに学習する力を養うからです。

リスニングとスピーキングを一次的な言語スキルとするなら,リーディングとライティングは相互に関連しながら同時に発達する二次的なランゲージアーツ・スキルです。幼い子どもにおけるこの2つの二次的なランゲージアーツ・スキルの発達は,「萌芽的リテラシー (emergent literacy)」*と呼

* ハナマルバチ(=クマンバチ)は,一見するととても空を飛べるようには見えない体型をしている。

* このように作られた綴りは invented spelling と呼ばれる。

* 十分なリテラシーを持たない幼児に突発的に生じるリテラシー活動のこと。

ばれています。読み書きを学んでいない就学前の子どもであっても，文字を書いたり，認識したりする活動が，継続的に発生しています。幼い子どもが絵本を見たり，両親や祖父母に本を読み聞かせてもらったり，お父さんが地元の新聞を広げて面白い記事を拾い読みするのを見たり，お母さんが週末スーパーに行く時に作る買い物リストに項目を追加するのを見たり，そればかりか，子どもたちだけで，お店屋さんごっこや学校ごっこをしたりします。リテラシー活動の機会を豊富に与えてくれる家庭では，幼い子どものリテラシーが育くまれる礎(いしずえ)なのです。Cochran-Smith（1984）と Taylor（1983）の研究によれば，リテラシー活動が子どもを取り囲むように行われる家庭の中では，学習がたえ間なく発生します。大人は，子どもが字を書いたり本を読んだりしたら，ほめてもっと続けるよう励ましてあげるとよいでしょう。「両親の励ましや支援を受けるほうが，うまくリーディングの学習が進むことを示す研究や証拠は山のようにあります」(Cooter and Perkins, 2007, p.5)。事実，リテラシーが育まれる家庭環境があると，多くの子どもが，幼稚園に入る前に上手に本を読んだり文を書いたりします。

　子どものリーディング学習には，数多くの，直接，間接の体験が大きく貢献します。リーディングは印刷された紙のページから「意味」を見つけ出すプロセスです。したがって，経験豊かな子どものほうが，さまざまなリーディングのトピックにうまく共感でき，多くのことを知っている可能性が高いのです。Smith（1978, 1992）は，「子どもがテキストそのものから単語や意味を見きわめるのにすべてがわかっている必要はありません。このことから，実際に，子どもの持つ世界についての知識が，テキストの一節をより豊かなものにしていることがわかります」と言っています。たとえば，4歳の Timmy にはこんなことがありました。歯磨きのチューブに印刷された Crest* という単語を指さして「何と読む？」と聞いてみました。Timmy は単語を見たものの答えられませんでした。つぎに「これ何ていう歯磨き？」のように尋ねたところ，ひらめいたかのように目を輝かせて "Crest" と大きな声で答えが返ってきました。幼い子どもでも，家で日常的に使っている物を見て「読む」ことが可能です。ただ，その場合たいてい，子どもたち自身には，この活動がリーディングであるという認識はありません。子どものことばに対する力が増すにつれ，リーディングは少しずつ自動化されたプロセスとなります。

　リーディングは非常に個人的なもので，作者はあたかも具体的な一人の読み手だけを意識して文章を書いていると思えるほどです。子どもたちは実際に，*Elijah of Buxton*[4] を読みながら，Judy Moody や Clementine の間抜けなさまに大声で笑ったり，Hank Zipzer や Alex Rider をなんとか危機から救おうとしたり，感情がまるでジェットコースターのように高揚したり，落胆したりすることがよくあります。作者のメッセージが，幅広いものであれ，限定されたものであれ，楽しいものであれ，悲しいものであれ，情報を伝えるものであれ，崇高な感動を与えるものであれ，読み手はメッセージに対し，知性と感情の両面から共感することができます。

　リーディングが上手になるためには，テキストを読む経験を積まなければなりません。つまり，音声と音声記号の関係だけでなく，単語の意味や語順

---

* 米国のプロクター・アンド・ギャンブル社製の歯磨きの商標。

注釈 4（p.40 参照）

といった手がかりを用いて,試食するように試し読みを行い,どうなっているかを推測し,これからどうなるかを予測し,予測したことが正しいのか正しくないのかを確認できなければなりません。小中学校の教師は,生涯にわたってリーディング活動を継続できる生徒の育成を目指します。

> リーディングがすぐれているということは,読み手として豊かな経験を持っている,ということです。さまざまな文章をさまざまな目的のために読むことから,広範な,語彙,統語構造（語順）,内容,背景となる体験,作者の文体などがよくわかるようになるのです。（Martens, 1997, p. 608）

リーディングについては,専門家の中でもさまざまなアプローチがあります。ある専門家は,リーディングを,フォニックス（「フォネティクス（phonetics,音声学）」と呼ばれることもあります）,語彙,意味理解という3つの基本的なスキルに分けて,それぞれを関連しない別々の授業の中で教える方法を掘り下げようとします。別の専門家は,リーディングをする時には,読み手はことばを処理し,それを自分自身が持つ,先行する経験,知識,文化と関連付けているので,リーディングは構成主義者の見地から教えるのが最適であると考えています。また,リーディングとライティングの指導は結合しなければならないとする,バランスを重視するリテラシー指導理論（balanced literacy instruction）*もあります。

＊第4章 p.159 および注釈6（p.213）参照。

過去の研究において,リーディングの指導と学習を大胆に変革するうえでの,相互に関連した重要なポイントとしてつぎの10項目が挙げられています（Sweet, 1995, pp.1-5）。

1. リーディング活動において,子どもは自分なりに意味を構築します。
2. リーディング指導が効果的に行われれば,生徒は,たえ間なく本に熱中しながら,知識を豊かにし,学習ストラテジーを持ち,動機付けを高く維持し,社会交流を行います。
3. 上手に単語を見きわめるために,まず,聞き取った音声から,音素の存在を意識します。話しことばから音素の存在に気付く[5]ことができると,のちにリーディングの上達にもつながります。

注釈5（p.40参照）

4. 教師によるモデリング（模範の提示）は,教室でのリテラシー学習にとって重要な支援となります。
5. 「チャプター・ブック（chapter book）」*などの子ども向け物語を用いたリーディング活動を,経験,考え,意見をおたがいに述べ合って進めると,子どもの精神活動は高度に活性化します。

＊第3章 p.103 および第4章 p.162,注釈6（p.148）参照。

6. 文章について意見を述べさせる活動をすると,読んだ人が必ずしも同じように反応するわけではないことがわかり,生徒は自分なりの意味を構成できるようになります。
7. 読んだ本について日々話し合いをすると,子どもたちは批判的にリーディングや学習活動に取り組むようになります。
8. リーディングが上達すると,会得したストラテジーを用いて,リーディングを行う前や,最中や,後において,意味が構成できるようにな

ります。
9. 子どもたちのリーディングとライティングの能力は同時に発達します。
10. 理想的なリーディング力の評価は，リーディングに必要なプロセスを評価の時点でどの程度理解しているかを示し，教育的に加工されていない通常行われるリーディング活動にできるだけ近づけて行われます。

　ランゲージアーツを効果的に指導するために，教師はすべてのリテラシー指導の領域においてバランスの均衡を実現し，指導上の重要な決定を行います。そのために，教師は，評価，内容理解の指導，子ども向けの書籍，フォニックス指導，語彙指導などの領域において，相応の知識を持つ必要があります。

ビューイング

　200年以上前，教育における共同作業を提唱し，最初に子ども向けの絵本を製作した著者の一人でもあった John Amos Comenius は，子どもが理解しやすいように，教科書中に手描きの絵や図表を入れるべきであると主張しました。事実，教師はこれまでもずっと，初めてリーディングを学ぶ生徒に，読む時に絵を手がかりにするように指導してきました。今日の私たちの社会には，印刷広告，テレビ番組，ホームページ，映画などのように，伝えたいメッセージ，頭の中の考え，物語などを視覚的に伝達する，さまざまな視覚メディアがあります。このように，私たちの生活の主要な部分はビューイング活動が構成しています。したがって，生徒は視覚イメージの解釈の仕方を学び，この視覚イメージについての知識とほかのランゲージアーツから得られた知識を統合できるようにならなければなりません。

　教師は，生徒が絵本をビューイングする際に，本の中にある視覚イメージに注目させます。John Stewig（1992, p.12）は，授業で絵のある本をみんなで読む際に，段階に応じて以下の3つの指導を行うと，子どもの視覚リテラシーが発達すると述べています。

1. まず，生徒に，本の中で見る物に関連した，個人的な体験を思い出させせます。生徒には，本を読んで何に気付いたか，気付いたことと自分の過去の体験とどう似ているかを話させます。
2. つぎに，生徒に，より大きな話の流れの中にある，1つひとつの小さな話のまとまりに注目させます。たとえば，イラスト中の色の使い方，アメリカの絵本作家 Jan Brett のシリーズにおける，イラストの周りにある縁どりや，Joanna Cole 作の *Magic School Bus* シリーズ[6]において，本の最後のイラスト中の Frizzle 先生のドレス生地のデザインや本の見返し部分のイラストといったものが，どのように本文と関連するのかに注目させます。

注釈6（p.40参照）

『てぶくろ』（原題：*The Mitten*）
Jan Brett（著），おかだ よしえ（翻訳）
岩崎書店，1999 年

『3 びきのゆきぐま』（原題：*Three Snow Bears*）
Jan Brett（著），松井 るり子（翻訳）
ほるぷ出版，2008 年

『からだたんけん』（フリズル先生のマジック・スクールバス）（原題：*The Magic School Bus Inside the Human Body*）
Joanna Cole（著），藤田 千枝（翻訳）
岩波書店，1995 年

『海のそこへ』（フリズル先生のマジック・スクールバス）（原題：*The Magic School Bus on the Ocean Floor*）
Joanna Cole（著），藤田 千枝（翻訳）
岩波書店，1995 年

3. 最後に，芸術上の観点から絵本同士を比較し，ある本にはあって別の本にはない長所を自分なりに見つけて，その理由とともに発表させます。

ビジュアル・リテラシーは急増しています。子どもの本は，つぎからつぎへと映画化やテレビ番組化されています。*Diary of a Wimpy Kid*（邦題：グレッグのダメ日記），*The Cat in the Hat*（邦題：ハットしてキャット），*Bridge to Terabithia*（邦題：テラビシアにかける橋），*Stuart Little*（邦題：スチュアート・リトル），*Harry Potter*（邦題：ハリー・ポッター）などの映画はすべて子ども向けの書籍を基に制作されています。*Arthur and the School Pet*（邦題：アーサーのペット屋さん），*Franklin*（邦題：のんびりやのフランクリン），*The Magic School Bus* シリーズなどのように，テレビ番組となったものもあります。いずれも，購入またはレンタルによって利用できます。

Joan L. Glazer（2000, p. 72）は，つぎのように述べています。

子どもたちに，いま見ていることやこれまで見たこと，視覚的な動作やシンボルをどのように解釈したかを口頭で説明させます。自分たちが観察し

第 1 章　ランゲージアーツを教える　21

たことは，メディアを再生したり，巻き戻したりして確認します。メディアを用いる際には，本の場合と同じように，子どもたちにビューイングやリスニングを行う目的を，教師からはっきりと示したり，子どもたち自身に設定させたりすることが大切です。

『グレッグのダメ日記』
(原題：*Diary of a Wimpy Kid*)
Jeff Kinney（著），中井 はるの（翻訳）
ポプラ社，2008年
『グレッグのダメ日記』（DVD）
20世紀フォックス・ホーム・エンターテイメント・ジャパン，2011年

『キャット イン ザ ハット』
(原題：*The Cat in the Hat*)
Dr. Seuss（著），伊藤 比呂美（翻訳）
河出書房新社，2001年
『ハットしてキャット』（DVD）
角川エンタテインメント，2004年

『テラビシアにかける橋』
(原題：*Bridge to Terabithia*)
Katherine Paterson（著），
岡本 浜江（翻訳）
偕成社，2007年
『テラビシアにかける橋』（DVD）
ポニーキャニオン，2008年

『スチュアートの大ぼうけん』
(原題：*Stuart Little*)
E. B. White（著），さくま ゆみこ（翻訳）
あすなろ書房，2000年
『スチュアート・リトル』（DVD）
ソニー・ピクチャーズエンタテインメント，2009年

『ハリー・ポッターと賢者の石』
(原題：*Harry Potter and the Philosopher's Stone*) J. K. Rowling（著），松岡 佑子（翻訳）
静山社，1999年
『ハリー・ポッターと賢者の石』（DVD）
ワーナー・ホーム・ビデオ，2006年

『アーサーのペット屋さん』（アーサーとなかまたちシリーズ）（原題：*Arthur and the School Pet*)
Marc Brown（著），ふたみ あやこ（翻訳）
青山出版社，1999年

『のんびりやのフランクリン』
(原題：*Hurry up, Franklin*)
Paulette Bourgeois（著），もき かずこ（翻訳）
ジーシー，1992年

ビジュアル・プレゼンテーション

　ビューイングと同じように，ビジュアル・プレゼンテーションも，生徒が視覚的に情報を共有する際には欠かせません。たとえば，複数の円による重なりを示すベン図（図表1.1を参照）をフラフープで作り，『三匹のこぶた（*The Three Little Pigs*）』や『赤ずきんちゃん（*Little Red Riding Hood*）』のように，いくつかの異なるストーリーのある民話や伝承について，共通する部分と異なる部分について視覚的に説明します。コマーシャルのようなビデオ映画を作り，本を紹介します。理科の学習発表会で，ハイパーリンク*を付けて，研究発表をまとめたパンフレットを作ります。

　ビジュアル・プレゼンテーションは，幼い子どもにはきわめて自然な活動です。家族，友だち，ペット，本の好きな部分など，子どもは自分が好きな物をよく絵に描きます。子どもは自分自身の考えた物語を，本当に楽しそうに絵に描きます。子どもが絵を描くと，単語の意味をより簡単に思い出せるようになります。

　教師はビジュアル・プレゼンテーションを用いて，さまざまな新しい事項を効率よく教えます。たとえば，1年生の担任となった，Maria Walther先生はPresidents' Day*の前の週に，George WashingtonとAbraham Lincolnの伝記を読み聞かせます。その際，学級掲示板に，二人の大統領の顔の側面像を注意深く重ねて掲示します。クラスの生徒に，二人の大統領を比べて，どちらか一人しか持たない特徴や，両方がともに持つ特徴を自由に指摘させます。図表1.1のように，共通する特徴は，WashingtonとLincolnの頭部が重なる部分に，一方にしかない特徴は絵の重なり合わない部分に記入します。

　視覚的に学習事項を表現できると，生徒の理解は飛躍的に向上します。ビジュアル・プレゼンテーションは，美術作品やフローチャート，グラフィック・オーガナイザーなどに限定されることなく，さまざまに実施できます。

複数のランゲージアーツ・スキルを統合した学習例

1. たとえば，Walther先生は1年生を対象に，以下のように複数のランゲージアーツ・スキルを統合しています。これは，彼女流のバランスを重視するリテラシー指導の一部を構成するものです。
    - **リスニング：**教師が *If You Give a Pig a Pancake*（Numeroff, L., 1998, New York: Harper Collins）を生徒に読み聞かせます。
    - **スピーキング：**生徒が順番に，この本について話をします。ブタの要求したものをクラス全体で思い出します。

---

* クリックすることで関連する情報が現れるよう，電子文章中で加工された文字列や画像。

* 2月22日生まれの初代大統領 George Washington の生誕を祝う休日（2月の第3月曜日）。2月12日生まれの Abraham Lincoln のことも合わせて祝う。

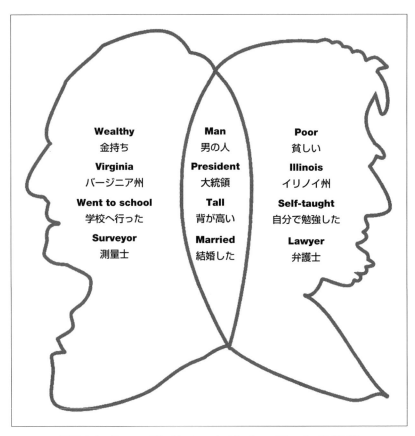

図表1.1：George Washington と Abraham Lincoln のベン図

- **リーディング**：教師は翌日 *If You Give a Pig a Pancake* を再び読みます。生徒は教室の「単語の壁（word wall）」に，どの単語を追加するかを話し合います。たとえば，"pig" という単語には，"big"，"dig" といった単語にも含まれる ig というチャンク（chunk）*があります。同様に，oy というチャンクを含む "toy"，ick というチャンクを含む "stick" も「単語の壁」に載せます。単語中のチャンクには下線を引いておきます。
- **ライティング**：「もし，ブタが家に来たら何をあげますか？」と生徒に問いかけ，その答えとなる文を書かせます。その際の綴りは，自分なりに発明した綴り方でもよいものとします。
- **ビューイング**：クラス全体で，ブタが要求したものをグラフィック・オーガナイザーとしてまとめます。食べ物，洋服，おもちゃ，その他といった分類に合うように項目を記入します。
- **ビジュアル・プレゼンテーション**：ライティング活動の際に書いた文と同じページに，自分がブタにあげたいものを絵に描きます。この絵と文のあるページは，ほかの生徒や外部から見学に来た人にも見てもらえるよう，教室の外の壁に掲示します。

2. アメリカの先住民族に関する2年生の学習ユニットでは，つぎのようにランゲージアーツのスキルを用いました。

* フォニックス指導において，1文字を先頭に付け加えることで単語の意味を変えることのできる文字列。

※ カナダ・アメリカ東部に住むアメリカ先住民。

- **リスニング**：アルゴンキン・インディアン※版のシンデラである，Rafe Martin（1992, New York: Putnam）による *The Rough-Faced Girl*（邦題：みにくいむすめ）を生徒に読み聞かせます。この本が，自分たちがよく知っている，フランス版のオリジナルの

『みにくいむすめ』
（原題：*The Rough-Faced Girl*）
Rafe Martin（著），常盤 新平（翻訳）
岩崎書店，1996 年

「シンデレラ」とどこが似ていて，どこが異なるかについて，クラスメイトが主張することをよく聞いて討議します。（その数日後，この授業を担当する教師は，たとえば，*Cendrillon: A Caribbean Cinderella*（カリブ版シンデレラ，San Souci, R., 2002, New York: Aladdin）や *The Egyptian Cinderella*（エジプト版シンデレラ，Climo, S., 1991, New York: Harper Trophy）といった，その他，いくつかの異なる「シンデレラ」の物語を生徒に紹介し，リテラシー授業の中で同様な比較を行います。）生徒は *The Rough-Faced Girl* の話しを聞いたあと，CD でアメリカ先住民の音楽を聞きます。

- **スピーキング**：生徒に本と歌について交代で発言させます。生徒全員に色の付いたトリの羽を与え，手に持たせます。発言したくなった生徒は，羽を手で高く掲げます。教師から名前を呼ばれたら，生徒はクラスで制作している羽帽子に，持っている羽をさします。手に羽を持っていない生徒は発言できないので，クラスの生徒全員が討論に参加でき，一部の子どもが討論を支配することがありません。
- 生徒のグループ単位で，アメリカ先住民の部族に関して読む本を選びます。本を実際に読む前に，グループごとに部族の文化について，適宜教師の指導を受けながら，すでにその部族について自分たちが知っていること（K: what they already **know** about ...）と，その部族の文化について今後知りたいこと（W: what they **would** like to know about ...）をまとめた表（KWLチャート※）を作成します。
- **リーディング**：北アメリカ全土に展開するアメリカ先住民の部族に関する本を，3，4 人の小グループ単位で読みます。
- **ライティング**：生徒は読みながら，担当している部族の生活様式

※ L については，下のライティングの項目を参照。「KWL チャート」については第 4 章 p. 171 の「KWLチャート」の項を参照。

の具体的な特徴をメモします。読み終えたらグループごとに，担当した部族の文化について学んだこと（L: what they have **learned** about ...）をまとめて，KWL チャートを完成させます。
- **ビューイング**：部族間で似ている点と異なる点をベン図にまとめます。
- **ビジュアル・プレゼンテーション**：学習した部族の特徴的な家の模型を作ります。完成した模型は，ほかの生徒も見ることができるように学校の図書館に陳列します。

3. *Harry Potter and the Deathly Hallows*（邦題：ハリーポッターと死の秘宝）(Rowling, J. K., 2007, New York: Scholastic) に取り組んだ 5 年生の授業では，つぎのようにランゲージアーツのスキルを用いました。このクラスには高い言語能力を持つ生徒が数人いました。
- **リスニング**：生徒は，*Harry Potter and the Deathly Hallows* の第 1 章の教師による読み聞かせに耳を傾けます。生徒は，物語でつぎに何が起こるかを予測し合い，おたがいのことばに耳を傾けます。

『ハリー・ポッターと死の秘宝』
（原題：*Harry Potter and the Deathly Hallows*）
J. K. Rowling（著），松岡 佑子（翻訳）
静山社，2008 年

- **スピーキング**：生徒は，物語でつぎに何が起こるかについて，それぞれの意見を述べます。このような物語の予測を，1 章，4 章，7 章，10 章，13 章，16 章のように 3 つおきの章で行います。
- **リーディング**：ペアを組んで物語を読み進めます。クラス全体で討論できるように，読む章には具体的に読み終わる締め切り日を設定します。
- **ライティング**：生徒はペアを組み，本を読みながらノートに対話ジャーナル（dialogue journal）を書きます。ノートには話の流れ，登場人物，作者の文体などについて，おたがいに感じたことを対談風にまとめます。
- **ビューイング**：小グループになり，生徒同士で物語のシーンを選び，ドラマを作ります。選んだシーンに基づいて脚本をグループごとに作り，練習を繰り返し，クラス発表会に備えます。
- **ビジュアル・プレゼンテーション**：劇を行ったグループごとに，雑誌中の写真を用いて，Harry Potter の冒険についてコラージュ

を作成します。

4. 中学2年生の授業では，*Holes*（邦題：穴）(Sachar, L., 1998, New York: Farrar, Straus, and Giroux) に関連してつぎのようにランゲージアーツのスキルを用いました。

『穴 HOLES』（原題：*Holes*）
Louis Sachar（著），幸田 敦子（翻訳）
講談社，2006年

注釈7（p. 40参照）

- **リスニング**：「ポップコーン読み（popcorn oral reading）」[7]と呼ばれる方法で，最初の2章を交代で音読させます。ポップコーン読みのあと，物語についてどう感じたかをクラス内で話し合い，クラスメイトの発言に耳を傾けます。

* *Holes* は全50章の物語。

- **スピーキング**：Sachar の書く章は短く簡潔なので，教師は7つの章をひとまとまりとして生徒に読ませます。*生徒は7章ごとに，物語について自分の意見を述べます。少年拘置所で男子生徒の Stanley が心に誓ったことを物語る際の作者のユーモアや悲しみの表現について話し合います。

- **リーディング**：生徒は，*Holes* の残りの章を個別に読み進めます。クラス内で物語を討論する際に，関連する本のセクション（節）を読みなおします。生徒はさらに，逮捕されたあとに，少年拘置所送りとなった若者のニュース記事も読みます。

* 定期的に学習を記録するノート。

- **ライティング**：生徒は，もし自分が少年拘置所の Stanley や Stella（女子生徒の場合）だったらどうなるかを，物語を読み進めながら，毎回，ジャーナル*にまとめます。ホームシックになり，家族や友人を恋しく思う気持ちや，それぞれどのような未来が待ち受けているかについて，考えることを忌憚（きたん）なく書きます。

- **ビューイング**：グループ単位で物語中のシーンを選び，劇を演じます。

- **ビジュアル・プレゼンテーション**：生徒はグループごとに紙袋を用いて円筒形の「穴（hole）」を作り，穴の内側に，*Holes* 中でそれぞれが好きな句，文，段落を書き込みます。製作した「穴」は，クラス全体やほかの中学生も見ることができるように，クラスの掲示板に展示します。

ことばを上手に使える生徒とは？

　教師は，それぞれのランゲージアーツのスキルを十分理解するとともに，ことばを上手に使える生徒の持つ特徴について把握します。米国英語教師協議会小学校部門運営委員会（The Steering Committee of the Elementary Section of the National Council of Teachers of English, NCTE, 1996）は，つぎのような7つの特徴を指摘しています。それぞれの特徴は教室での活動のみならず，目をさましてから眠るまで，1日を通じた生徒の具体的なことばの使い方とも関係します。

1. **自分のことが表現できる**
   　生徒は，自分の考えていることをことばで表現して，自分の個人的な体験と，所属する地域や社会が持つ体験とを関連付けます。自己表現活動は，たとえば，読みたい本，話し合いたいトピック，文字に書き表したいことなどについて，自分で選択を行う際に現れます。つまり，自己表現活動は，生徒が個人としての声を上げることなのです。
2. **耽美的意識を持ってことばを使う**
   　ことばを美しく用いて，周りの人と話をしたり，文献を読んだり，文章を書いたり，自分の生活を豊かなものにしたりします。
3. **周りと協力しながら探究する**
   　学びの道具としてことばを用い，一般的なコンセプトや個人的なアイデアをクラスメイトと協力しながら，さまざまに調査します。
4. **ストラテジーとしてことばを使う**
   　意味の共有とは，話し手の考えが誤りなく相手に伝わることです。周りから学んだり，自分なりに考え出したりした問題解決のストラテジーを使って意味を共有します。
5. **創造的にコミュニケーションする**
   　テキストの形式やジャンル（genre）を創造的に用いて，考えていることを正しく相手に伝えます。
6. **内省的に解釈する**
   　ことばを用いて自分の学習体験を体系化して評価し，個人や社会における価値を問い，創造的かつ批判的に思考します。
7. **しっかり考えたうえで応用する**
   　ことばを用いて問題を解決し，周りを説得し，思ったことを実行に移します。

学際的指導

　異なる教科を統合して指導する，学際的指導（interdisciplinary instruction）[*]へと移行する学校が増えています。学際的指導では，すべての教科を単一のテーマを持った学習ユニット内で指導します。こうすることによって，生徒の学習体験を，理科や社会科といった教科の教科書にのみ依存させた場合よりも，たいていの場合，より関連性のある学習体験ができるよ

---

[*] 教科横断的指導（cross-curricular teaching）とも言う。

うになります。教師は，毎日，十分な時間を確保して，生徒が自分で選んだ教材を黙読したり，ジャーナルを作成したり，クラスメイトを前にテキストを音読したりします。理科，算数，社会科といった教科では，学習の記録（学習ログ：learning log）を付けます。こうすることで，生徒自身が新しく得た情報を理解して要約するだけでなく，個人やクラスが追加で読むべき文書ができ上がります。

　Ramey（1995）は，すぐれたランゲージアーツの学習プログラムは，教師だけで作りうるものではなく，つぎのように作られると主張しています。

注釈8（p.40参照）

> すべての生徒にとって，質の高いランゲージアーツの学習プログラムを提供できるよう，親，教師，管理職が協力します。〔中略〕 Pope Schoolは，クリティカル・シンキング（critical thinking）[8]を進め，リテラシーの基盤を作り，生涯を通して読書好きでいられるような，統合化されたランゲージアーツ学習プログラムの提供を目指します。(p.419)

　ランゲージアーツ学習のプログラムで高い評価を受けている，ニュージャージー州の郊外にある Lafayette Township School は，リーディング，ライティング，リスニング，スピーキングを，算数，理科，社会科といった教科に不可欠なスキルである，と考えています。同校の生徒は，毎日，十分な時間をとって黙読を行い，定期的に教師が読み聞かせを行っています。ライティングの多くはリーディングと組み合わせて行われます。

生徒のアセスメント

　「アセスメント（assessment）」とは，データを収集して特定の領域における生徒の強さと弱さを把握しようとするものです。Au, K. H. and Valencia, S. W.（2010）によれば，アセスメントは，「データのより掘り下げた分析や，より形成的な学級アセスメント（formative classroom assessment）[9]を支援し，指導と学習に良い影響が出るように」(p.378)

注釈9（p.40参照）

使われるべきであるとしています。今後どう指導したらよいか情報に基づいた決定をする際に，アセスメントの結果やデータが用いられれば，生徒の成長について適切な「評価（evaluation）」が行われたことになります[10]。教

注釈10（p.40参照）

師は日々生徒の観察を行いながらさまざまな情報源からデータを収集し，得られた情報を今後の授業や指導活動に活かします。ランゲージアーツを指導

注釈11（p.40参照）

するには，教師が，逸話記録法（anecdotal record）[11]，個々のスキル領域における進歩を示すチェックリスト，略式のリーディング評価一覧表（in-

注釈12（p.40参照）

formal reading inventory）[12]，それぞれの課題が含むべき項目を記述したルーブリック（ルーブリックについては，次項の「形成的アセスメントの方法」を参照のこと），小テスト，代替アセスメント（alternative assess-

注釈13（p.40参照）

ment）[13]，学習到達度を測定する標準到達度テスト（standardized achievement test），問題点を発見する診断テストなどのさまざまなアセスメント方法を理解したうえで利用できなければなりません。

形成的アセスメントと総括的アセスメント

「形成的アセスメント（formative assessment）」とは，日々行われる継続的アセスメントのことです。たとえば，1年生のレベルでの個々の生徒の音読の状況を評価したり，6年生の社会科の授業でローマ人のことを調査するプロジェクトの一部として作成されたレポートを評価したりします。教師は形成的アセスメントを用いて，生徒一人ひとりの成長の過程をより詳細に把握します。生徒も形成的アセスメントを用いて，自分の長所と短所を自分なりに点検し把握します。幼稚園から8年生まで，教師は形成的アセスメントの結果について，生徒と，繰り返し面談を行いながら，うまくいっていることと，さらに改善が望まれることとを明らかにします。生徒は，ある学習事項を誤って理解していたり，背景として持つ経験が不足していて理解できなかったりすると，適切な学習の道から外れてしまいます。教師は，子どもの観察者としての経験を積むと，このような面談を通じて生徒を正しい道へと連れ戻すことができます。

「総括的アセスメント（summative assessment）」では，一定期間後の進歩の度合いを数値化して計測します。「落ちこぼれ防止法（No Child Left Behind Act, NCLB）」の一環として，年に1度行われる，全州を対象としたリーディングおよびライティングのテストは，その例です。ふつう，学校の学年ごとにテストの結果をまとめ，関係者や地域組織の構成員にその情報が公開されます。学校の管理職や教師は，総括的アセスメントの得点を精査して，より集中した指導を行うべき項目とともに，カリキュラム上強化すべき項目について把握します。

形成的アセスメントの方法

大半の教師が1度ないし2度程度は，何を目指した課題かを生徒に説明する際に，ルーブリック（評価指標表）を用いたことがあるでしょう。ルーブリックは，ライティングの課題，プロジェクト，演劇による再現といった活動においてよく用いられます（図表1.2および図表1.3を参照）。

なかでも，ライティングの指導においてルーブリックはたいへん役に立ちます。教師は，中心的な学習事項を明確にして，学習目標を定めたあと，課題に関連したルーブリックを作成します。その際，生徒が主体的に自分の学習に関与できるよう，生徒に手伝ってもらいながら，ルーブリックを作成することもよく行われています。米国の州レベルの教育委員会の多くが，ルーブリックの実例を，ランゲージアーツを含めたさまざまな学習領域において用意しています。地域の学校区においても同様に，オンラインで，カリキュラムや関連するアセスメントの方法の実例をルーブリックも含めて公開しています。www.busyteacherscafe.com や www.teachnet.com のようなウェブサイトではさらに，教師向けにレッスンプランやルーブリックも提供しています。www.rubistar.4teachers.org からは，教師がレッスンの到達目標を入力すれば，そのレッスンのルーブリックを自動作成してくれるRubistarが利用できます。このサイトの利用にはユーザー登録が必要です。

逸話記録法も有効な評価法です。逸話記録とは，毎日の指導記録において，生徒の学校滞在時全般にわたって作成されるメモのことです。ノート，

	全体の印象（9）	話し方（14）	レポートの要素（10）
3	・独創性がある ・言いたいことがはっきりしている ・聞いていて引きつけられる ・わかりやすい ・人の目を引きつける工夫がある	・聞き手を聞く気にさせる ・はっきりと，大きな声で，自分らしく，話している ・話しをする態度が適切 ・誠実そうに見える	・以下の要素を含んでいる 　物語の背景 　登場人物 　問題 　出来事（3つ） 　ネタばらしにならないような工夫 ・論理的で，順番を追って述べている
2	・言いたいことがはっきりしている ・聞いていて引きつけられる ・わかりやすい	・はっきりと，大きな声で，自分らしく，話している ・話しをする態度が適切 ・誠実そうに見える	・以下の要素を3つ以上含んでいる 　物語の背景 　登場人物 　問題 　出来事（3つ） 　ネタばらしにならないような工夫 ・論理的で，順番を追って述べている
1	・言いたいことがはっきりしてない ・聞いていて楽しくない	・スピーチの質が低い ・全般的に発表の質が低い	・以下の要素を2つ以上含んでいる 　物語の背景 　登場人物 　問題 　出来事（3つ） 　ネタばらしにならないような工夫 ・論理的で，順番を追って述べている
0	・努力が見られない	・努力が見られない	・努力が見られない

図表1.2：口頭によるストーリーテリング活動を評価するルーブリック（Jones. B., Little. A., Marshall. N., Slack, P., and Parsons, S. (1998). Tifton. GA: Len Lastinger Elementary School, Tift County Schools より）（　）内の数字は配点。

　レポート用紙を載せたクリップボード，携帯電子機器などを用いて作ります。生徒の興味，行動，学習活動など，あらゆるものが記録の対象となります。教師は，授業が終わってから，メモを生徒ごとにまとめて，コンピュータに記録するのもよいでしょう。はがきサイズの罫線入りカードを写真用アルバムに貼り，しだいにページを増やしていくと，すばやく効率よく整理できます（p.33「囲み記事1.1：逸話記録の作成」方法参照）。一人の生徒について，1枚のカードに書き込む余白がなくなったら，ポートフォリオへと移し入れます。

　大多数の学校区において，依然，標準到達度テストが使われています。しかし，その一方で，ポートフォリオも，継続的アセスメントの1つの方法として用いられるようになっています。標準到達度テストは，年に1度実施して，生徒全体を1つの集団として評価する総括的アセスメントです。たとえて言えば，シャッターを1度だけ押して撮影した写真のようなもので，個人がその結果について満足する場合もあれば，そうならない場合もあ

	トピック（7）	着想（7）	文の構造（7）	表記（4）
4	・10個のトピックすべてが述べられている	・いままでにない考え ・焦点が絞り込まれている ・詳細な記述が多い	・明確に書かれている ・完結している ・さまざまな文の長さを持っている ・記述にふさわしい文の構造	・以下の項目についてほとんど誤りがない 　大文字（文頭および固有名詞の語頭を大文字にする） 　文末の句読点（文末に置く．（ピリオド），！（感嘆符），？（疑問符）） 　コンマ 　段落の字下げ 　綴り
3	・8つのトピックが述べられている	・いままでにない考え ・焦点が絞り込まれている ・詳細な記述がいくつか見られる	・大半の文が明確に書かれている ・文が完結している ・文の長さがそれなりに変化している ・単純な文構造	・以下の項目についていくつか誤りがある 　大文字 　文末の句読点 　コンマ 　段落の字下げ 　綴り
2	・6つのトピックが述べられている	・いままでにない考え ・詳細な記述も見られる ・焦点から遠ざかっている	・明確に書かれていない文がある ・複数の文が不適切につながっている[14] ・完結していない文がある[15] ・文長の変化が乏しい	・以下の項目について半分以上の文について誤りがある 　大文字 　文末の句読点 　コンマ 　段落の字下げ 　綴り
1	・4つのトピックが述べられている	・考えにまとまりがない ・詳細な記述がほとんど見られない ・焦点を持っていない	・文が明確ではない ・完結していない文が多い ・文の長さに変化がない	・以下の項目について大半の文について誤りがある 　大文字 　文末の句読点 　コンマ 　段落の字下げ 　綴り
0	・努力が見られない	・努力が見られない	・努力が見られない	・努力が見られない

注釈14（p. 40参照）

注釈15（p. 40参照）

含むべきトピック：1）あなたは誰？，2）あなたはどのように見える？，3）どこに住んでいる？，4）どのような家族ですか？，5）ペットを飼っていますか？　飼っている場合には，どのようなペットを飼っている？，6）学校のことをどう思いますか？，7）友だちは誰？その人が友だちであるのはなぜ？，8）好きな先生とその理由？，9）あなたの困っていることは何？，10）あなたの望みは何？

図表1.3：自分についての物語を作文するライティング活動を評価するルーブリック（AbduLhadi, S. and Powell, A. (1998). Tifton. GA: Northside Elementary School, Tift County Schools より）

| 記事 1.1 | 逸話記録の作成 |

　教師は学習活動や教材に対する生徒の反応，学習ストラテジーの発達，基本的な好き嫌いなどをつねに把握します。生きていくうえでも重要なスキルとなる，自律性や重要な生活上のスキルの発達についても同様に注意を払います。加えて，生徒の身体が健全に育っているかを継続して記録します。このように蓄積された情報から，指導上意義を持つなんらかの行動のパターンが見えてきます。このパターンはほかの教科同様，ランゲージアーツの発達にも影響を及ぼします。保護者面談の際にはこのパターンを保護者に報告します。たとえば，メモから Rod がこの 2 週間の間，3 回も授業中に居眠りしていたことが明らかになった場合には，教師から本人の保護者に電話で連絡します。Rod は毎晩夜更かしをしていたり，病的な問題を抱えていたりするかもしれません。

　はがきサイズの写真を収納する，台紙がビニールで覆われているアルバムを使えば，効率よくメモの作成ができます。アルバムを開くと，片側に 2 枚ずつ，見開きで 4 枚のカードが現れます。教師は，カードの左下に生徒の氏名を書き，台紙にテープで留めておきます。カードを氏名のアルファベット順で留めておけば，新たにメモを書き足す場合に，ページをめくって，目的の生徒のカードがただちに見つかります。1 枚のカードに書き込めなくなったら，必要に応じて参照できるよう，テープをはがしてプラスチック製のフォトケースに入れておきます。あとで，ケースのカードをまとめてポートフォリオに入れてもよいでしょう。以下は，生徒の氏名一覧のカードと逸話記録カードの例です。

```
Lisa A.        Hector L.
Adam A.        Jimmy N.
Mark B.        Ty P.
Jose B.        Carole P.
Roberta B.     Leon P.
Melinda C.     Harry T.
Melissa H.     Jason T.
Terry H.       Julie T.
Jenny K.       Linda W.
Linda L.
```

```
9/3   Brought her new public library card
9/6   Wrote a poem for social studies
9/14  Had trouble deciding which group to
      join




Lisa A.
```

```
9/5   Very happy about being back in school
9/6   Forgot homework
9/7   Brought yesterday's homework; worked with
      Hector on a writing project
9/8   Brought in a box turtle he found on way
      home from school
9/14  Requested to work with Hector and Eric on
      science project; Joked
9/16  Late to school
9/21  The science project turned out great;
      complimented Hector and Eric on their work
Mark B.
```

```
9/6   Worked well with Ivan on writing
      up science experiment
9/8   Had trouble with writing topic
      sentences
9/13  Lost his library book
9/14  Found  "   "  " in his locker
      Wrote a nice letter to Jason who was out ill



Hector L.
```

ります。これに対し，ポートフォリオは，いわば子どもの成長について一定の期間撮影し続けた写真を集めたアルバムです。生徒が所属する学年のみならず，在学する全期間にわたって継続して行われるアセスメントを「形成的アセスメント（formative assessment）」と呼びます。ポートフォリオは，生徒の当該年度，あるいは，全在学期間にわたり行われる形成的アセスメントの一種です。アセスメントが学期末や学年末に行われれば，「総括的アセスメント（summative assessment）」になります。ポートフォリオには，生徒が興味を持っていることのリスト（「囲み記事 1.2」参照），第 1 稿から最終稿までの作文のサンプル，個人やクラスの共通課題として読んだ本のリ

スト，生徒の演劇活動や，子ども向けの本から生徒がみずから選んだ詩や気に入った箇所の文章の音読を記録したビデオや音声テープなどが収録されます。収録される項目にはかならずその日付を記載します。

記事 1.2　生徒が興味を持っていることのリスト

氏名：　　　　　　　　　　　　　　　　　学年：

…がしたい
1. ＿＿＿＿＿＿＿＿＿＿＿＿
2. ＿＿＿＿＿＿＿＿＿＿＿＿
3. ＿＿＿＿＿＿＿＿＿＿＿＿

…についての本が好き
1. ＿＿＿＿＿＿＿＿＿＿＿＿
2. ＿＿＿＿＿＿＿＿＿＿＿＿
3. ＿＿＿＿＿＿＿＿＿＿＿＿

好きな本
1. ＿＿＿＿＿＿＿＿＿＿＿＿
2. ＿＿＿＿＿＿＿＿＿＿＿＿
3. ＿＿＿＿＿＿＿＿＿＿＿＿

好きな作家
1. ＿＿＿＿＿＿＿＿＿＿＿＿
2. ＿＿＿＿＿＿＿＿＿＿＿＿

これから読みたい本
1. ＿＿＿＿＿＿＿＿＿＿＿＿
2. ＿＿＿＿＿＿＿＿＿＿＿＿
3. ＿＿＿＿＿＿＿＿＿＿＿＿

…について作文しました
1. ＿＿＿＿＿＿＿＿＿＿＿＿
2. ＿＿＿＿＿＿＿＿＿＿＿＿
3. ＿＿＿＿＿＿＿＿＿＿＿＿

…について書いてみたい
1. ＿＿＿＿＿＿＿＿＿＿＿＿
2. ＿＿＿＿＿＿＿＿＿＿＿＿
3. ＿＿＿＿＿＿＿＿＿＿＿＿

…についてもっとよく知りたい
1. ＿＿＿＿＿＿＿＿＿＿＿＿
2. ＿＿＿＿＿＿＿＿＿＿＿＿
3. ＿＿＿＿＿＿＿＿＿＿＿＿

…についてのビデオが見たい
1. ＿＿＿＿＿＿＿＿＿＿＿＿
2. ＿＿＿＿＿＿＿＿＿＿＿＿
3. ＿＿＿＿＿＿＿＿＿＿＿＿

学校によっては，ポートフォリオ中の各項目について，ポートフォリオに含める理由を記したカードの添付が義務付けられています。その場合，生徒もしくは教師のいずれか，あるいは双方が，ポートフォリオ中に入れる価値があることを説明しなければなりません。たとえば，登場人物について上手に掘り下げられている物語風のライティング作品，人体に関する理科の学習発表会で，当該の生徒が人間の消化活動について描いたイラストを含めた研究発表資料といった項目を入れます。

望ましくは，さまざまな形態のアセスメントを指導プロセス全体の中に最初から組み入れておきます。アセスメントは思いつきで加えるものではありません（図表1.4参照）。

生徒の活動	客観的採点法	主観的採点法
筆記	テスト 　多肢選択 　正誤 　項目合わせ 　空所補充	小論文 レポート
実演 (制作過程および制作物)	活動や制作物について，特定の特徴の有無を確認するチェックリストやルーブリック	活動や制作物の質の高さに応じた評価尺度
個別コミュニケーション (教師対生徒)	選択回答式のアンケート	自由記述式のアンケート ポートフォリオ 面談

図表1.4：さまざまなアセスメント方法

本章で学んだこと

　ランゲージアーツは，基本的に，リスニング，スピーキング，リーディング，ライティング，ビューイング，ビジュアル・プレゼンテーションの6つのスキルで構成されます。シンキング（thinking，思考）は，6つのスキルすべてを建物の基礎のように下支えする7番目のスキルであると考えられています。ランゲージアーツのそれぞれのスキルは，同時期に，おたがいに関連し合いながら発達します。教師はランゲージアーツのスキルを1つずつしっかり把握しつつ，全体を上手に統合して指導します。

　今日，リーディングとライティングの学習を開始したばかりの初学年の生徒には，読解指導とともにフォニックス指導を並行して行う指導法が注目されています。このようなバランスのとれた指導法は，ライティングの発達にとってもプラスの効果をもたらします。その後，小学校高学年や中学生になると，生徒自身と関連する，実社会の教材を用いた学習が，ランゲージアーツのスキルをさらに伸ばし，微妙な調整も可能にします。

　アセスメントはランゲージアーツ指導において重要です。教師はさまざまな方法でアセスメントを行い，生徒の長所や短所を見きわめます。さらに，アセスメントから得られた情報に基づいて，実際の指導（instruction）を発展させ，最終的には，適切な教育上の指導法（methodology）として実施します。教師は，特別なニーズを抱える生徒や，通常とは異なる背景を持つ生徒を含め，あらゆる生徒のニーズに応えなければなりません。

答えられますか？

1. ランゲージアーツ指導は，どのように変化してきましたか？
2. 話し手が話す時にどのような癖があると，聞き手が聞き取る際の障がいとなりますか？
3. 家庭環境は，萌芽的リテラシーの発達にどのようなプラス，もしくはマイナスの影響をもたらしますか？

4. バランスを重視するリテラシー指導（リーディングおよびライティング）とは何ですか？

振り返りをしましょう

　リスニング，スピーキング，リーディング，ライティング，ビューイング，ビジュアル・プレゼンテーションというランゲージアーツの6つのスキルについて，自分が幼い頃，学校でどのような活動をしましたか？ 思い出してリストにしてみましょう。本書を授業で使用している場合，クラスメイトとこのことについて話し合ってみてください。今日の多様性のあふれるクラスでも実行可能な活動は何ですか？

やってみましょう

1. 幼い子どもたちが公園や保育園で遊んでいる時に，どのような話し方をしているか耳を傾けてください。その子どもたちにしかない珍しいことばの使い方を見つけてください。
2. リスニング活動を難しくする内的，外的な要因は何ですか？ 箇条書きにまとめてください。
3. 経験豊かな先輩教師に，この15年から20年の間で，リーディングやライティングの指導はどのように変化したかを尋ねてみてください。

参考文献

Adams, D. and Hamm, M. (2001). *Literacy in a Multimedia Age.* Norwood, MA: Christopher Gordon.

Adams, M. J. (1990). *Beginning to Read: Thinking and Learning about Print.* Urbana, IL: Center for the Study of Reading.

Anderson, R. C., Hiebert, E. H., Scott, J. A., and Wilkinson, I. A. G. (1984). *Becoming a Nation of Readers: The Report of the Commission on Reading.* Washington, DC: National Institute of Education.

Anderson, S. (2009, June 29). Conversing helps language development more than reading alone, http://www.sciencedaily.com/releases/2009/06/090629132204.htm (retrieved March 16, 2010)

Au, K. H. and Valencia, S. W. (2010, May). Fulfilling the potential of standards-based education. *Language Arts, 87* (5): 373-380.

Baumann, J. F., Hoffman, J. V., Moon, J., and Duffy-Hester, A. M. (1998). Where are teachers' voices in the phonics/whole language debate? Results from a survey of U. S. elementary teachers. *The Reading Teacher, 51* (9), 636-650.

Cochran-Smith, M. (1984). *The Making of a Reader.* Norwood, NJ: Ablex.

Coiro, J., Knobel, M., Lankshear, C., and Leu, D. (2008). Central issues in new literacies and new literacies research. In J. Coiro, M. Knobel, C. Lankshear, and D. Leu (Eds.), *Handbook of Research on New Literacies* (pp. 1-22). New York: Lawrence Erlbaum.

Cooter, R. B. and Perkins, J. H. (2007). Looking to the future with *The Reading Teacher. The Reading Teacher, 61* (1), 4-7.

Danielson, C. (2007). The many faces of leadership. *Educational Leadership, 65* (1), 14-19.

Duffy, G. (1992). Let's free teachers to be inspired. *Phi Delta Kappan, 73* (6), 442-447.

Farris, P. J., Fuhler, C., and Walther, M. (2004). *Teaching Reading: A Balanced Approach for Today's Classrooms.* Boston: McGraw-Hill.

Fisher, C. and Terry, A. (1990). *Children's Language and the Language Arts* (3rd ed.). Boston: Allyn & Bacon.

Glazer, J. L. (2000). *Literature for Young Children* (4th ed.). Upper Saddle River, NJ: Merrill/Prentice-Hall.

Graves, D. (1983). *Writing: Teachers and Children at Work.* Portsmouth, NH: Heinemann.

Guthrie, J., Gambrell, L. B., Morrow, L. M., and Pressley, M. (Eds.). (2007). *Best Practices in Literacy Instruction* (3rd ed.). New York: Guilford.

Hagood, M. C. (2009). Mapping a rhizome of 21st century language arts: Travel plans for research and practice. *Language Arts, 87* (1), 39-48.

IRA. (2010). *Standards for Reading Professionals*, 2010. Newark, DE: Author.

Kiefer, B. Z., Hepler, S., and Hickman, J. (2007). *Children's Literature in the Elementary School* (9th ed.). Boston: McGraw-Hill.

Kong, A. and Fitch, E (2002-2003). Using Book Club to engage culturally and linguistically diverse learners in reading, writing, and talking about books. *The Reading Teacher, 56* (4), 352-362.

Johnson, T. D. and Louis, D. R. (1987). *Literacy through Literature*. Portsmouth, NH: Heinemann.

Juel, C., Biancarosa, G., Coker, D., and Deffes, R. (2003). Walking with Rosie: A cautionary tale of early reading instruction. *Educational Leadership, 60* (7), 12-18.

Martens, P. (1997). What miscue analysis reveals about word recognition and repeated reading: A view through the "Miscue Window." *Language Arts, 74* (8), 600-609.

Miller, D. (2008). *Teaching with Intention: Defining Beliefs, Aligning Practice; Taking Action*. Portland, ME: Stenhouse.

Morrow, L. M. (2004). Motivation: The forgotten factor. *Reading Today, 21* (5), 6.

National Reading Panel. (2000). *Report of the National Reading Panel: Teaching Children to Read*. Washington, DC: National Institute of Health.

NCTE Elementary Section Steering Committee. (1996). Exploring language arts standards within a cycle of learning. *Language Arts, 73* (1), 10-13.

NCTE/IRA. (1996). *Standards for the English Language Arts*. Urbana, IL: National Council of Teachers of English and International Reading Association.

Ramey, E. K. (1995). An integrated approach to language arts instruction. *The Reading Teacher, 48*(5), 418-419.

Smith, F. (1978). *Comprehension and Learning*. New York: Holt, Rinehart, & Winston.

Smith, F. (1988). *Joining the Literacy Club: Further Essays in Education*. Portsmouth, NH: Heinemann.

Smith, F. (1992). Learning to read: The never ending debate. *Phi Delta Kappan, 73* (6), 442-447.

Stewig, J. (1992). Reading pictures, reading texts: Some similarities. *The New Advocate, 5* (1), 11-22.

Strickland, D. (1977). Promoting language and concept development. In B. Cullinan and C. Carmichel (Eds.), *Language and Young Children*. Urbana, IL: National Council of Teachers of English.

Sweet, A. P. (1995). *State of the Art: Transforming Ideas for Teaching and Learning to Read*. Washington, DC: U.S. Department of Education.

Taylor, D. (1983). *Family Literacy*. Norwood, NJ: Ablex.

Van Allen, R. (1976). *Language Experiences in Communication*. Boston: Houghton Mifflin.

Vygotsky, L. (1978). *Mind in Society: Development of Higher Psychological Processes*. Cambridge, MA: Harvard University Press.

参 考 図 書

Climo, S. (1991). *The Egyptian Cinderella* (R. Heller, Illus.). New York: Harper Trophy.

Cohn, J. (1987). *I Had a Friend Named Peter* (G. Owen, Illus.). New York: Morrow.

Curtis, C. P. (2007). *Elijah of Buxton*. New York: Scholastic.

Horowitz, A. (2009). *Crocodile Tears*. New York: Philomel.

Martin, R. (1992). *The Rough Faced Girl* (D. Shannon, Illus.). New York:Putnam.

McDonald, M. (2010). *Judy Moody, Book 1*. Somerville, MA: Candlewick.

Numeroff, L. (1998). *If You Give a Pig a Pancake* (F. Bond, Illus.). New York: HarperCollins.

Pennypacker, S. (2007). *Clementine*. New York: Hyperion.

Rowling, J. K. (2007). *Harry Potter and the Deathly Hallows*. New York: Scholastic.
Sachar, L. (1998). *Holes*. New York: Farrar, Straus, and Giroux.
San Souci, R. (2002). *Cendrillon: A Caribbean Cinderella* (B. Pinkney, Illus.). New York: Aladdin.
Winkler, H. and Oliver, L. (2009). *Dump Trucks and Dogsleds*. New York: Grossett & Putnam.

注　釈

1. 米国では州ごとに学校制度が異なるが，多くの場合，日本の「中学校」に相当する middle school / junior high school には，7th grade と 8th grade の2学年があり，「高校」に相当する senior high school には，9th grade から 12th grade までの4学年がある。中学校までの教育は学ぶ内容の共通性をより重視するのに対し，高校では生徒の適性に応じて多様な選択科目が用意されている。本書における「幼稚園から8年生（中学2年生）まで」という記述は，このような共通性を重視する教育課程全体を指している。

2. 以下のナーサリーライムに見られるような，語頭に同じ発音を持つ語を効果的に並べる詩の技法。

    Peter Piper picked a peck of pickled peppers.
    A peck of pickles Peter Piper picked
    If Peter Piper picked a peck of picked peppers,
    How many pickled peppers did Peter Piper pick?

    音声については http://www.youtube.com/watch?v=gGSRavUHyb4 を参照のこと。

3. multimodality. アイデアを伝える際に，文字，音声，視覚などの多面的なコミュニケーションの様式（モード）を利用すること。従来，マルチメディア（multimedia）と呼ばれてきたものと密接な関係があるが，マルチモダリティが認知的活動に焦点があるのに対して，マルチメディアは，科学技術を利用した，見る者を引きつける影像の作成に焦点がある（第7章注釈1（p.324）参照）。

4. Christopher Paul Curtis 作。19世紀のアメリカにおいて，奴隷制度が認められていた南部からカナダのオンタリオ州バクストン（Buxton）まで，亡命した黒人の一家に生まれた11歳の少年 Elijah が旅をする物語（2007年，New York: Scholastic 社刊）。

5. phonemic awareness と呼ばれる活動は，文字と音声を結び付ける phonics（フォニックス）とは異なり，音声を聞いて音素を見きわめて操作する活動を指す。

6. スクールバスに乗って，過去や未来，身体の内部，宇宙などに出かける物語。担任の Frizzle 先生のドレスは，物語のテーマに応じて変化する。絵本のほか，テレビアニメ化され，日本では1999年から2000年にかけて日本語吹き替え版が放映された。

7. 教師はまず一人の生徒を指名し，その生徒はクラスの前へと進み，指定された範囲まで音読を行う。音読が終わったら，それまで音読をしていた生徒が別の生徒を指名し，音読を交代する。「ポップコーン読み」は，このように，生徒自身がつぎに音読する生徒を指名して音読を繰り返す活動。

8. 批判的思考。先入観にとらわれることなく，物事の本質を見きわめるために，さまざまな視点から「本当に正しいのか」を問い続けながら論理的な結論を導く思考法。

9. 単に「形成的評価（formative assessment）」とも呼ばれる。生徒の現在の学習状況を把握し，今後どのように学習すべきかの指針を立てることを目的とする評価。

10. assessment も evaluation も，ともに「評価」として訳出されるが，assessment はデータの包括的な収集に，evaluation は測定後の判断に，それぞれ重きを置く点で異なる。

11. 生徒がなんらかの行動をとった際，その行動の状況を教師の観察に基づいて記録したもの。教師の記憶に基づく記録なので，なるべく早い時期に作成することが求められる。

12. 一覧表形式でリーディングに関する複数の調査項目をまとめ，生徒全体の状況を把握するもの。年に数回実施する。実例については，以下を参照のこと。http://people.uncw.edu/robertsonj/SEC300/Creating%20Informal%20Reading%20Inventory.pdf（2013年6月1日アクセス）

13. 一人の生徒に関して，生徒自身や教師や，場合によっては親が，長期間にわたってさまざまな学習成果物を収集して，学習が行われ，学力が向上したことを検証するもの。学習の結果に重きを置く伝統的なアセスメントと異なり，学習のプロセスを重視してアセスメントを行うもの。「ポートフォリオ・アセスメント（portfolio assessment）」と呼ばれることもある。

14. run-on sentence と呼ばれる。（例：*It was a rainy day we saw a lot of puddles on the road. 正しくするには It was a rainy day; we saw a lot of puddles on the road. のように，セミコロン（;）で2つの文に区切るなどの方法がある。）

15. fragment と呼ばれる。（例：*Without a cover. 正しくするには I've found a book without a cover on the road. のように，主語や動詞，場所を表す語句を補う。）

第 2 章

ライティング：多次元的プロセス

ライティングを教える技能には 2 つあります。それは教え方と書かせ方です。
〔Donald Graves, *Writing: Teachers and Children at Work*（1983）より〕

教室をのぞいてみましょう：ライティング・ワークショップ*

* writer's workshop. ライティングを実際に行いながら学ぶ授業（本章 p. 65 参照）。

　28 人の生徒が懸命に机に向かっています。鉛筆が紙の上を走る音がしています。Lea Donnelson 先生は自分の書く手を止めて，生徒が課題に取り組む様子を観察しています。小学 4 年生のこのクラスでは，家族の思い出に残るエピソードについて生徒がライティングをしています。時間がまたたく間に過ぎていきます。じつは，Donnelson 先生は，生徒たちにライティング活動に入らせる前に活動進行状況調査をしたところ，このテーマについては生徒たちがじつにさまざまなアイデアを持っていることがわかりました。たとえば，Kyle は家で飼うことになったラブラドールの子犬について，Zeke は故郷のメキシコに行った家族旅行のことを書いています。Maria は，イタリアのベニスからやって来て，これから同居することになるおばあちゃんのことを書いています。Alvaro は書きたいことがすぐに決まりました。自宅のトレーラーが全焼してしまった時に，消防隊員が Alvaro の飼っているペットの猫を救い出してくれた話です。ほかの生徒も，グランドキャニオンへの観光旅行，亡くなる直前に家に遊びに来てくれた叔母さんのこと，フットボール観戦の話，雪が降った日のクリスマスキャロルのことなど，いろいろと興味深い話を書いています。作品が完成したところで，生徒は書いたものをおたがいに見せ合います。この活動は，生徒にとっても，Donnelson 先生にとってもおたがいを知る良い機会になります。先生は，生徒の書いたものにきちんと理解を示してくれるので，生徒たちも友だちにからかわれることなく自分の考えを正直に自由に発表できます。

* 雪や氷で作るドーム型の家。

　Donnelson 先生自身は，本当は内緒にしたいことを書いています。お父さんから車の運転を教わった時に，それがなんとマニュアル車だったのですが，弟たちが丹精込めて完成させたイグルー（igloo）*に車をぶつけてしまったという話です。ほかの教師たちも授業で実践していることですが，先生は生徒と同じテーマについて作品を書くことがよくあります。そして，クラスの生徒たちに自分の作品を見せて，どこをどう書き変えればもっと良くなるかという意見を生徒に尋ねます。書き出しの文章をオーバーヘッド・プロジェクターで映し出して，作品を書き進めながら先生自信の考えをクラスに聞かせるのです。先生は，この教え方を「アイデアの発掘活動」と呼んでいます。「私がどのようなことを考えていて，その考えがどのように発展していくかを見せるのです。生徒たちと一緒になって考えを発展させることは地

雷地帯を歩くようなもので，時には頭の回転が急に止まってしまい，それより先に動けなくなることもあります。何を書いてよいのかまったく浮かばない時があれば，何でもない単語の綴りさえ思い浮かばない時もあります。書くということはなんてたいへんなことでしょう！」

本章の目標	本章を通じて，以下のことができるようになります。 □ ライティング活動のプロセス（過程）について理解します。「構想（prewriting）」，「下書き（drafting）」，「改訂（revising）」，「校正（editing）」，発表「（publishing）」といった，ライティング活動のプロセスがわかります。 □ ライティングが持っているさまざまな特徴を授業の中で教えるべきだという考え方について，理解が深まります。 □ ライティング・ワークショップで得たライティング教育の知識を，実際の授業で使用できるようになります。 □ さまざまな方法で，生徒の作品が評価できるようになります。

はじめに

すべてのランゲージアーツの中でも，ライティングは生徒にとってはもっとも学習しにくく，教師にとってはもっとも教えにくい科目です。Newman (1985, p. 17) は，「ライティング力の伸び方は一様ではありません。継続的に発達するものですが，時には気付かないうちに，また時には急速に向上する場合もあります」と述べています。書き手は選んだ課題について自分の考えを持っていることが必要なだけでなく，良い組み立てを考え，明解に書き，単語の綴りも正しく，文法的な間違いもしてはいけません。加えて，書き手は自分の作品に対しての読み手の解釈や偏った考え方をも考慮に入れる必要があります。このように，さまざまなスキルが活動の中に一体化して要求されているという点で，ライティングはなかなか手ごわい活動と言えます。生徒がエッセイを書くことについて，Dyson and Freedman (2003, p. 975) は以下のように述べています。

ライティングを始めるとさまざまな課題にぶつかります。文字の書き方，句読点の付け方や正しい綴り方，書きことばとして適切な文の組み立て方，書く事柄を考えそれらを上手に並べるやり方などです。このような活動は，ライティングに慣れている書き手なら問題なく意識せずにやりこなせますが，そうでない場合には，大人でさえ，書くのに時間がかかり，書く時には集中力やスキルが必要になります。

加えて，すぐれた書き手というものは「最初から最後まで読み手を文章に引きつけるような視覚的イメージを描き出せます」(Ganske, 2010, p. 108)。

生徒にさまざまなライティングを経験させたり，スキルを学ばせたりする

一方で，教師はつねにライティングの知識という観点から生徒の学習進行状況を評価する必要があります。生徒の学習成果，スキルの向上，作品の出来具合を気にすることより，教師はライティング活動がしやすい教室の雰囲気作りに努める必要があります。その際，ライティング作成においては活動段階をきちんと踏むことが大切であるとともに，その結果生じるクラスメイトと自分の書いたものについて意見交換する楽しさについても強調します。

　生徒は，著名な作家の文章のみならず自分や友人の作品から多くを学び取ります。ニューハンプシャー州の中学校の教師である Kelly Ridofi（1997, p. 41）は「ことばを通して世界を理解するということはすばらしいことなのです。つまり，ことばで思いを伝え，楽しませ，情報を与え，感動させられることはじつにすばらしいことなのです」と書いています。ライティングのテーマにわくわくし，作品を見せ合うことで，ライティングが持つ楽しさは生徒の中に波動を起こしていきます。残念なのは，多くの場合，おたがいの課題を鑑賞し合う時間がライティングの授業ではきわめて限られていることです。これでは，ライティングの楽しさのみならず，友人の作品を読むことで考え方や視野を広げられる機会も奪うことになってしまいます。

　文章を書くことで，人はさまざまな感情を経験します。ライティング活動はひと筋縄ではいかない活動であることを教師は知るべきです。これについて，Calkins and Harwayne（1991, p. 99）は，こう述べています。

　　ライティングの不思議な点は，その面白さが伝染していくということです。〔中略〕しかし，ライティングについては，順調に生徒全員が上手に書き終えたといううまい話ばかりではありません。頭を悩ませたり，もがいたり，虚勢を張ったり，嫉妬心を燃やしたり，何を書いてよいのか一向に考えが浮かばなかったり，内容よりも余白の取り方や手書きの字の形にばかり時間を取られている生徒もいたりします。

　ライティングは子どもたちの社会意識を高める手段になります。教師は「生徒同士がライティングを通して，考え方や価値観の違いについて意見交換しているのを目にする瞬間，教師冥利に尽きる」（Dyson, 1994, p. 1）と思うはずです。幼い子どもたちにとっては，ライティングを学ぶ教室には書こうという意気込みと何を発言しても受け入れられる和やかな雰囲気が必要で，ことばの正しい使い方や正確さ（綴り，句読法，文法）よりも，子どもたちが何を考え，どう表現するかを第一に考えます（Walley, 1991）。

　最近では，事前指導があまり，あるいは，まったく行われない完成作品重視の授業方法から，生徒が書き方について学ぶプロセス重視の授業方法へと変わってきています。ライティングは発表に向かって一方向的に前に進んでいくものではなく，発表（し，友だちに自分の作品を読んでもらう）までに「構想」，「下書き」，「改訂」，「校正」という活動プロセスの中で，行きつ戻りつし，同じ活動を繰り返します。書き手はこの一連の活動の繰り返しの中で，アイデアを取捨選択したり，精緻なものにしたりしていきます。「プロセス重視のライティングの授業では，生徒たちは，発言をしたり，情報交換をしたり，考えを出し合ったり，書いたりする活動を自由に行います。グループ分けされた生徒たちは，作品を交換し，おたがいに意見を述べ合いま

す。この活動は，社会性を持った交流を促し，自分の作品に対しての責任を自覚させます」（Buss and Karnowski, 2000, p. 2）。以下この章では，ライティングの活動プロセスの概要を示し，プロセスを重視したライティングの教授法と評価法を説明します。

ライティング・プロセス

　活動プロセスを重視するライティング指導法は，Donald Graves の 1983 年の著名な著書である *Writing:Teaching and Children at Work* で最初に提案されたもので，この本では，質の高い作品を書かせるための指導法が提示されています。ライティングはじっくりと時間をかけて取り組む学習活動であり，また，実用的であるとともに，みずから学ぶ力を育てる活動です（Harste et al., 1984）。ライティングに必要なスキルには以下のものが含まれます。

1. 疑似または現実の経験の想起
2. 言語知識（単語，文，段落など）
3. さまざまな分野の図書に関する知識（読書力，議論するスキル）
4. 発問するスキル（研究スキル）
5. 辞書を引くスキル
6. 情報を整理するスキル
7. 単語を正しく綴るスキル
8. 手書きおよびキーボードで文章を作成するスキル

　複数の研究で，プロの書き手とライティングを習い始めたばかりの6歳の子どもとでは，ライティングの手順に大きな違いがないと報告されています（Murray, 1980）。Graves（1983）は，ライティングの手順には5つの段階，すなわち，(1) 構想，(2) 下書き，(3) 改訂，(4) 校正，(5) 発表の5段階があるとしています（図表2.1 参照）。この5つの段階について，以下，この順番で説明していきますが，実際に書く場合にはかならずしも，順番どおりに進むわけではありません（Dyson and Freedom, 2003）。書き手は必要に応じて，段階を問わず前後に行ったり来たりします。Graves（1983）は，もし生徒にラインテイングの力を付けさせたいならば，毎週90分はライティングに時間を費やすべきだと提案しています。この時間の中で，教師はさまざまなライティングのスキルについてミニレッスンを行い，生徒は作品を書いては書きなおすという活動を繰り返します。（ミニレッスンの詳細については本章の後半（p. 67）で扱います。）

注釈1（p.96 参照）
注釈2（p.96 参照）

- **第1段階：構想**　何を書くか決める／ブレインストーミング（brainstorming）[1]／関連する文章や文献の参照／ライフマップ（life map）[2] やウェブ（クモの巣図，web）[2]／ストーリー・チャート（story chart）[2] などの図の作成／語彙バンク（word bank）[2]

注釈3（p. 96 参照）

> の作成／教師の授業上の「ねらい」も反映しつつ，文章のフォーマット，読み手，ボイス（voice）³，ライティングの目的などの決定。
> - **第2段階：下書き** 紙の上にアイデアを書き出す。書き方の決まりにとらわれないで，思いのままに書く。
> - **第3段階：改訂** 下書きを声に出して読み上げて，細部に気を配りながらさまざまな修正を加えていく。複数の生徒がグループになって，おたがいの作品を読み合うことで意見交換を行い，それを参考にして修正作業をする。

注釈4（p. 96 参照）

> - **第4段階：校正** 正確な作品となるよう確認する。メカニクス（mechanics）⁴と呼ばれる，文法，句読法，スペリングなどのミスの指摘をグループ活動で行う。
> - **第5段階：発表** 作品を発表する。発表の場所としては，地元の新聞やオンラインサイトなども用いる。発表までできたことを喜び合う。

図表2.1：ライティング・プロセスの段階

構想

　実際に書き始める前の「構想（prewriting）」の段階では，いろいろな意見や情報を集め，自分とは違う考え方に思索を巡らし，ライティングの作品完成までの方向性を最終的に決めます。Murray（1980）はこの段階のことを「リハーサル（rehearsal）」*と呼んでいます。

＊ rehearsal は，演劇において実際の上演を目指して行う練習。ここでは，比喩的にライティングに関する書く前の準備を意味する。
＊ reflection は，過去の体験や出来事を内省的に認知する活動。

　書き始める前の構想段階には，準備と振り返りの活動（reflection）*が含まれます。ここでは，いろいろなアイデアや考えを新たに学習した知見と関連付けていきます。この最初の段階では，分類，結合，分析，評価が中心的な活動になります。さらに，ほかに考えはないか，疑問点や不明な点はないか，などさまざまなことについて，より深く掘り下げて調べていきます。ブレインストーミング，情報整理，インタビュー，リスト作成，マップ作成（mapping）⁵などの活動をすると，生徒たちは自分たちのアイデアについておたがいに話し合えるようになります。Smith（1989, p. 12）は，「考えてから書くというやり方は，少なくとも自分自身に不利な状況を不要に押し付けることになります。私たちは書きながら自分の考えを見つけ出し，そのプロセスにおいて，自分の考えを活かし，可能性を広げていくのです」と述べています。同様に，ライティングは，アイデアを発展させたり，思索を促したりするまさに「思考の道具」なのです（Abel et al., 1989）。

注釈5（p. 96 参照）

注釈6（p. 96 参照）

　動機付け（motivation）⁶と感情の活性化（stimulation）は構想段階で重要な部分です。ライティングの課題に十分に興味が持てれば，苦労せずに書き進められます。課題が自分に関係する話題や自分自身についてのことなら，書き手も一生懸命に取り組みます。Donald Graves（1983）は，その研究報告で，教師は生徒の個人的関心や興味をよく把握しておくことが大事であると述べています。ライティング活動が順調に進むかどうかは，この個人の関心や興味と大いに関係するからです。ライティングが生徒の知識を広げたり保持したりするのに役立つ道具であるなら，学校での学習が「現実」世界と結び付くことになり，非常に重要な意味を持ちます。

構想段階では，ある程度は内容の編集も行います。書き手はさまざまなアイデアの価値をその否定的側面に照らしながら判断し，意識的に取捨選択します。書き手が作品に織り込みたいと思う題材は，構想段階の終わりの時点でほぼ完成しているとの研究報告があります（Emig, 1971）。
　このいわば「ウォームアップ」段階のリハーサルで，教師は足場となる体験活動を用意します。たとえば，校外見学，実地の理科実験，映画鑑賞，講演会などが挙げられます。このような体験活動のほかにも，お気に入りのもの，自力で成し遂げた研究課題，愉快な出来事など，生徒のありふれた生活体験を教師が取り上げてもよいでしょう。以下は，生徒がアイデアを集めて整理する時に役に立つ方法です。

- **描画**：自分のアイデアをまとめるために，絵を描く。ノートの紙の上に，アイデアの絵やスケッチを描き出す方法はどの年齢層にも有効。
- **ブレインストーミング**：考えられる話題をとりあえず全部書き出す。つぎに，書く材料として一番面白いと思える話題を1つ選び，それをさらに発展させる。
- **対話**：ほかの生徒と題材について話し合う。話している間に，書く内容がさらに明確になってくる。
- **整理**：自分が書きたいと思う内容を整理する。たとえば，問題，場面設定，登場人物，出来事，解決策などをストーリー・マップ（story map）[7]にして描き出す。クラスター・マップ（cluster map）[8]を使うと，さらに中心となる話題に詳細な内容や関連情報を加えて，これから書こうとする内容が整理できる。
- **鑑賞**：模範となる文章を持ってきて，その一部を読み聞かせる。質の高い図書を聞いたり読んだりすることにより，どのようにすれば自分の考えをより明確に文章にすることができるのかを学ぶことができる。
- **クイックライト**（quickwrite）[9]：クイックライト（Rief, 2003）によって，さまざまなアイデアが浮かび，同時に，より滑らかに書けるようになる。

注釈7（p.96参照）
注釈8（p.96参照）
注釈9（p.96参照）

下書き
　構想のつぎにくる段階は「下書き（drafting）」活動です。この段階に入ると実際に文を書く活動が始まります。この2番目の段階では，書く内容が重視されて，英文構造の正確さや単語のスペリングにはあまり注意を向けません。しかし，この下書きの段階では，何について，誰に向けてライティングをするのかということが，はっきりと認識されている必要があります。
　書き手が考えやアイデアを文章に書き出していくにつれて，自然に文章の編集がある程度行われ，単語，文の形，アイデアなどが取捨選択されたり修正を加えられたりします。もし書き手がパラグラフの順番を入れ替えたならば，文章の全体構造が変わることも実際に起きます。

改訂

「改訂（revising）」は文章にさまざまな変更を加えることです。これはライティング活動のどの段階においても，いつでも何度でも繰り返し行われます。作品に磨きをかけるこの改訂段階が，一般的に，教師と生徒の双方にとって一番気を使うところになります。Kelly Gallagher（2006）は，改訂の活動内容の頭文字をとって STAR と称しています。アルファベットの意味はそれぞれつぎのとおりになります。

- S – Substitute words　（単語の置換）
- T – Take away words　（単語の削除）
- A – Add words　　　　（単語の追加）
- R – Rearrange words　（単語の並べ替え）

書き慣れていない生徒の場合には，説得力の弱い動詞や形容詞をより力強いものに替え，また普通名詞を固有名詞に書き換えたりします。このような単語の置き換え作業のあとに削除を行います。繰り返し使用されている語句や，とくに文章に意味を付加しているとは思えない，重要ではない情報を削除します。また，情報を追加して意味をはっきりとさせ，アイデアを発展させていくように，より詳細な記述や描写を加えます。最後に，書き手は語句の並べ替えをして，文章中の情報や論理のつながり方に問題がないかを確認します。

改訂をする時には，書き手は著者ではなく読者の視点を持たなくてはなりません。話の主題は伝わるか，例証の数は十分か，説明は明確か，アイデアが繰り返されているか，興味をそそるタイトルになっているか，文の長さやパラグラフ構成は適切か，読みやすい文章になっているかなど，書き手は自分の書いた文章を読み手に対する情報伝達の観点から確認します。完成した作品を教師に見せる前に，書き手（生徒）は文法や綴りの間違いを全部訂正しておきます。とはいえ，教師は内容をないがしろにして，綴りや文法の正しさを強調すべきではありません（Abel and Abel, 1988）。

客観的な自己評価が終わったら，つぎに内容についていくつかの処理を行います。文章全体の構成，表現内容の的確さ，一般的なアイデアを自分なりに拡張しているかどうかについて再考し調整します。同様に，導入文や結論部分を読みなおして，より説得力があり，最終的には読み手に自分の考えをしっかりと伝える文章になっているかどうかを確認します。

STAR を使った改訂の手順のまとめ

単語の置換	単語の削除	単語の追加	単語の並べ替え
・より説得力のある動詞に置換 ・より説得力のある形容詞に置換 ・普通名詞を固有名詞に置換 ・乱用・多用の語をほかの語に置換	・繰り返し語を削除 ・重要でない語を削除	・詳細情報 ・描写 ・新情報 ・情報の明確化 ・説明 ・発展的アイデア	・情報が流れるように ・論理的につながるように

（Gallagher, K. (2006). *Teaching Adolescent Writers*. Portland, ME: Stenhouse. による）

改訂は他人の手助けや助言がなくても行えますが，クラスの中では，ほかの生徒と下書きを見せ合ってもよいでしょう。同じように，小人数グループで作品を読み合って意見交換をすることも可能です。まだライティング作成の途中段階（つまり，ていねいに書きなおしている最中）である場合には，ほかの人から意見や感想をもらうことでより良い作品に仕上げることができます。

　間違いのない文章よりも，豊かな内容を持つ文章を書かせることが教師の達成目標であると，Linda Hoyt（2010）は述べています。彼女はその指導法として，1語から3語程度の語を文頭に置き，カンマで区切る導入表現を書かせることを提案しています。このような導入表現は作品に深みを加え，文章全体がより内容のあるものに仕上がり，州で行われるライティングテストでの好成績へと結び付きます。

（例）
While riding his bike, Nick ate a peanut butter sandwich.
In the background, Ashley heard a cat meowing.
With friends, Ben played video games.
自転車に乗りながら，Nick はピーナッツバター・サンドイッチを食べた。
ものかげから，Ashley は猫がニャーと鳴くのを聞いた。
友だちと一緒に，Ben はビデオゲームをした。

　生徒にはこのような「導入表現」を絵本から見つけるように指示します。*Click, Clack, Moo: Cows That Type*（Cronin, 2000）や *Don't Let the Pigeon Drive the Bus!*（Willems, 2003, 邦題：ハトにうんてんさせないで。〔第5章 p. 241 参照〕）のような生徒に人気の絵本から，このたぐいの表現を抜き出して一覧表を作成し，教室に貼り出します。高学年なら，小説や学習中の教科書も活用できます。

校正

　「校正（editing）」の段階では，書き手はライティングの内容の正確さを評価します。教師は，生徒の書いた作品が，外に出しても十分に通用する域に達していることを期待するくらいがよい，と Regie Routman（2005）は言っています。しかし，このように期待を高くすると，教師の目は単語の綴り，文法，句読点の正確さのほうに向いてしまいます。

注釈10（p. 96 参照）　上手に書けるようになるには，プルーフリード（proofreading）[10] や校正（editing）のスキルを高めなければなりません。下書きの校正では，内容（アイデアと全体構成）とメカニクス（文法，句読法，単語の綴り）のいずれにもきちんと注意を払います。校正する項目のチェックリストがあると，生徒は校正がやりやすくなります。1年生用の校正リストは，以下のようなとても簡単なものでかまいません。

　　Does the story make sense?（お話は意味が通じますか？）
　　Have I left out anything?（抜けている部分はありませんか？）
　　Do all of the sentences begin with a capital letter?（文の最初は大文

字になっていますか？）

Do all names begin with a capital letter?（名前〔人・事物〕は全部大文字で始まっていますか？）

Do all of the sentences end with a period or a question mark?（文の終わりにピリオドやクエスチョンマークが付いていますか？）

Are all the words spelled correctly?（単語は全部正しくスペルが書けていますか？）

　小学校の中高学年になると，校正のチェックリストの項目は，以前のものを用いながら，表現をより精緻なものにしたり，新たな項目をいくつか加えたりします。たとえば，4年生用の校正のチェックリストにはつぎのようになります。

Is the main idea clear?（作品の主題は明確ですか？）

Is the story well organized so the reader doesn't get lost?（話は読む人にも筋が追いやすいように上手に構成されていますか？）

Have I used clear words and phrases?（わかりやすい単語や表現を使っていますか？）

Does anything take away from the story and need to be removed?（不必要で削除したほうがよい部分はありませんか？）

Have I used any run-on sentences?*（「つなぎことば」なしに，文同士が並んでしまっていませんか？）

Are all punctuation marks used correctly?（句読点は正しく使われていますか？）

＊ run-on sentences については，第1章 p. 32および注釈14 (p. 40) を参照のこと。

　校正において，書き手はレンズの違う眼鏡をかけて，自分の作品を再読します。つまり，読み手の視点から自分の書いたものを検証するのです。上手な書き手は，自分の書いたものから少し距離を置き，つぎのような批評的な問いを発します。文法はだいじょうぶか？　上手に構成されているか？　パラグラフ同士の「つなぎことば」は上手に使われているか？　物語ならば，登場人物はうまく描写されているか？　状況，時，場所の設定に問題はないか？　説明文として，その描写や説明はわかりやすいか？

　校正については，教師自身の作品の下書きをオーバーヘッド・プロジェクターで映し出して生徒に教える方法があります。まず，生徒には下書きの文を目で追うように指示し，教師はそれを声に出して読みます。下書きは1行おきに書き，間違いの訂正が書き込めるように文と文の間に十分な幅を取っておきます。2回目の音読では，単語の綴りの間違いがないかを探しながら文章を読み上げます。綴りの間違いを見つけた時，あるいは教師が間違いの疑いがある単語を見つけた時に，その単語を○で囲んでおきます。3回目の音読では，文法の間違いを探します。間違いの箇所は下線を引いておいて，訂正を挿入します。4回目の音読では，句読点の間違いを確認します。教師は校正用の記号を使って，それぞれの間違いを緑色のインクを使って訂正します。できれば，前年度の生徒が書いた良い文章の例を，書き手の名前を伏せておいて投影するとよいでしょう。実際に生徒が書いた作品は，生徒

∧	文字や語句の追加
⊙	ピリオドを加える
⊙(,)	コンマを加える
≡	（小文字を）大文字にする
／	（大文字を）小文字にする
‿	寄せる〔ツメる〕
¶	新しい段落にする
～	文字や語句の位置を入れ換える
ℒ	文字や語句を削除する〔トル〕

図表2.2：校正用記号

に必要な編集技術のモデルを示す格好の題材となります。

　校正のチェックリストに加えて，生徒は，校正者が下書きを校正する際に用いる記号の使い方を学びます。ライティングの初心者でも，単語の綴りが間違っている箇所を○で囲んだり，本当は大文字にしなくてはならない文字に三重線を引いたり，という作業を鉛筆で行うことができます。

　校正活動に生徒を取り込むのは，教師の作業量を軽減するばかりでなく，生徒自身のライティング力向上にもつながります。研究によれば，生徒同士でおたがいの作品を校正する活動に取り組むほうが，教師のみが校正するよりも，文法などのメカニクスや文章の流暢さに改善が見られます（Weeks and White, 1982）。生徒同士が校正活動をすると，書き手が友だちから作品に対する意見や評価をもらえるばかりでなく，校正する側のライティング能力の向上にもなります。生徒同士の校正活動は，一対一で行う場合もあれば，グループごとに文法や内容について確認する事柄を分担して，担当グループがその項目について評価をするという方法もあります。

　作品を，ほかの生徒や，項目別の担当グループに読んでもらう前に，生徒は自分で編集を1度済ませておきます。どの場合にも，校正をする者は作品を読み，その内容やメッセージについて気に入ったことを書き出してから，文章をもっと良くするための意見を書き添えます。最後に，校正者はスペリングが間違っている単語とその正しい綴りをリストにして，作品を書いた生徒に渡します。

　校正段階が大切なことを生徒に十分理解させるために，教室内に「編集コーナー（editing station）」を設けるとよいでしょう。その際に，以下のよ

うなガイドラインを参考にします。

- 教室内の静かで落ち着いた場所を選ぶ。
- 2人から5人の生徒が座れるようにする。
- 紙の資料をいろいろ用意しておく。たとえば，英語辞典，類義語辞典，綴り問題集，ライティング用のハンドブックなど。
- 電子媒体の編集関連資料が使えるようにコンピュータを設置しておく。スペルチェック，文法のチェック，類義語の検索などができるだけでなく，ウェッブ上の校正に関連したサービスや資料へのリンクできるようになる。
- クリップボード，確認事項リスト，校正記号一覧表，ライティング用文房具（校正用のカラーペンなど）を備えておく。

作文の「発表」

ライティング活動の最終段階は，読者への「発表（publishing）」になります。ライティングの授業の場合なら，典型的にクラスメイトが読者です。そのやり方にはさまざまな手法があります。たとえば，少人数グループあるいはクラス全体の前で作品を音読します。あるいは，生徒各自が装丁して1冊の本に綴じたり，クラス文集，クラスの文芸新聞，掲示板などに掲載したりすることもできます（図表2.3参照）。

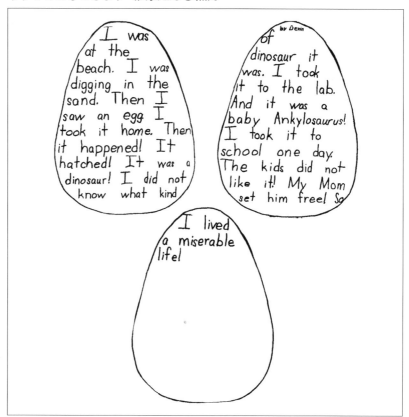

図表2.3：小学校1年生による恐竜の物語

＊ 生徒が書いた作品を発表する際に，その文章を書いた生徒が座る特別な椅子（下の「著者の椅子」の写真参照）。

　作品を分かち合うための場所，「著者の椅子（Author's Chair）」＊を教室の中に用意します（Graves and Hansen, 1983）。この「著者の椅子」は公共の場所のような性格付けがされていて，生徒はそこに座り，自分が書いた作品の中から自分が選んだものをクラスの前で音読します。音読が終わるとすぐに，それを聞いていたクラスメイトが作品に対する感想を述べます。まず，礼儀として良かったと思う点についての感想を述べます。そのあとであれば，作品の内容についてより難しい質問をしてもかまいません。Hansen（1992）が提案するように，小学校の高学年や中学生になると，生徒は相手に対する同調と挑戦の両方を学習しなければなりません。ここでいう挑戦の意味は相手に対して反目するという意味ではありません。同調と挑戦の気持ちを持っておたがいの作品を鑑賞し合うことで，自分自身と自分の作品について学び，自分と他人の作品の両方についてよりすぐれた鑑賞眼を持つようになります。支援的な学習環境でライティングの学習を経験することで，生徒は自尊心（self-esteem）を育むことができるのです。

注釈11（p. 96参照）

　小学校の高学年や中学生になると，「著者の椅子」とは多少異なったものを考案してはどうでしょうか。たとえば，学年をとおして定期的に行う「著作鑑賞会（Author's House）」[11]です（Werderich, 2008）。著作鑑賞会として，秋学期には「サイダー著作鑑賞会」という時間を設けます。この鑑賞会では，生徒たちはグループ別に分かれて，ふるまわれたリンゴサイダーを飲みながら，おたがいに作品の読み聞かせをします。選出された何人かの生徒がクラス全体に自分たちの作品を読み聞かせることもあります。冬には「ホットココア著作鑑賞会」，また春には「レモネード著作鑑賞会」も一案です。

著者の椅子

ライティングに際して考慮すべき事柄

オーディエンス

　文章を書く活動は，その内容や言語使用の決まり（conventions of language: 句読法，単語の綴り，用法など）だけを考慮して行われるものではありません。書き手は，文章を明確でわかりやすいものにするために，自分が伝えたいと思う内容を整理して記述しなくてはなりません。このことを考慮したうえで，書き手は読み手が誰なのかをつねに意識している必要があります。「オーディエンス（audience）」[12]とは，作品を読む人（もしくは聞く人）のことで，読み手がどの程度の知識を持ち，どのような生活体験をしているのかがわかれば，書く時に的確な記述が選びやすくなります。

注釈12（p.96参照）

　Graves（1985, p.36）は，「文章を書く時に，その内容は自分のみならず他者にも明解でなくてはならない」と述べています。また，Bright（1975, p.71）は「書く活動において読み手を意識するということは，その文章を読もうとする側の期待や要求，そして，読み手がどういう人なのかに意識を向けることです」と述べています。小学校の生徒にとっては，(1) 自分自身，(2) 教師，(3) 自分が知っている人，(4) 自分が知らない人，という4種類の読み手が存在します。

　書いたものを誰が読むのかを意識すると，子どもたちの作品は変わります。「書き手が読み手とどういう関係にあると思っているのかが，書き手の文章に現れます」（Britton et al., 1975, pp.65, 66）。また，Bright（1995, p.12）は，「生徒が読み手を意識してライティングをすることは，疑いなくその活動プロセスと作品そのものに影響を及ぼす」と述べています。

- **自分自身**：読み手が自分自身である場合には，書いた作品を他人が読むわけではないので，かなり私的なものになります。自分の楽しみや喜びのために書くもので，日記や日誌，個人用の記録メモなどがこれに当たります。他人に見せる予定がなければ，詩，物語，歌詞，問題解決のために書き付けるアイデアなどもこのたぐいに入ります。ただ，本来は自分のために書いたものであっても，あとになって自分以外の人を読み手に想定しなおし，書き広げる可能性もあります。
- **教師**：教師が生徒にとって一番意識しやすい読み手となることは，疑いようもありません。歴史的にも，生徒の役割は教師から出された課題に取り組んで，課題を完成させることでした。具体的な意識がなくても，生徒がライティングをする時には，教師が，読み手として生徒に意識されるものです。小学校の1，2年生は自分の書いたものは教師に気に入ってもらいたいという気持ちを強く持っています。一方，学年が進むと，以前よりもライティングが上手になったことを教師に評価してもらいたいと考えるようになります。教師はクラス全体を1つの「ライティング活動の共同体」にすることで，過剰に教師依存になることを回避できます。ペアやグループ活動を取り入れて生徒同士で作品を共有することで，他人の作品を鑑賞し，評価し，批評できるようになります。やがて，生徒は教師からだけでなく，生徒間で作品

についての助言を求めるようになります。

- **知っている読み手**：知っている読み手とは，単純に書き手にとって親しい人（あるいは人びと）を意味します。5歳の子どもでも自分の作品を読んだり，見たりするのは誰なのかをはっきりと理解しています。たとえば，絵を描いている幼稚園児に「誰のために書いたの？」と質問すれば，その人の名前を挙げます。「お母さん」や「お父さん」のような答えがよく返ってきます。

  読み手が誰かわかっていると，書き手はどういう種類のライティングを書くべきか決めやすくなります。書き手が読み手のことをよく知っていると，何を共通に知っているかがわかります。経験談を書いても，それが読み手も知っていることであれば，詳細について，ほとんど，あるいはまったく説明する必要がありません。作品を読む人が，兄弟姉妹，親友，祖父母などのこともあります。知っている人に向かって書く文章は，半分私的な文章になります。書き手は，ごく限られた，あるいは，ことによるとたった一人の読み手に対し，自分の意見や気持ちを伝えればよいからです。

- **知らない読み手**：4番目の読み手である，知らない読み手の場合，書き手は読み手が誰であっても通用するものを書かなくてはなりません。この種の読み手は，ふつう，ほかのタイプの読み手よりも大人数であることが想定されていて，作品に寄せる期待も大きくなります。知らない読み手に読まれる作品を改訂し校正する際には，書き手は書き方の決まりを理解し，それにしたがって書かなくてはなりません。たとえば，ほかのクラスの生徒たちへの連絡文書，商業文書，校外見学で行った博物館のガイドさんへの礼状などは，すべて，ていねいに書き，校正する必要があります。

4種類の読み手のまとめ

自分自身	書いている本人だけが読み手の場合。書かれたものは，買い物リストなどの日常的なものであったり，詩や自伝などの個人的なものであったりします。
教師	生徒にとってもっとも親しい読み手は担任の教師です。教師はライティングの課題を出すだけでなく，作品にも目を通します。
知っている読み手	知っている読み手とは，書き手にとって親しい人たちのことです。この場合，読み手は友だちの一人であったり，身内の一人であったりすることがよくあります。
知らない読み手	知らない読み手とは，書き手にとって親しくない人たちのことです。この場合，通常，読み手は複数の人たちになり，ほかのタイプの読み手の場合よりも作品の内容に対する期待が高くなります。

上手なライティングの特徴

書き方指導の1つに，生徒に上手なライティングの特徴（trait）をいくつか備えた図書を鑑賞させるという方法があります（Culham, 2003; Spandel, 2009）。多くの学区で，北西部地域教育研究所（Northwest Regional Educational Laboratory）によって開発された「6＋1のライティングのポイント」[13] を用いたモデルが採用されています。そのモデルでは，上達に合わせて書き手が使用できる共通のライティング上の用語を提示して，州ごとの基準に合うように調整もできます。この特徴モデルには，「アイデア，構成方法，ボイス，単語選択，文章の流暢さ，文書作成の決まり，プレゼンテーション」が記載されています。Culham（2003）はこのポイントを以下のように簡潔にまとめています。

注釈13（p.96参照）

アイデア	メッセージが伝えたい意味（主題）とその展開（主題を支持する事実）
構成	文章の構造・構成
ボイス	トピックに命を吹き込み，読み手を引きつける書き手ならではの工夫
単語選択	意味正しく伝達するための適切な単語選択
文章の流暢さ	作品中の語句の流れのよさ
文書作成の決まりごと	メカニクスの正しさ
プレゼンテーション	作品全体の見栄えや体裁

アイデア

注釈14（p.96参照）

「アイデア（ideas）」[14] はすべてのライティングにおいて，その中心であり基盤になります。「それ以外のすべての特徴は，この基盤とつながり，調和することで，書き手が読み手に発するメッセージは明確で興味深いものになります」（Spandel, 2009, p.60）のような指摘もあります。

アイデアは，文章そのものの核となります。アイデアはどんなものからでも生まれます。たとえば，通学途中に目にしたもの，本に出ていた話，科学実験，おもしろいニュースなどから着想し，驚くような文章に発展することがあります。生徒がとてもすばらしい着想を持っていたとしても，それをライティングの題材に取り上げて，紙に書き付けるには，不安でなかなか自信が持てないものです。学期中に溜めておいたライティング用の着想はリストにしておいて，ライティング・ファイルに入れておきます。2年生担当のJaniel Wagstaff 先生は，ライティングのアイデアを見つけ出すやり方の見本を示します。まず生徒とさまざまなことについて話し合い，出てきた話題を残らず黒板に書き出し，クラス全員が見えるようします。Wagstaff 先生がニューヨークに行ったこと，新しい自転車を買ったこと，ソフトボールをやった時におでこにボールが当たったこと，ペットのいたずらな猫と犬との出会いなど，ライティング用の話題はどこにでもあることを生徒に理解させます。先生は，良質な図書を教室内に置いて生徒が読めるようにしてあります。この図書はライティング・ワークショップの時にやる音読活動でも使用

されます。すぐれた作家によって書かれた良質な図書は，ライティングのすばらしい手本を示してくれます。

　書くことが苦手だという生徒は，他人に伝えるにたる経験が少ないからだと思うかもしれません。物語調のものを書かなくてはならない時に，テレビ番組や映画を参考にして登場人物や構想を探す生徒もいるでしょう。このようなやり方だと，2年生が終了する頃には，自分で創作した話の中で，殺人や殴り合いなどの流血騒ぎを詳細に記述することになってしまいます。テレビや映画，子どもに人気のある本の登場人物（たとえば Captain Underpants[15] やハリー・ポッター（Harry Potter）などは，とても魅力的だと述べておいたうえで，作品の話題に使用することを禁止します。教師がこのような対応をとることは難しいことですが，生徒には，独自に登場人物や話を創作することがライティングでは大事なのだということをしっかりと理解させます。

　ライティングのアイデアは読み手が理解できるものでなくてはなりません。そして，最初の数行を読み終えたら，もっと読み続けたくなるようなものでないとなりません。読み手の読む気が失せてしまうと，読み手に物語を共有してもらえなくなります。文章の出だしでは，これから書こうとする話題について興味をそそるような面白いことを盛り込むことで，書き手がその話題について熟知していることを示す必要があります。このことから，出だしの1，2文は，読み手を引き込むくらいに十分な説得力がないといけません。

注釈15（p.96参照）

構成

　文章がうまく筋道立っているかどうかは，その「構成（organization）」によります。クラスター・マッピング（cluster mapping）*，クモの巣図（web），リスト，メモ用カード，アウトライン（outline）[16] などを使って，アイデアや情報を収集して，まとめます。ライティングでは，書き出しの部分で読み手を引きつけておいて[17]，その後興味をつのらせる内容が最後まで続きます。このような構成になっていると，読み手は満足して読了でき，内容についても思いを巡らすことができます。

　初心者の書き手には，大小の円を使ってアイデアを整理させることができます。大きな円に中心的な話題を書き，小さい2つの円にそれぞれの中心的な話題に関連する裏付け情報を書き入れます。解説文を書かせる時には，異なる色のカードに見出しを書かせる教師もいます。カードは左角に穴を開けてリングを通せるようにします。カードの分類整理が終われば，カードはリングで一束になっているので，本のようにパラパラとめくれます。このようにしておくと，最初の下書きを書く時に資料として使えます。囲み記事2.1は，小学校の低学年がライティングの宿題をやる際に，どのようにアイデアを整理するかという例を示しています。

＊ もしくはクラスター・マップ（cluster map）とも呼ばれる（本章 p.48 参照）。

注釈16（p.96参照）
注釈17（p.96参照）

記事 2.1	ミニレッスン：ライティング・プロジェクトを構成する

> 文章を構成するスキルを伸ばすために，絵本の偉人伝（たとえば，Johnny Appleseed, Christopher Columbus, Helen Keller, Matin Luther King, Jr. など）を使う方法があります。4日間にわたり，同じ人物を少しずつ読み聞かせ，毎日5，6人の生徒を選び，聴きながら書き取るか，あるいは，聴いてから書きまとめるかのどちらかで，学んだことを1つ，1本の細長く切った紙に1つの文で書きます。週の最後の授業では，その偉人に起きた出来事の順番（初め，真ん中，終わり）にそってグループを編成します。つぎにクラス全体で紙に書かれた文を広げて，出来事の順番を確認します。続いて，それぞれの紙に通し番号を付けて，その文を書いた生徒に戻します。自分のメモを受け取ったそれぞれの生徒は，画用紙にその文を清書してから，文が表す場面を絵にします。最後に教師は，生徒の作品を全部回収して，ページをそろえて一冊の本に仕上げます。

パラグラフからつぎのパラグラフ，あるいは1つの場面からつぎの場面に話を移す時には，工夫が必要となります。慣れた書き手ほど，これをうまくやります。ライティングを習い始めたばかりの生徒なら，良質の文学作品を手本にして，このやり方を学習します。また，「つなぎことば（transition words）」*を一覧にして学ぶことも必要です。以下のリストは低学年用の「つなぎことば」一覧で，教室に掲示して使います。

*「転換語」とも呼ばれる。

英語のつなぎことば

first	last week	yesterday	today
second	next month	tonight	in the morning
third	before luch	noon	in the afternoon
next	then	lastly	finally
before	prior to	ahead	earlier
previously	later	evening	night

生徒たちは，説明文や物語文を書く時にこのような「つなぎことば」を少しずつ使えるようにします。

ボイス

注釈18（p. 96参照）　「ボイス（voice）」とは，文章の提示の仕方や物語の語り方のことです。[18] このボイスは書きものに残した書き手の指紋のようなものだと考えればよいでしょう。ボイスから，文章で取り上げている話題について書き手がどれほど熟知しているかが見えてきます。年齢が低い生徒だと，ふつう，本人が書いた文中にボイスが現れます。たとえば，下の2種類の説明文を比べてみます。いずれも，学期末に小学1年生の児童が書いたものです。[19]

注釈19（p. 96参照）

Sharks by Gavin
Sharks have gills.
Sharks have sharep teeth.
Sharks have fins.
Sharks have flippers.
Sharks can eat people.
Sharks can eat fish.
Sharks can get killed.
サメ Gavin 作
サメにはエラがある。

Tornadoes by Alina
Twisters are tarible storms.
They can be a mile wide.
Tornadoes can do damige.
Tornadoes can pick up houses.
Twisters can be dangeris.
They can kill people.
Twisters are all over the world.
竜巻 Alina 作
竜巻は恐ろしい嵐。

サメにはとがった歯がある。 サメにはフィン（背びれと尾びれ）がある。 サメにはフリッパー（胸びれ）がある。 サメは人を食べられる。 サメは魚を食べられる。 サメは殺されることもある。	竜巻の大きさは1マイルにもなる。 竜巻は大きな災害をもたらす。 竜巻は家を巻き上げることがある。 竜巻は危険なことがある。 竜巻は人を殺すことがある。 竜巻は世界中で起きる。

　それぞれ「サメ（shark）」と「竜巻（tornado）」について正確な描写がされていますが，右側のAlinaの文章のほうが読み手を引きつける豊かなボイスを持っています。

注釈20（p. 96参照）

　文章には，主として物語文，解説文，詩という3つのタイプのボイスがあります。書くことを始めたばかりの生徒（emergent writer）[20]は，家族，友だち，飼っているペットなどのことを伝えたがり，物語文で書くことになります。書くことに慣れていない生徒でも，一歩進んで解説文や詩に挑戦します。たとえば，解説文の話題として，何かの料理の仕方，美術課題の完成までのプロセス，クラスで飼っているモルモットの観察記録などがあります。また，詩の場合は2行から3行程度の押韻詩（rhyme）＊になります。書くことにだんだん慣れて書く技術も向上してくると，文章には描写が増え，構成や文と文のつながりもよくなり，読み手への意識も高まってきます。ボイスとはどういうものなのか，小学校や中学校の生徒の書いた文章を中心により掘り下げてみましょう。

＊「韻」と呼ばれる，強勢のある母音とそれに後続する子音を同じものにする音声上の工夫のある詩。

注釈21（p. 96参照）

- **物語文ライティング**（narrative writing）[21]：物語文ライティングは「お話を書くことだ」と，教師は生徒に説明することがあります。冒険物語，ファンタジー（おとぎ話），あるいは，民話ですら書くことがあります。低学年の生徒だと，これを自然にやってのけます。なぜなのでしょうか？　それは，大人もそうですが，子どもは「物語る」ことを日常生活でつねに行っているからです。身に降りかかった出来事や，実現してほしいことについて話す時，人はそれを「1つの話」のようにして語ります。自分の力を精一杯駆使して，その出来事の登場人物（自分自身であることもありますが）を創り出します。話の筋書きと場面設定が決まると，今度は気持ちと感情を注入します。すると，ジャジャーン！と物語のでき上がりです。話が回り出します。

- **解説文ライティング**（expository writing）：物語文の目的は読み手を楽しませることですが，解説文では違います。解説文の目的は読み手に情報を伝達することにあります。解説文には主たるものが2種類あります。それは，描写文（descriptive writing）と説明文（explanatory writing）です[22]。教師は，さまざまなタイプのノンフィクションの文章を読み聞かせで生徒に紹介するとともに，質問をするためのさまざまなスキルを教示します（Tower, 2000）。

注釈22（p. 96参照）

- **描写文ライティング**（descriptive writing）：描写文では起きたことを忠実に書き出さなくてはなりません。飼っている犬について書いたり，バスケットの試合や見たビデオの内容の要約を書いたりすることで描写文の練習ができます。また，野外活動での出来事や理科の実験の観察記録について書くのも描写文になります。大事なのは，情報の

描写において，書き手は徹底して客観的でなければならないということです。

- **説明文ライティング**（explanatory writing）：ある過程の各段階やその詳細を書き出したものが説明文です。たとえば，自転車の絵の描き方やトウモロコシを1本とつま楊枝，車輪（のようなもの）を使ったおもちゃの野菜自動車の作り方などが説明文の例になります。作り方の手順を熟知したうえで，指示を正確に書かなければなりません。
- **説得文ライティング**（persuasive writing）：説得文では，書き手の信念，望み，強い希望を述べ，その信念が妥当である理由や，望みや希望がかなえられるべきであるという理由を十分に提示します。文章の結末部分では，読み手に対して再度自分の要求を繰り返します（この説得文については，第3章に詳細な説明があります）。

　説得文の学習から，生徒は級友や家族を説得するスキルを積極的に学ぶことがわかってきます。授業では説得文の文章構造や説得文を使った文章について学習しますが，生徒は教室で教師の示すモデルや学習を超えて，社会でも通用する説得力のある文章の書き方を習得して

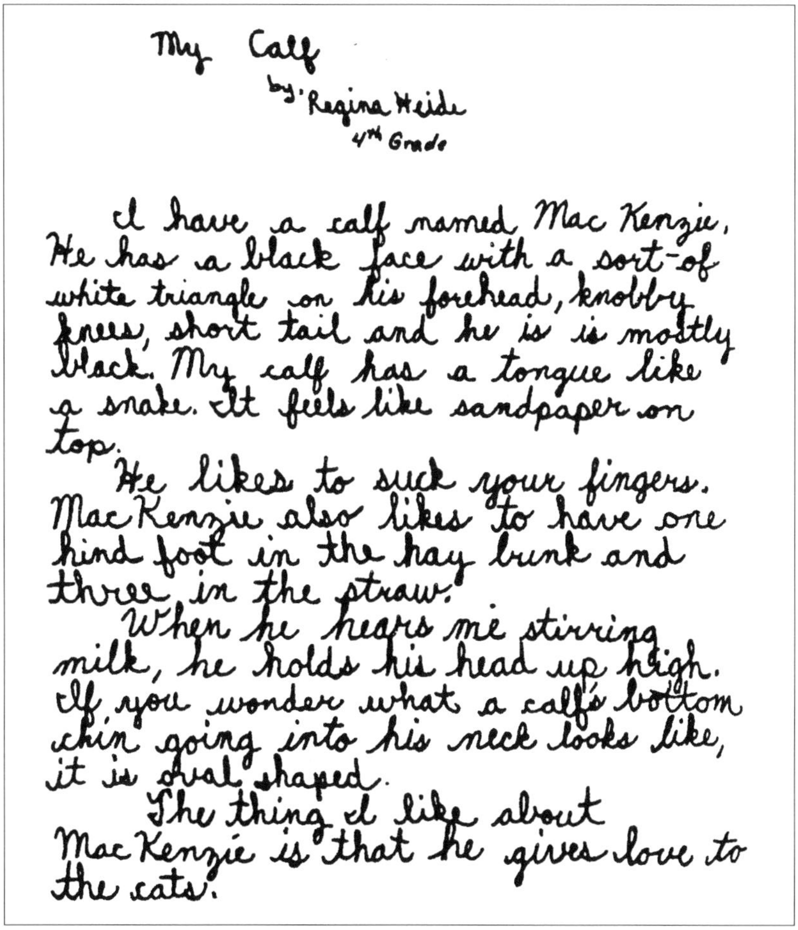

> **My Calf**
> by Regina Heide
> 4th Grade
>
> I have a calf named Mac Kenzie. He has a black face with a sort of white triangle on his forehead, knobby knees, short tail and he is is mostly black. My calf has a tongue like a snake. It feels like sandpaper on top.
>
> He likes to suck your fingers. Mac Kenzie also likes to have one hind foot in the hay bunk and three in the straw.
>
> When he hears me stirring milk, he holds his head up high. If you wonder what a calf's bottom chin going into his neck looks like, it is oval shaped.
>
> The thing I like about Mac Kenzie is that he gives love to the cats.

図表2.5：4年生のReginaが自分の家の子牛（calf）について，情報を与え，描写するタイプの作品の中で詳しく記述しています。

いきます。

- **詩のボイス**（poetic voice）：詩のボイスは，子どもが書くものにはあまり使用されません。このボイスは，作品そのものが鑑賞の対象となる散文と詩のいずれにも使用されます。低年齢の子どもは，往々にして，詩はどれでも韻文詩であるか，韻文詩の型になっていないといけないと思ってしまっています。しかし，実際には詩にもいろいろなタイプがあります。それについては，つぎの第3章に説明があります。

散文は，日常の話し方と似かよっているので，詩との違いがはっきりとわかります。詩は，その文章にリズムが組み込まれています。しかし，詩や散文にかかわらず，書き手は詩のボイスを使用します。Heard は（Calkins, 1995 の中で），以下の詩が持つ4つの特徴を提示しています。

1. 詩ではことばが凝縮されている。1つひとつの単語に大きな意味がある。
2. 詩には，直喩（simile）[23]，暗喩（metaphor）[23]，心的描写（imagery）[23]，象徴的表現（figurative expression）が多く使われる。
3. 詩にはリズムがある。
4. 散文の構造上の一区分が文やパラグラフであるのに対して，詩ではそれが行や節（stanza）*になる。

注釈23（p.96参照）

* まとまった意味を表す，複数の詩の行のまとまり。

日常生活のさまざまな場面で大切なことを経験すると，生徒はそれを詩に書こうとします（Huck et al., 1997）。詩は軽い気持ちで書けるので，生徒受けがよいということがよくあります。「詩は子どもたちが自然に発話することばである」と Kormanski（1992, p.189）は述べています。詩は比較的に短いので，がんばればすぐに書けて達成感が味わえるし，周りの反応もすぐに聞くことができます（Kirby and Liner, 1981）。

ライティングのボイスについてまとめると，以下のようになります。

物語 （Narrative）	物語を作ったり表現したりするボイスは，書き手の気持ちや個性で演出されているもので，I（私）という代名詞が頻繁に出てきます。このボイスの主たる目的は読み手を楽しませることです。	
解説 （Expository）	解説する際には情報を記述文します。解説には，描写，説明，説得という3つのボイスがあります。	
	描写（Descriptive）	描写する際には，書き手は徹底して事実とその詳細だけを記述します。
	説明（Explanatory）	説明する際には，書き手はある過程の諸段階やその詳細を記述します。
	説得（Persuasive）	説得する際には，書き手は，事実による例証をしながら，自分の考え方を読み手に受け入れさせるような文章を書きます。

詩 (Poetic)	詩のボイスは，詩か散文のいずれかの形式で，書き手は自分の感性・思考・ことばの選択を文章に反映させます。

単語の選択

　偉大な作家の作品を読むと，ことばが巧みに選択されていることがわかります。すぐれた作家は読み手に世界を見せる（show）のであり，そのままを語ることはしません。巧みなことばの使い方により作品が姿を変えます。不慣れな書き手は，書くスキルを誇示するように書いてしまいがちなので，正確にことばを選びながらも繊細な表現ができるようにしなくてはなりません。たとえば，「家の近所はうるさい」と書くよりも，近所のうるさい様子を書き表すことが大事なのです。これについては，「家の近所には，ほえる犬が6匹と，11人の騒々しい子どもたちと，夜中にミャーミャー泣き散らすオスのトラ猫がいます」と書いたほうが，はるかに描写性の高いイメージが読み手の心に伝わります。

　鮮明な絵柄が浮かぶような具体的で的確な単語を使って書いたほうが，読み手にはわかりやすい文章になります。名詞や動詞を選び抜いて文章や詩を書くと良い作品ができます。生徒に表現力に富む文章を書かせたいと思うなら，名詞や動詞についてのミニレッスン*を行います。この授業では，一般的な名詞と特定性の高い意味の名詞の対比，一般的な動詞と読み手にその生き生きとしたイメージが伝わりやすい動詞の対比を紹介します。ミニレッスンの一環として，単語表を教室に貼ることも一案です。簡単な類義語リストを作って，生徒が自分のライティング・ファイルに入れておくのもよいでしょう。つぎの表は表現を豊かにするための名詞，動詞，形容詞の類義語リストです。

* 本章 p. 67 参照。

名詞	動詞	形容詞
ball	**said**	**happy**
sphere	screamed	joyful
orb	yelled	delighted
soccer ball	whispered	content
baseball	cried	thrilled
basketball	exclaimed	glad
rubber ball	groaned	pleased
trees	**walked**	**beautiful**
grove	trudged	pretty
forest	hiked	gorgeous
woods	strode	attractive
glen	marched	lovely
woodlands	paraded	sumptuous

　be 動詞（am, is, are, was, were）は文章から力強さを奪います。オーバーヘッド・プロジェクターで The boy was on the hill.（少年は丘に座っていた）という文章を映し出します。つぎに，The boy sat cross-legged on the pinnacle of the hill.（少年は丘の一番高い場所に足を組んで腰を下ろしていた）や The boy perched on the hilltop.（少年は丘の上で休ん

でいた），The boy peered down from the hill.（少年は丘の上から下を見下ろしていた）のような，同じような意味でも使われている単語や表現が違う文があることを見せます。

　説明に使用する単語は，表現が豊かで生き生きとしたものでなくてはなりません。形容詞は名詞を修飾し，名詞に細かい描写を加えます。この形容詞がたくさん続くと文がわかりづらくなります。たとえば，the extremely large, colossal, gigantic, huge, humongous, monster（とても大きくて，壮大で，巨大で，デカくて，ものすごい怪物）と書くより，the massive monster（バカデカイ怪物）のように情報を伝えるほうが十分に効果的です。同様に，語末が-ly で終わることの多い副詞は，一般的に動詞の修飾に使用されます。例として，The girl trudged down the trail.（その少女は重たそうな足取りで小道を下って行った）に対して The girl trudged confidently down the trail.（その少女は重たそうな足取りではあるが，自信に満ちたようすで小道を下って行った）[24]，また，The bike swerved away from the curb.（その自転車は縁石から急にそれて行った）に対して The bike swerved briskly away from the curb.（その自転車は縁石から急に小気味よくそれて行った）を比べてみましょう。

注釈24（p.97参照）

　3年生になると，生徒は教室にある類義語辞典を使えるようになります。また，パソコンがあれば，Microsoft 社の Word を使い，［校閲］，［類義語辞典］のように，順次クリックしていくと［類義語辞典］が見つかります。しかし，もっと豊かな単語選択ができる通常の辞書も販売されています。たとえば，Merriam Webster のように，辞書と類義語辞典が合わさったパソコンソフトは中学生にはぴったりで，生徒はパソコンでライティングをしながらいつでも辞書や類義語辞典を引くことができます。小学校の3年生以上の教室には紙の辞書と類義語辞典を少なくとも3セットは用意すべきです。ライティング・センターや教室の編集コーナーにも備えておいたほうがよいでしょう。

文章の流暢さ

　1枚の用紙に書かれている語句が，全体として読み手にどのように聞こえるかを決めるのが，文章の流暢さ（sentence fluency）です。文章を上手に書ける人は，語，句，文をつなげたり並べ替えたりすることに労力を費やして，読み手の耳に文章が1つのメロディーのように響いて聞こえるように書き上げます。Culham（2003, p.178）は，「文章の流れるような流暢さは，論理，創造的な言い回し，並列構造，頭韻法，自然に読める単語の並び方などによってかもし出されるものです」と説明しています。この文章の流暢さを実現するには，書き手が自分の書いたものを，声に出して頻繁に読み上げることが大事です。同様に，教師も，理想的に流暢な文章がどのように聞こえるかを教えるために，すばらしい文章を生徒に読み聞かせます。生徒が複数の文章を読み，文章がどのように書かれていて，どのように聞こえるかを検証することも，文章の流暢さを学ぶには大切な学習です。

　話しが上手に展開されている文章は，単語や文がうまく配列されているので，声に出して読みやすく感じます。文がいつも同じ始まり方をしていた

り，同じ長さになっていたりしません。むしろ，いろいろなものがあってしかりです。たとえば，長くて延々と続くかと思う文もあれば，短めでテンポよく，きびきびと書かれている文もあります。流れが良いと感じられる文章の主な特徴には，つぎのようなものがあります。

- 文にリズム，滑らかさ，自然な音の流れがある。
- 文の長さや構造に変化がある。
- 文の出だしが一様ではない。
- 文と文をつなぐ「つなぎことば」の使い方が上手である。
- 語や句が上手に繰り返されていてパターンを感じさせる。
- 文の1つひとつが書きことばとして上手に構成されている。

文章がどのように構成されるかを考えなければ，ライティングすることの意義は強化されません。

文章作成の決まりごと

文章作成には，知っておくべき決まりごとがあります。正しい単語の綴り，文法，先頭文字の大文字化，句読法ができていて初めて，読みやすくて，わかりやすい文章になります。このような決まりごとが守られていないと人には読んでもらえません。たとえば，求人の応募書類に文法や綴りの間違いがあると，面接の段階に進めないこともあります。文章作成の決まりごとをしっかり守った文章は，注意深いプルーフリードと校正＊によってもたらされます。

＊ 本章 p. 50 および注釈 10（p. 96）を参照。

プレゼンテーション

「6 + 1 のライティングのポイント」＊モデルの最後の要素は，プレゼンテーションに関わる特徴です。この最終段階では，文章の読み手に対する仕上がり方を確認します。用紙の余白設定，手書き文字の書け具合，あるいは，字体や文字の大きさ選択，画像などの視覚的な側面に注意します。この書式設定ができていて初めて，人に読んでもらえるようになります。

このような書式に関するガイドラインは，プレゼンテーション活動の根幹となるもので，ライティング・プロセスの最後に位置する「発表」という段階において確認します。作品が書き上がったら，発表できるように形を整えます。手書きだろうと，ワープロやデスクトップ・パブリッシングのソフトによる文書作成だろうと，書式の確認はかならず行います。

＊ 本章 p. 57 および注釈 13（p. 96）を参照。

ライティング・ワークショップ＊

ライティング指導の中核となるのはライティング・ワークショップです。小学校の低学年生なら 30 分程度，中学校の生徒なら 1 時間から 1 時間半程度の時間で設定します。Nancy Atwell（1998, p. 71）は，ライティング・ワークショップを推奨する教師の一人で，「ライティングの教え方と学び方の両面において，どのレベルの生徒にも適している」と述べています。ライティング・ワークショップで，教師はライティングに関するミニレッスンを

＊ 本章 p. 43 参照。

行い、本を1冊丸ごと、あるいは一部分を音読して聞かせます。その音読のあとで、生徒はその内容について文章を書き、書いたものをほかの生徒と見せ合います。

　ライティング・ワークショップは、あらかじめ決めた手順で構成します。手順には、毎日実行することも含まれています。以下はその例です。

- **クラス全体が教師と一緒に音読をする**。音読するものは1冊の本、本の一部分、1篇の詩などです（詩の場合、小学生ならば大きな紙に書いて貼るとよいでしょう。また小学校の中高学年の生徒や中学生ならオーバーヘッド・プロジェクターや書画カメラで投影してもよいでしょう）。まず、教師が詩の音読の手本を示し、つぎにクラス全体が教師と一緒に音読するというやり方をします。
- **ライティングのスキルやストラテジーに関するミニレッスンを行う**。このほかに、特定のスキルやストラテジーについてグループ別学習を行うのもよいでしょう。
- **クラス名簿をクリップボードに貼り付け、活動進行状況調査をする**。教師に呼名され、生徒は一人ずつライティング活動の進行状況を教師に報告します。たとえば、Emily は食器棚に潜むネズミの話の下書きを書いている途中だとか、Michael は海賊の話を改訂中だとか、というように報告します。教師は記号で生徒の進行状況を記録します。たとえば、下書き中（drafting）は D、校正中（editing）は E、改訂中（revising）は R、調査中（conducting research）は CR のような記号です。このような記号の使用は記録の簡素化をもたらします（図表2.6参照）。

活動進行状況					
氏名	月	火	水	木	金

凡例：
PW ＝ 構想中（prewriting）　　　　R ＝ 改訂中（revising）
CR ＝ 調査中（conducting research）　ED ＝ 校正中（editing）
D ＝ 下書き中（drafting）　　　　PB ＝ 発表中（publishing）
TC ＝ 教師とのカンファレンス（面談）中（teacher conference）

図表2.6：活動進行状況チェックリスト

＊本章 p.73 参照。

- **インデペンデント・ライティング＊と生徒同士の話し合いに時間を割く**。この時間になると、鉛筆が紙の上を走る音や、生徒同士のそれぞれの話し合いの声があふれて、クラス全体が蜂の巣のようになります。中学生になるまでには、このような生徒間のやりとりが、さまざまな意見交換を行う一種の社会交流の場の様相を呈するようになってきます。これこそがライティング指導で教師が活用すべき青春期の特質と言える、と Atwell (1998) は指摘しています。
- **グループミーティングを具体的な目的を持って設定する**（毎日行う必

要はありません）。ある特定の話題についての意見交換，生徒が選んだ課題のライティング，ライティングが不得意な生徒の手助け，英語学習者の生徒が英語のライティング特有の決まりごとを学ぶための支援，あるいは，ライティングが得意な生徒への特別な課題の提供などが目的となります。

ミニレッスン

　ミニレッスンとは，短時間の具体的指導のことで，「良い書き手，良い読み手になることを指導目標にして，ライティングとは何なのか，技術的なこと，役に立つ情報に焦点を当てて指導することです」（Atwell, 1998, p. 149）。ミニレッスンの時間は，幼稚園児ならば5分程度，小学校の中高学年生から中学生ならば30分程度が適当です。ライティングでのミニレッスンが力点を置いているのは，スキルとストラテジーです。つまり，ミニレッスンは，文章作成の決まりごと（文字の大文字化，句読法，語法，綴りの決まりなど）を紹介する時間として活用できます。

　幼稚園児や小学校1年生には，教師が毎朝「朝のひと言（Morning Message）」と板書する時がミニレッスンの開始になります。生徒は教師に自分にかかわる「朝のひと言」を伝えます（たとえば，「ママは赤ちゃんが産まれるんだ」，「土曜日に動物園に行くんだ」，「ハチにさされちゃった」などということです）。小学1年生の2学期くらいになれば，ミニレッスンの内容をライティングのスキル指導に移していきます。たとえば，教室や家で飼っている生き物などの動物について，効果的に記述するにはどうしたらよいのかといった指導をします。

　ミニレッスンは教師中心にならないようにします。教師は，入念に内容を組み立てておいて，実際のミニレッスンではアドバイザーに徹して，作品がどのように構成されているのかを生徒みずからが発見できるように導いていきます。たとえば，教師が，ライティング・ワークショップのために図書館から本を1冊借りてくるように指示します。生徒はそれぞれが借りてきた本の出だしの1，2文を交替で読み合って，もっと続きを読みたいと思わせる「仕掛け（hook）」*が何かを考えさせます。

　上述の「仕掛け」発見のミニレッスンと同様に，教師はミニレッスンを活用して，上手にライティングをする仕方を教えます。書いている時に教師が何を考えているのかを目の前で示します。オーバーヘッド・プロジェクターで，ある話題についてライティングを始めますが，同時に，書いている時の自分の考えも口に出して言います。下書きをどのようなものにしていきたいか，つまり，どこをなおそうか，何を書き加えようか，文の位置を換えたほうがよいのか，などを生徒の前で言うのです。これをやって見せると，生徒自身がどのようにライティングを書き進めていけばよいのか理解しやすくなります。また，教師がある単語の綴りに自信がない時に，あとで確認ができるように，その単語を○で囲んでおいて書き進めていきます。後日，同じ作品を使って改訂と校正をするという活動を見せます。このような一連の活動を見ることによって，生徒はまず何よりも内容を重視して書くことが大切

* 本章 p. 58 および注釈 17（p. 96）参照。

で，改訂や仕上げはそのあとになって行うということを理解します。

Gail Tompkins（2008, p. 69）は，ライティングの指導方法について，以下の5つの手順をミニレッスンで扱うことを提案しています。

1. ライティングのスキルやストラテジーについて紹介する。
2. 実際に書いてスキルやストラテジーを使う様子を見せる。
3. スキルやストラテジーを使う練習の課題を書かせる。
4. スキルやストラテジーについて復習する。
5. スキルやストラテジーを使って実際に書かせる。

Tompkinsは，この5つの手順は足場を提供する段階的な学習になっていて，この段階が進むにつれて作品に対する責任が教師から生徒にかならずや移っていくと述べています。このような手順を踏んでライティングを学習すると，生徒はそこで学んだスキルやストラテジーを自分の作品に応用できるようになります。

ライティング活動における教師の役割

生徒のライティング・スキルの向上に教師は重要な役割を果たします。ライティングの進め方のモデルを示したり，生徒の作品についてカンファレンス（conference〔本章 p. 73 参照〕）[25] を行い，アドバイスを与えたりします。このような指導で，生徒はライティング・スキルについて理解や知識を深めることができます。また，教師は，ライティング・スキルが，生徒の学習発達段階に応じてどのように習得されるものなのかについて理解しておく必要があります（囲み記事 2.2 参照）。ライティングの指導には，モデル・ライティング，共有式ライティング，インタラクティブ・ライティング，誘導式ライティング，インデペンデント・ライティングなどが含まれます。

注釈 25（p. 97 参照）

ライティングのモデルとしての教師

教室で実際に自分で書いてみせない教師は，生徒の良い手本にはなれません。多くの教師は，自分が生徒だった頃のライティングの経験から，生徒にライティングの手本を示すことに自信が持てないようです。おそらく，添削で真っ赤になって戻ってきたライティング課題のことを思い出すのかもしれません。Smith（1981, p. 797）は，「子どもは教えられたことを学びます。だからこそ，教師が，ライティングは細かい規則を守りながら仕上げなければならない面倒くさい作業だと思っていると，その考えが指導に反映されてしまいます」と述べています。ライティングに対して，このような気持ちでいることは残念なことです。なぜなら，教師が自分の作品を生徒に見せるようなクラスは，ライティング活動の共同体に変身するからです。オーバーヘッド・プロジェクターに下書きの文章を映し出して，教師が「考えていることをそのまま口に出す，シンク・アラウド（think aloud）」をしながら，下書きを書き進めていく活動を見ると，考えることとライティングが同じ歩調で進んでいくということを生徒は理解します。また，書くのを少し止めて，全体構成や単語の選択，詳細の追加について考えるところ見せると，考

注釈26（p.97参照）

記事 2.2　ライティングの発展

	幼稚園〜1年生	2年生	3年生	4〜6年生	中学1〜2年生
構想	・字を書くふりをする。 ・絵を描く。 ・絵について多くの意味を伝える。	・話しことばをより多く用いる。 ・クラスメイトとライティングについて話す。	・アイデアを中心に、ライティングについて話し合う。 ・問題を解決する。 ・1つのトピックに絞る。	・1つのトピックに絞る。 ・より抽象的な意味を持つことばを用いて考える。あまり具体的でない例が使えるようになる。 ・自分に問いかける。	・抽象的に考える。 ・情報をリサーチする。 ・メモを効果的に組み立てて用いる。 ・情報を吟味する。 ・過去の知識を使う。
ドラフティング	・さまざまなライティングの題材が必要になる。 ・ライティングを行う。定期的に、指定された時間が必要である。 ・教師対生徒でカンファレンスを行うとアイデアが出てまとまりやすくなる。 ・基本的な句読法に絞ったスキル指導（ピリオド、大文字、引用符など）。	・短い作品を書く。 ・ふさわしくない情報が含まれることがある。 ・1日の始まりから終わりまで（ベッドからベッドまで）について書く。	・個人的な体験を選択する。 ・順番を追って書く。 ・内省的に考えたことはほとんど用いられない。	・視点／ボイス／ムード[26]を変えて書く。 ・オーディエンスを意識していることを表せる。 ・活動の途中から物語が始まることがある。 ・共感を表す。 ・すぐれた作品に必要な要素について知っている意識が高くなっていることを表せる。 ・下書き、改訂、校正ができる。	・レベルの高いライティングができる。 ・オーディエンスに十分気を配る。 ・作品の構成を考える。
改訂と校正	・物語を本の形式に合わせる。 ・書いたものをほかの人に伝える。 ・内容について読み始める。 ・校正に関して質問する。	・ことばの使い方を変えたくなる（ことばを切り貼りした程度の粗雑な文）。 ・書き手として成長する。	・簡単な変更のみ行う。 ・改訂を恐れる。	・自分で校正する。 ・ほかから指摘されずにメカニクス上の変更ができる。 ・作品のオーディエンスを考慮する。	・十分な時間をかけて最終稿を作成する。

えながらアイデアを生み出す活動は，まさにライティングの一部なのだということも生徒は認識します。どのような書き手も，書いた文章を声に出して読み上げることをします。賞をもらうような作家でさえそうです。こうして，書いた作品がどのように耳に聞こえるかを確かめています。したがって，ライティングを習い始めたばかりの生徒たちは，自分たちの作品をより良いものにするために，かならずこの音読活動を行います。

　教師がライティング活動をお手本として見せる，この「モデル・ライティング（modeled writing）」は，生徒にはこの上ない支援となります。たとえば，3年生全体で説得文の手紙を書く時，1年生で上手にライティングができる生徒たちが初めて対話文を書く時，中学2年生が段落と段落をつなぐ練習をする時，学年を問わず書くのが苦手な生徒が困っている時などでモデル・ライティングを行います。また，モデル・ライティングは，生徒がいままでしたことのないライティング活動を，実際に行う前に示したり，文章作成の決まりごと（文法，語法，大文字化，句読法）を紹介したりする時にも効果的です。

　生徒に自分の作品を読ませることで，教師はあるメッセージを伝えることができます。つまり，ライティングをするのは大変なことだが，習得する価値のあるスキルであるということです。教師が自分の作品について話しながら，ライティングする時によく生じる気持ち，いらだち，不安について正直に話します。Smith（1981, p.797）は，教師が自分の書いた作品を生徒に見せると，「ライティングとはどういうものなのか，またどのようにして行ったらよいのか，ということを実演して見せていることになる」と述べています。

　たいていの子どもは，大人になったら自然に文章が書けるようになる，と思っています。そして，大人なら鉛筆を持ちさえすれば，書き終えようと思うまで単語がつぎつぎに思い浮かび，川の水のように流れ出てくるものだと信じています。子どもは，親が買い物リストや，時おり書く手書きの手紙，Eメール，親戚や友人宛の手紙などを書いているのを見ることはあっても，大人が精力的にライティングに取り組むのを見ることはほとんどありません。つまり，大人がブレインストーミングをしたり，構想を練ったり，下書きを書いたり，改訂や校正をしたり，最終稿を他人に読んでもらったりする，といったライティングのさまざまなプロセスを子どもが実際に目にすることはめったにありません。

　事前に学習活動計画を立てたうえで，教師は頻繁にライティング活動をモデルとして示します。たとえば，小学校低学年生の場合には，生徒を床に半円に座らせて，くつろいだ雰囲気の中で，大きめの模造紙とマーカーペンを使って，モデルとしてライティング活動を見せます。オーバーヘッド・プロジェクターを使って同じことをすれば，生徒たち同士や生徒と教師とのアイコンタクトが増えます。

　教師がライティングのモデルを始める前には，教室での決まりごとを生徒にきちんと確認させます。ライティングの授業を中断させてはならないということです。たとえば，宿題の提出期限について質問したり，ひそひそ話をしたりしてはいけません。すべての注意を教師のライティング活動に向けさ

せます。

　教師がもっとも自然にライティングを始められるように，実際に起きたことについて話をします。典型的に日常的な出来事だと思われるようなことも，子どもたちの好奇心をかき立てることがよくあります。適切な話題として，教師は，目を見張るような出来事や変わった出来事でなく，信憑性のある出来事を選ぶべきです。以下の出来事は，教師であればほとんどが経験済みで，子どもたちはライティングの話題としておもしろいと思うことでしょう。

- 子どもの時に自分や兄弟の頭髪をハサミで切ってしまったこと。
- ペットに服を着せたこと。
- 料理を作ったけれど，肝心な材料を1つ入れ忘れたこと。
- 自転車の乗り方を覚えた時のこと。
- 子どもの時に友だちたちと近所の「お化け屋敷」探検に行ったこと。
- 昼間ブランコで遊びすぎて，夜寝ている時にまだブランコに乗っているような気がして目がさめたこと。
- ローラースケートの滑り方を覚えた時のこと。
- キャンプに行ったこと。
- 生まれて初めて人前で本の朗読をしたり，お芝居をしたりしたこと。
- 子どもの時に，早く家の手伝いを終わらせたくてズルをしたこと。

　教師が日常の出来事を上手に文章に書き出すのを見て，子どもたちは，同じような経験をしたら自分たちにも書けるだろうと思うようになります。というのも，生徒に起きた日常の出来事も，教師の話と同じくらいおもしろく，実際に起きていて自分に関係がある話なのです。人を刺したり，ピストルで撃ったり，毒殺するというような（非常に特別な）出来事でなくても書いてかまわないと感じます。普通の出来事は，ライティングの話題として他人に読んでもらうだけの価値もあり，おもしろいと思ってもらえるものなのです。

　候補になりそうな話題を3つか4つ簡単に紹介したあとで，教師はその中から1つをライティングのモデル用の話題として選びます。その話題についてさまざまに考えたあとで，教師のような大人でも書き出しが一番難しくて，よく考えないとならないことを見せます。同様に，ライティングの活動中でも，自分の考えを声に出して話し，文章について生徒たちの考えを聞きます。下書きが完成したら，それをクラス全体に向けて音読します。つぎの授業では，最初の下書きの改訂の仕方と最終稿を完成する際の校正の仕方について，モデルを見せます。

　すべての生徒のライティングの課題に，教師がモデルとして関与することは不可能ですが，定期的に，できるだけ多くの機会を捉えて，生徒と同じ話を教師が書くことは重要です。教師が毎日のようにモデルを示す必要はありませんが，生徒と一緒にジャーナルや理科の実験記録を付けることで，同じ目的を達成することができます。このような文章を書く練習では，教師も生徒も同時進行で中断することなく書きます。クラス全員が最終原稿を完成できたら，教師も含めて全員で交換して読み合います。

共有式ライティング

　教師が生徒と相談しながら一緒にライティング作品を作り上げていくのが，「共有式ライティング（shared writing）」という学習活動です。この活動で実際に文字を書くのは教師で，クラスの生徒全員が見えるように，教師が模造紙やホワイトボードに字を書いたり，コンピュータ上で字を書いて，映像としてスクリーンに投影したりします。クラス日誌（class book）でも共有式ライティングができます。この方式をとると，教師は作品がどのように仕上げられていくかを実演して見せることができます。また同時に，生徒のアイデアを記録しておく手段にもなります。つぎに説明する「言語体験アプローチ」や「朝のひと言（Morning Message）」*も共有式ライティングの活動になります。

* 本章 p. 67 参照。

言語体験アプローチ

　「言語体験アプローチ（LEA: Language Experience Approach）」は，生徒が自分の実際の体験，たとえば，課外活動で食料品店や Dairy Queen*に行った時のことを口頭で話している間に，教師がそれを書き留める指導方法で，これも共有式ライティングの活動の1つです。読書を始めたばかりの生徒や英語を学習し始めた生徒（ELL: English Language Learner, 英語学習者）*でも，LEA を利用すると，子どもたちみんなが読める文章ができ上がります。理科や社会科などの内容教科では，LEA を使い，アイデアや情報を模造紙に書いてクラスで確認します。模造紙に書かれたものは，そのまま資料となります。

* デイリー・クイーン。米国のアイスクリーム・ショップ。日本にも店舗があったが現在は撤退。
* ここでは米国における，英語を母語とせず，英語を母語とする生徒とは別に，英語の授業を学校で受ける生徒を意味する。

誘導式ライティング

　「誘導式ライティング（guided writing）」は，教師が足場を用意するタイプのライティング活動（scaffolded writing）*で，教師は少人数グループに分けてライティング活動の助言を与えます。この方式では，しっかりとした授業の組み立てが必要です。たとえば，読み聞かせで用いた本にならって1冊の本を作成するとか，高学年ならば授業で学習した俳句や五行連詩にまねて，生徒が自分の作品を作る授業案を用意します。このような授業を通じて，生徒のライティング・スキルの向上が期待できます。

　教師はほかの人の作品をお手本として見せることもできます。誘導式ライティングは，作品のさまざまな面，つまり改訂や校正などのライティング活動について紹介する時にもよく使われます。また，ライティングの新しいスキルやストラテジーを導入する時には，誘導式ライティングを用います。こうすると，生徒は，教師の綿密な指導のもとに新しい手順や概念が学べます。

* scaffolding（足場かけ，スキャフォールディング）と呼ばれる指導法と関連している。

インデペンデント・ライティング

　生徒が自分一人で作品をで書くことを「インデペンデント・ライティング (independent writing)」と言います。フリー・ライティング (free writing) とも呼ばれます。生徒はこの活動を，ラインテング・センターで行ったり，ライティング・ワークショップの一環として行ったり，コンピュータを使って行ったりします。でき上がった作品は，昆虫のことを書いた本であったり，自分の誕生パーティーの話であったり，ジャーナルの記事であったり，押韻詩であったりします。生徒自身が話題を決めるので，何を書いてもかまいません。この活動では，課題に取り組む生徒を後押ししてあげることが重要です。インデペンデント・ライティングを奨励して，ライティングは役に立つ，身に付けておきたいスキルだということを実体験を通じて教えます。教師は，生徒が生涯にわたり読書好きになってほしいと願うのと同様に，生涯にわたって文章を書くことをいとわない人に育てなくてはなりません。

　生徒に，解説文 (expository text) をインデペンデント・ライティングとして書かせる活動（具体的には，情報を記述するライティング (informational writing)*）を，自信を持って積極的に行わせるために，Andrea Rogers 先生は受け持ちの5年生の教室に語彙カレンダーを貼りました。生徒はその日に読んだ（理科，社会科，算数などの）内容教科の教科書から新しい単語を2つずつ拾い出して覚えていきます。授業は毎週5日しかないので，毎月40語程度，1年間で360語程度の新出語彙を覚えることになります。

* 第3章 p.139 参照。

生徒とのカンファレンス

ひと通りの説明を終えたあとの残り時間を使って，教師は校正や編集活動に取り組んでいる生徒のところに行って，書いている作品について個別指導をします。この写真から，教師が生徒と同じ高さになる位置まで腰を下ろして，生徒の下書き校正活動を手伝っている様子がわかります。

　「カンファレンス (conference)」という用語は，高校や大学のライティングの授業から生まれてきたもので，ライティング・ワークショップの考え方に立脚しています。Murray (1968) は，「書くことを学びたいなら，ほかの人と自分の書いたものについて意見交換する必要がある」と述べています。実際，小学校の教師はライティングの授業の中で生徒と「カンファレンス」するという活動を長年実践してきています。よくある例として，机間巡視しながら生徒の質問に答えたり，書いている生徒にその場でいろいろと話

しかけたりします。大切なのは，教師が書くことを学び始めた生徒の話をきちんと聞いて，それに答えてあげるという行為です。

ミツバチ・カンファレンス

「ミツバチ・カンファレンス（honeybee conference）」は，生徒の間をあっちへ行ったりこっちへ来たりして，教師が質問に答えながら教室内を飛び歩く様子を表したものです。教師を，花から花へ蜜を求めて一瞬舞い降りたかと思ったら，すぐに飛び上がるミツバチの様子にたとえています。たとえば，Jasmineの主語と動詞の一致の質問に20秒ほど答えていたかと思ったら，Zackがアマガエルの報告書を書くのにもう少し資料がほしいと言うので1分ほど手伝い，30秒ほどでAllisaの文章構成についての質問に答えるといった具合です。教師の的を射た簡潔な即答や質問が，「ミツバチ・カンファレンス」をその名前らしいライティング活動にしています。（どの方向を目指してレポートを書いているのか？ 問題提起はきちんとできているか？ インターネットや図書館を使ってきちんと資料調べができているか？ 情報記述のレポートで使う参考文献の書き方を見たのか？ また，物語文のライティングであれば，つぎのような質問があります。主人公は上手に描けているが，もう一人の主要な登場人物も同じように描写できないか？ 場面設定をもっと詳細に書けないか？ 読む人自身が情報をつなぎ合わせることができるように，説明を減らして描写を増やせないか？）「ミツバチ・カンファレンス」は，ライティング・ワークショップのミニレッスンが終わった直後に始めます。カンファレンスのあとで，生徒はノートを出して実際に書き始めます。

構造化されたカンファレンス

ライティング・カンファレンスを，より構造化して，形式的に実施することも同様に重要です（Murray, 1968）。多少時間の長短はありますが，平均で3分から5分をかけて教師と生徒が話し合います。この話し合いでは，教師がライティングの進み具合を生徒に尋ねます。これに対して，生徒は自信のない箇所について質問し，自分が上手に書けたと思う文や段落について話します。いずれにせよ，教師は書き方についての細かい問題よりも，書いている内容について助言します。単に「その通りです」，「違います」で答えられる質問よりも，生徒がしっかりと考えるように仕向ける簡単な質問のほうがよいでしょう。しかし，教師がそのような質問ばかりして，一方的に話し合いを推し進めてはいけません。カンファレンスでは生徒が積極的に関与し，教師よりも多く発言できるようにします（Mack and Farris, 1992）。話し合いの内容はノートや記録カードに教師が記録し，生徒のポートフォリオにファイルしておきます（Tienery et al., 1991; Tompkins, 2008）。次ページの囲み記事2.3はカンファランスを行う際の基本的なガイドラインを示したものです。

記事 2.3	教師と生徒間カンファレンスのガイドライン

- 教師はライティングのカンファレンスを生徒が怖がらないようにします。たとえば，生徒の正面ではなく真横に座ると，生徒は教師を敵対者ではなく支援者として見るようになります。
- 教師は生徒を姓ではなく名で呼びます。
- 生徒と教師は目の高さが同じになるように座ります。アイコンタクトは，生徒の努力を教師がサポートしていることを強調して伝える非言語的な手段です。
- 生徒は教師に，書いた作品を見せます。教師は作品に書き込みをしたり，生徒から作品を取り上げたりしてはいけません。作品はあくまで生徒の所有物です。
- 教師は，意味に関連して，生徒が自由に答えられるオープンな質問（open-ended question）[27]をします。質問が難しくなっても，生徒が答えられるような質問でなければなりません。
- 教師は生徒が質問に対する答えをしっかり作れるよう，十分な時間を与えます。質問によっては，短い時間で答えられる場合もありますが，より年少の学習者にはそれだけ多く考える時間を与え，教師もそれに見合う時間だけ，答えが出てくるのを待ちます。生徒が答えを準備するのにさらに追加で時間が必要であるかは，たいていの場合，教師が決定します。
- 生徒の作品について，教師が自然な好奇心を持っていることを示すような質問をします。たとえば，What kind of fish did you catch?（どんな魚を釣ったの？）の問いに続けて，What are some of the special things you do to catch ...?（…という魚を釣るためにどのような特別なことをするの？）と尋ね，生徒に，その魚を釣るために工夫したことを話させます。こうすることで，生徒は，魚とその魚が捕まえられる方法について，同じ点や異なる点を考え始めます。
- 教師は，けっして，カンファレンスをみずから主導して，生徒に，作品のテーマを変更したり，教師がとくにおもしろいと感じたことを掘り下げたりするように求めてはいけません。
- 教師は，カンファレンスを3分から5分以内でおさまるように，できるだけ短くします。
- 教師は，1回のカンファレンスで，1つもしくは2つのことを話題にします。3つ以上のことを話題にして解決しようとすると，生徒は混乱してしまい，カンファレンスの意味がなくなります。
- カンファレンスは，つねに生徒をほめるような雰囲気で終わるようにします。

注釈27
（p.97参照）

　カンファレンスは，さまざまな目的に応じ，また，生徒の個々の必要性に応じて開かれます。以下は，ライティング活動中に生徒に役に立つと思われるカンファレンスの例です。

- **下書きカンファレンス**（drafting conference）：具体的に困っている問題が起こると，生徒が個々に教師のいる机や教卓を訪れて質問する。応対の時間はふつう1分から3分程度と短い。
- **改訂カンファレンス**（revising conference）：小グループ（4人から8人）になって，作成中の下書きを各自が読み上げ，ほかのメンバーたちは質問をするという方法で下書きに改訂を加える。
- **校正カンファレンス**（editing conference）：通常，生徒が2，3人のグループになって，単語の綴り，句読法，大文字化，文法の間違いを発見するために，友だちの下書きに目を通す。間違いによく気付く生徒が，ほかの生徒の間違いの修正をすることで，負担を強いられないように配慮する。また，グループ内のほかの生徒の作品に磨きをかけることに時間をかけすぎて，自分の文書作成が不足してしまわないように注意する。
- **スキル・カンファレンス**（skill conference）：文章作成上の特定の項目について指導が必要な生徒向けに，10分から15分のカンファレンスを行う。たとえば，関係詞節の作り方，セミコロンの使い方などを指導する。

- **クラス・カンファレンス**（class conference）：さまざまな理由で，定期的に行われるカンファレンス。たとえば，新しい課題についての概要をクラス全体に説明したり，いままでに取組んだことがないタイプの文章作成（例：新しいタイプの詩）の説明をしたり，クラスの多くの生徒が活動中の課題に問題を抱えていたり，また，「リサイクル，高齢者へのインタビュー，南北戦争，科学展の説明案内」などのテーマを話題とする協働でのライティング課題が課されたのを受けて，グループ内の分担決めや進行状況を確認したりする際に開催する。

話題を選択したり，レポートを書いたりする，ライティング課題のさまざまな段階でカンファレンスを開くと，生徒のライティング活動を順調に進めることができます。教師からの質問や関心を表すコメントにはつぎのようなものが考えられます。

- 話題選択の時に使える質問やコメント
  Tell me about your family 〔friends, neighbors, pets〕.
  What do you like?
  What do you dislike?
  What is your favorite sport?
  What kind of hobbies do you have?
  What is your favorite book?
  Do you have a favorite author?
  Was there something you wanted to do for a long time that you finally got to do?
  What is the funniest thing that you have ever seen?
  What is the strangest thing that you have ever seen?
  家族〔友人，近所の人たち，ペット〕について教えてください。
  好きなものは何ですか？
  嫌いなものは何ですか？
  好きなスポーツは？
  どのような趣味を持っていますか？
  好きな本は？
  好きな作家はいますか？
  ずっとやりたいと思っていたことで，結局やらなければならなかったことはありますか？
  これまで見たことの中で，一番笑えたものは？
  これまで見たものの中で，一番変だったものは？
- 個別カンファレンスであれグループ・カンファレンスであれ，ライティング活動が進行中に使う質問やコメント
  Tell me about your work.
  How is your writing coming along?
  Do you have a favorite part? Read it to me.
  How did you decide on your title?
  Does the beginning make people want to read what you are

writing?

What convinced you to write about this topic?

You seem to be very familiar with this topic. How could you find out even more about it?

What is the most exciting part of what you are writing?

What additional details would make this part [specify the part] clearer? Is there anything that you have repeated and you can therefore take out? Are there any other important details that you should add?

Does the ending fit with how you want the reader to feel?

Have you run into any problems that I can help you with?

どんなことを書いていますか？

ライティングの進み具合は？

自分が書いている文章の中で気に入っている箇所があれば，そこを読んでください。

どうしてその話題にしようと思ったのですか？

出だしの部分を読んで，ほかの人があなたの書いたものを読みたくなると思いますか？

この話題について，最後まで書き上げることができると思っている理由は何ですか？

いま書いている話題についてよく知っているようですが，その話題についてもっと知るにはどうしたらよいと思いますか？

自分の書いている文章の中で，一番おもしろいのはどこだと思いますか？

どのような情報をさらに書き入れると，この箇所（特定の箇所を指定して）がもっとわかりやすくなると思いますか？ 同じようなことを繰り返し書いて，削ってもよいところはありませんか？ 付け加えたほうがよいと思う大事な情報はほかにありますか？

読む人には，こういうふうに感じてもらいたいという結末になっていますか？

先生が一緒に考えてあげられることで，何か困っていることはありませんか？

グループ・カンファレンス

　グループで話し合うことにより，生徒は校正のスキルを向上させることができて，総合的な学習活動も経験できます。カンファレンス中に一緒に作品を読み合うことで，グループのほかのメンバーにとっては，作品完成までの手順についてであれ，トピックそのものについてであれ，ふつう，情報やものの見方や知識を新たに得る機会になります。たとえば，Duncan 先生の3年生のクラスでは，ペットとその飼育法をライティングのトピックに選びました。生徒の一人のDawn は，お兄さんのペットのオウムについて書くことにしました。クラスの生徒たちは，オウムの寿命が80年もあって，どの鳥も毎日小さな砂粒を飲み込むということを知って驚きました。同じクラ

スの Sam が書いたのは，兄が飼っているボア・コンストリクターという大蛇のことを書きました。なんと，食事は2，3週間に1回だけなのです。毎日の犬の散歩のこと，猫の性格が勝手気ままなこと，金魚の泳ぎ方などを選んで書いた生徒もいました。このような「グループ・カンファレンス (group conference)」を通じて，いままで知らなかったことをおたがいに共有できるようになります。

　グループでのライティング・カンファレンスでは，一人の生徒が作成中の自分の下書きを読み上げることから始めます。下書きを読み上げている間，ほかの生徒は，聞きながら質問事項をメモします。友だちからのいろいろな質問は，文章を書きなおしていく時の良いアイデアにつながります。読み上げ活動が終わると，下書きに関しての意見や質問を出し合います。ただし，そのやりとりには守らなければならない決まりごとが1つあります。それは，まず，かならず良い点について，回りくどくない，具体的な意見を述べることです。この決まりごとにしたがうと，たとえば，「あなたが書いていることはすてきだと思います。なぜなら……」という言い出しをしてから，具体的な理由を述べることになります。このような意見の出し方をすることで，間違いを指摘して書き手を批判することがなくなり，書き手も自分の作品の強みと弱みについてさらに深く考えることができるようになります。

　グループ・カンファレンスは，生徒たちが教師とおたがいの双方に信頼を置いている時にのみうまくいきます。そのため，多くの生徒にとって教室の学習環境が安心できて心地良いものになるまでは，教師と生徒が1対1でカンファレンスをしたほうがよいでしょう。グループ活動にもっていくためには，教師は，自分が信頼でき，親切で，助けになることを生徒に示さなければなりません。

　グループ・カンファレンスの形を少しだけ変えて，内容教科の特別なトピックについて協働型ライティング・プロジェクトを行う際に利用します。教師は，まず，囲み記事 2.4 にあるような楽しい協働型ライティング活動に生徒を従事させます。生徒たちのライティング活動が終わったら，作品を生徒たちに評価させて，一番良くできたものを選び出させます。そして，最後に，なぜその作品が一番良かったのかを考えさせます（たとえば，出だしの文，全体構成などのように具体的な理由を考えさせます）。この活動の終了時には，生徒たちはグループ・ライティング課題を開始する準備ができています。

記事 2.4　　ミニレッスン：ルーレット・ライティング

　「ルーレット・ライティング (roulette writing)」は，すべての生徒が参加する協働型ライティング活動で，Farris (1988) が最初に提唱しました。この活動では，教師は3年生以上のクラスを5人ずつのグループに分け，教師も1つのグループに参加します（参加するグループは授業ごとに変えます）。教師はグループのメンバーとなり，この協働学習活動がチームワークよく，積極的に行われるよう生徒を支援します。すべての生徒が同じトピックについてライティングを行います。トピックは，たとえば，「この学校が火事で焼け落ちた日」のように，明確な答えのないものにします。教師は全員に「それでは書き始めて」と指示し，文を3つくらい完成させるのに十分な時間を与えます。「書くのをやめて，書いた文を隣の人に渡して」と，クラス全体に指示します。この活動を4回繰り返し，5回目に受け取った人が物語を締めくくる文章を書きます。書いた

紙を交換するたびに，新たに受け取った人がこれまで書いた人の文章をしっかり読めるように，書き終わるまでの時間を少しずつ延長します。以下は，この活動の例です。

> It was a hot fall day. Bugs, the class troublemaker was writing a fantsy piece. He was really into it. He said something about a fire.
> Suddenly I smelled smoke coming from the front of the room. A wastebasket had caught on fire.
> Tina scremed, "Help!" "Fire!" I ran to my lunchbox for my Hi-C juicebox. I ripped the top off and poured it on the fire. The flames rose even higher.
> Everyone started to get nervous. Next, the fire bell went off and we all started filing out.
> Well it was a happy ending. Bugs wrote this story for class, and it was so realistic that everyone sat spell bound. I never knew Bugs could write this well. Of course with Bugs around one never knew when this story could become reality.

（Farris, P. J. (1988). Roulette writing. *The Reading Teacher*, 41（1），91 より）

ライティングを苦手とする生徒への対応

　書くことに熟達してくると，長さもあり，構成もきちんとしていて，内容も良い作品（物語文，解説文など）を書くようになります。しかし，ライティングを苦手とする生徒の作品は，長さは短く，構成，内容も良いとは言えません。文章に関係のない情報や文法の間違いが見つかったり，書いてある紙自体が鉛筆やペンで汚れていたりします。順序に気を配らず，単に左から右へ直線的にものを書き連ねてしまうので，構想を練る段階から四苦八苦します。そのような生徒には，ライティングを行うもっと大きな目的が理解できていません（Troia, 2007）。加えて，課題が要求する，ライティングのトピックや構成も書きづらくさせる原因になります。

　ライティングが苦手な生徒には，自尊心（self-esteem）が欠けています。そこで，教師は作品完成までのプロセスを段階別に分けて，毎日フィードバックを与え，熟達した書き手とまでは言いませんが，有能な書き手になるために必要なスキルを身に付けさせます。自己効力感（self-efficacy）[28]，あるいは有能感（perceived competence）がライティングにおいて重要な

注釈28（p.97参照）

役割を果たします（Troia, 2007, p. 134）。この点からしても，教師は生徒のライティング活動やライティング・スキルの習得を支援し，生徒がライティングに積極的に取り組む態度を培ってあげなくてはなりません。

生徒のライティングの評価

　子どもたちのライティング・スキルの成長の評価は，とぎれることなく継続して行わなくてはなりません。評価方法にはいろいろありますが，複数の方法を組み合わせて，生徒のライティングの力の伸びをできるだけ正確に把握するようにします。Valencia（1990, p. 339）は，「テスト，学習観察，生徒の作品の確認を1回行うだけでは，健全な評価に求められる，信頼性，持続性，多面性などの密接な関連付けはできない」と述べています。以下では，複数の異なる評価方法が，正式なものと略式なものの双方について解説されています。

ポートフォリオ

　「ポートフォリオ（portfolio）」は，「教師と生徒の両方が使用する体系的に整理収集された学習記録で，これにより，特定の科目での生徒の知識，スキル，態度の成長を観察することでができます」（Varvus, 1990, p. 48）。教師たちは経験的に，ポートフォリオのほうが，テストの点数よりも学習期間を通しての生徒の伸長具合を確認できることを知っています。

　小学校では，ポケットや拡張式アコーディオン・ファイルが付いているフォルダーをポートフォリオとして利用します。拡張式アコーディオン・ファイルだと，コンピュータのフロッピーディスクやカセットテープだけでなく，ビデオテープまで収納できます。たとえば，生徒が「著者の椅子」[*]を使って作品を披露したら，その様子を今後の学習の参考となるようにビデオに撮ります（Graves and Hansen, 1983）。ほかの活用の仕方として，生徒が協働制作した詩を皆で一緒に音読（choral reading）する時の録音，グループ活動で書き上げた脚本の上演風景の録画，コンピュータ上でハイパーカード（HyperCard）[*]技術を用いれば，複数の活動をプレゼンテーションできるよう1つにまとめたファイルなどをポートフォリオの資料内容として収めることもできます。また，ポートフォリオは，紙と鉛筆だけの評価と違ってさまざまなメディアを取り込んだ評価が可能になります。

　教師によっては，週ごとの「活動記録用」ポートフォリオや，保護者に見てもらうための正式な評価方法である「閲覧用」ポートフォリオを用意します。後者は正式な評価の際にも利用します（Miller, 1995）。ランゲージアーツ専用に1冊，そして，そのほかの内容教科用に1冊のように，ポートフォリオを用意させる教師もいます。理科や社会科に出てくる文章はほとんど解説文なので，それぞれの生徒にポートフォリオを1冊用意させて，全内容教科の学習記録を残していくやり方もあります。どのようにポートフォリオを構成するかは，担当の教師の考え方によりますが，もっとも重要なのは，一人ひとりの生徒が，日付を記入しながらポートフォリオを作成していくことです。理想的には，教師の監督のもとで，生徒自身が自分の学習記録

[*] 本章 p. 54 参照。

[*] ハイパーカードとは，Mac OS用に開発された，ハイパーテキスト作成ソフトウェアで文献カードを扱うように項目の整理と項目間の移動ができる。

を作成して，きちんと日付も記録し，ポートフォリオに保管していくことです。

　ライティング用のポートフォリオには，物語文，説明文，詩など，いろいろな種類のサンプルを入れます（Tierney et al., 1991）。加えて，読書記録，教師との対話を記録した対話ジャーナル（dialogue journal）*，学習記録，文学作品を構成する要素（literary components）*について書いたものなどは，どれも生徒のポートフォリオの中に入れます。カンファレンスの時に教師が書いたメモも日付を付けて入れておきます。このほかに，初期の下書きも日付を記入し，完成版と一緒にクリップで留めて保存しておきます（Tomkins and Friend, 1988）。

　ポートフォリオの中を整理整頓しておくために，内容物をリストした紙をポートフォリオの内表紙のところに直接ホチキスで留めておきます。囲み記事2.5は4年生向けの「ポートフォリオ内容物リスト」の例です。

* 交換日記のように，生徒と教師が定期的に意見やコメントを書くもの。
* 物語の持つプロット，登場人物，場面設定，視点，テーマなどの要素。

記事2.5　4年生向けポートフォリオ内容物リスト

氏名：＿＿＿＿＿＿＿＿＿＿
1. 筆記体の手書き原稿
　　＿＿＿　9月
　　＿＿＿　10月
　　＿＿＿　1月
　　＿＿＿　2月
2. 作品
　　＿＿＿物語文
　　＿＿＿解説文
　　　　＿＿＿描写文
　　　　＿＿＿説明文
　　＿＿＿説得文
　　＿＿＿詩
3. ジャーナル
　　＿＿＿対話
　　＿＿＿文学作品を読んだ感想
チェックリスト
　　＿＿＿学習習慣振り返り調査表
　　＿＿＿個人的に関心を持っていることの一覧表
　　＿＿＿クラス全体で読んだ本のリスト
　　＿＿＿個人的に読んだ本のリスト
　　＿＿＿文学サークル*で読んだ本のリスト

4. 社会科での情報を記述するレポート
　　＿＿＿質問を行うストラテジー
　　＿＿＿リサーチ
5. 理科レポート
　　＿＿＿観察記録
　　＿＿＿データ収集
　　＿＿＿実験記録

---

* literature circle. 文学作品をグループ単位で読んで討論したり，グランド・カンバセーション（第5章 p.230 参照）をしたりするリーディング活動（第4章 p.166 参照）。

　そのほかのリストやチェックリストも資料としてポートフォリオに入れます。たとえば，意識調査表，個人的に関心を持っていることの一覧表，学習習慣振り返り調査表などです。読書への興味はライティングに影響を与えるので，生徒本人が読んだ本の一覧表も入れます。このリストには，読もうとしたけれど読み終えられなかった本も加えます。読書課題になった児童文学の選定書も記録しておきます。教室で（教師が読み聞かせて）みんなで一緒に

勉強した本は別のリストにして入れておきます。

　少なくとも月に1回は，生徒と教師が一緒になってポートフォリオの中身を確認して，学習進行状況を評価します。教師と生徒がポートフォリオの中に入れておく作品を一緒に選んで決めるので，生徒からの情報が重要になります（Cress and Farris, 1992）。生徒は目標を立てて，自分の得意，不得意を自己評価して，学習の進み具合を判断します。Lamme and Hysmith（1991, p. 632）は，「もし子どもが自律学習できるようになりたいのであれば，学習したことと，一番良い学習方法について自己評価できるようになければならない」と言っています。ポートフォリオの中身について教師とカンファレンスをしたら，生徒は新しい目標設定をして紙に書き留め，書いた紙をつぎのカンファレンスまでポートフォリオに入れておきます。

　ポートフォリオへ資料を追加する時には，生徒にきちんと取捨選択ができているか確認させます。生徒は，4インチ×6インチサイズ*のカードをそれぞれのライティング作品の上に貼り付けて，その作品で良く書けた思うことや，書いている間にどのようなスキルが前よりも上達したかを書き入れます。教師がそのカードに簡単な感想を書き入れてもよいでしょう。

　自分の作品のサンプルを溜めておいて，学習目標と照らし合わせながらそれらの作品を評価すれば，ポートフォリオは自己診断的な評価尺度の性格を持つことになります（Courtney and Abodeeb, 1999）。この性格を持つポートフォリオに仕上げるためには，以下のような活動内容が必要です。

* 15.24cm×25.4cm サイズ。日本でのB6判（週刊誌の半分の大きさ）サイズにほぼ相当する。

- リテラシー教育の計画や指導ができるように生徒の得意，不得意を診断する。
- どの作品を保管するかは生徒と教師が一緒に決める。
- 保管している作品は生徒自身が種類分けする。
  （例）
  ・記述問題の解法手順を書いた算数の課題レポートを2つ選ぶ。
  ・本がおもしろかった理由について，一番よく説明できている文章を読書記録の中から選ぶ。
  ・対話の書き方を理解していることを示す物語文で書いた作品を1つ選ぶ。
- 教師の指導のもとで，生徒自身が目標を設定する。この目標は，現実的で適切なものでなくてはならない。目標は学期初めに設定する。
- 学期の終わりに，教師と生徒の間でコンファレンスを持ち，学期全体を振り返り，今後の計画を立てる。生徒は，ポートフォリオに入れた資料を使って学期の間に，何を，どうして，どのように学習したのかを振り返る。
- 両親や保護者に，年3回ポートフォリオを見せる。生徒は，教室でクラスメイトを相手にして，自分のポートフォリオを見せながら説明する練習を行ったのち，自宅で同様の説明をする。

生徒のライティング作品への対応

　教師は機会あるごとに，積極的に，誠実に，生徒がライティングに払う努力にきちんと対応してあげなくてはいけません。そうすることで，生徒は自分の得意な点，不得意な点を自覚するようになります。生徒の作品を読んだ時には，教師は，ライティング・カンファレンスの時のように，口頭で感想を述べたり，感想のメモを直接作品に貼り付けたりします。カンファレンスを利用すると，評価の手順や反応は簡素になります。というのも，教師は生徒の作品をすでに読んでいるし，プロセスを経て，生徒がどのように学習し工夫を重ねてきているかがわかっているからです。時には，作品についてメモを書くほうが，生徒と手短に議論する以上に時間がかかることがあります。いずれの方法をとるにしても，一般的なことを言っても，生徒の成長には役に立たないということを教師はわかっている必要があります。むしろ，作品について直接的かつ具体的なコメントをすることで，生徒のライティング・スキルの向上や改善につながります。

　作品に対しては，否定的なコメントよりも，肯定的なコメントのほうがはるかに重要な意味を持ちます。生徒の間違いについては2，3種類のことを指摘するにとどめ，正確にきちんとできたところを強調して取り上げてあげます。そうすると，生徒はやる気を失うことなく，指摘された少数の不備の訂正にエネルギーを向けることができます。

事例の記録とチェックリスト

　生徒のライティングの進歩状況の記録には，形式張らない評価方法も効果的です。仕事の合間にクリップボードに情報を書き留め，その日の終わりに該当の生徒のライティング用フォルダーに差し入れておきます。マスターしたスキルや，試してみた新しいスキルをチェックリストに記入する方法は，管理にあまり時間がかかることもなく有効です。習得したり，新しいスキルを試したりすることで，生徒の記録も効率よくできるようになります（図表2.8参照）。事例の記録やチェックリストのほかに，その時どきの課題作品を写真にして生徒のポートフォリオに入れてもよいでしょう（Fueyo, 1991）。

　Cambourne and Turbill（1990）は，生徒とのカンファレンス中のメモの保存には，3つのリングが付いた固いフォルダーを薦めています。各生徒に4ページ分を割り当てておきます。正式なカンファレンスでのメモ（授業計画に入っている定期的なカンファレンス中の生徒の発言など）や，それ以外のカンファレンスでのメモ（ライティング活動中の机間巡視の際に生徒から受けた質問など）もノートに記録しておきます。

　生徒は，書き手としての自分の進歩している様子がわかっていなければなりません。Cambourne and Turbill（1990）は，中高学年の小学生の場合には，自分で「振り返り日誌（reflective journals）」を付けるのがよいと言っています。生徒は，このような日誌を活用して，読み書きの両面から自分の文章力を評価することができます。自分の得意なものは何で，上手に書けたと思うライティングの作品はどれなのかがわかることで，生徒は書き手として力を付けていきます（図表2.9参照）。この点に関して言えば，ライティングの力の向上と学習はどの段階でも起きるからです。

生徒は編集活動の一部として、自分の作品について自問することが必要です。囲み記事2.7の書式は、小学3年生から中学2年生まで活用できます。書式にあるようなチェックリストや自己評価用の質問は、ライティングの力の向上には重要です。

ほとんどのアメリカの学区では、ライティングの評価にルーブリックを使っています。第1章に、そのようなルーブリックの例がいくつか掲載されています。* 囲み記事2.8（p. 87）は、ある学区で使用されている小学5年生用のライティング用のルーブリックです。

* 第1章p. 29の「生徒のアセスメント」の節を参照のこと。

全体評価

ある特定の学年で2つ以上のクラスの生徒のライティング・スキルを判断したい時には、「全体評価（holistic evaluation）」が簡単で効果的です。同学年の2～3名の教師が共同で生徒のライティングを評価します。まず、教師たちはトピックとライティングの制限時間を決め、試しに、その制限時間でライティングをしてみます。もし、その時間内で十分に対応できたら、その同じ話題を生徒に課します。一方、もしもその話題が難しすぎるか、時間がかかりすぎるということが判明すれば、別の話題を探して再度教師がライティングを試してみます。

生徒の作品は、事前に決めておいた番号付けのシステムを使って、記号化していきます。つぎに全作品から10作品をランダムに選びます。教師たちはそれぞれ、10本の作品を読んで、評価基準にしたがって5点法で評価していきます。囲み記事2.6は5点法の評定尺度の例です。

記事 2.6	全体的評価				
	高い High		普通 Average		低い Low
内容					
1. アイデアの質	5	4	3	2	1
2. アイデアの構成	5	4	3	2	1
3. ことばの選択	5	4	3	2	1
4. 明晰さ	5	4	3	2	1
5. アイデアを支持する事柄	5	4	3	2	1
メカニクス					
6. 大文字の使用	5	4	3	2	1
7. 文法	5	4	3	2	1
8. 綴り	5	4	3	2	1
9. 句読法	5	4	3	2	1
10. 手書きの美しさ	5	4	3	2	1

* 部分の積み重ねではなく、全体として個人とその学習を把握しようとする評価方法。

全体アプローチ（gestalt approach）*をとっているので、教師は1つの作品の分析的全体評価をするのに1分以上かけないようにします。10本の作品評価が終わったら、おたがいの評価点を比較します。それぞれの作品の評価点に3点を超える点数差が出ないようにします。点数差が著しい時には、残りの作品の採点を始める前に基準について話し合います。全生徒の評価点を表にしたら、全体およびクラス別に平均点を出します。つぎに、10項目の基準のそれぞれについて平均点を出します。それぞれの基準につい

The Egyptian Adventure
by Karin

Mark and Kathy Jonson decided to visit Proffessor Thomas after visiting their older sister, Joanne. Mark was dark haired and very husky and was the outdoor type. Kathy was also dark haired and the outdor type. They were 11, and twins. Their father was once wounded in the Vietnam War and was saved by Proffesser Thomas.

As they entered the labotory, they saw a big round cylinder with a door in the middle and an antena on the top. The Proffesser was on his knees workin on the machine. He stood up and said, "We that ought to do it." Then he turned around and said, "Oh, hello Mark and Kathy. How do you like my time machine?"

"Time machine?" repeated Kathy.

"Yes. How do you think it is? Isn't it marvelous?"

"Do you mean that?" Mark said, pointing to the machine.

"Yes." said Professor Thomas. "I was about to take it on a trial run. Do you want to go with me?"

"Yes! Yes!" were the cries from Mark and Kathy.

"O.K. Get in!" said the proffesser as he was stepping inside.

When Kathy and Mark got there, Professer Thomas said, "Where do you want to go?"

"Ancient Egypt!" they chorused. So the proffessor turned a dilal and they heard a great roaring sound. Next thing they knew they were on a camel headed for Cyro. Just when they were about to enter Cyro, three guards came up and one of them said, "You are strange people. We are going to take you to the Great Cleopatra." Then the other two gaurs said, "Hail Cleopatra! Hail!" Then the first

> gaurds said, "Didn't you hear them? Hail, boy hail."
>
> Then, Mark swiftly brought out a little laser and turned it on. He said to the suprised gaurds "This will hurt you if you don't let us go." While they were still suprised Mark, Kathy, and Proffessor Thomas leaped into the time machine and Went back to the twentieth century.

Writing Conference Record

Name: Karin G.　　　　　　　　　　Grade: 5

Date	Title of Place	Skills Used Properly	Skill Taught	Skills to be Attained
9/14	The Egyptian Adventure	Dialogue – began new paragraph with new speaker	Write out numbers less than 25 as word	Forming complex sentences versus compound sentences – Clauses
9/17	The Greatest Band	Transitional sentences to	Development of relative	Leave out unnecessary details

図表 2.8：生徒による物語文の作品例と、この作品に関連した教師と生徒間のカンファレンスの記録。

Temtation

> The sight of that long straight stretch of hallway seems to have a dire influence on our feet. It is not we who are racing pell-mell though the hall, we are just the unwary victims of exceptionally mischievous feet. They play dual roles. Usually they play the role of our friends, walking us quietly within the buildings. But at the sight of that long corridor they turn into rogues. With a dash and a slide they sail us trough the hall. We get blamed, we face the battle, they just dangle out of sight under our desks probably planing

WRITING FORMATIVE EVALUATION FORM

Student: David　　　　　　Grade: 6
Date: 11-6　　　　Type of Writing: Reflective
Title: Temtation (sp) = "Temtation"
Comments: Excellent vocabulary. Vivid images are created in this piece. Well organized. Parallel construction is good. Strong writing
Strengths: Vocabulary – dire, rogues, exceptionally, unwary Well developed
Weaknesses: Spelling, Paragraphing, Run-On Sentences

Date: _____　Type of Writing: _____
Title: _____
Comments:

Strengths:
Weaknesses:

Date: _____　Type of Writing: _____
Title: _____
Comments:

Strengths:
Weaknesses:

> another hectic scramble from the room, a dash down the hall, and a leap through the door And so goes the cycle of the normal child against the abnormal feet.

図表2.9：生徒の「振り返り活動ジャーナル」の1ページと教師からのフィードバック。

| 記事2.7 | 3年生から中学2年生向けライティング自己評価シート |

氏名：＿＿＿＿＿＿＿＿＿＿　　　　日付：＿＿＿＿＿＿＿＿

トピック：

上手ではない	上手になってきている	良くなっている	かなり良い	良い	たいへん良い
Poor	Getting Better	Better	Pretty Good	Good	Great
1	2	3	4	5	6

焦点——6点
　Did you make your idea clear to the reader?
　Did you stay on the subject from the beginning to end?
　Is there a topic sentence that explains what the paragraph is about?
　Did you react to the idea and tell how you felt?
　Is there a closing sentence or end to the idea?
　自分のアイデアは読み手にわかりやすいものでしたか？
　最初から終わりまでテーマをしっかりと維持していましたか？
　パラグラフ全体を説明するトピックセンテンスはありますか？
　アイデアをしっかりと考えて、どのように感じたかを述べましたか？
　アイデアをまとめとして締めくくる文はありますか？

支え（論点の具体的な根拠の記述）**——6点**
　Did you give enough reasons or examples to prove your idea?
　Did you explain the ideas with details so the reader really understands?
　自分のアイデアを証明する十分な理由と例はありますか？
　読み手が正しく理解できるよう、具体的に事実を挙げてアイデアを説明しましたか？

構成——6点
　Did you plan the writing so the reader does not get mixed up?
　Are all your ideas written in the right order?
　読み手が混乱しないように、どのようにライティングするか計画を立てましたか？
　自分のアイデアすべてが正しい順番で現れていますか？

ライティングの決まり——6点
　Did you:
　　Use good English?
　　Write good sentences?
　　Spell all the commonly used words correctly?
　　Spell the best you could on difficult words?
　　Indent the beginning of the paragraph?
　　Use capital letters and punctuation where they are needed?
　　ていねいな英語となっていますか？
　　良い文となっていますか？
　　よく使う単語は正しく綴られていますか？
　　難しい単語は注意して綴りましたか？
　　パラグラフの始まりはインデント〔字下げ〕しましたか？
　　正しい位置で大文字にしていますか、句読法に誤りはありませんか？

全体——6点

Is the paragraph interesting to the reader?
As a complete paragraph, will the reader feel this is well written?
パラグラフは読んでおもしろいものになっていますか？
完全なパラグラフとして，読んだ人は「良く書けている」と思うでしょうか？

得点

I received _____ out of a possible 30 points.
自分の得点は_____点（30点満点）です。

（May Whitney Elementary（Lake Zurich. Illinois）の教師 Elizabeth Taglieri 博士が開発）

記事2.8　5年生向けライティング評価ルーブリック

この作品に対する評価

6点	very focused well organized good transitions has beginning, middle, and end well developed variety of word use テーマがとても絞り込まれている 全体が適切に構成されている 段落から段落へ適切につながっている 導入部，本文，まとめがある アイデアが十分に展開されている さまざまなことばが使われている	3点	somewhat focused loosely organized no transitions has beginning, middle, and end weak development weak variety of word choice テーマがそれなりに絞り込まれている 全体の構成があまい 段落から段落へのつながりがない 導入部，本文，まとめがある アイデアの展開が弱い 使われていることばの多様性に欠ける
5点	focused organized some transitions has beginning, middle, and end well developed variety of word use テーマが絞り込まれている 全体の構成が整っている 段落から段落へのつながりが見られる 導入部，本文，まとめがある アイデアが十分に展開されている さまざまなことばが使われている	2点	weak focus poorly organized no transitions has beginning and end poorly developed weak variety of word choice テーマの絞り込みが弱い 全体の構成がほとんど整っていない 段落から段落へのつながりがない 導入部とまとめがある アイデアはほとんど展開されていない 使われていることばの多様性に欠ける
4点	fairly focused organized weak transitions has beginning, middle, and end developed somewhat some variety of words used テーマがかなり絞り込まれている 全体の構成が整っている 段落から段落へのつながりが弱い 導入部，本文，まとめがある アイデアはそれなりに展開されている ある程度さまざまなことばがそれなりに使われている	1点	no focus poorly organized no transitions beginning but no real middle or ending poorly developed poor word choice テーマらしいテーマがない 全体の構成がほとんど整っていない 段落から段落へのつながりがない 導入部はあるが，まともな本文やまとめはない アイデアはほとんど展開されていない ことばの選択が適切に行われていない

て，平均点未満になる場合には，追加の指導が必要であることを意味します。たとえば，あるクラスが文章の全体構成について平均で3.7の評価を取っていても，パラグラフ構成については2.5しか取っていない場合には，そのクラスにはパラグラフ構成についての補講が必要だと判断します。

分析的全体評価（analytic holistic evaluation）を最大に活かすには，1年に3回，評価を実施するとよいでしょう。時期としては，9月，1月あるいは2月，そして5月です*。一貫した評価方法を維持することで，参加クラス全体の学習が，時間とともにどのように進行していくかに関する情報，つまり総括的評価（summative evaluation）を入手できます。全体評価を行う時にはいつでも，最初に読んだ10本の作品の再読と評価基準の再確認を行って，評価点の付け方が一貫しているかを確かめます。図表2.10は実際の生徒の作品です。これを使って分析的全体評価の練習ができます。自分の出した評価について話し合う前に，ほかの同僚にお願いして，この評価手順を実施してもらいます。

* 米国における，学年の初め，中頃，終わりに相当する時期。

The Blizzard

"Oouullmm. . . ." Colleen yawned as she stretched and swung her feet out of bed.

She pulled a yellow jogging suit and flannel socks out of a drawer and sleepily trudged down the creaky stairs.

Her mother and Aunt Martha were seated at the breakfast table They looked up from their magazines when Colleen reached the ground floor.

"You're late," Aunt Martha told her. "Its seven forty five. Get dressed and serve yourself some breakfast. Hurry or you'll be tardy for school!"

Colleen obediently changed from her sleepwear to her school clothes and tennis shoes. Then she seated herself at the breakfast table and ate a bowl of cereal.

The bitter cold Canadian wind whipped harshly at the small country cottage. Sleet pelted against the windows and banged on the roof.

Colleen quickly put on her warm winter coat, slipped her boots over her shoes, wrapped a scarf tightly around her face, and tugged on a pair of mittens.

"Be careful on your way to class. Its terrible weather out there, "Mrs. Jaklinn warned.

"I will, mom," Colleen answered. "Don't worry."

Colleen arrived at school out of breath and freezing cold from the wind but she was all right.

The morning passed slowly from subject to subject until noon when the lunch bell rang.

Colleen was the only one who lived out of the small village of Carterville except for Zachery Molston, who was home sick with the flu.

Colleen looked out the window as she went to get coat and boots. The snow was about two feet deep and was still falling heavily!

There were many shouts as the children exited the school A lot of them hung around and played with each other in the snow But Colleen hurried to get on her way. She was a little worried. It was over three miles to her house and in this weather she didn't know if she would get home in time for lunch.

She trudged through the heavy snow with great effort.

One mile from the school Colleen reached the Nelson store She just had to stop in to take a rest and warm up She found a nickel in her coat pocket and bought a cup of hot chocolate. She quickly gulped it down and put on all of the winter gear she was taken off to get comfortable Mr. Nelson had asked if Colleen had wanted to stay awhile but she had insisted she had better be on her way

The snow was being whipped around and was much deeper. It got harder and harder to walk. By the time Colleen reached the abandoned barn which was the half-way mark she could barely walk. But she plodded on. Her legs were becoming stiff and her face was numb and frost bitten. Finally she couldn't go any further. Colleen wished she had stayed at the Nelson store where it was warm and dry There she could stay until the wind died down. Her whole body shook violently. Her head whirled and her vision was going . . .

The children back at the Carterville school had already begun class, but no one noticed that Colleen was missing.

"About one o'clock Colleen's mother called the school to see why Colleen hadn't come home for lunch. Mrs. Archer the secretary, had said Colleen didn't come back to school when she left for home

Aunt Martha called the police. They told her they would ride to the school and then to their house on horseback.

No one knew anything at the school, but when they rode further up towards the Jaklinn's house, about a mile away they found Colleen She lay pale and unconcious in cold Canadian snow.

The police quickly unmounted and set Colleen on one of the horses rumps. They rode back to the school. Then the police called Mrs. Jaklinn and Aunt Martha to tell them what happened and to come quickly, just after they called the hospital.

First the ambulance came. It was a large horsedrawn wagon. A couple of nurses hoisted Colleen up onto the cart and wrapped her in many blankets. Next Mrs. Jaklinn and Aunt Martha arrived on horseback. They were ordered to follow the ambulance to the hospital.

The ambulance drove up to the emergency entrance. A doctor rushed out of the building followed by two men carrying a stretcher. They laid Colleen on it and hurried away back into the hospital.

When Colleen's mother and aunt arrived, Colleen was gaining conciousness in a second floor hospital room. Four policemen were there, and a doctor to make sure she recovered all right.

"Oh, Honey!" Mrs. Jaklinn cried. "I'm so relieved you're all right!" and she kissed Colleen's forehead

"Just no school for a week and hot tea everyday for one month," the doctor said. "I'll also give you a medication."

Colleen recovered just fine. Soon she was up and healthy. But she decided from then on to ride horseback to school winter day.

図表 2. 10：全体的評価のための作品サンプル

本章で学んだこと

　ライティングの完成までのプロセスには，構想，下書き，改訂，校正，発表の5段階があります。ライティングの活動は，これらの段階を一方向に向けて順序よく進んでいくものではなく，いくつかの段階を繰り返して，行ったり来たりするものです。ライティングのスキルやストラテジーの精緻化と，新しいものの学習は，線型的な順番のあるプロセスではなく，本質的に行きつ戻りつが繰り返されるもので，学習しては磨きをかけるということが継続的に起きます。

　リハーサルとも呼ばれる構想段階では，ブレインストーミングをしたり，情報収集をしたり，いろいろな考えやアイデアについて思索を巡らしたりして，書き手はライティングの課題に取り組む準備をします。下書き段階に入ったら，まとまってきた考えやアイデアを，文やパラグラフの形式で紙に書いていきます。改訂や校正の段階では，下書きの改訂や校正を行います。構想や下書きの段階では，改訂や校正は限られた範囲でしか行えませんが，改訂や校正の段階になると，書き手はアイデアを洗練したり，明確にしたり，訂正したり，再構成したりする活動を大幅に行います。最後の段階，つまり，発表の段階では，書き手は自分の書いた文章をほかの人に見てもらいま

す。

　ライティングの課題に取り組む時には，生徒は読み手が誰なのかを考えなければなりません。小学生の場合には，以下の4種類の読み手が考えられます。(1) 自分自身，(2) 教師，(3) 知っている人，(4) 知らない人の4種類です。ライティングするうえで，もう1つの重要な要素がボイス（voice）*です。低年齢の子どもたちは，自然に書くと物語文のボイスで文章を書くものです。しかし，時間の経過とともにいろいろな経験をしていくうちに，解説文や詩のボイスも身に付けていきます。

* 本章 p.59 参照。

　ライティングの作成段階の指導では，力のある教師は，生徒の手本になるように，生徒と同じ話題で作品を書きます。生徒と個別に，あるいはグループ単位でカンファレンスをすることで，生徒が書く力をどのくらい伸ばしてきているか，またどの程度にライティングの作成手順を理解しているかを，教師は把握できます。各作品について，良く書いているところと，そうでないところを指摘し，あくまで客観的なコメントができると，そういったカンファレンスはもっとも良い効果を生み出します。

* 本章 p.72 参照。

　英語学習者（ELL）*のライティングは，語彙力や文法力が不足して，完成度に限りがあります。しかし，英語学習者は往々にして，共有する価値のある情報的な内容を把握することにすぐれています。それだけに，ライティングの技術がだんだん身に付いてきたら，ライティングを通して自分の知っていることを，クラスのみんなにも伝えるように仕向けていくとよいでしょう。この英語学習者と同様に，読むことが苦手な生徒もライティングで苦労するため，教師の励ましと支援がことのほか必要になります。

答えられますか？

1. ライティングは子どもたちにとっても，教師にとっても，もっとも複雑なランゲージアーツだと言われています。これを支持する根拠を述べなさい。
2. 4種類のボイス（voice）を定義しなさい。また，それぞれの例を1つずつ挙げなさい。
3. ライティングの6つの特徴（trait）を1つずつ記述しなさい。
4. 生徒のライティング・スキルの向上において，教師はどのような役割を果たしますか？
5. どのようにしてライティングのさまざまな特徴を生徒に紹介しますか？
6. 教師対生徒のカンファレンスと，教師対小グループのカンファレンスの類似点と相違点は何ですか？
7. 教師はライティングを評価するのに，なぜ途中段階も見るべきなのでしょうか？

振り返りをしましょう

　本章の最初の「教室をのぞいてみましょう」へ戻ってみましょう。エピソードを読みなおしてから，つぎの質問について考えてみましょう。教師はどのような性格（明示的であっても，そうでなくても）をしているとよいと思

いますか？ 生徒のライティングについて，どのような強みや弱みがこの教師寸描で述べられていましたか？ そのような強みや弱みを持つ生徒にどのように対応していきますか？

やってみましょう

1. ある特定の学年の生徒とのカンファレンスに使用する質問項目のリストを作成してください。
2. モデル・ライティングの授業を開発してビデオに記録しましょう。ビデオを生徒たちに見せる前にビデオに撮った授業を批判的に評価してみてください。
3. ライティングのレベルがそれぞれ低・中・高の3人の生徒とカンファレンスを行います。3人の生徒にできるだけ多くの同じ質問をして、質問に対する回答や，その後の作品がどのように記述されているかを比較してください。
4. ある特定の学年のライティングを評価するための基準を開発してください。
5. ライティングの特徴（trait）に関する授業をする場合に使える模範的な本を選びます。それらの特徴を教えるために，本の中の1節をどのように使うかを説明してください。

参考文献

Abel, J. P. and Abel, F. J. (1988). Writing in the mathematics classroom. *Clearing House*, 62 (2), 155-158.
Abel, F. J., Hauwiller, J. G., and Vandeventer, N. (1989). Using writing to teach social studies. *Social Studies*, 80 (1), 17-20.
Atwell, N. (1998). *In the Middle: New Understandings about Writing, Reading, and Learning with Adolescents* (2nd ed.). Portsmouth, NH: Heinemann.
Bright, R. (1995). *Writing Instruction in the Intermediate Grades*. Newark, DE: International Reading Association.
Britton, J., Burgess, T., Martin, N., McLeod, A., and Rosen, H. (1975). *The Development of Writing Abilities (11-18)*. London: Schools Council Publications.
Buss, K. and Karnowski, L. (2000). *Reading and Writing Literary Genres*. Newark, DE: International Reading Association.
Calkins, L. M. (1995). *The Art of Teaching Writing* (2nd ed.). Portsmouth, NH: Heinemann.
Calkins, L. M. and Harwayne, S. (1991). *Living Between the Lines*. Portsmouth, NH: Heinemann.
Cambourne, B. and Turbill, J. (1990). Assessment in whole-language classrooms: Theory into practice. *Elementary School Journal*, 90 (3), 337-347.
Courtney, A. M. and Abodeeb, T. L. (1999). Diagnostic-reflective portfolios. *The Reading Teacher*, 52 (7), 708-714.
Cress, E. and Farris, P. J. (1992). An assessment alternative: The portfolio approach. *Florida Reading Quarterly*, 284 (4), 11-15.
Culham, R. (2003). *6+1 Traits of Writing: The Complete Guide (Grades 3 and Up)*. New York: Scholastic.
Dyson, A. H. (1994). *Negotiating a Permeable Curriculum: On Literacy, Diversity, and the Interplay of Children's and Teachers' Worlds* (NCTE Concept Papers No. 9). Urbana, IL.
Dyson, A. H. and Freedman, S. W. (2003). Writing. In J. Flood, D. Lapp, J. R. Squire, and J. M. Jensen's (Eds.), *Handbook of Research on Teaching the English Language Arts*. New York: Macmillan.
Emig, J. (1971). *The Composing Process of Twelfth Graders*. Urbana, IL: National Council of Teachers of English.
Farris, P. J. (1988). Roulette writing. *The Reading Teacher*, 41 (1), 91.
Fueyp, J. A. (1991). Reading "literate sensibilities": Resisting a verbocentric writing classroom. *Language Arts*, 68 (8), 641-649.
Gallagher, K. (2006). *Teaching Adolescent Writers*. Portland, ME: Stenhouse.
Ganske, K. (2010). Active thinking and engagement. In K. Ganske and D. Fisher (Eds.), *Comprehension Across the Curriculum* (pp. 96-112). New York: Guilford.
Gibbons, J. (2002). *Scaffolding Language, Scaffolding Learning*. Portsmouth, NH: Heinemann.
Graves, D. (1983). *Writing: Teachers and Children at Work*. Portsmouth, NH: Heinemann.
Graves, D. (1985). *Write from the Start*. New York: Dutton.
Graves, D. and Hansen, J. (1983). The Author's Chair. *Language Arts*, 60 (2), 176-183.

Hansen, J. (1986). *When Writers Read*. Portsmouth, NH: Heinemann.

Harste, J. C., Woodward, V. A., and Burke, C. L. (1984). *Language Stories and Literacy Lessons*. Portsmouth, NH: Heinemann.

Hoyt, L. (March 18, 2010). *Make It Rich Instead of Right*. Illinois Reading Conference. Springfield, IL.

Huck, C., Hepler, S., and Hickman, J. (1997). *Children's Literature in the Elementary School* (6th ed.). New York: Holt, Rinehart, & Winston.

Kirby, D. and Liner, T. (1981). *Inside Out*. Montclair, NJ: Boynton/Cook.

Kormanski, L. M. (1992). Using poetry in the middle grades. *Reading Horizons, 32* (3), 184-190.

Lamme, L. L. and Hysmith, C. (1991). One school's adventure into portfolio assessment. *Language Arts, 68* (8), 629-639.

Mack, B. and Farris, P. (1992). Conferencing in the writing process, a primer. *Illinois Reading Council Journal, 20* (4), 17-23.

Miller, W. (1995). *Authentic Assessment in Reading and Writing*. Englewood Cliffs, NJ: Prentice-Hall. 305-306.

Murray, D. (1968). *A Writer Teaches Writing: A Practical Method of Teaching Composition*. Boston: Houghton Mifflin.

Murray, D. (1980). How writing finds its own meaning. In T. R. Donovan and B. W. McClelland (Eds.), *Eight Approaches to Teaching Composition*. Urbana, IL: National Council of Teachers of English.

Newman, J. M. (1985). *Whole Language: Theory in Use*. Portsmouth, NH: Heinemann.

Ridolfi, K. (1997). Secret places. *Voices from the Middle, 4* (1), 38-41.

Rief, L. (2003). *100 Quickwrites*. New York: Scholastic.

Routman, R. (2005). *Writing Essentials*. Portsmouth, NH: Heinemann.

Smith, F. (1981). Myths of writing. *Language Arts, 58* (5), 792-798.

Smith, F. (1982). *Writing and the Writer*. New York: Holt, Rinehart, & Winston.

Spandel, V. (2009). *Creating Writers through 6-Trait Writing Assessment and Instruction* (5th ed.). New York: Allyn & Bacon.

Tierney, R. J., Carter, M. A., and Desai, L. E. (1991). *Portfolio Assessment in the Reading-Writing Classroom*. Norwood, MA: Christopher-Gordon.

Troia, G. A. (2007). Research in writing instruction: What we know and what we need to know. In M. Pressley, A. K. Billman, K. H. Perry, K. E. Reffitt, and J. M. Reynolds (Eds.), *Shaping Literacy Achievement: Research We Have, Research We Need* (129-156). New York: Guilford.

Tompkins, G. E. (2008). *Teaching Writing: Balancing Process and Product* (5th ed.). Upper Saddle River, NJ: Merrill.

Tompkins, G. E. and Friend, M. (1988). After your students write: What's next? *Teaching Exceptional Children, 20*, 4-9.

Tower, C. (2000). Questions that matter: Preparing elementary students for the inquiry process. *The Reading Teacher, 53* (7), 550-557.

Valencia, S. (1990). A portfolio approach to classroom assessment: The whys, whats, and hows. *The Reading Teacher, 43* (4), 338-340.

Varvus, L. (1990). Put portfolios to the test. *Instructor, 100* (1), 48–53.

Walley, C. W. (1991). Diaries, logs, and journals in the elementary classroom. *Childhood Education, 67* (3), 149–154.

Weeks, J. O. and White, M. B. (1982). *Peer Editing Versus Teaching Editing: Does It Make a Difference?* Urbana, IL: National Council of Teachers of English. (ERIC Document Reproduction Service No. ED 224014)

Werderich, D. E. (2008). Infusing parent and community involvement into the curriculum through profiles. *Middle School Journal, 39* (3), 34–39.

参考図書

Banks, K. (2005). *The Great Blue House.* New York: Frances Foster Books.

Charlesworth, L. (2004). *Grammar Tales: The No-good, Rotten, Run-on Sentence.* New York: Scholastic.

Cronin, D. (2000). *Click, Clack, Moo: Cows That Type* (B. Lewin, Illus.). New York: Simon & Schuster.

Curtis, C. P. (2007). *Elijah of Buxton.* New York: Scholastic.

DiCamillo, K. (2006). *The Tale of Despereaux.* New York: Scholastic.

Ehrlich, A. (2001, 2002). *When I Was Your Age* (Volume 1 and Volume 2). Cambridge, MA: Candlewick Press.

Gable, B. (2004). *I and You and Don't Forget Who: What Is a Pronoun?* Minneapolis, MN: Lerner Publishing Group.

Mercado, N. E. (2002). *Tripping over the Lunch Lady and Other School Stories.* New York: Puffin.

Myers, C. (1999). *Black Cat.* New York: Scholastic.

Nelson, K. (2008). *We Are the Ship: The Story of the Negro League Baseball.* New York: Hyperion.

Pulver, R. (2003). *Punctuation Takes a Vacation.* New York: Holiday House.

Roop, P. and Roop, C. (1998). *Grace's Letter to Lincoln.* New York: Hyperion.

Schotter, R. (2006). *The Boy Who Loved Words.* New York: Schwartz & Wade.

Scieszka, J. (1996). *The True Story of the 3 Little Pigs.* New York: Puffin.

Shusterman, N. (2007). *Darkness Creeping: Twenty Twisted Tales.* New York: Puffin.

Taback, S. (1999). *Joseph Had a Little Overcoat.* New York: Penguin Group.

Willems, M. (2003). *Don't Let the Pigeon Drive the Bus.* New York: Hyperion.

注 釈

1 個人またはグループで，思い浮かんだアイデアをつぎからつぎへと箇条書きのリストにする活動。

2 「ライフマップ」は，自分の生活の成り立ちを1枚の紙にまとめたもの。グラフィック・オーガナイザーの一種（第7章 p. 314 参照）。中央に自分を配置して作成する。

「ウェッブ〔クモの巣図〕」は，中心となる項目を図の中央に配置し，クモの巣状に関連するする項目を線でつないだもの。グラフィック・オーガナイザーの一種（第4章 p. 171 参照）。

「ストーリー・チャート」は，物語の流れ，登場人物の関係，場面などをまとめたもの。グラフィック・オーガナイザーの一種。

「語彙バンク」は，新語についての情報をフラッシュカードや単語帳形式で蓄積したもの。

3 トピックに命を吹き込む，読み手を引きつける書き手ならではの工夫。

4 綴り (spelling)，句読点 (punctuation)，大文字化 (capitalization)，文法 (grammar) などのライティング活動の技術的な要素。内容には直接関係しない。

5 mapping は「1枚の紙に全体的な構成がわかるようにまとめる」こと。グラフィック・オーガナイザーの作成。

6 motivation は「意欲を引き出させる」こと，stimulation は「刺激を与え，期待を持たせる」こと。

7 「ストーリー・マップ (story map)」とは，生徒の物語の理解を進めるため，第4章 p. 183 の図表 4.6 のようにその流れを視覚化したものを意味する（第4章 p. 182 および p. 214 の注釈 16 参照）。

8 「クラスター・マップ (cluster map)」とは，複数の項目の関連性を示した図。ここではグラフィック・オーガナイザーと同義。

9 2, 3分の短い時間を与えてその時間の中で，なるべく速く具体的にライティングを行う，生徒にアイデアを創出させる活動。

10 proofreading は，内容とメカニクスの双方について正確であるかを確認しながら読む活動。editing (校正) は，プルーフリードに基づいて実際に変更を行う活動。

11 定期的に授業の1時間すべてを用いて，著者である自分がホスト役となり，ゲストであるクラスメイトをあたかも自分の家で接待しているかのように，くつろいだ雰囲気の中で行う作品の音読会。

12 audience とは実際には，「読み手および聞き手，作者の周りで読んだり聞いたりする人」のように，作品の「読み手」のみならず，作品を音読した際の「聞き手」も意味する。

13 The 6+1 Traits of Writing と呼ばれる。ライティングを行う際に，抑えるべき7つのポイントをまとめたもの。米国では登録商標となっている。サイト http://educationnorthwest.org/traits/trait-definitions は，この trait（特徴，性質）についてわかりやすく解説している。

14 「アイデア」は一般には「着想」のように訳出されるが，ここでは，単に思いついたことに留まらず，メッセージが伝えたい主題と，主題を展開する際に必要となる複数の事実を意味する。ideas のように，複数形であることに注目する。

15 米国の作家・イラストレーターの Dav Pilky による Captain Underpants シリーズ。「スーパーヒーロー・パンツマン」シリーズとして翻訳も刊行されている（徳間書店刊）。

16 MS Word などのワードプロセッサー上の機能で，階層的にアイデアを構成する際に用いられる。

17 このような読者を引きつける工夫は「仕掛け (hook)」と呼ばれる。hook の原義は「釣り針」。

18 「ボイス」には，tone（ことばが読み手に与える印象）や flavor（ことばの中の明らかな特徴）と呼ばれるものが含まれる。

19 作品中の sharep は sharp, tarible は terrible, damige は damage, dangeris は dangerous のことで，生徒による綴りの誤り。初級者によく見られる，自分なりに綴りを工夫して表記することは，emergent literacy（萌芽的リテラシー）と呼ばれる（第1章 p. 17 参照）。

20 emergent writer とは emergent literacy（萌芽的リテラシー，読み書きを十分学んでいない生徒が自分なりに工夫して文字を書いたり，認識したりする活動）によって物語文ライティングを行う学習者を指す（注釈 21 参照）。

21 narrative writing とは，厳密に言えば「narrative というボイスを用いたライティング活動」を意味する。単に，「物語文」のような文章の種類を指し示すものではないことに注意。以下，explanatory writing, descriptive writing, expository writing, persuasive writing などの項目も，同様に，それぞれのボイスを用いたライティング活動を意味する。

22 実際には，この2つに加えて「説得文ライティング (persuasive writing)」という3つのものが，解説文ライティングを構成する（本章 p. 62 参照）。

23 simile（直喩，明喩）は，「XはAのようにBだ」や「XはAに似たBだ」のように，「…のように／似た」といったことばを入れて，物 (X) を記述する修辞方法。例：「彼は，キツネのように狡猾だ」

metaphor（暗喩，隠喩）は，「XはAだ」のように，「…のように」といった比較のことばや，simile におけるBのような「Aにたとえる理由」を持たず，物 (X) を記述する修辞方法。例：「彼はキ

ツネだ」

imagery（心的描写）は，感覚に訴える描写表現を用いて，読み手や聞き手に視覚的なイメージを示す修辞方法。心的イメージ。

[24] 動詞 trudge は，ふつう，「不安を抱えていて，重い足取りで，ゆっくりと歩く」のように，否定的な意味合いを持つ。confidently（自信たっぷりに）のような副詞に修飾されると，否定的な意味がなくなる。confidently がある場合とない場合では，読み手の印象が大きく変化することに注意。

[25] conference は，一般には「会議」のように複数の参加者間の協議を意味するが，教育の現場では，教師と生徒が1対1で行う「面談」も含まれる。カンファレンスは，他者を排除して行うこともあれば，教室内を机間巡視して個別に生徒を指導することもある。

[26] 「ムード（mood）」は，文章を読んで読み手の心に生じる感情。「トーン（tone，音調）」は，書き手が与える感情。トーンは，ふつう，作品全体に関連するが，ムードは文章の一部分に当てはまり，読みながら変化する。「ボイス（voice）」は，作者個人の姿勢，個性，特徴を反映したもので，ほかにはないその作者らしさが現れる。

[27] 自由回答式質問。これに対し，ある程度答え方が決められている質問を close-ended quesiton（閉じた質問）と呼ぶ。

[28] 自己効力感（self-efficacy）は，自分は上手に学習できているという認識。有能感（perceived competence）は，何をしたらよいかがわかり，上手に完成させるために必要となることを行えるという信念。

第3章

ライティング：物語，詩，説明，説得

「ものを書いた」という感覚は，大きくて躍動する何かを悩みもだえながら文字にして，文字になった自分のことばが読み手の心や頭へと届いたことが認識できて，わき上がってくるものです。

〔Lucy McCormick Calkins, *The Art of Teaching Writing*（1994）より〕

教室をのぞいてみましょう：ジャーナル・ライティング

朝の8時15分です。Dianna White 先生の中学校1年生のクラス全員が，一斉にジャーナル（journal）*と呼ばれるノートを開いて文章を書き始めました。この活動は毎週2回行います。このクラスでは火曜日と木曜日で，別の中学1年生のクラスでは月曜日と水曜日になります。White 先生が指示した15分の時間内でノート2，3ページ分を自分の考えで埋めてしまう生徒もいますが，頭をひねりながらゆっくりと書いていく生徒もいます。この時間には，たいてい，先生も生徒と一緒に自分のジャーナルを書きます。そして，時どきクラスの生徒に先生が何を書いたかを話します。

* 定期的に学習を記録するノート。

「ジャーナルを書く時間が十分にとれないのが残念」としながらも，White 先生は自信たっぷりにつぎのように言います。「時おり，この生徒たちからすばらしいものがあふれ出てきます。たとえば，詩の勉強をしていると，何人もの生徒がノートに何ページも詩を書き始めます。悲しいものあり，大笑いしたいほど愉快なものあり，思春期に入りたての子どもの作品としては非常に深みがあるものもあります。ジャーナルを通して生徒のことがより理解できるようになりました。授業で教え，成績を付け，廊下で声をかけ合ったりすることから得られる以上の収穫があります。だから，もしもっとジャーナルに時間がとれるなら，少なくとも1週間に3回，毎回15分の時間があったらよいのにと思います。でも残念なことに，州で決められている学習内容があって，それを完了させないといけません。それに，その勉強もとても大切な学習です。とにかく時間が足りないんです。」

ジャーナルのライティングを行うと，担任の教師が生徒のジャーナルを大量に読まなければならなくなります。White 先生には，この作業を上手にこなす方法があります。先生は金曜日を除いた毎日，いずれかのクラスの生徒の4分の1のジャーナルを自宅に持って帰ります。こうすることで，2週間に1度，どの生徒のジャーナルにも目を通すことができます。もし生徒が特別に先生に話したいことがある時には，ライティング・ワークショップの最中に，あるいは，メールで先生に連絡して予約をとります。週に4日，課題を自宅に持ち帰っても，先生は金曜日の夜から月曜の朝まで仕事から解放されます。先生はこう考えています。「ランゲージアーツの先生だって息

抜きが必要です。いろいろなことを知っていて，人間的にも豊かなほうが，良い先生になれると思います。私が家族と一緒に映画館にいたとか，YWCAで運動しているのを見たといっては，生徒は私をからかいます。私は平日の授業の時には生徒にしてあげられることは何でもしようと思うし，私には110％，何でも伝えてほしいと生徒に話しています。実際，生徒たちは本当にそうしてくれています。だから，生徒たちがだらけだしてしまうようなことでもない限り，週末にやらなくてはいけない宿題を私は出しません。中学校1年生にとって，週末の3日間にするライティングの宿題ほどつらいものはありません。週明けの平日にやるほうがよほど効率がよいのです。」

本章の目標

本章を通じて，以下のことができるようになります。
- ☐ ライティングにはさまざまな目的があることがわかります。
- ☐ 物語文のライティングについて教えられるようになります。
- ☐ 詩を工夫して教えることができるようになります。
- ☐ 解説文のライティングを教える技術が身に付きます。
- ☐ 説得文のライティングを教える技術が身に付きます。

はじめに

　子どもであるか大人であるかを問わず，ライティングはさまざまなことを学習する道具となります。たとえば，自分の信じていることがよくわかるようになり，評価し解釈する技術が高まり，最終的には，総合的な視点から物事を決めることができるようになります。ライティングは学習のための道具であるばかりか，生徒に学習の仕方を教えることもできます（Abel and Abel, 1988）。ライティングするたびに，生徒は発見をします。自分自身のことがよりわかるようになるだけでなく，ライティング，ことばの決まりごと，リーディング，考え方などについて新しい知識を身に付けます。生徒のライティング体験における教師の役割は，生徒の学習を助ける世話役（facilitator）*です。カナダの教師 Wendy King（1997, p. 28）は，「教師の役割は，生徒に自分たちがいま何をしているのかを理解させて，しっかりと活動が進められるように軽く背中を押してあげることです。しかし，活動全体の道のりは平坦で真っ直ぐなわけではありません。しかも，ローラースケートをはき，さっさと進んでいく生徒もいれば，素足で恐る恐る前に歩いていく生徒もいます」と述べています。

　上で述べたように，生徒たちのライティング能力は直線的に伸びていくわけではありません。ライティングは行きつ戻りつする活動です。いままでやってきたライティングの方法に，新しく学習した技術を取り入れようとしてうまくいかない時には，生徒たちのライティングが以前より下手になっているように思えることがあります。なんらかの技術を習得しても，ライティングの成長曲線が平板のままだったり，前よりも下降したりすることがあるの

---

* 学習者中心の教育思想に基づいて，学習者の主体的活動が促進するよう補助的な役割を果たす者のこと。

です。ライティングが苦手な生徒の場合，トピックについて知っていることがまだ残っているうちに，早々とライティングを投げ出してしまうことがあります。また，このような苦手意識を持つ生徒は，トピックとは直接関係ないことを書き加えてしまいがちです（Sylvester and Greenidge, 2010）。

　ライティングは2つの点で学習に役立ちます。1つは，ライティングの構想段階で，いろいろなアイデアを自分で創り出すことです。もう1つは，ライティングは，最終の完成作品が生徒の努力の結晶となるように，必要な課題を最初から完成まで行う訓練であるということです。生徒は，書いている作品に反応したり，質問したり，細部に目を向けたり，はっきりとわかるように述べたり，一般化したり，理論化したりして，自分の作品を書きながらにして評価することになります。こうして，ライティングは，学習するプロセスを通して，生徒の学ぶ力を強化します。「著者の椅子」[*]（Graves and Hansen, 1983）に座って自分の作品をクラスに発表することで，生徒は自分のライティングに自信を持つようになります。また，聞いている側の生徒は，発表者の作品をきちんと聞いて理解できるようになり，分野によっては，自分よりライティングが上手にできるクラスメイトがいることを知ります。

[*] 第2章 p.54 参照。

　ライティングが進むにつれて，書く文章の種類が自然と分かれてきます。物語[1]や詩のライティングは私的な色合いが強く，生徒の個人的な側面が表出します。私的な感情，信念，興味，願望，心の奥底の気持ちなどが表に出てきて描かれます。その一方で，解説文や説得文のライティング[*]は，子どもが，自分が持っている信念，アイデア，情報などを書くにあたり，構想や計画，組み立て，要約を行い，さらに拡充・発展させる活動です。

注釈1（p.148 参照）

[*] 第2章 pp.60, 61 参照。

　この章では，さまざまなジャンルで使われるライティングのストラテジーについて解説します。物語文，詩，解説文，説得文のライティングに求められるストラテジーを概観します。これらのほかにも，自伝，手紙，Eメール，携帯メールなどのライティングのジャンルも扱います。

リーディングとライティングの結び付き

　ライティングを効果的に教えられる教師は，文学作品をメンターテキスト（mentor text）[*]として用いて，読むことと書くことがいかに強く関連し合っているかを教えます。このような指導をすることで，生徒の書く力を高めることができます（Goodman and Goodman, 1983; Harwayne, 1992, 2005）。書き手として成長するには，細心の注意を払い，自分のライティングをどう改善したらよいかを学ぶように，リーディングができなくてはなりません（Hansen, 2001）。Ray（1999, p.120）は，生徒が書き手の視点からリーディングができるようになるための5つの活動を推奨しています。

[*] 第1章 p.8 参照。

1. 文章中の技巧について「気付く」。
2. その技巧について「話し合い」，作者がなぜこの技巧を用いたのかについて，「仮説を作り上げる」。
3. その技巧に名前を付ける。

4.「知っているほかの作家」について考える。同じ技巧を使った本をこれまで読んだことがあるか思い出す。
5. 自分のライティングに同じ技巧を使ったところを具体的に「イメージして考える」。

　この枠組みによって，先生と生徒の双方がリーディングとライティングの結び付きについての理解を深めることができます。
　書き手はつながりを考えなければなりません。たとえば，個人としてのつながり，文章対文章のつながりと呼ばれるその書き手特有のスタイルとのつながり，外の社会とのつながり，といったものです。[2] 個人としての反応は自伝を書く際に大切です。ある3年生の生徒は，先生が読み聞かせてくれた The Relatives Came（Rylant, 1985）という本に関連して，つぎのようにライティングしました。

注釈2（p.148参照）

「去年の夏，ぼくの親戚がはるばるボストンから，ぼくの家に遊びにやってきました。親戚の人たちの話し方は少しおかしかったです。でも，とても面白い冗談をいっぱい言っていました。ぼくたちは公園に行って一緒にソフトボールをして遊びました。それから，バーベキューをして，みんなでソーセージやホットドッグを食べました。ぼくは親戚のみんなが大好きです。」

　上の作品は個人としてのつながりを示す良い例です。一方，良質な文学作品は文章対文章のつながりを生徒に見せてくれます。生徒は Joan Bauer, Anne Fine, Steven Kellogg, Mike Lupica, Stephenie Meyer, Patrica Polacco, Rick Riordan, Jerry Spinallie など，自分が好きな作家の作品をモデルにしてライティングしようとします。
　最後は，文章対世界のつながりです。生徒は，文章の導入部分で，誰もが「あるある」と納得できるつながりを「仕掛け（hook）」*として与え，読み手に続けて読まずにはいられないような気持にさせることがあります。以下はこの仕掛けの例です。

* 第2章 p.58 および注釈17（p.96）参照。

質問	What goes up must come down. Or does it? 上がるものはかならず下がる。〔ことわざ〕本当？
引用	"It was the best of times. It was the worst of times."[3] 「最高だった。そして，最悪だった」
強意表現の並列	Fast! Furious! Exciting![4] 速い！ すさまじい！ すごい！
事実	For every dollar spent at Walmart*, two cents goes for shoplifting expenses. ウォルマートで客が2ドル払うごとに，そのうちの2セントが万引による損失の埋め合わせとして使われる。
なぞなぞ	Which came first, the chicken or the egg? どちらが最初？ ニワトリ，それとも，卵？
ことわざ	A penny saved is a penny earned. 一銭の節約は一銭のもうけ。〔ちりも積もれば山となる〕

注釈3（p.148参照）

注釈4（p.148参照）

* 米国のスーパーマーケットチェーン。

　たとえば，犯人から飛行機や列車の乗客を守るテーザーガン（Taser

注釈5（p. 148 参照）　gun）[5] の使用についての報道のような最近のニュースと解説文のトピックとを関係付けると，文章対外の社会のつながりができます。

さまざまなジャンルに合うようにライティングを行うストラテジーを身に付けさせるためには，分野によって文章構成が異なり，目的に応じて書き方が変わるということを教えます。本章の残りの部分において，ランゲージアーツ指導におけるさまざまなライティングのジャンルについて解説します。

物語文のライティング

「物語文のライティング（narrative writing）」とは，個人の出来事や，個人が頭の中で創作した話を口頭で話すように書くことです。このようなライティングを通して，生徒は自分の信じていること，感じていること，考えていること，他人について気になっていることなどを読み手に伝えます。子どもが紙の上に初めて書いた何本かの線は，個人的なライティング活動の始まりを意味します。このようなまったく洗練されていない線に，実際にはその子どもそのものが現れています。単純ないたずら書きから始まって，人や物を表す線や丸を描くことへと進み，ついには文字を書くようになります。この間，子どもにとって「書く」ことは，つねに，きわめて個人的な活動であり続けます。物語文のライティングは，絵本，チャプター・ブック

注釈6（p. 148 参照）　（chapter book）[6]，歴史上の作り話，ハイファンタジー（high fantasy）[7] な
注釈7（p. 148 参照）　どに見られます。Junie B. Jones[8]，Cam Jansen[8]，Rodzina[8] などのヒー
注釈8（p. 148 参照）　ローたちや，Redwall[9] の物語に登場する生き物たちの活躍を描いた話を読む
注釈9（p. 148 参照）　と，その展開に引き込まれ，読むのがやめられなくなります。

『ロジーナのあした──孤児列車に乗って』（原題：Rodzina）
Karen Cushman（著），野沢 佳織（翻訳）
徳間書店，2009 年

『小さな戦士マッティメオ（レッドウォール伝説）』（原題：Mattimeo）
Brian Jacques（著），西郷 容子（翻訳）
徳間書店，2003 年

小学校の低学年生に積極的に物語文を書かせるためには，たとえば，Joan Lowery Nixon の If You Were a Writer（1988）のような本を紹介します。この本は，ユーモアのある心暖まる本です。あるお母さんが自分の娘に，家族の生活で起こる何気ない日常の出来事を説明して聞かせながら，ライティングのアイデアを思いつかせ，登場人物を創作させ，豊かな表現を使

わせるという本です。本の最後で，母親は娘に鉛筆と紙を与えます。「思いついたことを書き留めておくように。その内容は，自分の胸に留めておいても，みんなに話してもかまいません」と言って本は終わります。参照用の副教材として，Eileen Spinelli（2008）の *The Best Story* がお薦めです。この本は，学校の課題として物語文をどのように書くかについて紹介しています。生徒がこの本を読むと自分のアイデアをおもしろい物語として書きたくなります。また，Martin Selway（1992）の *Don't Forget to Write* も良いモデルとなります。これは，家から離れて，おじいさんの農場で1週間を過ごしている女の子が母親に手紙を書く物語です。

　Kate Duke（1992）の傑作，*Aunt Isabel Tells a Good One* は，物語を書くには，登場人物の記述から始め，場面設定，事件発生と続け，最後に事件解決へと至るようにすると良いものができ上がると説明しています。説明がやや多すぎる印象もありますが，小学校1年生の半ばに1回だけ，さっと読み聞かせれば，生徒は自分の書く物語をどのように構成すべきかを考え始めるようになります。以下は，物語を書き始める前に，生徒に記入させるワークシートです。

タイトル	
主人公	
ほかの登場人物	
ほかの登場人物	
場面設定：場所	
場面設定：時間	
問題	
解決方法	

　新しい子犬が家族の一員になったというような家で起きた最近の出来事，あるいは，先生が読んでくれた絵本の話がその後どうなるかなどが，物語文のライティングのトピックになります。自分の信じていること，考えていること，思いついたことなどを友だちに伝えたいという強い願いを持つ生徒にとって，物語文のライティングは重要な学習活動です。ライティングする機会が多いほど，流暢にライティングできるようになるので，書きたいと思う気持ちが強ければ書く力は伸びていきます。

＊ 第2章 p.57 および注釈13（p.96）のThe 6+1 Traits of Wrting（6+1のライティングのポイント）を参照のこと。

　物語文のライティング・スキルを指導する際にモデルとなる，年少の生徒向けの文学選集のシリーズはいくつか刊行されています。以下は，第2章で説明のあった，すぐれたライティングが持つ特徴＊に基づいて作られた本のリストです。

アイデア：二人の人の似ている点と異なる点を考える	小学校4年から中学校2年
Farris, P. J.（2007）. *Crossover Dribble.* Mahomet, IL: Mayhaven Publishing.	
アイデア：問題を解決する賢い方法	小学校3年から4年
Johnson, D. B.（2000）. *Henry Hikes to Fitchburg.* Boston: Houghton Mifflin.	

アイデア：特定の物に関連した思い出について物語文を展開する	幼稚園から中学校2年
Miller, A. A. (2003). *Treasures of the Heart* (K. L. Darnell, Illus.). Chelsea, MI: Sleeping Bear Press.	
アイデア：主人公の特徴を考える　　構成：物語の解決を示す	小学校1年から4年
Tomlinson, J. (2001). *The Owl Who Was Afraid of the Dark* (P. Howard, Illus.). Cambridge, MA: Candlewick.	
アイデア：書く内容について，誰，何，いつ，どこでを考える	小学校4年から中学校2年
Wong, J. (2002). *You Have to Write* (T. Flavin, Illus.). New York: Simon & Schuster.	
アイデアと単語選択：しっかりとした登場人物を作り上げる	幼稚園から小学校4年
Cooney, B. (1982). *Miss Rumphius*. New York: Dial.	
アイデアとボイス：ものの見方を考える	小学校1年から3年
Cronin, D. (2003). *Diary of a Worm* (H. Bliss, Illus.). New York: HarperCollins.	
アイデア：子どものレベルに応じた本の制作	小学校2年から5年
Leedy, L. (2004). *Look at My Book: How Kids Can Write and Illustrate Terrific Books*. New York: Holiday House.	
構成：出来事の順序	小学校1年から3年
McDonald, M. (1999). *The Night Iguana Left Home* (P. Goembel, Illus.). New York: DK Ink.	
構成：原因と結果の使用と，物語に流れを作るしっかりとしたつなぎことばの使用	小学校1年から3年
Brett, J. (1996). *Comet's Nine Lives*. New York: Putnam.	
構成：物語に流れを作る　　単語選択：頭韻法を効果的に使う	幼稚園から小学校2年
Bruss, D. (2001). *Book! Book! Book!* (T. Beeke, Illus.). New York: Arthur A. Levine Books.	
文章作成の決まりごと：鮮明な印象を与える動詞 単語選択：隠喩の使用	小学校2年から4年
Cowley, J. (1998). *Big Moon Tortilla* (D. Strongbow, Illus.). Honesdale, PA: Boyds Mill Press.	
文章の展開：段落の最初の文を効果的に作る	小学校1年から中学校2年
Fox, M. (1985). *Wilfred Gordon McDonald Partridge* (J. Vivas, Illus.). San Diego: Harcourt.	
すぐれたライティングにある要素	小学校1年から6年
Hershenhorn, E. (2009). *"S" Is for Story: A Writer's Alphabet* (Z. Pullen, Illus.). Chelsea, MI: Sleeping Bear Press.	

　　ライティングについて学習を始めた初心者にも，洗練された文章がすでに書ける生徒にも，教師は，たとえば，ジャーナル，個人的な手紙，Eメール，自伝などの文章に触れさせます。生徒が，教師あるいはクラスの友だちと読んだ本について対話形式で意見交換する，読書感想ジャーナル（reader response journal）は，(1) 質の高い小説を読む動機付けを提供する，(2) 書きことばで考えを共有し合う体験をする，という2つの点で重要な学習活動です。

対話文

注釈10（p.148参照）　「対話文（dialogue）」[10]のライティングは，教師やクラスメイトなどの，自分以外の人との文章での会話です。手紙文と違って，対話文はことばの使い方や文章の書き方が形式張らず自由で（Farris, 1989），交換日記にたとえられます。生徒は1行か2行の文を書き，同じページ内で，文の真下に読んだ人が意見や感想を書き込みます。学年初めから対話文を始めれば，生徒は進んでライティングするようになります。教師が文通相手になれば，交換されるメッセージから個々の生徒についての理解が深まります。

　対話文のライティングはライティングが苦手な生徒や学習障がいを持つ生徒にとっても，ライティングの意欲を高めるのに有効です。たとえば，文章でのやりとりが苦手な小学校4年生のLarryの場合，Davis先生がクラスでSteven Kellogg（1971）のCan I Keep Him?の読み聞かせをしている間，LarryはPC上でDavis先生に向けた対話文を打ち込みます。授業時間中は教室に置いてあるPCは使えるのですが，LarryはPCを使うために毎日早めに登校してきます。毎朝授業が始まる前に，Larryの書いた文が書き込まれたディスクが先生の机の上に置かれます。同じように，毎日午後になるとLarryは自分の机にディスクがあるか確認します。そのディスクにはDavis先生の返事が書き込まれています。Kelloggの本はペットを飼いたいというある男の子の話ですが，Larryはかっこいい自動車がほしいという自分の願いを書いています。つぎのやりとりは，LarryとDavis先生の

注釈11（p.148参照）　ライティングによる対話の一部です。[11]

Der Miss Davs,
　Twoday I fnd a red crvtt car on my way to shol. It is reel cool and gos reel fast. Can I keep it?
　Larry

Dear Larry,
　I think red Corvettes are beautiful cars. They do go very fast and look cool. But you don't have a driver's license so you could not drive it. No, you can't keep the red Corvette.
　Your friend,
　Miss Davis

Davs 先生へ
　きょお学校に来る途中で赤いコベトを見ました。かっこよくて速く走れそうでした。ぼくのものになるかな？
　Larry より

Larry へ
　赤いコルベットはすてきな車だと思うわ。速いし，かっこいいわね。でも，運転免許がないから，残念だけど赤いコルベットは運転できないかな。もちろん，あなたのものにはなりません。
　なかよしのDavis 先生より

その翌日の対話です。

Dear Miss Davs,
　Twoday I fnd a Hrly Davisn bike. It is cool and gos faster thn a corvet. Can I keep it?
　Your friend, Larry

Dear Larry,
　Harley Davidson motorcycles are cool.

Davs 先生へ
　きょおはハリーダビスンを見ました。かっこよくて，コルベットよりもっと速く走りそうです。ぼくのものになるかな？
　なかよしのLarry より

Larry へ
　ハーレー・ダビッドソンは，かっこいいバ

> They run in motorcycle races because they are so fast. But you need a driver's license to ride a motorcycle, and you are still too young to apply for a license. No, Larry, you can't keep the Harley Davidson.
> 　Your friend,
> 　Miss Davis

> イクね。すごく速く走るから，バイクレースにも出ているわ。でも，バイクに乗るのにも運転免許がいるし，運転免許が取れる年齢になっていないから，残念だけどハーレー・ダビッドソンはあなたのものにはなりません。
> 　なかよしのDavis先生より

ジャーナル

　対話文のライティングと同様に，「ジャーナル（journal）」のライティングも形式ばらず，書き方の決まりもないのが普通です。基本的には日記のようなもので，自分に起きたことやその出来事に対しての気持ちを書き綴ります。ジャーナルは，個人的なライティングから，読み手を特定しない非個人的なライティング[12]への橋渡しの役割を果たす方法の1つで，ライティング活動のカリキュラム上，重要な活動として位置付けられています。対話文のライティングをすでに行ったことのある生徒にとって，ジャーナルのライティングは無理なく進めるつぎの段階の活動です。幼稚園児や小学校低学年ではまだ十分に文章が書けませんが，その日に起きた大きな出来事を絵で描くことが，ジャーナルのライティングの役目を果たします。のちになってだんだんライティングができるようになると，絵とことばを組み合わせることができるようになります。

　最初は，薄いスパイラルノートが，じょうぶで，ジャーナル用のノートとして適しています。しかし，小学校の中高学年になると，ページを追加したり外したりできる2穴や3穴のリングノートが好まれるようになります。しかし，このようなノートはスパイラルノートほど使いやすくなく，かさばることもあります。

　誰に向けて書くのかがわかっているほうが，低学年の小学生には，はるかにライティングしやすいものです。そのため，自分たちのクラスにはいない友だちを思い浮かべてジャーナルを書くように指示します（図表3.1参照）。年齢が上の生徒にジャーナルを書かせるのは，最初は教師にとってはなかなかうまくいかないものです。中高学年の小学生の場合，初めは熱心に取り組んでいるように見えても，個性のないつまらないライティングに終わってしまうことがあるからです。この年齢になると，答えが自由で構造化されていないライティング課題に対して疑問を持つこともあります。しかし，これは単にジャーナルを書くことに慣れていないだけのことです。

ジャーナル・ライティングの指導

　生徒に生活上の出来事を気楽に記録させるために，人が書いたジャーナルや日記の一部をクラスに紹介するのも一案です。Beverly Cleary（1983）の *Dear Mr. Henshaw* と，1991年刊行のその続編である *Strider* は，対話文のライティングからジャーナル・ライティングへと書くことにおいて成長していく一人の子どもの例です。指導を始める際に生徒をその気にさせるに

注釈12（p.148参照）

は，教師自身が書いたジャーナルの一部を紹介するというやり方もあります。

> September 22, 1992
> I like my teacher. she is so nice to us. I reameber my furst day of school. I wus so narvist. But she wus nice to me. I like her. She is very nice. And now I am not narvist I am happy.
>
> October 26, 1992
> If only I was rich insteduv beatifl.

図表 3.1：小学 2 年生のジャーナル

5分から10分程度の短時間に，ジャーナルをクイックライト（quickwrite）*で，毎日書かせる教師もいます。クイックライトは，Linda Rief (2003) によって知られるようになった指導方法で，これにより，生徒は文章作成の決まりごと*よりも書く内容に集中することができます。低学年の生徒の場合には，アイデアを出すために，絵を交えながらライティングする，クイックドロー（quickdraw）*を行います。

ジャーナルを書くには別の方法もあります。生徒の中には，ブレインストーミングによってトピックに関連する，アイデア，単語，句などをリストにするやり方を好む者もいます。このようなやり方として，教師は，まず，ノートのページに，たとえば，Best Life Events（最高の出来事）や Worst Life Events（最低最悪の出来事）のようなタイトルを書かせます（Bucker, 2005）。つぎに，10個ほどの出来事をリストに挙げるように指示します。生徒は作ったリストの中から1つ話題を選んで書き始めます。

制限時間内で，教師も生徒と一緒にジャーナルにライティングします。しかし，授業時間には制約があるので，この作業を毎日はできない教師もいます。このような事情から，週に2, 3回程度しかライティングができないと教師が判断した場合でも，ジャーナルは一定期間継続的に書かれた記録となります。

生徒たちみずから「ジャーナルでライティングしたい」と願い出ることも時にはあるでしょう。中学校の Murphy 先生は，ある生徒から，ジャーナルを書く時間があるかどうか質問を受けました。「今日，その時間はありません」と先生が答えると，その生徒は「でも，今日書かないとダメなんです！」と大きな声で言います。状況に柔軟に対応できる先生は，生徒が自分の頭の中にあることを記録できずにいらだっていることを察して，その日の

* 第 2 章 p. 48 および注釈 9（p. 96）を参照のこと。
* 第 2 章 p.p 52, 70 参照。
* クイックライトと同様に，指定された短い時間の中で行う。

スケジュールを調整してジャーナルを書く時間をとりました。その後，その生徒は先生に自分のジャーナルを見せました。そして，そのジャーナルには友だちの一人が自殺を考えていて，そのことをとても心配しているという深刻な内容が書かれていました。この例の場合，ジャーナル・ライティングによって，その子どもはこの問題について何ができるかを考えたのです。教師としては，ジャーナルを通して知り得た，生徒のこのたぐいの個人情報は報告しなくてはならない法的義務があります。Murphy先生は校長に報告し，次に校長がスクールカウンセラーに状況を相談しました。児童虐待についても，生徒のジャーナルをから発見できることがあります。

ジャーナル*の保管と評価

教師は生徒のジャーナルを定期的に回収して読みます。なかには，1，2週間に1度，全部のジャーナルを回収して，生徒の書いたものを読む教師もいれば，ジャーナルをいくつか選択して毎日，数本ずつ読む教師もいます。後者の場合，ジャーナルを読むのに毎日少しだけ時間をかければよいので，教師として時間をより有効に使えます。たとえば，1週間のうち授業があるのは5日なので，1つのクラスを曜日ごとに5つのグループに分けて読むという方式があります。

ジャーナルは私的なものだと考えられているので，生徒の書いたものは尊重して秘密を保持します。場合によっては，生徒が書いた内容にとても私的な内容が含まれていて，教師がジャーナルを全部読んでしまうことを希望しない場合もあります。そのような場合には，教師と生徒の間でのみ通じる，記号を決めておきます。たとえば，とても私的な内容が書かれた部分には，先頭に赤い点を付け，教師が読んでもかまわない部分には緑色の点を付けます。このような記号の付け方があれば，個人の自由とプライバシーが守られ，生徒は，ジャーナルを書きたいように書き続けることができます。

* 第2章 p.81の「対話ジャーナル」参照。本章での「ジャーナル」は第2章の「対話ジャーナル」に対応。

手紙，Eメール，携帯メール*

ジャーナルと同様に，手紙は対話文のライティングの発展形です。一方で，対話文やジャーナルとは異なり，手紙では書き手が書き方や内容をよく考えて書かなくてはなりません。生徒たちは，たとえば，友情を保ったり，情報の提供を依頼したり，許可を求めたり，説得したり，謝罪したり（Karelitz, 1988），といった目的のために手紙を書きます。どんな子どもでも郵便で手紙を受け取りたいものなので，手紙のライティングには高い動機付けがあります。年少の子どもたちに手紙を書かせると，ライティングに対する意欲がたやすく高まります。子どもたちは，自分の周りの人たちと，片時ものがさず，コミュニケーションしたがっているからです。このことは，生徒同士が授業中に，ひそひそ話をしたり，メモを友だちに回したりする様子を見れば明らかです。このようにメモを用いて自分の経験や考えを友だちに伝えながら，実際に，子どもたちは，読み手にわかりやすく，構成のきちんとした文章を書くスキルを伸ばしているのです。この点を考慮して，幼稚園から小学校3年生までの担当教師は，個々の生徒専用の郵便箱を作り，

* 携帯メール（text message）は，基本的に文字だけで情報の送受信を行う電子メール。通常のEメールよりも簡潔に文を作ることが多い。

第3章　ライティング：物語，詩，説明，説得　109

生徒が積極的にメモの交換ができるようにします。同様に、手紙執筆コーナー（letter writing station）を教室の中に作り、手紙用の筆記用具をたくさん置いておきます。鉛筆、ボールペン、メモ用紙、封筒などがあればよいでしょう。クラスのマーク、モットー、便せんの余白の図柄などをあしらった、クラス専用の筆記用具をデザインするのもよいでしょう。同様に、グループ活動として、学級世話役のお父さんやお母さん[13]への礼状や、自分たちのクラスの特別な催し物にほかのクラスを招待する招待状などを書く活動は、ライティングのスキルを伸ばすのみならず、生徒に見合った社会的行動の良い練習の機会にもなります（図表3.2）。

注釈13（p.148参照）

> Dear Second Grade,
> One of my favorit animals is a spider. It is a pet in our classroom. Come visit us Tvsday and learn about spiders.
> Your friend,
> Aaron

図表3.2：手紙を書くことで、生徒一人ひとりが自分の体験を発表し考えをまとめられるようになる。

友だち宛ての手紙や、ビジネスレターには、それなりの書き方があります（図表3.3、3.4）。教師がモデルを示すことは、手紙のライティングを教える良いやり方です。たとえば、オーバーヘッド・プロジェクターを使って、友だちに出す手紙をどのように書くのかを実演して見せます。そうすることで、クラス全体が、書き始めから完成までのプロセスを観察できます。この目的をつねに考慮しながら、教師は、まず手紙文について、この手紙は誰に出すのか？ 手紙はどんな内容にするのか？ 手紙を読む人が手紙のトピックについてどのくらい関心を持っているか？ 手紙の内容はどのように構成したらよいか？ など、さまざまに考えてみせます。手紙の受け取り人を誰にしたのかをクラスに伝えたら、手紙のトピックと、読み手がこのトピックについてどの程度の知識を持っているかについて、おおまかに説明します。話しが進むにつれて、教師は構想段階の活動の一部として、トピックに関連したノートテイキング（note taking）*を行います。こうして、ようやく、手紙の最初の下書きを書く準備が整うことになります。

* 重要な情報を選択してノートに複数メモする活動。本章 p.135 参照。

生徒が手紙を上手に書けるようになるために、教師は、ミニレッスンでさ

```
                    Street                    ┆  Return Address
                    City, State Zip Code      ┆  (差出人住所)
                    Month Day, Year           ┆  Date    (日付)
Dear _____,                                  ┆  Greeting (挨拶)
                                              ┆
                                              ┆  Body
                                              ┆   of      (手紙本文)
                                              ┆  Letter
                                              ┆
                    Your friend,              ┆  Complimentary Closing
                    (Sign Your First Name)    ┆  Your Signature
                    (ファーストネームの署名)      ┆  (終わりの挨拶と署名)
```

図表 3.3：友だち宛ての手紙のフォーマット

```
                    Street Address            ┆  Return Address
                    City, State Zip Code      ┆  (差出人住所)
                    Month Day, Year           ┆  Date    (日付)

Person's Name                                 ┆
Name of Company                               ┆  Inside   (受け取り人住所)
Street Address                                ┆  Address
City, State Zip Code                          ┆

Dear (Mr., Mrs., or Ms.)                      ┆  Greeting (挨拶)
                                              ┆
                                              ┆  Body
                                              ┆   of      (手紙本文)
                                              ┆  Letter
                                              ┆
                    Sincerely,                ┆  Complimentary Closing
                    (Sign Your First and Last Name) ┆ Your Signature
                    (ファーストネームとファミリーネームの署名) ┆ (終わりの挨拶と署名)
```

図表 3.4：ビジネスレターのフォーマット

まざまな手紙のモデルを使って，手紙にはいろいろな目的や形式があることを教えます。手紙のライティングを生徒に初めて紹介する際には，Alhberg, J. and Alhberg, A.（1986）. *The Jolly Postman or Other People's Letters*（邦題：ゆかいなゆうびんやさん――おとぎかいどう自転車にのって），Mark Teague（2004）. *Detective LaRue: Letters from the Investigation* などを用います。教師

『ゆかいなゆうびんやさん――おとぎかいどう自転車にのって』
（原題：*The Jolly Postman or Other People's Letters*）
Janet Ahlberg, Allan Ahlberg（著），
佐野 洋子（翻訳）
文化出版局，1987 年

は，手紙のライティングやペンパルとなる方法を解説する本を，いろいろとクラスで紹介するとよいでしょう。

　ペンパルとの手紙の交換は子どもたちに大変人気があります。子どもたちは友だちについて知りたがります。ことに，同年齢や同級生とは，楽しみながら，ライティングを通じた交友関係を広げていききます（図表3.5参照）。受け持ちのクラスに，ペンパルに手紙を書きたいと思っている生徒がいる時には，切手代がかからないように，教師は同じ学区のほかの学校の生徒を探してあげることもあります。このような配慮をしたあとで，近隣の異なる学校の2つのクラスが学年末に一緒に校外見学やピクニックに出かけるようなことになれば，大きな満足感を味わえます。

図表3.5：小学校2年生の生徒がメキシコのペンパルに書いた手紙

　異なる地域間で，低学年の生徒たちがペンパル活動に取り組めば，おたがいに助け合いながら，手紙をライティングする力を伸ばし合えるし，社会学習の力も向上します。なかでもこの活動は，小学校の中高学年において有効です。世界ペンパル協会（World Pen Pals）は，さまざまな国籍の子どもたちを安全に結び付ける活動をしています。国際的なペンパル活動についての詳細は，以下の住所まで問い合わせてください。

World Pen Pals
1694 Como Avenue
St. Paul, MN 55108

　出版社のScholastic社は，教育雑誌 Weekly Reader の定期購読者に対してペンパル・プログラムを用意しています。
　教師は，Eメールや携帯メールを適切に送る時の決まりごとを生徒に指導

します。紙と鉛筆で書く手紙と異なり，携帯メールやEメールは，かつての電報のように，文章も短く，要点のみから構成されています。友だち宛ての手紙と違い，手紙を締めくくる終わりの挨拶は，あったり，なかったりします。Eメール，携帯メール，ツイッターなどが広く使われるようになるにつれ，ある種の単語や表現は，省略形が使われるようになっています。例としてつぎのようなものがあります。

- BTW: by the way（ところで）
- CU: See you.（またね）
- F2F: face to face（対面して，直接会って）
- FAQ: frequently asked questions（よくある質問）
- GTMA: Great minds think alike.（賢者は皆同じように考える〔私もあなたと同意見です〕）
- H&K: Hugs and kisses!*（またね，さようなら）
- DK: I don't know.（わかりません）
- SOSO: Same old, same old.（いつもと同じだ，相変わらずだ）
- IMHO: in my humble opinion（こう言うのも何なのですが，言わせていただければ）
- JAM: Just a minute.（ちょっと待って）
- WFM: (It) works for me.（それでいいです）
- :) Smile (happy)（にこっ〔うれしい〕）
- :(Frown (sad)（しかめっ面〔悲しい〕）

* 手紙の終わりに置いて，相手への尊敬，信頼，愛情などを表す。xoxoのように表記されることもある。

通常，このような省略形はビジネスEメールでは使用されません。図表3.6と3.7はそれぞれ友だち宛てのEメールとビジネスEメールの書式です。

友だちとの携帯メールの送受信は，いまや，普通に行われています。フラ

First Name of Person,（受け取り人のファーストネーム）	*Greeting*（挨拶）
	Body of E-mail（Eメール本文）
Your First Name（自分のファーストネーム）	*Your Name*（氏名）

図表3.6：友だち宛てのEメールの書式

First Name of Person,（受け取り人のファーストネーム）	*Greeting*（挨拶）
	Body of E-mail（Eメール本文）
Sincerely, Your Name (Last Name Optional)（自分のファーストネーム，姓を付けることもある） Street Address City, State Zip Code（住所）	*Complimentary Closing* *Your Name* *Address* （終わりの挨拶，氏名，住所）

図表3.7：ビジネスEメールの書式

ンス語やスペイン語の名詞や動詞を用いて，携帯メールを使ったスカベンジャーハント（text message scavenger hunt）[14]のような活動をすると，楽しみながら第二言語の学習ができ，同時に，最新技術の使いこなし方も身に付きます。

注釈14（p.148参照）

詩

そもそも，「詩（poetry）」とはどういうものなのでしょうか？ Wendy King（1997, p.28）の生徒のJared Hayslipは，詩について，「詩とは，世界の一部分を盗み取ってきて，それをことばの中に隠すこと。なぜならば，詩を読むたびにその中に秘密のメッセージを見つけなくてはならないし，詩を書くたびに，メッセージを隠し込まなくてはならないからです。自分自身を影のようにそっと隠しておくのが詩という芸術だと思う」と述べています。ほかのライティング活動と同様に，詩のライティングも時間をかけて発達するプロセスです。

残念なことに，詩は，物語文（narrative）の場合とは異なり，クラスの中で発表し合うことはあまりないようです。ことに教師自身が作った詩の場合にはそれが顕著です。その結果，生徒は詩を学習する意欲を失い，関心も持たなくなります。しかし，詩を含むさまざまな文学作品をクラスで一緒に鑑賞すると，生徒の言語と語彙の力が高まります。詩がもたらす，さまざまな経験をしたかのような感覚と，詩の本質である表現力によって，生徒は自分を取り巻く世界への気付きや感性を高めます。「1日に数回，教師が授業でさまざまな詩を生徒に紹介すれば，詩という文学のジャンルを，生徒たちは好意的に受け入れるようになります」とKormanski（1992, p.189）は述べています。残念なことに，「生徒に人気のある詩には，往々にして，繊細な心的イメージ，おもしろい語のリズム，考え抜かれたことば上の遊びなどのすばらしい詩の持つ特徴が見つかりません」（McClue, 1995, p.118）という指摘があります。さまざまな形の詩をクラス全体で理解できるかどうかは，教師しだいだと言えます。詩は，計画的もしくは自然発生的に，無理なく授業に取り入れなくてはなりません。Stewig（1988）は，(1) 詩は韻を踏まなければならない，(2) 詩は優美でなければならない，(3) 詩のライティングは大半が状況の描写（descriptive）*なので，詩で何か新しいことが起きることはないと，という3つの点で，生徒は詩について誤った理解をしていると主張しています。

* 解説文ライティング（expository writing）の1つ（第2章 p.60参照）。

注釈15（p.148参照）

詩のライティングでは，いままでにない，普通とは異なるやり方でことばを組合せ，ことばで遊び，操る「ことばの鍛冶屋（wordsmith）」[15]として，ことばの持つ資源への意識をたえず高めていかねばなりません。これは，ある特定の音が繰り返される句や，思いもよらない単語の組合せがもたらす驚きの要素，選び抜かれた数個のことばが発する力と効果，比喩を使うことで産まれる洞察などに注意が向けられるということを意味します（Denman, 1988）。

注釈16（p.148参照）

詩の学習において，教師は生徒に，ことばをいろいろと実験的に使ってみさせるとともに，叙情詩[16]，物語詩[16]，リマリック[16]，押韻詩[16]，自由詩[16]，

俳句[16], 五行詩[16]などの, さまざまな詩の形式を積極的に試してみさせます。生徒たちは, ほぼ例外なく, 詩のスタイルとして押韻詩を好みます。この形式の詩が子どもたちにとって, もっとも聞いたことのあるものだからです。たとえば, Jack Prelutsky の *The New Kid on the Block*（1984）, *Something Big Has Been Here*（1990）, *Monday's Troll*（1996）や Shel Silverstein の *Where the Sidewalk Ends*（1974）（邦題：歩道の終わるところ）, *A Light in the Attic*（1981）（邦題：屋根裏の明かり）などがこのスタイルに該当します。子どもたちが詩に書きやすいのは, 自分たちになじみのあることです。日常生活や平凡なものに関する詩を書く時には, 自分の経験を振り返って詩と関連付けます。

『歩道の終わるところ』
（原題：*Where the Sidewalk Ends*）
Shel Silverstein（著）, 倉橋 由美子（翻訳）
講談社, 1979年

『屋根裏の明かり』
（原題：*A Light in the Attic*）
Shel Silverstein（著）, 倉橋 由美子（翻訳）
講談社, 1984年

子どもたちが詩を書くには, 読み聞かせで詩を聞き, さらに, 自分で詩を読まなければなりません。Cullinan, Scala, and Schroder（1995, p.3）は,「ことばがもっとも美しい形で含まれている詩は, ことばの学習にまさに最適です。子どもたちは, 何の苦労もなく, 舌の上で転がすように詩の持つ音で遊びます」と述べています。その時の学習内容に関連する詩を授業で取り上げ, それを基にして, 毎日の授業活動を組み立てる教師もいます。小学校3年生の担任の Kathy A. Perfect（1999, p.728）先生は,「私のクラスで詩を教えない日なんて考えられません。クラスの1日は詩で始まり, 1日に形を与え, 1日を乗りきらせてくれることすらあります。クラスの中で詩が魔法の杖を振り始めたら, どの生徒もすぐにそのとりこになってしまいます」と述べています。

生徒が詩を上手に書けるようになるためには, まず, 質の高い詩に触れ, 鑑賞できるようになる必要があります。Nancy Atwell（1998, p.427）は,「私の生徒たちの場合, 良い詩を鑑賞し始めたら, すばらしい詩が書けるようになりました」と説明しています。Atwell は, 生徒に「今日の詩」を読ませ, 好きなようにその感想を書くように指示します。以下は, Atwell による, グループ活動として詩を鑑賞する際のポイントです（pp.426, 427）。

・席について静かに詩を鑑賞します。

- 先生と一緒に詩を音読します。
- 詩の中の特定の数行（スタンザや対話部分）を読み上げます。
- 自分が気に入った行に下線を引き，好きな理由を１つの文で書き，生徒同士で意見を交換します。
- 詩を読んで，どのように感じたかを書きます。
- 詩について気付いたことを発表します。
- 怖くてどきっとした行に印を付けておきます。
- 意味がわからなかった行に印を付けておきます。
- 詩の中で一番重要だと思う行に印を付けておきます。

　上で紹介した以外に，詩を指導する際のポイントや活動をまとめたものに，Ralph Fletcher（2002）の *Poetry Matters*，Georgia Heard（1998）の *Awakening the Heart: Exploring Poetry in Elementary and Middle School*，Paul Janeczko（2005）の *A Kick in the Head: An Everyday Guide to Poetic Form* という良書があります。この３冊には，さまざまな詩の形式に対応した指導上のヒントやアイデアが数多く収録されています。小学校の高学年から中学生には，Janeczko（2002）の *Seeing the Blue Between: Advice and Inspiration for Young Poets* が参考になります。題材，ことばの選択，スタイルなどに関して，詩を書く際のさまざまな秘訣が解説されています。

　さまざまなトピックを扱った詩を紹介して，子どもたちが同じようなトピックの詩を書きたいと強く思わせます。たとえば，休日，ユーモア，自然，怖いものなどは，生徒が親しみを感じるトピックです。James Stevenson（2003）の *Corn Chowder* は，さまざまな食べ物についての詩集で，生徒が楽しく読めます。この本から，トウモロコシやトマトのようなありふれたものが詩のトピックになることを生徒は学びます。

　詩のライティングを，教科を横断して行われるライティング活動の一部にするのもよいでしょう。５年生担当の Jim Ronan 先生は，社会科の授業に詩のライティングを取り入れています。たとえば，歴史小説の中から場面を描写する部分を読み聞かせ，生徒をペアもしくは個人で，読み聞かせた箇所について詩を書かせます。

　あたり前だと思われている，日常的なものや出来事のような普通の物事が，詩のトピックとなることがよくあります。たとえば，Rick Walton（1995）中に "Bug Catcher" という詩があります。ある一人の子どもが，テントウムシ，イモムシ，チョウチョ，コオロギ，ハエなどの虫を捕まえようとしますがうまくいきません。子どもなら誰でも同じような経験があり，たやすく，この詩に共感できます。

　子どもたちは世界中の詩を楽しく読むものです。*Book Links** という雑誌の中で，Sylvia Vardell（2010）は，世界の詩を授業で生徒にどのように紹介するかについて解説しています。彼女は詩にアメリカの国境を越えさせるための，以下のようなアイデアを提案しています。

- ウェッブサイト（http://itsasmallworld.co.nz/）から世界の童謡を探す。

---

* 教育関係者を対象に，優良図書を紹介する雑誌。American Library Association（米国図書館協会）発行。

・詩を書いて，詩のフェスティバルやコンテストに応募させる。
・家族や地域の人たちから，さまざまな言語での詩を探して持ってきてもらう。

以下は，教室内に置いておき，クラスに読み聞かせたり，生徒たちが自分で読んだりするのによいと思われる詩集や参考図書です。

Adoff, A.（Ed.）.（1997）. *I Am the Darker Brother: An Anthology of Modern Poems by African-Americans.* New York: Simon & Schuster.（小学校 5 年から中学校 2 年）

Agee, J.（2009）. *Orangutan Tongs: Poems to Tangle Your Tongue.* New York: Hyperion.（小学校 5 年から中学校 2 年）

Alarcón, F. X.（1997）. *Laughing Tomatoes and Other Spring Poems*（*Jitomates Risueños y Otros Poemas de Primavera*）. San Francisco: Children's Book Press.（小学校 3 年から 5 年）

Appelt, K.（2002）. *Poems from Homeroom: A Writer's Place to Start.* New York: Henry Holt.（小学校 5 年から中学校 2 年）

Ashman, L.（2008）. *Stella Unleashed: Notes from the Doghouse.* New York: Sterling.（小学校 1 年から 3 年）

Aylesworth, J.（1992）. *Old Black Fly.* New York: Henry Holt.（幼稚園から小学校 1 年）

Denton, G. and Carter, J.（2009）. *Wild!: Rhymes That Roar.* UK: MacMillan.（小学校 1 年から 2 年）

Florian, D.（2007）. *Comets, Stars, the Moon, and Mars: Space Poems and Paintings.* New York: Harcourt.（小学校 4 年から中学校 2 年）

Franko, B.（2008）. *Bees, Snails, & Peacock Tails.* New York: Margaret K. McElderry Books.（小学校 1 年から 3 年）

Fleming, D.（2007）. *Beetle Bop.* Orlando: Harper.（小学校 1 年から 3 年）

George, K. O.（2002）. *Swimming Upstream: Middle School Poems*（D. Tilley, Illus.）. New York: Clarion.（小学校 5 年から中学校 2 年）

Ghigna, C.（2008）. *Score: 50 Poems to Motivate and Inspire.* New York: Abrams.（小学校 4 年から中学校 2 年）

Grandits, J.（2004）. *Technically, It's Not My Fault: Concrete Poems.* New York: Clarion.（小学校 5 年から中学校 2 年）

Greenfield, E.（2004）. *In the Land of Words: New and Selected Poems.* New York: HarperCollins.（小学校 5 年から中学校 2 年）

Gollub, M.（1998）. *Cool Melons Turn to Frogs: The Life and Poems of Issa.* New York: Lee & Low.（小学校 3 年から 5 年）

Harrison, D. L.（1996）. *A Thousand Cousins: Poems of Family Life.* Honesdale, PA: Wordsong/Boyds Mills.（小学校 2 年から 4 年）

Heard, G.（2008）. *Falling Down the Page.* New York: Roaring Brook Press.（小学校 5 年から中学校 2 年）

Hopkins, L. B.（2004）. *Wonderful Words: Poems about Reading, Writing, Speaking, and Listening*（K. Barbour, Illus.）. New York: Simon & Schuster.（小学校 3 年から 6 年）

Hopkins, L. B.（Ed.）（2009）. *Incredible Inventions: Poems Selected by Lee Bennett Hopkins.* New York: HarperCollins.（小学校 4 年から中学校 2 年）

Lewis, J.（2005）. *Monumental Verses.* Washington, DC: National Geographic.（小学校 4 年から中学校 2 年）

Lewis, J.（2009）. *The Underwear Salesman: And Other Jobs for Better or Verse.* New York: Atheneum.（小学校 5 年から中学校 2 年）

Lyne, S.（2004）. *Soft Hay Will Catch You: Poems by Young People*（J. Monk, Illus.）. New York: Simon & Schuster.（小学校 4 年から中学校 2 年）

Mavor, S.（Ed.）.（1997）. *You and Me: Poems of Friendship.* New York: Orchard.（小学校 1 年から 3 年）

Michael, P.（Ed.）.（2008）. *River of Words: Young Poets and Artists on the Na-*

Morrison, L. (Ed.). (1997). *At the Crack of the Bat.* New York: Hyperion.（小学校3年から6年）

Myers, W. D. (1997). *Harlem* (C. Myers, Illus.). New York: Scholastic.（小学校4年から中学校2年）

Prelutsky, J. (1984). *The New Kid on the Block.* New York: Greenwillow.（小学校2年から6年）

Prelutsky, J. (1993). *A Nonny Mouse Writes Again!* New York: Knopf.（幼稚園から小学校2年）

Ryder, J. (2007). *Toad by the Road: A Year in the Life of These Amazing Amphibians.* New York: Henry Holt.（小学校2年から3年）

Schertle, A. (2009). *Button Up!* New York: Harcourt.（幼稚園から小学校2年）

Schwartz, A. (1992). *And the Green Grass Grew All Around: Folk Poetry from Everyone.* New York: HarperCollins.（小学校2年から4年）

Shields, C. D. (1996). *Lunch Money* (P. Meisel, Illus.). New York: Dutton.（小学校3年から6年）

Sidman, J. (2006). *Butterfly Eyes and Other Secrets of the Meadow.* Boston: Houghton Mifflin.（小学校1年から3年）

Soto, G. (2009). *Partly Cloudy: Poems of Love and Longing.* Orlando, FL: Harcourt.（中学校1年から2年）

Thomas, J. C. (1993). *Brown Honey in Broomwheat Tea.* New York: HarperCollins.（小学校6年から中学校2年）

Weinstock, R. (2009). *Food Hates You, Too and Other Poems.* New York: Hyperion.（小学校1年から4年）

Yolen, J. (Ed.). (2007). *Here's a Little Poem: A Very First Book of Poetry.* New York: Candlewick.（幼稚園から小学校1年）

詩の要素

* 第2章 p. 63 参照。

詩のライティングを通じて，子どもたちは単語の選択*が重要であることに気付きます。詩の中で自分の考えにぴったり合った単語を使用することは，散文の場合よりも意味を持ちます。たとえば，カリキュラムの中に詩をより多く組み込めば，ライティングとスピーキング活動における語彙の強化につながります。

押韻（rhyme）は，もっともよく知られている詩の要素です。上手に韻が踏まれていると，音楽のように聞こえます。しかし，韻には適切な使用が必要です。子どもも大人も韻を使いすぎてしまうことがあります。とても楽しみながら韻を踏む単語を探し，長い押韻詩を書く生徒もいますが，往々にして韻の踏み方に無理があり，不自然になってしまいます。

* 頭韻の場合，ふつう，語頭の子音を繰り返す。

頭韻（alliteration）*も詩の要素の1つです。たとえば，"Peter Piper picked a peck of pickled peppers" という Mother Goose の押韻詩を思い出してください。ここでは，[p] という音が繰り返し使われています。このようにある音が繰り返されることを頭韻と呼びます。頭韻が，たとえば，"Fuzzy Wuzzy was a bear" の [z] のように単語内での音の繰り返しである場合，これを隠れ頭韻（hidden alliteration）[17] と呼びます。

注釈17（p.148参照）

頭韻と同様に，オノマトペ（onomatopoeia: 擬音語・擬声語）も音に基づいた要素です。詩人は，実際の音をまねた単語や句を使います。たとえば，buzz, hiss, sigh, bang, ring, scratch, crunch, tick-tock などがあります。

リズム（rhythm）は，詩の拍子とか型と呼ばれるものです。詩は，多く

の場合，予測できるリズムを使います。このリズムは，韻律（meter: ミーター，歩格）と呼ばれています。完成された韻律は，市販のグリーティングカードに書かれていることばのように，まるで歌詞であるかのように耳に聞こえます。

詩人が詩をライティングする時には，上に述べたような要素を使用するとともに，直喩（simile）*，隠喩（metaphor），擬人化（personification）などの比喩（figure of speech）を用います。直喩は，asやlikeを使い2つの事物を比べます。たとえば，big as a barn（納屋のように大きい），sweet as honey（ハチミツのように甘い），crazy like a loon（カイツブリ*のように頭がおかしい）などです。隠喩は，ある事物をほかのものにたとえます。たとえば，bulldozer（ブルドーザー）を gigantic beast（巨大な獣）のように言い表します。擬人化は人間でないものに人間の特徴を用いて表現します。たとえば，the dog's eyes reflected wisdom（その犬の目から知性が感じられた）や spring does her decorating, rolling out emerald green carpeting with yellow daffodils and red tulips tucked along the sides of her room（春は，自分の部屋にエメラルドグリーンに輝く絨毯を敷き詰め，壁際には黄色の水仙や真っ赤なチューリップをあしらい，自分の好みに合わせた飾り付けをします）のような表現です。

さまざまな詩の手法を理解し，詩をライティングする際に取り入れていくと，生徒の一般的なライティングのスキルも磨かれます。

詩のタイプ

生徒が楽しみながら，詩のリーディングやライティング活動ができるタイプ*の詩が数多くあります。以下，その中からいくつかを紹介します。

リストポエム（list poem）は，生徒に詩や自由詩を導入する際に用います。黒板かオーバーヘッド・プロジェクターを用い，生徒に具体的なトピックを1つ提供し，関係する単語をブレインストーミングしてリストにします。たとえば，下の単語リストは，ウサギについて小学校1年生がブレインストーミングで作成したものです。このリストを，左の列，中央の列，右の列の順番で読みます。

Rabbits		
white	hiding	lettuce
furry	tame	stretching
brown	wild	nibble
paws	chewing	wriggly nose
foot	grass	Rabbits
hopping	carrots	

つぎの詩は教室についてのリストポエムです。

Our Classroom		
books	lots of kids	helping dads
journals	helpers	centers

* 直喩は明喩とも。隠喩は暗喩とも。

* 北米に主に生息する水鳥。求愛のダンスが変わっているため，このような表現が生まれたという説がある。

* ここでいう「タイプ」とは，詩が全体として持つ外見的な特徴を意味する。

peedee, the guinea pig	reading buddies	calendar
warm	library books	clock
yellow	art projects	windows
loud desks	Mrs. Simpson	trays
free time	helping moms	our best work

　生徒が思いついたことをすべてリストポエム中に入れてかまいません。この活動によって，生徒の学年を問わず，自信を持って自分でリストポエムが書けるようになります。

　折句詩（acrostic poem）〔「おりくし」と読む〕とは，名前や単語をトピックとして使い，そのトピックの要素を詩に書き表すもので，がんばって取り組まなければ完成しません。以下は，生徒たちが，自分のファーストネームを用いて，詩にしたものです（以下の例が示すように，各行の最初の1文字を並べるとトピックの語と一致します）。

JASON	**ALLIE**
Joking	Adores puppies
Awesome	Likes to read
Soccer player	Loves anything lavender
Only child	Inquisitive nature
Neat（Not!!!）	Enthusiastic about math
JASON	ALLIE

　このスタイルの詩のライティングでは，まず手始めに学校の名前をトピックにして，クラス全員で，もしくは，生徒一人ひとりで詩を作るとよいでしょう。折句詩については Jennifer Belle（2005）の *Animal Stackers* が参考になります。

　Avis Harley（2009）の *African Acrostics: A Word in Edgeways* は，アフリカ大陸にいる多様な野生動物の特徴を折句詩で紹介しています（たとえば，サイ（rhino）は boulders for shoulders, elegant horn（岩のような肩，美しい角）のように記されています[18]）。この本には，行の最初と最後の文字が折句となる，二重折句詩（double acrostic）になっているものもあります。詩のトピックを，鳥，昆虫，歴史上の偉人，歴史的事件，有名スポーツ選手などのように理科や社会科の分野のものにすると，小学校の中高学年から中学生までの生徒たちにも，十分に手ごたえのある課題になります。

　Margaret Wise Brown の "I Like Bugs" は，さまざまなライティング活動に使用できるリストポエムです。幼稚園児や小学校1年生には，リーディングを共有する活動として，この詩を取り上げ，3, 4回クラスで一緒に読んだのち，虫についてリストポエムを書く課題を出すとよいでしょう。小学校1年生から中学2年生までの学習では，描写に使う単語や前置詞句に注目させてから，さまざまなもの（犬，車，チョコレートなど）について自分の詩を書かせます。

注釈18（p.148参照）

"I Like Bugs"*	「わたしは虫が好き」
By Margaret Wise Brown	Margaret Wise Brown 作
I like bugs.	わたしは虫が好き。
Black bugs.	黒い虫。
Green bugs.	緑色の虫。
Bad bugs.	悪い虫。
Mean bugs.	意地悪な虫。
Any kind of bug.	どんな種類でも。
I like bugs.	わたしは虫が好き。
A bug in a rug.	じゅうたんの中の虫。
A bug in the grass.	草の中の虫。
A bug on the sidewalk.	歩道の上の虫。
A bug in a glass.	コップの中の虫。
I like bugs.	わたしは虫が好き。
Round bugs.	丸い虫。
Shiny bugs.	ぴかぴかの虫。
Fat bugs.	太った虫。
Buggy bugs.	びっしり集まった虫。
Big bugs.	大きな虫。
Lady bugs.	女性の虫（テントウムシ）。
I like bugs.	わたしは虫が好き。

* "I Like Bugs" from *The Friendly Book* by Margaret Wise Brown and illustrated by Garth Williams, copyright © 1954, renewed 1982 by Random House, Inc. Used by permission of Golden Books, and imprint of Random House Children's Books, a division of Random House, Inc.

　自由詩には，形式や書き方のうえでの決まりはありません。つまり，詩人のとりとめのない思いを集めたものです。子どもたちは自由詩に触れることで，詩はかならずしも韻を踏んだり，厳格な詩の構造を守ったりして書かなければならないわけではないことに気付きます。リストポエムも，自由詩の1つです。

　具象詩（concrete poetry）は，shape poetry（かたち詩）や pattern poetry（パターン詩）とも呼ばれています。Livingston（1991）は，具象

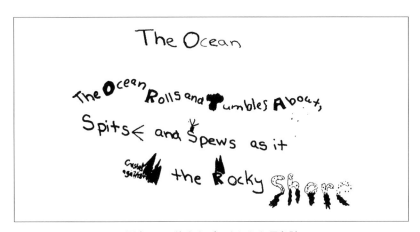

図表 3.8：海をトピックにした具象詩

詩では絵と詩の両方を組み合わせて使われることから，「絵画詩（picture poem）」と呼んでいます。この詩では，1つの単語をあるものの形になるように，何回も繰り返し書くこともあります。たとえば，dog という単語を繰り返し用いて犬の輪郭を描きます。ほかには，図表3.8のように，複数の単語が芸術的に配列されて描かれているものもあります。

　子どもたちにとっては，詩を書き始めること自体が難しいものです。最初の1行がなかなか思い浮かばず，詩の書き出しに苦労してしまいます。この苦労を減らすために，書き出しをあらかじめ「詩の書き出し（poetry starter）」として示してあげるという手もあります。以下はその例です。

- Yesterday I was …
  昨日わたしは…
- My pet …
  わたしのペットは…
- When ＿＿＿＿＿＿ was alive …
  ＿＿＿＿＿＿が生きていたころ，…
  （空所に歴史上の人物を入れる）
- Can he〔she〕ever play!
  本当にすばらしい！
  （野球，バスケットボール，フットボールなどのスター選手をトピックにする）
- Don't forget ＿＿＿＿＿＿.
  ＿＿＿＿＿＿を忘れないで。
  （空所に，人，場所，ものなどを入れる）
- Green is …
  緑は…
  （子どもが自分で選んだ色に置き換える）

　二行詩（couplet）は2行，三行詩（triplet）は3行で構成される押韻詩です。このスタイルの詩は，生徒も取り組みやすく，小学校低学年にも向いています。生徒は，詩が心地よく耳に響くので楽しんで作ります。このスタイルの詩の学習では，教師が最初に1行目を書き，生徒が残りを完成するやり方だととっつきやすくなります。つぎの詩は，このやり方で，教師が最初の1行を与えて，残りを生徒が完成させて作った三行詩です。

The Mouse	ネズミ
There once was a mouse	むかし，ネズミがいました
Who lived in a house	家の中で暮らしていて
With his little spouse.	小柄な奥さんがいました。

　俳句（haiku）は自然をテーマとする三行詩です。この17音節からなる短い詩は，小学生に人気があります。最初の行と3行目が5音節で，2行目が7音節です。「俳句」とは日本語で「最初の句（beginning phrase）」という意味です。[19] 俳句はつねに現在形で書きます。次はその例です。

注釈19（p.148参照）

Lonely yellow leaf Floating downward to the earth Autumn has arrived.	黄の一葉 下に舞い落ち 秋来たる

俳句のライティングはかなり難しいものですが，子どもたちは，どうしたものか，この困難を克服してしまいます。おそらく，俳句のライティングは，心の内部から出てきたパズルを組み合わせるような活動だからでしょう。俳句は伝統的に自然を題材としていますが，今日では，どのようなトピックでも題材となります。

Wing Nuts: Screw Haiku（Jaeczko and Lewis, 2006）は日本の川柳（senryu）*を紹介しています。川柳は，いわば俳句をパロディにした四行詩で，小学校の中高学年や中学校の生徒が大好きな，どたばたした出来事をトピックとします。例を2つ挙げます。

* 川柳は俳句と同様に五七五で構成される。本書で解説されている川柳は，米国で独自の発展をとげたもの。

注釈20（p.149参照）

High school band Minus tuba player Looking for Substi—tootie.[20]	スクールバンド チューバがいない 探さないと 代わりになる人

Friends came over Played vdeo games Homework undone Pray for snow day.	友が来て ゲーム三昧 宿題やらず 大雪祈る

五行詩（cinquain）も生徒に人気があります。俳句と同様にあらかじめ決まった構造を持っています。5行のうち，最初の行には2音節，二行目に4音節，三行目に6音節，そして最後の五行目はもう1度2音節という形式になります。

以下は，海について5年生が書いた五行詩です。

Ocean Big, deep Expanse of blue Home to fish, sharks, whales Beautiful, peaceful, splashing 　　waves Giving.	海 大きく，深い 青い広がり 魚，サメ，クジラの家 美しく，穏やかで，しぶきの 　　上がる波 寛大だ

七行詩（diamante poem）は7行からなる詩です。ある題材から始まり，それとは対照的な題材で詩が終わります。2行目と6行目には形容詞を2つ使い，3行目と5行目には動詞を3つ入れます。4行目には名詞を4つ入れます。つぎは，5年生のDeanaが書いた七行詩の例です。

注釈 21（p. 149 参照）

Fawn[21]	生まれたての小鹿
Small, awkward	小さく，ぎこちなく動く
Falling, crashing, learning	倒れて，ぶつかって，学んでいく
Baby, deer, female, adult	あかちゃん，鹿，雌，おとな
Bounding, leaping, jumping	跳ねる，跳ぶ，躍動する
Tall, graceful	背が高く，優雅
Doe	雌鹿
—Deana, Fifth Grade	——5年，Deana

　詩はカリキュラムにさまざまな方法でとり入れることができます。囲み記事3.1はその例です。Nikki Grimes's（2009）の *Rich: A Dyamonde Daniel Book* は，ホームレスの少年が詩のコンテストでの優勝を目指し，詩をジャーナルに書き続ける物語です。この本をクラスの読み聞かせで用いて，さまざまなスタイルの詩に挑戦させたり，詩のコンテストに応募させたりするのもよいでしょう。

記事 3.1　内容教科における詩

　詩は，内容教科も含めて，カリキュラム全体に含められるべき活動です。絵本，歴史小説，ノンフィクション教材などの一部分を音読すると，子どもたちは感じたことを振り返って詩に書きたくなります。Ann Turner（1987）の *Nettie's Trip South* における奴隷市場のシーンを6年生に読み聞かせたのち，担任の教師は3人1組にグループ分けして，読み聞かせで聞いたことや，授業以前に南北戦争に関連した奴隷制度についてこれまで知っていたを詩に書かせました。以下は，男子3名のあるグループが書いた詩です。

Auctions Today	今日の奴隷市場
Walked into town from home, with my sister	歩いて家を出て町に入った，妹を連れて
Hetta holt* my hand and wouldn't let go.	Hetta は，ぼくの手をつかんで離そうとしない
It's dusty in the pen.	奴隷小屋の中はほこりでいっぱい
Waiting.	待っている
Tompkins' men pushed us up.	Tompkins 家の男たちが，ぼくたちの背中を押した
Platform's got splinters.	台の上に連れて来られた者たちが乗った
Hetta holt my hand and wouldn't let go.	Hetta は，ぼくの手をつかんで離そうとしない
Tompkins yelled out, "Two youths,	Tompkins は叫んだ，「子ども二人，
From Will Jackson's place,	Will Jackson のところから来た，
What am I bid?"	いくらだ？」
Yellin' numbers and dollars.	数や金額が大声で飛び交う
Hetta holt my hand and wouldn't let go.	Hetta は，ぼくの手をつかんで離そうとしない
"Boy Sold! For nine dollars."	「男の子，売れました。9ドル」
Hetta holt my hand and wouldn't let go.	Hetta は，ぼくの手をつかんで離そうとしない
Yellin' numbers and dollars.	数や金額が大声で飛び交う
Hetta holt my hand and wouldn't let go.	Hetta は，ぼくの手をつかんで離そうとしない
"Girl Sold! For five dollars."	「女の子，売れました。5ドル」
Hetta holt my hand and wouldn't let go.	Hetta は，ぼくの手をつかんで離そうとしない
One of Tompkins' men took my arm.	Tompkins 家の男たちの一人が，ぼくの腕をつかんだ
Hetta holt my hand and wouldn't let go.	Hetta は，ぼくの手をつかんで離そうとしない
Tompkins took Hetta's arm.	Tompkins は，Hetta の腕をつかんだ
Herta holt my hand and wouldn't let go.	Hetta は，ぼくの手をつかんで離そうとしない
With a heave, Tompkins flung Hetta off the platform.	Tompkins は，ひょいと Hetta を持ち上げ台からおろした
Hetta don't hold my hand no more.	Hetta は，もうぼくの手をつかんでいない

Turner. A (1987). *Nettie's Trip South*（R. Himler, Illus.）. New York: Macmillan.
（Pamela J. Farris. *Elementary and Middle School Social Studies: An Interdisciplinary and Aulticultural Approach*, 5th ed., Long Grove, IL: Waveland Press. Copyright © 2007 より）

＊標準的には held（hold の過去形）。

情報文と解説文のライティング

「解説文のライティング（expository writing）」は，文章を作成するプロセスを用いて，知識の獲得，理解，概念の発達などの実利的な要求を満足させるものです。読み手が新しい情報を得て，それを十分に理解できるように記述することが大切です。だからといって，説明文はおもしろくないという意味ではありません。まったくその反対です。生徒がノンフィクションのライティングを行うと，トピックへの興味が増し，トピックについて，さらにリーディングやライティングがしたくなります。

　解説文のライティングは，さまざまに組み立てられます。以下はその例です。

- **描写**：ペンギンはどのような格好をしていて，どこにいて，何を食べて，どんな種類があるかなどを読み手に伝える。
- **出来事の順序付け**：鳥の巣の作り方やカエルの一生を記述する。
- **比較と対照**：蛾と蝶について，同じ点と異なる点を記述する。
- **原因と結果**：火山の爆発や地震が発生する原因を記述する。
- **問題と解決**：問題がどこで生じているかを記述し，その考えられる複数の解決方法を考察する（例：アメリカの五大湖の水質汚染を防ぐ方法）。

　幼稚園や小学校1年生のクラスで，物語文のライティングを導入する前に解説文のライティングを導入する教師もいます。解説文のライティングは事実に基づいて書けばよいので，物語文のライティングよりも全体を組み立てやすいからです。たとえば，生徒はカボチャ畑に遠足に行った時の話や，クラスで飼っている金魚などについて書きます。小学校の中高学年になれば，解説文のライティングにはいくつかのタイプがあることに気付き，この知識を応用して，情報を記述するレポートや理科や社会科の学習をまとめた小冊子（ブックレット）を作成します。中学生になるまで，解説文をライティングする機会が十分与えられていれば，たいていの生徒はより洗練された知的な解説文が書けるようになります（図表3.9は5年生が，理科のプロジェクトについて作成した解説を記述した文章です）。中学生ともなれば，文章に十分磨きをかけて，タイピングして提出するのが普通です。

BATTERIES

BY ASHLEY CAMMACK

TABLE OF CONTENTS

Title Page 1
Table of Contents 2
Statement of Purpose 3
Hypothesis 4
Research 5
Picture 8
Materials 9
Procedure 9
Results 10
Chart 11
Bibliography 12

STATEMENT OF PURPOSE

I wanted to learn how a battery worked, what kinds of batteries there are, and who invented the first battery.

HYPOTHESIS

I predict that the celery will create more voltage than the other vegetables.

図表 3. 9：（その 1）電池の研究。研究目的と仮説〔PC 上で作成された解説文の例。平均以上の学力を持った 5 年生による〕

KEEPS GOING AND GOING AND GOING

BATTERIES

Batteries are connected cells that store electricity. They change chemical energy into electric energy. Batteries have one or more units. The units are called electric cells. Batteries also have positive and negative charges. Batteries are used in appliances such as televisions, radios, and car engines. There are two main types of batteries, primary and secondary cell.

In a primary cell battery there are two parts. The anode, which has a negative charge, and the cathode, which has a positive charge. There are three major types of primary cell batteries, carbon-zinc oxide cell, alkaline cell, and mercury cell. The carbon-zinc oxide cell is used in flashlights and toys. The alkaline cell is like the carbon-zinc oxide cell but, the alkaline cell is used in bicycle lights and walkie-talkies not flashlights and toys. The mercury cell is used in small things such as hearing-aids and sensitive devices. Most primary cell batteries are dry cell or nonspillible.

A secondary cell battery can be recharged or used again after it has been charged. All secondary cell batteries take their own time to recharge. There are two major types of secondary batteries, lead-acid storage batteries and nickel-cadmium storage batteries. Lead-acid storage batteries are used for powering submarines. They can be used for four years. Nickel-cadmium storage operate like a lead-acid storage. They are used in portable equipment such as drills and garden tools. They are also used in space satellites.

Solar batteries make electricity by the photoelectric conversion process. Solar batteries can be used for a very long time. They can be used to operate space equipment on a space craft.

The first battery was developed by Count Alessandro Volta in the 1790's. It was called the voltaic cell. In 1836 John F. Daniell made a more advance primary cell. Gaston Plante' made the first secondary cell battery in 1856.

There are many different kinds of Alkaline, rechargeable, and heavy-duty batteries. The cost of all the kinds vary. The costs are listed on Chart A. As the chart shows, the rechargeable batteries cost the most and the heavy-duty costs the least.

Some of the good batteries you could look for when you go to the store are Duracell, Energizer, and Sears Die hard. Duracell and Energizer are good batteries but, they cost alot. Sears Die hard is a good battery and also has a good price. One of the batteries that is not good is Rayovac.

Batteries help us in lots of ways. They are still changing to meet our needs. People will always be trying to make a better battery.

図表 3.9：(その 2) 電池とは何か

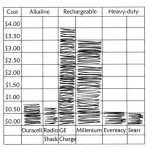

MATERIALS

1 piece of celery
1 piece of a carrot
1 potato
1 lemon
1 lime
galvanometer
12″ strip of copper
12″ strip of nickel

PROCEDURE

Stick the copper and the nickel into a piece of food. Let the copper and the nickel sit in the piece of food for one to two minutes. Use the galvanometer find the voltage. Record the results. Repeat this two or three times. Do the same to the other foods.

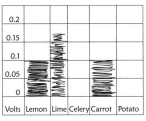

RESULTS

The lime created the most volts. The lemon and the carrot had the second most volts. The potato and the celery created the least volts. Chart B shows the actual volts for each vegetable. I learned that electricity travels best through some kind of liquid.

図 3.9：(その 3) セロリ，ニンジン，ジャガイモなどを用いて生じる電圧を調査

BIBLIOGRAPHY

Leon, de Lucenary, George, The Electricity Story, New York City, New York, Arco Publishing, 1983.

"Batteries: Disposable or Rechargeable", Consumer Reports, November 1991, pgs. 20-23.

"Battery", McGraw Hill Encyclopedia of Science and Technology, 1992 Edition, Vol. 2, pgs. 487-488.

"Battery", Microsoft Encarta, 1993, Microsoft Corporation.

"Battery", World Book Encyclopedia, 1992 Edition, Vol. 2, pgs. 168-171.

図 3.9：(その 4) 参照文献

　絵本を読み聞かせると，解説文をライティングしたいという生徒の気持ちが高まることがよくあります。Larson and Nethrey（2008）の *Two Bobbies: A True Story of Friendship, Hurricane Katrina, and Survival* は，ハリケーンに襲われたニューオーリンズで，鎖を首から引きずったままの子犬が，友だちの目の見えない子猫に餌を運び続け，ハリケーンの上陸から6ヶ月たってようやく2匹とも救出された，という感動的な話です。同じような話が Buckley（2009）の *Tarra and Bella*（邦題：タラとベラ——なかよしになったゾウとイヌ）です。ひとりぼっちのサーカス象 Tarra と野良犬 Bella が，象の救助センターで出会って親友になります。Bella が手術を

受けることになった時に，Tarra はほとんど何も口にせずに何週間も友だちの Bella が戻ってくるのを待ち続けたという話です。

『タラとベラ──なかよしになったゾウとイヌ』
（原題：*Tarra and Bella*）
Carol Buckley（著），小錦 八十吉（翻訳）
産業編集センター，2010 年

描写文や解説文のライティングに加えて，学習記録，調査レポート，ビジネスレター，自伝，伝記，ノートテイキングといった，情報文のライティングがあります。以下で，こうしたライティング活動の解説をします。

学習記録

「学習記録（academic learning logs）」とは，理解した内容をジャーナル形式で書いたもので，子どもたちが新しい概念や話題についてライティング活動によって説明します。つまり，学習記録は子どもたちの理解の記録でもあり，子どもたち自身のことばで書かれているので，具体的な学習事項について子どもたちがどう考えているかがよくわかります。Boyer（1983, p. 90）は，「自分の考えを明確にライティングすることによって，明確に考えられるようになります」と記しています。

学習記録のライティングを，内容教科における振り返り活動として利用すると，生徒たちの意識は自分たちの問題解決の方法に向かうようになります（Brady, 1991; Hand and Treagust, 1991）。メタ認知（metacognition）*を使うことによって，生徒は自分にもっとも適した学習ストラテジーを考え，見つけ出していきます。

この学習記録はいろいろな教科で活用できます。たとえば，理科の実験について解説できるようになったり，社会科の学習事項の深い理解へとつながったりします。算数の授業でも，学習記録を付けることで，生徒による問題の解き方の理解が進みます。次ページの図表 3.10 は，4 年生の生徒が作成した，筆算による割り算の仕方の学習記録です。

* 自分の思考や行動について客観的に把握し認識すること。

```
        282
      ┌─────
    3 / 846
        6
      ───
        24
        24
      ───
        06
         6
      ───
         0
```

To divide in long division. First you take the 3 into the 8. It goes two times. Write the 2 above and multiply 2 times 3. Then you subtract 6 from 8 and get 2. Then you bring down the next number, a 4. You then take 3 into 24. It goes eight times. Write down 8 next to the 2 and multiply 8 times 3. You get 24. Then you subtract 24 from 24 and get 0. Bring down the 6 and divide 3 into 6. It goes two times. Write 2 next to the 8. Then subtract 6 from 6. You have nothing left. You can check the answer by multiplying 3 times 282. You get 846.

筆算での割り算をする。まず，8の中に3がいくつあるかを考える。2個ある。8の上に2と書き，3掛ける2を計算する。8から6引くと2。つぎの数字，4を下げる。24の中に3がいくつあるかを考える。8個ある。2のつぎに8と書き，3掛ける8を計算する。24になる。24引く24は0。さらに6を下げ，3で割る。2個ある。8のつぎに2と書く。6から6を引く。余りが出ない。この割り算が正しいかは，282に3を掛けて確かめる。846になる。

図表3.10：4年生による筆算による割り算の仕方

Cudd and Roberts (1989) は，小学校の低学年生に，より適した学習記録を開発しました。この学習記録は，ライティングしながら内容教科の理解が高められるようにデザインされています。文が順序よく並んだパラグラフを活用して，生徒たちはそのパラグラフ内の構成を理解したうえで，自分のライティングをすることができます。教師は，以下のような7つのステップを踏み，単純なパラグラフを1つ作成するパラグラフライティングのモデルを生徒に示します（Cudd and Roberts, 1989, p. 394）。

1. 教師が，あるトピックについて短く，単純な段落をライティングします。* 出来事が順序性を持っているトピックを選び，first（まず最初に），next（つぎに），then（それから），finally（最後に，とうとう）のような「つなぎことば」*を使います。このようなトピックには，たとえば，卵からオタマジャクシ，つぎに子どものカエル，そして最後に大人のカエルになるまでの成長や，熊が冬眠に入り目をさますまでの様子などが考えられます（以下の例を参照のこと）。

* この文章は教師が授業準備のために作成するもので，段落全体は生徒に見せないでおく。
* 第2章 p.59参照。

> **Hibernation**
> First, a bear eats lots of food during the summer. Next, the bear finds a cave or hollow tree to sleep in. Then the bear falls asleep for the winter. Finally, it wakes up in the spring.
> **冬眠**
> まず，熊は夏の間じゅう，たくさん食べ物を食べます。つぎに，冬眠するのに適した洞穴か大きな空洞になった大きな木を見つけます。それから，熊は冬じゅう眠ります。そして，春になってやっと目をさまします。

注釈22（p.149参照）

2. 短冊状の紙（sentence strip）[22] やオーバーヘッド・プロジェクター用の透明シートを短冊状に切ったものに，1で準備した段落の文を1つ

ずつ書きます。
3. クラス全体あるいはグループでトピックを確認し，出来事の論理的な順番が合っているかを考えます。
4. 子どもたちは，文が書かれた短冊を正しい順番となるように，ポケットチャート（以下の画像のような，短冊状の文字が書かれた紙が入れられるようになっている，複数のポケットを持った大型の紙）に入れたり，オーバーヘッド・プロジェクター上に並べたりします。

5. クラスもしくはグループで文章を音読します。
6. 生徒それぞれが，文を正しい順番に並べ替え，パラグラフの形になるように清書します。
7. 完成したパラグラフに述べられている詳細を絵に描きます。

　子どもたちは，理解を助ける絵の付いた情報の詳細をもれなく思い起こすことができます。子どもたちに，パラグラフや調査レポートについて絵を描かせる活動は，学習対象となったトピックの理解を進めるうえで重要な意義を持ちます。

自伝
　「自伝のライティング（autobiographical writing）」によって，子どもたちは自分の生活経験を周りの人たちに知らせることができます。このようなライティング活動を通して，人とのかかわりや出来事を，新しく，より深い視点から理解できるようになることがよくあります。
　自伝では，生まれてからいままでの全人生や，特別な出来事や思い出などのような人生のある特定の期間についての情報を記述します。幼稚園から小学校2，3年生までの子どもたちは，年齢に合わせ，自分の好きなことや嫌いなことを絵や文にして自伝らしきものを作ります。Pearson（1988）の*My Favorite Time of Year*は，自伝を書く前に子どもたちと一緒に読んでお

きたい本です。本の中の Kelly という女の子は，秋を1年の中で一番好きな季節として記述していますが，ほかの季節も自分と家族にとって特別な楽しみがあることを指摘しています。

　Tomie dePaola (1999) の *26 Fairmount Avenue* (邦題：フェアマウント通り26番地の家) は，小学校2，3年生だけでなくリーディングが苦手な小学校の高学年生にも，自伝を勉強する時の参考となります。全57ページの短い自伝の中で，作者の dePaola は，自分の家族の話と学校に入ったばかりの頃の自分の思い出話を，ユーモラスなものも悲しいものも含めて，記述しています。

『フェアマウント通り26番地の家』
(原題：*26 Fairmount Avenue*)
Tomie dePaola (著), 片岡 しのぶ (翻訳)
あすなろ書房，2001年

　概して，小学校の中高学年から中学校の生徒にとって，自伝のライティングは興味の持てる話題です。この年齢になる頃までには，有名人の伝記や自伝を読み終えていて，自分で制作した本のカバーの「著者について (About the Author)」のコーナーで，自分自身のことを要約して記述する文章をライティングする経験もあります。

　自伝のライティングは中学生に適しています。この年頃の生徒なら，気になっていることや自分たちの生活について書きたいと思うものです。この手のノンフィクションは，生徒に，人として好ましいロールモデルを示すだけでなく，自分自身の振り返り行う，強力な道具となります。(Gazin, 2000, p. 49)

　教師は，また，この年頃の生徒には，自伝のライティングのモデルとなるように，教師自身が自分について書いた文章の一部を読み聞かせます。
　子どもたちは，自分の好きな作家について知りたいと思っています。*When I Was Your Age: Original Stories about Growing Up* の第1巻，第2巻 (Ehrich, 1996, 2002) は，子どもに人気のある，児童書作家による自分の子どもの頃の思い出の記述を集めたものです。青少年に人気の高い米国作家の Lois Lowry と Jerry Spinelli は，ともに自伝を書いています。この二人の作家のファンならきっと楽しめます。Jean Fritz (1982) の *Homesick* は，家，家族，友だちなどの慣れ親しんだことを懐かしむ寂しさなどが記述されていて，どの子どもも共感するところがあるでしょう。

ライティングに集中して取り組める，豊かな環境を作り上げていくのが教師の仕事です。(*Rockford Register Star* の好意により掲載)

　以下は，自伝の図書リストです。リスト中の Roop and Roop（1990）の *I, Columbus* は，クリストファー・コロンブスの日記に基づいて書かれています。

　　Aldrin, B.（2005）. *Reaching for the Moon*. New York: HarperCollins.（幼稚園から小学校3年）
　　Angelou, M.（1993）. *I Know Why the Caged Bird Sings*. New York: Bantam.（中学校1年から2年）
　　Barakit, I.（2007）. *Tasting the Sky: A Palestinian Childhood*. New York: Farrar, Straus and Giroux.（小学校6年から中学校2年）
　　Bruchac, J.（1999）. *Seeing the Circle*. Albany, NY: Richard C. Owen.（小学校3年から5年）
　　Cohen, S. and Miciel, A.（2005）. *Fire on Ice: Autobiography of a Champion Figure Skater*. New York: HarperCollins.（小学校6年から中学校2年）
　　Herrera, J. F.（2000）. *The Upside Down Boy? El Niño de Cabeza*. San Francisco: Children's Press.（幼稚園から小学校3年）
　　Keller, H.（1993）. *Helen Keller, the Story of My Llife*. New York: Watermill.（小学校5年から中学校2年）
　　Lowry, L.（1998）. *Looking Back*. Boston: Houghton Mifflin.（小学校4年から中学校2年）
　　Parks, R.（1997）. *I Am Rosa Parks*. New York: Penguin.（小学校5年から中学校2年）
　　Peet, B.（1989）. *Bill Peet: An Autobiography*. Boston: Houghton Mifflin.（小学校2年から5年）
　　Roop, P. and Roop, C.（1990）. *I, Columbus*. New York: Walker.（小学校4年から中学校2年）
　　Russo, M.（2005）. *Always Remember Me*. New York: Athenuem.（小学校6年から中学校2年）
　　Spinelli, J.（1998）. *Knots in My Yo-Yo String*. New York: Knopf.（小学校5年から中学校2年）

伝記

　生徒がある人物の伝記（biography）を書くには事前の下調べが必要です。伝記では，その人の全生涯を書く必要はなく，生涯の一部分を選んで書けば十分です。児童文学書として，生徒向けに豊富に刊行されている伝記は良い模範となります。David Adler と Jean Frits は，小学校低学年から中高学年向けの伝記作家として有名です。Russell Freedman と Jim Murphy もすばらしい伝記作家で，中学校の生徒が伝記のライティング課題に取り組む時のモデルとしてうってつけです。このような伝記作家たちは，入

念な史実の調査をして見つけたことを，生き生きとしたことばに換えて，歴史上の有名な人物にまつわる話を描き出し，読み手の心をかき立てるような本を生み出します。Andrea Warren は，やや趣の異なる伝記作家で，彼女は，たとえば，南北戦争のヴィックスバーグ包囲戦[＊]に従軍した人や，第二次世界大戦中のドイツのナチス党内の青少年組織運動（ヒトラーユーゲントとして知られる，ドイツナチス党の青少年組織運動で準軍事組織）に参加した人を題材として，困難に直面した庶民の話を書いています。

＊ siege of Vicksburg として知られる南北戦争中の戦い。

　文章の書き始めは誰にとっても難しいものです。伝記の草案を練り始めることは，子どもたちにはことのほか難しいです。子どもたちは，時間と場所の双方がそろった場面の枠組みを容易には設定できません。このため，生徒の書く伝記には，時代と場所がはっきりと描ききれていないことが多くなります。その結果として，歴史的な偉人であれ，有名なスポーツ選手の場合であれ，伝記の書き出しが「むかし，むかし，あるところに，…という名前の男の子〔女の子〕がいました」のようになってしまいがちです。文学作品にも数多くのすぐれた伝記があり，人物や場面のより現実味のある描き方のモデルになります。冒頭部分が上手に書かれていて読み続けたくなる伝記に，Jean Fritz (1973) の *And Then What Happened, Paul Revere?* があります。Fritz は，この本をボストンの町の場面描写から始めます。ボストンが米国の独立戦争を考える時に重要な意味を持つ場所だからです。

　伝記の草案を練る際，ある人の一生の中で重要なポイントに生徒の注意が向くようにします。このようなポイントこそ，伝記をライティングする際に欠かせない要素だからです。伝記を書こうとする生徒が，その人物の持つ興味や価値観について知っていることがあれば，それも伝記に積極的に書き入れます。以下は，小学校1年から中学校2年までの生徒にとって，伝記をライティングする際のモデルとなる本のリストです。

Adler, D. A. (1989). *A Picture Book of Martin Luther King, Jr.* New York: Holiday.（小学校1年から4年）
Adler, D. A. (1990). *A Picture Book of Thomas Jefferson.* New York: Holiday.（小学校1年から4年）
Adler, D. A. and Adler, M. (2009). *A Picture Book of Dolley and James Madison.* New York: Holiday.（小学校1年から4年）
Anderson, L. H. (2002). *Thank You, Sarah: The Woman Who Saved Thanksgiving.* New York: Simon & Schuster.（小学校2年から4年）
Cooney, B. (1996). *Eleanor.* New York: Viking.（小学校3年から6年）
Freedman, R. (1987). *Lincoln: A Photobiography.* Boston: Clarion.（小学校4年から中学校2年）
Freedman, R. (1996). *The Life and Death of Crazy Horse.* Boston: Clarion.（小学校4年から中学校2年）
Freedman, R. (1997). *Eleanor Roosevelt: A Life of Discovery.* Boston: Clarion.（小学校5年から中学校2年）
Freedman, R. (1999). *Babe Didrikson Zaharias.* Boston: Clarion.（小学校6年から中学校2年）
Fritz, J. (1973, 1998). *And Then What Happened, Paul Revere?* (M. Tomes, Illus.). New York: Coward McCann.（小学校2年から5年）
Fritz, J. (1976, 1996). *What's the Big Idea, Ben Franklin?* (M. Tomes, Illus.). New York: Coward McCann.（小学校2年から4年）
Fritz, J. (1991). *Bully for You, Teddy Roosevelt.* New York: Putnam.（小学校5年から中学校2年）

Fritz, J. (1997). *Traitor: The Case of Benedict Arnold*. New York: Paper Star.（小学校5年から中学校2年）

Golenbock, P. (1990). *Teammates*. San Diego: Harcourt Brace.（小学校3年から5年）

Grimes, N. (2002). *Talkin' About Bessie*. New York: Scholastic.（小学校3年から5年）

Hodges, M. (1997). *The True Story of Johnny Appleseed*. New York: Holiday.（小学校1年から3年）

Jakes, J. (1986). *Susanna of the Alamo*. San Diego: Harcourt Brace.（小学校2年から5年）

Poole, J. (2005). *Joan of Arc*. New York: Knopf.（小学校6年から中学校2年）

Sis, P. (1991). *Follow the Dream: The Story of Christopher Columbus*. New York: Knopf.（小学校1年から4年）

Stanley, D. (1996). *Leonardo da Vinci*. New York: Morrow.（小学校5年から中学校2年）

Stanley, D. (1999). *Cleopatra*. New York: Morrow.（小学校5年から中学校2年）

Tames, R. (1989). *Anne Frank*. New York: Franklin Watts.（小学校5年から中学校2年）

Warren, A. (2009). *Under Siege! Three Children at the Civil War Battle for Vicksburg*. New York; Farrar, Straus, and Giroux.（小学校5年から中学校2年）

情報収集：ノートテイキング

注釈23（p.149参照）

概して，子どもたちはノートテイキング（note taking）[23]が得意ではありません。情報の取捨選択ができないからからです。一般的に，年少の生徒だと重要な情報とそうでないものとの区別がつきません。しかし，適切な指導があれば，比較的早い時期から上手にノートテイキングができるようになります。Heiligman（1998）の *The New York Public Library Kid's Guide to Research* は，小学校4年生から中学校2年生までのどの学年のクラスにも備えておくとよい図書です。さまざまな種類のリサーチを実施する時にどのように情報を見つけたらよいのかということに関して，役に立つヒントがいろいろと示されています。この本では，インターネットを活用した情報収集のやり方とともに，教師も保護者も知っておくべきインターネットの安全性についても，詳しく解説されています。

　生徒のノートテイキングのスキルを伸ばすために，重要な情報の選択の仕方を，教師が実際にモデルとして見せる方法があります。たとえば，教師は，まず小学校2，3年生の生徒と一緒に，クラスで読む動物の本を選びます。実際に本を読み始める前に，黒板にその動物について，(1) 何を食べますか？，(2) どこに住んでいますか？，(3) どんな格好をしていますか？，(4) おもしろい特徴はありますか？という4つの質問を板書しておきます。一緒に本を読み終えたら，それぞれ「食べ物」，「住みか」，「外見」，「おもしろい特徴」というラベルの付いた4つの四角い箱を，オーバーヘッド・プロジェクターで映し出します。教師は，動物に関する情報を生徒に発言させ，図表3.11のようにそれぞれの箱に書き入れていきます（Farris, 1988）。最後に，生徒が提供した情報を用いて，教師は動物についてのレポートをライティングします。そして，食べ物，住みか，外見，おもしろい特徴の4つの領域のそれぞれについて，別の紙に情報を書き出します。この時に，後あとになってイラストが入れられるようにスペースをとっておきます。図表3.12は，「灰色熊」というタイトルのレポートの例です。

| Kind of Animal: GRIZZLY BEAR |
| (動物の種類：灰色熊) |

Food（食べ物）	Habitat（住みか）
berries（木の実） fish（魚） salmon（サケ）	cave（ほら穴） Canada（カナダ） Alaska wild honey （アラスカの天然はちみつ）

Appearance（外見）	Interesting Facts（おもしろい特徴）
thick fur （毛むくじゃら） silver tips on end of fur （毛の先っぽが銀色） big claws （大きなツメ） strong, big teeth （がっしりして大きい歯〔キバ〕）	excellent fisherman （魚を捕まえるのが得意） can walk on hind legs （後ろ足で立って歩ける） hibernates during winter （冬の間冬眠する） can weight over 1,000 pounds （1,000 ポンド以上の体重がある）

図表 3. 11：灰色熊に関して，クラスで一緒にレポートを作成した時のノートテイキング。それぞれのカテゴリーは，オーバーヘッド・プロジェクターの透明用紙上に四角い枠で書かれ，枠内に生徒が情報を書き込む。

TITLE: GRIZZLY BEARS
AUTHORS: Mrs. Carpenter's Second Grade Class
ILLUSTRATOR: Mrs. Carpenter

タイトル：灰色熊
発表者： カーペンター先生の
　　　　　　２年生のクラス
イラスト：カーペンター先生

FOOD
Grizzly bears eat fish and berries. They especially like to eat salmon. Wild honey is a special treat because grizzly bears have a sweet tooth like people do.

食べ物
灰色熊は魚と木の実を食べます。
とくにサケが大好きです。
はちみつは特別なごちそうで，
灰色熊は人間と同じで甘いものが
大好物です。

136　第 3 章　ライティング：物語，詩，説明，説得

APPEARANCE
They have huge claws and strong teeth. Their fur is thick and has a silver tip on the end of each hair.

外見
灰色熊は大きな爪と強い歯があります。体は毛むくじゃらで，毛の先っぽが銀色に光っています。

HABITAT
Grizzly bears live in Alaska and Canada. They live in caves to keep them warm in the winter and cool in the summer.

住みか
灰色熊はアラスカとカナダにいます。ほら穴に住んでいます。ほら穴だと冬は暖かくて，夏は涼しいからです。

INTERESTING FACTS
Grizzly bears are large. They weigh over 1,000 pounds. They can stand on their hind feet. Grizzly bears eat a lot in the summer and fall so they can hibernate in the winter.

おもしろい特徴
灰色熊は大きいです。体重は1,000ポンド（約450kg）以上あります。後ろ足で立てます。灰色熊は夏から秋にかけてたくさんの食べ物を食べて，冬の間，冬眠できるようにします。

図表 3. 12：灰色熊に関するレポートの完成版。クラスが口頭で発表したものを教師が書き取ったもの。

教師によるモデルの提示に続き，クラス全員で良いレポートを作成する際に必要なことをリストにします。クラスのレポートを作る際に使用した本を，何冊か教室に置いておき，クラスでいつでも見られるようにしておくことが重要であるように，生徒にはこのリスト作成も意味のある活動になるとSneed（2002）は説明しています。このリストはつぎのようなものとなります。

　動物について上手にレポートを作成するために，つぎの情報を集めます。

1. What the animal looks like.（その動物はどのような外見をしているか）
2. Where the animal lives.（どこに住んでいるか）
3. What the animal's habitat looks like.（住みかはどのようになっているか）
4. What the animal eats.（何を食べるか）
5. Interesting or unusual facts about the animal.（その動物について，興味深い特徴や珍しい特徴があるか）

　リストを作ることで，ノートテイキングとそのあとの動物に関するレポートのライティングがうまくいきます。教師が図書館から借りてきたさまざまな動物に関する本の中から，生徒は各自1冊本を選びます。生徒はその本を2日間で読み上げます。そして，3日目までには，その動物について，食べ物，住みか，外見，その他のおもしろい特徴についての情報をノートにまとめます。4日目には，その動物の食べ物についてイラストの入った最初の下書きを作成します。5日目，6日目，7日目には，それぞれ，その動物の住みか，外見，おもしろい特徴について下書きとイラストを書き上げます。8日目と9日目に，文章全体について，内容面から改訂（revising）*を行います。そして，10日目には，文章の清書とイラストの描きなおしをして完成作品を仕上げ，クラスの友だちに発表します（Farris, 1988）。

　このノートテイキングの指導法は，課題のレベルを上げれば小学校の中高学年の生徒にも応用できます。テーマとなる領域をより狭く設定すると，生徒たちは，最終的により具体的で明確に絞り込まれた研究トピックとなるように情報収集ができます。たとえば，第二次世界大戦に関する学習ユニットの場合，戦争が起きた原因，当時の政治指導者，将軍，歴史に残る戦い，ノルマンディー上陸作戦，武器の種類など，さまざまな一般的なテーマに関する期末レポートとなってしまいがちです。テーマを決めたら，より具体的な複数のトピックへと分割します。たとえば，第二次世界大戦時の政治指導者というテーマに対して，ある生徒が，アドルフ・ヒトラーの青年時代，活躍，権力の獲得，そして死に至る流れに焦点を当てます。すると別の生徒が，フランクリン・ルーズベルトについて，3番目の生徒がウインストン・チャーチルについて，4番目の生徒がジョセフ・スターリンについて，同様の調査をするといった具合です。

　小学校の中高学年であれば，学期末レポートに向けて，情報のメモを収集する際の参考資料として，さまざまな本や雑誌が活用できます。使用されている情報1つひとつについて，情報の出どころとなった本の著者名と出版

---

* revising は，内容に焦点を当てて行う（第2章 p. 49参照）。

年をかならず学期末レポートの本文中に記述します。また，レポートの最後に，すべての参考資料をアルファベット順のリストにして記載します。各資料には，著者名，出版年，本のタイトル，出版社の所在地，出版社名をかならず含めます。

　子どもたちは，教科書中に紹介されている資料であれば，簡単にノートテイキングできます。たいていの本の場合，見出しや小見出しはその章全体や節の要約になっているからです。このような見出しや小見出しをノートテイキングする際のカテゴリーとして活用すると，本を読み進む間にも重要な句や文を書き留めることができます。1つの章を読み終えたら，見出し，小見出し，自分のメモを読みなおし，最終的に，章や節の終わりにある内容理解の質問に解答して，自分の理解を確認します。

情報文と解説文のライティングのストラテジー

　解説文のライティングを導入する際には，教師はライティングのプロセスのそれぞれの段階ごとに，さまざまなストラテジーの使い方を指導します。Atwell（2002）やHoyt（2009）は，生徒がリサーチプラン（調査計画）を立てることを提案しています。以下のリサーチプラン作成のガイドラインは，さまざまなトピックに応用できます。

- **ステップ1**：目的やトピックを決定する。
  ・…についてもっと知りたい。
  ・…についてはすでに知っている。
  ・…について読み手は知るべきである。
- **ステップ2**：情報の出どころを見きわめる。
  情報を集めるために，わたしは……
  ・インターネット，新聞記事，本からノートテイキングする。
  ・その話題について詳しい人にインタビューする。
  ・自分の経験や判断をメモにする。
  ・話題に関係する統計データを集める。
  ・調査を計画して実行する。
- **ステップ3**：情報を巧みに組み立てる。
  ・書き出し部分に工夫をこらす。
  ・下書き，改訂，校正をする。
  ・合うタイトル（表題）をいろいろ考える。

　このようなストラテジーがあると，生徒は，ライティングのプロセスに沿って情報文（informational text）のライティングができます。この体験を通じて，生徒は，自分の作品について，計画し，組み立て，発展させ，完成させる方法を学習できるので，今度は解説文をライティングしたいと思うようになります。

　上記のステップ2の活動をする際に，以下のようなグラフィック・オーガナイザーを用いて解説文を組み立てたり，計画したりします。たとえば，

アイデアの欄には，リサーチプランに関係するアイデアやトピックをメモしておきます。また，初め，真ん中，終わりのそれぞれの欄には，リサーチプランのステップ2で収集した情報の一部を，それぞれの枠に対応するように記入して整理します。

Ideas（アイデア）	Begining（初め）	Middle（真ん中）	End（終わり）

図表 3.13：解説文のライティングにおいて用いるグラフィック・オーガナイザー

説得文のライティング

「説得文のライティング（persuasive writing）」は，ライティングの中でも，もっとも難しいと考える生徒は多いのではないでしょうか。説得文のライティングは，自分の考えを提示して，読み手に，書き手の望む行動をさせたり，書き手の考えを納得させたりするものです。書き手はまず自分の意見を明らかにし，つぎに，その立場をとる理由を述べます。その時の「理由」は，書き手に共感するように読み手に「説得」させるものでなくてはなりません。一般的に小学校や中学校の生徒が学ぶ説得文のライティング（あるいは，説得を行うスピーキング）で使用される手法，つまり，アピールの仕方には3つあります。もっともよく知られているのが「理性へのアピール（appeal to reason）」です。これは，書き手が事実に関する情報を自分の議論の支持として用いるもので，読み手の知性にアピールします。2つ目は「人柄へのアピール（appeal to character）」です。これは，たとえば，「書き手の言っていることは，信頼できて納得できるものだと読み手に思わせることです。具体的には，書き手の考えは誠実で筋が通っていて，大義名分にもかない，書き手の自己満足に終わるものではないということを思わせることです。最後は，「感情へのアピール（appeal to emotions）」です。これは，読み手に，恐怖，同情，怒りなどの感情を喚起し，読み手が書き手の意見を受け入れたり，意見に基づいて行動したりするように仕向けるものです。政治的な広告は「読み手の感情へのアピール（appeal to readers' emotions）」に根ざしていることがよくあります。[24]

注釈24（p.149参照）

小学校2，3年生に説得文のライティングを行わせると，書いている途中で当初の意見表明から離れて，結論部分でスタンスが逆になってしまうことがあります。このレベルの生徒たちには，明確な意見表明のあとに，説得力のある根拠が述べられている文章を手本として複数読むことが必要になります（図表3.14参照）。小学校の低学年生には，Mark Teague（2002）の *Dear Mrs. Teague: Letters from Obedience School* という愉快な本を読み聞かせると，人を説得する手紙文を楽しんで書きます。この本の中で，Teague夫人はペットの犬のやんちゃを我慢してきたものの，自分のために用意してあった夕食を食べられたり，洋服をかまれてしまった時に，さすが

にきちんと躾をしてもらおうと，その犬を有名な犬の訓練所に送り込んでしまいます。すると，家に帰らせてほしいと懇願する説得力のある手紙がその犬から届くというものです。教師が，モデルを示しながら適切に指導すれば，図表3.15にある説得文のいずれの形式でも，ライティングできるようになります。

	してもらいたいこと	
理由1	理由2	理由3
	してもらいたいこと（繰り返し）	

図表3.14：説得文のライティングのマッピング

広告（advertisement）	エッセイ（essay）	政治マンガ（political cartoon）
書評（book review）	手紙（letter）	ポスター（poster）
ディベート（debate）	映画評論（movie review）	スピーチ（speech）
論説（editorial）		

図表3.15：説得文の形式

記事3.2　ポケットブック（pocket book）

　子どもたちは折り紙が好きです。これまでの数年間でいったいいくつの紙飛行機を折ったことでしょう。ポケットブックは紙を折って作る本で，物語文と解説文のライティングの両方に，リテラシー上良い結果をもたらします。生徒一人ひとりに，白もしくはカラーのA4サイズの紙を4枚ずつ配ります。教師は，紙を机の上に，字を書く時と同じようにまっすぐに置きます。生徒に，紙の底辺を持って，下からの3分の1のところまでくるようにめくり上げて，そこで折らせます。つぎに，紙を縦に半分に，折った部分（ポケット）が外側になるように，山に折ります。ほかの3枚の紙も同じように折り，縦の折り目と反対側をホチキスで留めて本にします。

　ポケットを三角形にすることもできます。紙飛行機を折るように横方向に置いた紙の上の角をつまんで，紙の中央で2つの角が合うように折ります。つぎに，角を折って作ったポケットが外側になるように紙を縦方向に山に折ります。三角の開いた部分が閉じるように，ホチキスで留めて，ポケットが2つある本にします。

　ほしいポケットの数となるように，折り紙を追加して本を作ります。紙を大きくすれば，それだけ大きなポケットのある本になります。厚紙に装飾を施して表紙を作り，通常の白い紙をホチキスで留めればじょうぶな本ができます。

　こうして作った本にはさまざまな使い道があります。たとえば，Eric Carle（1969）の *The Very Hungry Caterpillar*（邦題：はらぺこあおむし〔生まれた青虫が，月曜日，火曜日，水曜日のように1日ずつ，違う食べ物を1つ，2つ，3つのように食べる物語〕）の読み聞かせを聞いた

注釈25
(p.149参照)
注釈26
(p.149参照)

のち，生徒はポケットブックのポケットに曜日を1つずつ書いていきます。Megan McDonald (1990) の *Is This a House for Hermit Crab?* [25] もこの活動に向いています。厚紙や古いマニラファイルフォルダー[26]とマーカーを用いて，本の中に登場するさまざまなものを作ります。紙の下の部分に何本か線を引いてからコピーすれば，ポケットの上に罫線ができて，生徒は物語が書きやすくなります。

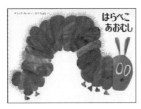

『はらぺこあおむし』
(原題：*The Very Hungry Caterpillar*)
Eric Carle（著），もりひさし（翻訳）
偕成社，1989年

より学年が上の生徒は，さまざまなアメリカの州や世界の国について，地域研究をする際にポケットブックを使います。たとえば，ページの上のほうに州の地図を書き，文献カードに州に関する情報を書いて，ポケットに入れます。

理科の授業で新しく学んだことは文献カードにまとめ，ポケットの上には，文献カードの内容が答えとなるような質問を書いておきます。生徒同士でポケットブックを交換し，ペアの生徒が書いた質問の答えとなる文献カードをポケットに入れていきます。

説得文のライティングを書く

生徒たちが説得力のあるライティングができるよう，教師は，さまざまな説得文の例を読み聞かせ，それぞれの作者がどのような手法を用いているかミニレッスンで解説します。説得文のライティングの指導では，生徒が理解を少しずつ深められるように，つぎのように段階的に指導します。

- 生徒たちが，文章のリスニングを通して著者の用いた手法について確認できるような，モデルとなる文章を読み聞かせる。
- 著者が使用した手法について，教師がリードしつつ生徒間で討論させる。
- 説得文のライティングで使える手法を表にまとめる。
- グラフィック・オーガナイザーを完成させてから，生徒を指導しつつ，共同で説得文のライティングを行わせる。
- 個別に説得文のライティング課題を与える。

生徒たちのライティング・プロセスを通じて，教師は，生徒に積極的にさまざまなグラフィック・オーガナイザーを使わせます。テクノロジーを活用して，楽しく説得文の構成を考えさせるなら，*The Persuasion Map* というサイトを利用します (http://www.readwritethink.org/files/resources/interactives/persuasion_map/)。これは，双方向のグラフィック・オーガナイザーで，生徒たちが必要な情報を入力していくと，最終的に，説得を目的とするエッセイやディベートに使える，さまざまな主張がマッピング表示されます。

小学校の上級生や中学生がクラスで行う活動に，製品のネーミングがあります。ミニレッスンを行い，名前にまつわる話題を扱った本や小説の1章を読み聞かせます。たとえば，Gloria Houston (1992) の *My Great Aunt Arizona* には，大叔母（great aunt: 父または母の叔母）の兄が，陸軍の騎馬兵として駐屯していたアリゾナ領から手紙を寄こしたことから，大

* Winn-Dixieは，フロリダ州ジャクソンビルに本社を持つ米国のスーパーマーケットチェーン。

叔母がArizonaという名前になったという話が書かれています。DiCamillo（2000）の *Because of Winn-Dixie**（邦題：きいてほしいの，あたしのこと——ウィン・ディキシーのいた夏）の第1章では，どのような経緯で1匹の雑種犬に，あるアメリカのスーパーマーケットのチェーン店の名前を付けたかが書かれています。また，Medina（1999）の *My Name Is Jorge: On Both Sides of the River* は，2つの異なる文化の中で生きることを学んでいく一人のヒスパニック系の少年の話です。Woodson（2003）の *Locomotion* は散文体で書かれた本で，どのような経緯で，あるアフリカ系アメリカ人の少年が，"Everybody's doing a brad new dance now. Come on baby, do the locomotion." という歌詞の歌の中に出てくるダンスにちなんでLonnie Collins Motion（Lo Co Motion）と名付けられたかが説明されています。クラスで，人やペットがどのようにしてその名前になったのか，たとえば，それぞれの生徒が自分やペットの名前の由来について情報交換します。つぎに，製品がどのように名付けられたかを話題にします（たとえば，スポーツ関連商品を扱うNikeは，当初はBlue Shoe Companyという名前でしたが，のちに，神話に登場する神様の名前にちなんでNikeとなりました。また，Toll House[27]のチョコレートチップクッキーは，このクッキーが最初に作られた，道路沿いの小さなレストランにちなんで名付けられました）。この話し合いののち，生徒たちは，売れそうな製品を新たに1つ考えて名前を付けます。そして，製品の販売促進のためのポスターとともに，その製品について読み手を説得する文章を書きます。

注釈27（p.149参照）

『きいてほしいの，あたしのこと——ウィン・ディキシーのいた夏』
（原題：*Because of Winn-Dixie*）
Kate DiCamillo（著），片岡 しのぶ（翻訳）
ポプラ社，2002年

本章で学んだこと

　ライティングには，私的なもの，実用的なもの，そしてその両面をあわせ持つものがあります。ライティングによって，生徒の思考力が高まります。ライティングをすると，知識が増え，理解力が高まるだけでなく，私的な意見，信念，興味関心に対して新たな視点を持てるようになります。説得文のライティングの目的は，文章を介して，読み手に行動を起こさせたり，変化を及ぼしたりすることです。

　こうしたさまざまなジャンルのライティングを習得させるために，教師は

ジャンルごとにライティングの目的を説明し，さまざまなジャンルの文章をクラスで取り上げ，著者が用いる文章上の手法がどんなものなのかを指導し，ライティング活動をモデルとして提示し，インデペンデント・ライティングをしている際にガイダンスを行う，などの指導をすることが肝心です。

答えられますか？

1. ライティングは，子どもの学習能力をどのように高めますか？
2. なぜ私的なライティングは，実用的なライティングよりも高い動機付けをもたらすのでしょうか？
3. ジャーナルのライティングは，生徒にどのように利益をもたらしますか？
4. 情報文のライティングとはどのようなものですか？ また，どのように教えますか？

振り返りをしましょう

本章の最初の「教室をのぞいてみましょう」へ戻ってみましょう。エピソードを読みなおしてから，つぎの質問について考えてみましょう。教師はどのような性格（明示的であっても，そうでなくても）をしているとよいと思いますか？ 生徒のリーディングについて，どのような強みや弱みがこの教師寸描で述べられていましたか？ そのような強みや弱みを持つ生徒にどのように対応していきますか？

やってみましょう

1. 担当するクラスの1つを選んで学習記録を付けましょう。加えて，日々の出来事について思いついたことをジャーナルに書き留めておきましょう。1ヶ月後に，その学習記録とジャーナルの両方を読みなおして，この2種類の記録から自分が何を学び，どのような気持ちだったのかを拾い出して，それをリストにしましょう。
2. 自分の書いた詩を例として用いて，詩をライティングする授業の準備をしましょう。
3. 小学生の時の出来事について3，4ページの自伝を書きましょう。
4. 2週間にわたってやらなければいけないことを毎日箇条書きにしましょう。そして，この実用目的のライティングの結果，自分が仕事をより効率的に済ませることができたかを考えてみましょう。

参考文献

Abel, J. P. and Abel, F J. (1988). Writing in the mathematics classroom. *Clearing House, 62* (4), 155-158.

Atwell, N. (1998). *In the Middle: New Understandings About Writing, Reading, and Learning with Adolescents* (2nd ed.). Portsmouth, NH: Heinemann.

Atwell, N. (2002). *Lessons That Change Writers.* Portsmouth, NH: Heinemann.

Boyer, E. (1983). *High School: A Report of the Carnegie Foundation for the Advancement of Teaching.* New York: Harper & Row.

Brady, R. (1991). A close look at student problem solving and the teaching of mathematics: Predicaments and possibilities. *School Science and Mathematics, 91* (4), 144-151.

Buckner, A. (2005). *Notebook Know-how: Strategies for the Writer's Notebook.* Portland, ME: Stenhouse.

Calkins, L. (1994). *The Art of Teaching Writing.* Portsmouth, NH: Heinemann.

Cudd, E. T. and Roberts, L. (1989). Using writing to enhance content area learning in the primary grades. *The Reading Teacher, 42* (6), 392-404.

Cullinan, B., Scala, M. C., and Schroder, V. C. (1995). *Three Voices: An Invitation to Poetry Across the Curriculum.* York, ME: Stenhouse.

Denman, G. A. (1988). *When You've Made It Your Own: Teaching Poetry to Young People.* Portsmouth, NH: Heinemann.

Farris, P. J. (1988). Developing research writing skills in elementary students. *Florida Reading Quarterly, 25,* 6-9.

Farris, P. J. (1989). Storytime and story journals: Linking literature and writing. *New Advocate, 2,* 179-185.

Farris, P. J.(2007). *Elementary and Middle School Social Studies: An Interdisciplinary and Aulticultural Approach,* 5th ed., Long Grove, IL: Waveland Press.

Fletcher, R. (2002). *Poetry Matters.* New York: HarperCollins.

Gazin, A. (2000). Focus on autobiography. *Scholastic Instructor, 109* (5), 49-50.

Goodman, K. and Goodman, Y. (1983). Reading and writing relationships: Pragmatic functions. *Language Arts, 69,* 590-599.

Graves, D. and Hansen, J. (1983). The author's chair. *Language Arts, 60* (2), 176-183.

Hand, B. and Treagust, D. F. (1991). Student achievement and science curriculum development using a constructive framework. *School Science and Mathematics, 91* (4), 172-176.

Hansen, J. (2001). *When Writers Read* (2nd ed.). Portsmouth, NH: Heinemann.

Harwayne, S. (1992). *Lasting Impression: Weaving Literature into the Writing Workshop.* Portsmouth, NH: Heinemann.

Harwayne, S. (2005). *Novel Perspectives: Writing Minilessons Inspired by the Children in Adult Fiction.* Portsmouth, NH: Heinemann.

Heard, G. (1998). *Awakening the Heart: Exploring Poetry in Elementary and Middle School.* Portsmouth, NH: Heinemann.

Hoyt, L. (2009). *Revisit, Reflect, Retell: Time-tested Strategies for Teaching Reading Comprehension.* Portsmouth, NH: Heinemann.

Janeczko, P. (2002). *Seeing the Blue Between: Advice and Inspiration for Young Poets.* Cambridge, MA: Candlewick.

Janeczko, P. (2005). *A Kick in the Head: An Everyday Guide to Poetic Form* (C. Raska, Illus.). Cam-bridge, MA: Charlesbridge.

Karelitz, E. B. (1988). Notewriting: A neglected genre. In T. Newkirk and N. Atwell (Eds.), *Understanding Writing* (2nd ed., pp. 88-113). Portsmouth, NH: Heinemann.

King, W. (1997). Stealing a piece of the world and hiding it in words. *Voices in the Middle, 4* (1), 22-29.

Kormanski, L. M. (1992). Using poetry in the intermediate grades. *Reading Horizons, 32* (3), 184-190.

McClure, A. A. (1995). Fostering talk about poetry. In N. L. Roser and M. A. Martinez (Eds.), *Book Talk and Beyond.* Newark, DE: International Reading Association.

Perfect, K. A. (1999). Rhyme and season: Poetry for the heart and head. *The Reading Teacher, 52* (7), 728-737.

Ray, K. W. (1999). *Wondrous Words: Writers and Writing in the Classroom.* Urbana, IL: National Council of Teachers of English.

Rief, L. (2003). *100 Quickwrites.* New York: Scholastic.

Sneed, T. (2002). *Is That a Fact? Teaching Nonfiction Writing, K-3.* Portland, ME: Stenhouse.

Stewig, J. W. (1988). *Children and Literature.* Boston: Houghton Mifflin.

Sylvester, R. and Greenidge, W. (2010). Digital storytelling: Extending the potential for struggling writers. *The Reading Teacher, 63* (4), 284-297.

Vardell, S. M. (2010). The big world of poetry. *Book Links, 19* (2), 40-41.

Varvus, L. (1990). Put portfolios to the test. *Instructor, 100* (1), 48-53.

参考図書

Ahlberg, J. and Ahlberg, A. (1986). *The Jolly Postman, or Other People's Letters.* Boston: Little Brown.

Belle, J. (2005). *Animal Stackers* (D. McPhail, Illus.). New York: Hyperion.

Buckley, C. (2009). *Tarra and Bella: The Elephant and the Dog Who Became Best Friends.* New York: Putnam.

Carle, E.(1969). *The Very Hungry Caterpillar.* New York: The World Publishing Company.

Cleary, B. (1983). *Dear Mr. Henshaw.* New York: Morrow.

Cleary, B. (1991). *Strider.* New York: Morrow.

dePaola, T. (1999). *26 Fairmount Avenue.* New York: Putnam.

DiCamillo, K. (2000). *Because of Winn-Dixie.* Cambridge, MA: Candlewick.

Duke, K. (1992). *Aunt Isabel Tells a Good One.* New York: Penguin.

Ehrlich, A. (1996). *When I Was Your Age: Original Stories about Growing Up.* Boston: Candle-wick.

Fritz, J. (1973). *And Then What Happened, Paul Revere?* New York: Coward, McCann.

Fritz, J. (1982). *Homesick.* New York: Dell.

Grimes, N. (2009). *Rich: A Dyamonde Daniel Book.* New York: Putnam.

Harley, A. (2009). *African Acrostics* (D. Noyes, Photographer). Cambridge, MA: Candlewick.

Heiligman, D. (1998). *The New York Public Library Kid's Guide to Research.* New York: Scholastic.

Houston, G. (1992). *My Great Aunt Arizona* (S. C. Lamb, Illus.). Boston: Houghton Mifflin.

Janeczko, P. and Lewis, J. (2006). *Wing Nuts: Screwy Haiku.* New York: Little, Brown.

Kellogg, S. (1971). *Can I Keep Him?* New York: Dial.

Larson, K. and Nethrey, M. (2008). *Two Bobbies: A True Story of Friendship, Hurricane Katrina, and Survival* (J. Cassels, Illus.). New York: Walker.

McDonald, M.(1990). *Is This a House for Hermit Crab?* (S. D. Schindter, Illus.). New York: Orchard.

Medina, J. (1999). *My Name Is Jorge, On Both Sides of the River* (F. Vandenbrock, Illus.). Honesdale, PA: Boyds Mills Press.

Nixon, J. L. (1988). *If You Were a Writer* (B. Degen, Illus.). New York: Four Winds.

Pearson, S. (1988). *My Favorite Time of Year.* New York: Harper & Row.

Prelutsky, J. (1984). *The New Kid on the Block* (J. Stevenson, Illus.). New York: Greenwillow.

Prelutsky, J. (1990). *Something Big Has Been Here* (J. Stevenson, Illus.). New York: Greenwillow.

Prelutsky, J. (1996). *Monday's Troll* (P. Sis, Illus.). New York: Morrow.

Rylant, C. (1985). *The Relatives Came* (S. Gambell, Illus.). New York: Bradbury.

Selway, M. (1992). *Don't Forget to Write.* Nashville, TN: Ideals.

Silverstein, S. (1974). *Where the Sidewalk Ends.* New York: HarperCollins.

Silverstein, S. (1981). *A Light in the Attic.* New York: HarperCollins.

Spinelli, E. (2008). *The Best Story.* New York: Penguin Group.

Stevenson, J. (2003). *Corn Chowder.* New York: Greenwillow.

Teague, M. (2002). *Dear Mrs. Teague: Letters from Obedience School.* New York: Scholastic.

Teague, M. (2004). *Detective LaRue: Letters from the Investigation.* New York: Scholastic.

Walton, R. (1995). *What to Do When a Bug Climbs in Your Mouth* (N. Carlson, Illus.). New York: Lothrop, Lee, & Shepard.

Warren, A. (2009). *Under Siege! Three Children at the Civil War Battle at Vicksburg.* New York: Farrar, Straus, & Giroux.

Woodson, J. (2003). *Locomotion.* New York: Putnam.

注　釈

[1] 「物語」と訳出しているが，日本語の「物語」と原義 narrative とは意味が若干異なることに注意。第2章 p.62 に「物語を作ったり表現したりするボイスは，書き手の気持ちや個性で演出されているもので，I（私）という代名詞が頻繁に出てきます」とあるように，より個人的な意味合いの強い文章を指す。

[2] スキーマ理論（過去の体験，知識，感情，理解がどのように現在の学習を支援するかに関する理論）中の用語。text-to-self connection: 読んでいる文章と個人とを関連付ける。text-to-text connection: 読んでいる文章とそれ以外の文章とを関連付ける。text-to-world connection: 読んでいる文章と個人的な体験を超えて，生活している世界での常識や事実と結び付ける（第4章 p.163 参照）。(https://sites.google.com/a/alaska.edu/diane-kardash/Home/making-connections)

[3] Dickens, Charles（1859）の A Tale of Two Cities（『二都物語』）の冒頭からの引用。世の中がさまざまな対立する価値から構成されていること。

[4] fast, furious, exciting の品詞は形容詞。ここでは，目にしたもののありさまを鮮明に伝えるため，動詞を省略して修飾の形容詞のみを残した。

[5] 離れた場所から相手に対して電気ショックを与える武器。先端の尖った部品が，標的物の衣服などに刺さり，電流が流れて動けないようにさせる。警官が利用する。

[6] 小学校中学年程度までを対象とした物語。絵本のように絵画主体ではなく，あくまで文章主体で物語が展開するが，読み手の理解を支援する挿絵がふんだんに含まれている。たいていの場合，本全体が短めの複数の章（chapter）で構成されていることから chapter book と呼ばれるようになった。第4章 p.162 参照。

[7] ファンタジー小説のジャンルの1つで，現実世界とはきわめて関わりの薄い，独自の世界観や歴史を持つ架空の世界を舞台にする小説。

[8] Junie B. Jones は，Barbara Park 著，Dennis Brunkus 挿絵による子ども向けの小説シリーズに登場する少女。Junie が幼稚園と小学校で活躍する。Cam Jansen は，David Abraham Adler による児童向けミステリーシリーズに登場する5年生の少女探偵。cam は camcorder（ビデオレコーダー）のような記憶を持つことから付いたあだ名。Rodzina は，Karen Cushman 著，Rodzina（邦題：ロジーナのあした――孤児列車に乗って）に登場する12歳の同名の少女。Rodzina を含む22人の孤児が，養父，養母を探すために乗った列車での体験を描く物語。

[9] Brian Jacques による子ども向けファンタジー小説シリーズ。Redwall は1986年に刊行されたシリーズ第1巻のタイトル。

[10] dialogue は，ふつう，「対話」のように訳出される。dialogue であれ「対話」であれ，書きことばと話しことばの両方における意見の交換の意味があるが，ここでの用法では，書きことばのみによる意見の交換を意味していることに注意。

[11] 以下，対話中における Larry の綴りの誤りは原文のまま収録。最初，crvtt として登場していた綴りが，Davis 先生からの返信を経て，2回目は corvet のように改善している。

[12] 第2章 p.55 の「オーディエンス」の項を参照のこと。

[13] room parent と言われ，親と教師間のコミュニケーションを活性化し，必要に応じて教師をサポートする生徒の親。ボランティアによる学級世話係。

[14] scavenger hunt とは，企画者が具体的な項目のリストを作成し，参加者にリスト中の全項目を，特定の地域を散策させて集めさせるゲーム。項目は購入することなく集めるのが原則。text message scavenger hunt とは，scavenger hunt 中に用いるリストを，携帯メールを用いて少しずつ参加者に連絡して集めさせるもの。参加者に具体的な場所に移動させたり，参加者から関連する項目の写真をメール送信させたりする。

[15] smith は，鉄を熱しハンマーで叩いて造形する「鍛冶屋」のこと。同様に，ことばを巧みに操る人のことを wordsmith と呼んでいる。

[16] 叙情詩（lyric poetry）は，主観的に個人の内面的な世界を表現する詩。
物語詩（narrative poetry）は，物語としてのプロットを持ち，出来事を話すように述べる詩。
リマリック（limerick poetry）は，五行滑稽詩とも呼ばれる，5行からなるユーモアのある詩。
押韻詩（rhyming poetry）は，押韻を用いた詩。
自由詩（free verse poetry）は，韻律のパターンを持たない詩。
俳句は haiku として知られている。
五行詩（cinquain poetry）は，押韻しない5行からなる詩。それぞれの行は，2, 4, 6, 8, 2個の音節からなる。

[17] 一般的には internal alliteration（語内頭韻）と呼ばれ，単語内部の子音が繰り返し現れるものをいう。

[18] サイについて，beauty in the beast（猛獣の中の美）と表現したもの。boulders for shoulders, elegant horn は，beauty を折句詩として表す，Boulders for shoulders, / Elegant horn / A pointed reminder of the / Unicorn, / Thick leg-pillars bruising tawny / Yellow grass / のスタンザより引用したもの。

[19] 「俳句」は実際には「俳諧の連歌の発句」の意味

で,「発句」となる五七五のみを取り出したもの。この「発句」に,原著では beginning phrase のような英語訳が与えられている。五七五の詩を「発句」と呼んだのは松尾芭蕉で,「俳句」は正岡子規が与えた名称で「句をもて遊ぶ,句で戯言をする」の意。

[20] tootie には,aye tootie(イケメンね!)のような,女の子がすてきな男子を見つけた際に発する英語表現とも関連する。Substi—tootie は,substitute(代わりの人)のだしゃれ。

[21] fawn は小鹿で,最後の doe は雌鹿。小鹿が成長して優美な雌鹿になる様子が読み取れる。

[22] 欧米では,つぎのような,文字を手書きしやすいように経線が引かれている短冊形のシートが sentence strip として販売されている。

―――――――――――――
- - - - - - - - - - - - - - - - -
―――――――――――――

[23] 本章における「ノートテイキング」とは,授業における教師の口頭での説明をリスニングしたり,書籍をリーディングしたりして,必要な情報を選択してメモにまとめる(ノート作成する)ことを意味する。

[24] 古代ギリシャの哲学者アリストテレスは,人を説得する3つの手段として,logos(理屈に基づいた説明),pathos(聞き手の感情に訴える),ethos(話し手,書き手の人柄を信頼させる)を提唱している。

[25] 体が大きくなったヤドカリが,石,缶,穴の空いた流木,プラスチック製のバケツなどに,つぎつぎと出会い,自分の家として利用できるかを試す物語。

[26] 書類をまとめて保護するために設計された,タブ付きの大判の紙を2つ折りにしたアメリカで広く使用されるファイル。

[27] Nestle Toll House Chocolate Chip Cookies の商品名のクッキー。Toll House は,有料道路の料金所(toll house)の建物をレストランにして,このクッキーを販売したことが名前の由来。

第 4 章 | リーディングの指導方法：
文章と読み手のインタラクション

本を与えれば，子どもはそれを読みたくなる。
読んでみると，読んでいる内容について考えるようになる。
そして，考えると，すでに知っていることや似たような経験について思い出す。
つぎには，そういった経験について考えると，それを書きたくなる。
そして，書くと，友だちに話したり，自分の考えを分かち合ったりしたくなる。
つぎに，誰かに話すと，もっと深く学び，もっと発見したくなる。
すると，きっとほかの本も読むでしょう。
それからつぎの本。
そのつぎの本。
もっとたくさん本を読むにつれて，ほほえんだり，笑ったり，泣いたり，怒ったり，興味を持ったり，不満を抱いたり，満足したり，考えにふけったり，幸せな気分なったりする本と出会う。
そして，それから，時とともに，この子は生涯にわたる読書家になる。
子どもに本を与えてくれた先生のおかげです。　　　　　—Pamela J. Farris © 1995

教室をのぞいてみましょう：本を読む環境作り

　　Craig Sherwood 先生は新任の 2 年生の担任です。彼は 7 歳の子どもたちを教えることに喜びを感じています。「彼らのユーモアは最高ですよ。よくある冗談ですけどね。本当にやんちゃで笑ってしまいます。子どもたちは教師として敬意を払ってくれます。朝，教室に来ると，みんな本当に興奮しているんです。だから，私は，彼らが興味を持つようなおもしろい活動をいっぱい用意して待ちかまえているんですよ。ずばり的中！　みんな学ぶことに夢中で，サボろうとか，いたずらをしようなんて思う子がいないんです。」
　　教室のいたるところに，Sherwood 先生が，カラフルな運搬用の牛乳ケースに入れた絵本がたくさん置いてあります。ケースの列ごとに異なったジャンルの表示が付けてあり，情報提供系の本，民話，チャプター・ブック（chapter book）*などがあります。夏の間じゅう，金曜や土曜には朝早く，先生はガレージセール（garage sale）*に出かけては，本集めをしました。「子どもが大きくなると，昔買い与えた本をみなさん処分するんです。最高のガレージセールがありましたよ。1 年生を受け持っていた先生がちょうど退職されて，車いっぱいの良い本を手に入れることができました。なんとコルデコット賞（Caldecott）[1] 受賞作品もありました。すごかったです。教室のコンピュータで使える Little Critter[2] と Arthur が登場する子どもが大好きなソフトも手に入りました。Little Critter には英語版とスペイン語版が入っていて，今年はスペイン語を母語とする子どもが一人クラスにいるので

* 子ども向け物語本。第 3 章 p. 103 参照。
* 個人が家のガレージや庭先で不用品を安価で販売するもの。

注釈 1（p. 213 参照）
注釈 2（p. 213 参照）

役に立ちそうです。」

布張りのひじ掛け椅子と敷物——これらもガレージセールの戦利品——が，教室の一角にどーんと置いてあります。Sherwood 先生は，「子どもたちは，自分で書いた作品を読む時に，この『著者の椅子（Author's Chair）』*に座るのが大好きです。私は，リーディング・ワークショップ（reader's workshop）*やライティング・ワークショップ（writer's workshop）の最初で本を生徒たちに読み聞かせる時に，この椅子を使います」と言っています。

* 第2章 p.54 参照。

* 「リーディング・ワークショップ」については本章 p.165 参照，「ライティング・ワークショップ」については第2章 p.65 参照のこと。

本がいっぱい入ったバスケットが先生の近くに置いてあります。さらに先生はつぎのように言います。「私が大学の頃，毎回の授業で本を読んでくれる教授がいました。物語やさまざまな情報提供系の本です。時には詩もありました。みんなこの時間が大好きでした。教授は，教師は週に10冊の本を教室に持ってきて，それらの本について少しの時間でいいので話してあげるといい，と言っていました。私は毎週月曜日に，バスケットに本を入れて学校に持ってきて，クラスみんなで，新しい本の話をします。その後，生徒たちは自由に本を読むことができます。毎回の Scholastic 社*への注文で，新しい本に30ドル使っています。実際，持ってきた本の紹介をしたり，数ページを読んであげたりすると，子どもたちは本を読むんです。効果ありですよ。」

* 米国の児童向け書籍出版社。

本章の目標

本章を通じて，以下のことができるようになります。
- ☐ リーディングにおける動機付けの重要さがわかるようになります。
- ☐ リーディングに関するさまざまな指導方法がわかるようになります。
- ☐ リーディングが苦手な生徒のための指導方法がわかるようになります。
- ☐ リーディングのさまざまな評価方法について理解が深まります。

はじめに

ここ数年来，リーディングは，ほかのランゲージアーツ全体を合わせたよりも，さらに注目されてきています。実際，どのようにランゲージアーツの各スキルが相互に関連し合っているかということに関連して，初めて注目を浴びたのは，*Becoming a Nation of Readers*（Anderson et al., 1984）における，読み聞かせを通じてライティングや話しことばのモデルを教師が示す指導方法でした。リーディングの方法を知っていることの重要性は計り知れません。リーディングは情報を得る手段であるだけでなく，愉しみや喜びももたらします。著名な児童文学作家の Natalie Babbitt (1987, p.582) は，「ご存じのとおり，ハチミツは栄養面から見て私たちにとてもいい。ピーナッツ・バターもね。しかしおいしすぎて，健康のためにどのように食べ物を摂取したらよいかという栄養学のことは忘れてしまう。読書も似たようなものです。」と書いています。

しかし，リーディングに関して，どの指導方法がベストなのかということについては，大いに議論が交わされています。「私たちの分野では，リーディングに関して理論的なアプローチをとるか，実用主義なアプローチをとるかにかかわらず一致している点があります。どちらの場合でも，その基盤に，すべての生徒に読解力を付けさせるという同じ目標があります。」（Gambrell et al., 2007, p. 2）　子どもが本の読み方を学んでいる時には，ハチミツやピーナツ・バターを貪るように，本をつぎからつぎへと貪るように読んでいきます。疑いもなく，すべての子どもが「ブランケット・リーダー（blanket reader）」になることが教師の指導の目標だと言えます。ブランケット・リーダーとは，ベッドで毛布の中に上手に隠れて，閉じるにはおもしろすぎる本を懐中電灯で照らしながら読むような子どものことです。手短に言うと，生徒は，良い読み手であろうと，読むのが苦手であろうと，あるいは，英語学習者（English Language Learners: ELL）*であろうと，「読むことで読むことを学び，読むことでよりよく読めるようになる」（Eskey, 2002, p. 8）のです。

＊ 米国において英語を母国語としない生徒（第2章 p. 72参照）。

　リーディングは，単に単語を認知し，学習事項や情報，アイデアをテキストから得ることに留まりません。リーディングは，著者によって提示された単語，概念，情報，アイデアなどを，読み手が，自分の過去の経験や知識と関連させながら処理していくことなのです。文書の書き手は情報のほんの一部しか提供してくれません。残りの情報をどう解釈するかは読み手にゆだねられています。完全に自明な文章などは存在しません。Palincsar, Ogle, Jones, Carr, and Ransom（1985）によると，リーディングは3つの重要な要素でできています。(1) 活発で建設的なプロセス，(2) 読む前・最中・読んだあとの思考のプロセス，(3) 読み手とテキストと読まれる状況の相互作用の3つです。Sweet and Snow（2003）は，理解に影響を与える要因は，読み手，テキスト，活動の3つであると言っています。

　テキストの種類も，リーディングのプロセスに影響を与えます。フィクションを読むのと，情報提供系の本を読むのとはたしかにかなり異なります。情報提供系のリーディングによって，リーディング活動に新しい次元が1つ加わります。物語と解説文はともに不可欠であり，生徒が取り組む毎日の読む課題にかならず含まれるようにします。「読み手は，物語と解説文の特徴に関する知識を活かして，自分自身やほかの人のために質問に答えたり，テキストを自分のことばでまとめたりする（synthesize）*」のはもちろん，「テキストの組み立てや内容を予測します」（Mills, 2002, p. 155）。

＊ 断片的な情報を自分なりにまとめなおすこと。

　テレビを見る，スポーツ活動に参加する，音楽を聴く，読書するといった学外活動を比較してみると，読解力に一番関連しているのは本を読むことであり，毎日少なくとも10分読むことで，顕著な読書力の向上が見られることを，研究者たちは発見しました。また同じ研究で，読解力が中以下の生徒は，学外で5分以下の読書しかしていないことがわかりました（Anderson et al., 1988）。

　小中学校におけるリーディングの指導の目的は，まず読み方を教えることであり，つぎに読むことへの関心意欲を高めることです。Purves（1990, p. 105）は，「子どもたちには，早い時期から文章の世界が実に豊かである

ことに気付かせるとよい」と述べています。良い読み手になるためには，子どもたちには読む時間があり，少なくとも一時的にでも読んでいる本の所有者である必要があります。そして，読書の最中や読書後に感想が言える状況になっているべきです（Atwell, 1998）。本章では，小学校のカリキュラムにリーディングの学習を取り入れる方法も含めて，小学校におけるリーディングのさまざまな指導方法を議論します。

プロフェッショナルとしての教師

　教師は生徒に適切なリーディング指導をするために，どうしたらよいでしょうか？ ほとんどの教師の指導方法は選択的です。つまり，生徒のニーズに応じて，ベストと思われる指導実践を選んでいます。正しく選択できるよう，教師は指導方法や教材に関して，つねに最新の情報を収集しなければなりません。具体的には，地元の教員研修会に参加するのはもちろん，国際読書学会（International Reading Association）の会員となり，リーディングに関する地元や州の学会，時には全国的な学会に参加することを意味します。小学校1年生の担任であるMaria Walther先生は，翌週の指導計画を立てるために，同じ学区のほかの二人の教師と火曜日の夜のチーム・ミーティングに参加しています。参加している教師たちは，いろいろなアイデアについて徹底的に討議し，興味深い授業プランを立て，新しい児童文学書について情報を共有し，教育関連の本について話し合いながら，自分自身の指導実践を振り返り，日常的に取り組まなくてはならない教育上の困難に対する解答を模索します。こういった教育の議論や活動を通して，「火曜の夜チーム」は，自分たちの生徒みんなが必要としていることを満たそうと努力し，模範的な教師へと成長します。

　Richard Allington（2002）は，模範的な教師について大がかりな研究を行い，時間（time），テキスト（text），教えること（teaching），話（talk），課題（task），それにテストの実施（testing）という，6つの模範的教師の共通要因を見い出し「6つのT（the six Ts）」と呼びました。

- **時間**（time）：学校にいる間に，生徒が有意味な読み書きの活動をする時間を十分に確保していた。
- **テキスト**（text）：教室でのリーディング教材はたっぷり用意され，かつ生徒のレベルに合っているので，すらすらと読め，理解もできていた。
- **教えること**（teaching）：模範的教師たちは，生徒にとってすぐれたリーディングやライティングのストラテジーをモデルとして実演していた。必要とされている時に教えたり，適切な時に力を貸したり励ましたりする熱心な教師たちであった。
- **話**（talk）：模範的教師の生徒たちは，積極的にクラスメイトや教師と話し，アイデアを分かち合い，テキストの批評をし，読んだ内容について議論していた。
- **課題**（task）：課題は生徒が選択できるように準備していた。選択させ

ることで，生徒はしだいに比較的長く課題に取り組めるようになり，自分自身の取り組みを振り返ることができるようになった。
- **テストの実施**（testing）：生徒の取り組みを，到達度より，どのくらい努力したか，どのくらい伸びたかという点で評価していた。

Allington（2002）は，普通の教師は「プログラム」を教えるが，模範的な教師は「生徒」を教えていると述べて，研究を締めくくっています。プログラムに頼りっきりになればなるほど，リーディングの指導に関しての知識が不足します。普通の教師は，最新の指導実践について議論したり，リーディングの力を伸ばす課題を開発したりすることが少なくなっていました。ギリシャの哲学者アリストテレスは，「われわれ人間は，繰り返しすることからできている。したがって，優秀さとは行動ではなく，習慣である」と言いました。もし模範的な教師であろうとするならば，リーディングやライティングのストラテジーを知ったうえで，それらを生徒のニーズに合わせて応用しなければなりません。

Allingtonによって定義された6つのTは，教室におけるリーディングの指導をするにあたり，すばらしい案内役になります。教師として，この6つのTのそれぞれを，どの程度実現できたか毎週振り返ります。成し遂げられなかったが成し遂げるべきであったことは，つぎの週にはその穴埋めができるよう計画を立てます。

教室環境と日常の指導を組織化する

教室環境と日常の指導は，どちらもとても重要です。教室は，生徒が歓迎されていると感じるだけでなく，居心地がいいと感じられるように，魅力的で，温かく，心が引きつけられるような場所でなければなりません。敷物，床のカーペット，ゴミ箱，本であふれる本棚，週ごとにクラスに回ってくるそのほかの本を並べる棚，ひじ掛け椅子，クッションが置いてあるソファー，鉢植えの花，自分一人で本読みができる隠れ家のような場所などのすべてが，読書をする雰囲気を作ります。研究によると，クラス全体に対する指導のみを行う授業は，クラス全体に対する指導，小グループ指導，個人指導を組み合わせた授業ほど効率的ではありません（Taylor et al., 2000）。したがって，ペアワーク，協働学習とともに，全体指導，小グループ指導，個人指導を組み合わせた授業形態を定常化するとよいでしょう。また，クラス全体での指導よりも，小グループ指導と個人指導のほうを多くします。そうすれば，とくにリーディングやライティング活動に苦労している生徒たちは，苦労のないすぐれた生徒たちより，「教師との時間（teacher time）」と呼ばれる指導を多く享受できるようになります。Richard Allington（2009, p.11）は，以下のように述べています。

十分に効果的な授業ができていない教師は，「公平」を，生徒がどのくらい指導を必要としているかにかかわらず，すべての生徒を同じように指導することであると考えていました。しかし，われわれが調べた模範的教師たちは，「公平」を，生徒間の差をなくすように取り組むことであると考

えていました。年度の初めの頃に、模範的教師たちは教育研究の成果を十分取り入れて、クラスでリーディングがもっとも不得意な生徒たちに、より多くの時間をかけて指導しました。その生徒たちのリーディング力が向上するにつれて、しだいに彼らに注意を向ける時間を少なくしました。

「公平とは、平等を意味するとは限らない」というのが一般原則です。毎日すべての子どもと一対一で会えるほど、1日に十分な時間があるわけではありません (Boushey and Moser, 2009)。リーディングやライティングにより熟達した生徒たちが、個人、少グループ、あるいはクラス全体で学ぶ時には、彼らのことを見落としてしまわないようにし、日々の授業の中で、彼らの学習を支援するように注意を払わなければなりません。

動機付けとリーディング

* 第1章 p.19 参照。

未熟な読み手から上手な読み手になっていくには、動機付け*が重要な役割を果たします。「読書の動機付けを高め、そのために十分な時間を供給するような教室文化は、すぐれた読み手になるように生徒たちを支援するのに必要な基盤を生み出します。先行研究では、リーディングに費やした時間が、内発的動機付けをもたらす第一の要因だと記されています」(Gambrell, 2009, p. 252)。Krashen (2004) は、「自発的読書 (FVR: free voluntary reading)」に関するいくつかの研究を調べ、学校でリーディングをする機会がある生徒のほうがリーディングに対する動機付けが高く、より強い興味を持っていることを発見しました。Allan Wigfield and John Guthrie (1997) によると、内的動機付けがある生徒は、ない生徒の4倍の時間をリーディングに費やします。

リーディングの指導方法

リーディングの指導は計画的に行われることも、そうではないこともあります。Durkin (1990, pp. 473-475) は、「計画的な」リーディングの指導とは、あらかじめ設定した目標が達成できるよう、教材や指導のプロセスを選び出すことであると記しています。教師が、生徒の質問、読み違い、過度の一般化などに対して上手に対応できるなら、「無計画な」指導も可能です。ほかの条件が同じならば、前もって計画を立てないほうがうまくいく可能性が高くなります。なぜなら、指導を受けている理由が生徒に明白だからです。生徒の状況にただちに応える「無計画な」指導は本質的に意味があります。

すべての教師は、リーディング指導のどの日についても指導準備を十分にする必要があります。しかし、子どもが読んでいる間に予想もしないような質問が出てきたり、なじみのない単語にぶつかったりした場合、教師は、指導効果の出やすい、その場で反応するとよいでしょう。Holdaway (1986, p. 42) もこの考えの支持者で、「リーディング指導ができる教師は、子どもの自然な言語処理能力に上手に付き添える人です」と言っています。これを

Yetta Goodman は「キッド・ウォッチング（kid watching）」と呼んでいます。教師は，クラスの子どもたち一人ひとりのリーディングの上達状況をよく把握し，それに合わせて反応します。教師は，生徒たちが，社会的な交流と同じように，学校で過ごす1日を上手に切り抜ける際に，リーディングや多様なリテラシー活動のシナリオに，どのように反応するか注意を払います（Owocki and Goodman, 2002）。このように，教師にとって意思決定と評価はたえ間なく行われるもので，教師は「指導できる瞬間」がないか，つねに注意を払います。

　1938年，Louise Rosenbalt は，「リーディングの交互作用理論（the transactional theory of reading）」[3] を発表しました。彼女は，読み手は文章を理解するのに，過去の経験やほかに読んだものを利用するのみならず，読んでいる文章への感情的な反応も混じえる，と確信していました。そして，読むことには2つの目的があり，1つは楽しみのためであり，もう1つは情報を得るためである，と述べています。彼女は，それぞれのスタンスでの読み方を「耽美読み」[*]，および「情報収集読み」[*] と呼びました。今日，教育者たちは，楽しみのための読書と情報収集のための読書の重要性を認識しています。生徒を動機付けることが，リーディング指導において重要な要素になってきています。リーディングでは，1980年代に「4ブロック・プログラム（four blocks program）」が小学校低学年において普及し，教師は黒板の上を「単語の壁（word wall）」にして単語カードを貼り付けました。またその頃，フォニックスが再燃し，リーディング指導の最前線に出てきました。4ブロック・プログラムは，(1) 単語学習，(2) 自分で選択した本を読むインデペンデント・リーディング（independent reading），(3) 誘導式リーディング（guided reading），(4) ライティングの4つの活動を含みます（Cunningham and Hall, 1998）。この活動は，現在，「デイリー・ファイブ（Daily Five）」という小学校低学年向けプログラムに形を変えています（Boushey and Moser, 2006）。このプログラムでは，生徒は，(1) 一人で読む，(2) 誰かと一緒に読む，(3) 朗読を聞く，(4) 一人で書く，(5) 綴り練習をするという5つの作業に取り組みます。1990年代，誘導式リーディング（Fountas and Pinnell, 1996, 1999, 2001）が盛んになりました。幼稚園から中学2年生までの教師が，考えていることをそのまま声に出して言う「シンク・アラウド（think aloud）」[4] という手法を用いました。生徒には文章を目で追わせ，教師は文章の音読とともに，シンク・アラウドして，リーディングのストラテジーをモデルとして実際に行い，生徒に示しました。学級図書は，リーディングの難易度による読書レベルで記号分けされました。「推論読み（inferential reading）」指導は2000年代初頭に強調されるようになり，生徒に，読んだ物語や解説文に対して，事実，疑問，感想などをライティングしたり，小グループによるディスカッションで，さらに精査したりすることが奨励されました。多様な種類の文章の読み方を示すために教師がモデルを実演する，シンク・アラウドという手法は，リーディングの指導における新たな実践方法として教師のレパートリーに加わりました（Harvey and Goudvis, 2007）。

注釈3（p.213参照）

*「耽美読み」と「情報収集読み」については本章 p.168 参照のこと。

注釈4（p.213参照）

A	B	C	D	E
	believe brought barn boring blankets board busy	click clack cows cold	dear demand deal diving	electric eggs emergency exchange
F farmer furious	G growing gathered	H heard hens	I impossible impatient	J
K knocked	L	M milk meeting morning	N night note neutral	O
P problem party pond	Q quack quite	R	S sincerely strike sorry snoop	T type typewriter
U ultimatum	V	W work waited	X	Y & Z

単語の壁に貼るものの一例（綴り方のパターンをまとめた表）

注釈 5（p.213 参照）

　リーディングの交互作用論の信奉者が確実に増えてきているものの，「ベイサル・リーダー（basal readers）」[5]と呼ばれる初級リーディング教材が，依然としてアメリカ合衆国における小学生向けリーディング教材の主流です。最近まで，ベイサル・リーダーは，児童文学作品をそのまま持ってきたり，短く要約したりしたテキストに，ワークブックやワークシート形式で練習問題を付けて，主にスキルやサブスキルが教えられるように構成されていました。リテラシーの成長に関する研究成果を基に，出版社はベイサル・リーダーのシリーズに修正を加え，子ども向け文学作品と単語学習のストラテジーとともに，リーディング，ライティング，ディスカッションという3つの活動が相互に関連し合う学習モデルも取り入れています。しかし，毎年購入しなければならない消耗教材のワークブックとワークシートは，あいかわらず，ほとんどのベイサル・リーダーの重要な要素となっています。とくに，教師向けの指導用台本付きのリーディングシリーズに関しては，この点が顕著です。

「バランスを重視するリテラシー・プログラム」におけるリーディング

注釈6（p.213参照）

「バランスを重視するリテラシー・プログラム（balanced literacy program）」[6]では，幼稚園から小学校2年生までは，フォニックスを指導の必須要素として取り入れ，その後，中学2年生まで単語学習を継続しながら，上質の文学作品のリーディングも行われるプログラムです。また，振り返り活動として，客観的にライティングを行う機会も多く与えられます。このプログラムで生徒は，

「広くかつ深いリーディング」の経験をします。あらゆる種類の文学がもたらす幅広さが，「広いリーディング」を可能にします。文学作品の持つ，深遠なテーマ，困難に挑む登場人物，興味を引くようにまとめられている出来事によってつながる話の筋などを通して，思考と振り返りの活動が促される時，読者は「深いリーディング」に至りつくことができます。(Burke, 1999, p.67)

Jill Fitzgerald（1999, p.103）は，リーディングの指導におけるバランスを重視するアプローチについて考察を行い，このアプローチは，以下の事柄を信条として持ちながら行うとよいと提案しています。

- リーディングに関して，子どもが身に付けるべき知識の種類は多様で，それぞれが等しく重要です。たとえば，一目見て単語を認識することができる，知らない単語の意味にさまざまなストラテジーを用いて見当を付ける方法を知っている，単語の意味を知っているというような，リーディングに関するローカルな知識は重要です。また，読んで理解する，解釈する，感想を抱くなどのような，リーディングに関するグローバルな知識も重要です。そして，リーディングが好きなことが重要です。
- 教師，両親，ほかの子どもたちなど，知識についての情報源は多様で，それぞれが等しく重要です。
- 子どもたちが，リーディングに関していろいろな知識を得る学習方法は多様で，それぞれが等しく重要です。

以上のような哲学的信条を考えれば，教師は，どういった指導方法が，子どもに必要かを判断できるようになるとFitzgeraldは主張しています。バランスを重視するリテラシー指導には，共有式リーディング（shared reading），誘導式リーディング（guided reading），自分で選書するインデペンデント・リーディング（self-selected/independent reading），文学の学習などが含まれます。これらの活動は，共有式ライティング，誘導式ライティング，インデペンデント・ライティングと同調させながら行われます。

共有式リーディングとシンク・アラウド

「共有式リーディング（shared reading）」では，教師は声を出してテキストを読み，生徒はテキストを目で追いながら先生についていきます。したがって，生徒が全員同じテキストを持っているか，もしくは，全員が見えるように，教師がテキストを模造紙に大きく書いたり，オーバーヘッド・プロジェクターで投影したりする必要があります。幼稚園や小学校1年生の段階では，教師はすべての生徒に文字が見えるくらいの「大判の本（big book）」*を用意してもよいでしょう。教師が声を出して読んでいる時に，生徒は目で追っていきます。まず，教師は初めに題名や表紙の絵について話して本の紹介をします。扱うのが絵本ならば，生徒に内容について予想させるために「ピクチャー・ウォーク（picture walk）」[7]をします。つぎに，教師は声に出して読み，自分が考えているところを見本として示します。時おり，生徒に声をかけてコメントや質問を求め，生徒自身の考えをクラスに発表させます。共有式リーディングにおいて，教師は「シンク・アラウド」*を通じて，テキストをさまざまな視点から捉えようとする自分の思考過程を生徒に示します。どのように単語を分析し，テキストを理解し，知らない単語の意味を解明するのかを，教師は生徒にモデルとして示します（Harvey and Goudvis, 2007）。平均的な力の生徒や，リーディングを苦手とする生徒には，リーディングのそれぞれのストラテジーが出てくるたびごとに，年度を通してこの教え方を繰り返します。平均以上の生徒には，これらのストラテジーについて時どき思い出させる程度でよいかもしれません。教師がテキストを読み終えたら，生徒が学んだリーディング・スキルを実際に練習できるよう，一人で読み返します。多くの教師が，生徒に学校で少なくとも1度，自宅でさらにもう1度，テキストをリーディングさせています。

「物語文（narrative text）」[8]をリーディングする場合は，教師は主人公のふるまいや，話の中の活動を頭の中でどのように思い描いているか，といったことについてシンク・アラウドします。多音節の単語では，どのように音節に分解するかという点に注意を向けさせますが，なじみのない単語では，文脈上のヒントから，どのようにその意味を見つけ出すのかということについて十分に考えさせます。解説文のリーディングでは，ポイントになる概念に着目するためには，どのようにテキストやイラストを拾い読みしたらよいかを，教師がモデルとして示します。太字になった単語に注意しながら，各見出しや絵や写真の説明文を声に出して読み，教師はどのように自分の「リーディングの触覚」が働くのかを示します。リーディングしながら，テキストを通して得られた新しい知識と，自分がすでに持っている知識を関連させます。生徒はテキストを目で追っているので，教師は時おり音読を止めて，グループ・ディスカッションを行うテキストの部分を，一人の生徒を指名して，再度音読させます。

---

* クラスでの読み聞かせ用に使用する，通常の本の数倍の大きさの本。

注釈7（p.213参照）

* 第2章 p.68 および本章 p.173参照。

注釈8（p.213参照）

誘導式リーディング

　生徒が同じテキストを読む場合は，3人から8人くらいの小グループになるべきだと提唱した Irene Fountas and Gay Su Pinnell（2001）によって，「誘導式リーディング（guided reading）」は普及しました。リーディング熟達のレベル，読み方の傾向，必要な指導などが同じか類似するように，グループは同質のメンバーで構成します。しかし，同じグループでも，ほかのメンバーよりも進度が早い生徒がいることもあるので，グループは一時的なものとします。教師は，誘導式リーディングのグループで読む教材を選び，それを生徒各自に黙読させます。生徒が読書テーブルでそのテキストを読んでいる間に，教師は，生徒一人ひとりに4, 5文程度を声に出して読んでもらい，リーディングの流暢さを確かめます。各生徒の流暢さの程度を教師の「逸話記録（anecdotal record）」[9]に記入します。テキストがある生徒にとって難しすぎるようであれば，その生徒は，次回の誘導式リーディングの授業では，より低いレベルのテキストのグループに移動します。やさしすぎるようであれば，より難易度が高いテキストのグループに移動します。Marie Clay（1991）は，誘導式リーディングの授業が成功するには，生徒はテキストの91％から94％の単語を読める必要があると言っています。その日指導するリーディングのストラテジーに応じて，テキストは物語文であったり解説文であったりします。ほとんどの誘導式リーディングの場合，95％以上の既知語率を念頭に行われ（Fountas and Pinnell, 1996），インデペンデント・リーディングでは，既知語率は99％前後になります。

注釈9（p.213参照）

　生徒が，フィクション，ノンフィクション，情報文を読めるように，リーディングのストラテジーは明確な説明をして導入します。教師は生徒が抱える問題を書き留めておき，生徒のニーズに応じて，以降の誘導式リーディングの授業について，洋服屋が服を仕立てるように調整します。教師によって課される発展的活動には，グループ・ディスカッション，生徒個人による読書感想文のライティングなど，いろいろな課題があります。

　テキストを2, 2.5といった数字でレベル分けする読解難易尺度とは別に，Fountas and Pinnell（1996, 1999, 2001）は，誘導式リーディング用テキストを，より詳細にレベル分けしています。以下は，著者による，市販の物語のAからZ（易から難）の分類の一例です。ほとんどの学校の図書室には，蔵書の一部にこれらの本が置かれています。

レベル

- A　Burningham, J. (1985). *Colors.* New York: Crown.
- B　Carle, E. (1987). *Have You Seen My Cat?* New York: Picture Book Studio.
- C　Williams, S. (1989). *I Went Walking.* Orlando, FL: Harcourt Brace.
- D　Peek. M. (1985). *Mary Wore Her Red Dress.* New York: Clarion.
- E　Hill, E. (1980). *Where's Spot?* New York: Putnam.
- F　Hutchins, P. (1968). *Rosie's Walk.* New York: Macmillan.

G　Shaw, N. (1986). *Sheep in a Jeep.* Boston: Houghton Mifflin.
H　Kraus, R. (1970). *Whose Mouse Are You?* New York: Macmillan.
I　Wood, A. (1984). *The Napping House.* San Diego: Harcourt Brace.
J　Rylant, C. (1987). *Henry and Mudge: The First Book.* New York: Scholastic.
K　Williams, V. (1987). *Three Days on a River in a Red Canoe.* New York: Scholastic.
L　Allard, H. (1985). *Miss Nelson Is Missing.* Boston: Houghton Mifflin.
M　Park, B. (1992). *Junie B. Jones and the Stupid Smelly Bus.* New York: Random House.
N　Danziger, P. (1994). *Amber Brown Is Not a Crayon.* New York: Putnam.
O　Cleary, B. (2002). *Ramona's World.* New York: HarperCollins.
P　Sobol, D. (1978). *Encyclopedia Brown Takes the Case.* New York: Scholastic.
Q　Howe, D. and Howe, J. (1979). *Bunnicula.* New York: New York: Atheneum.
R　Reynolds, P. R. (1991). *Shiloh.* New York: Atheneum.
S　Paterson, K. (1984). *The Great Gilly Hopkins.* New York: Hearst.
T　Curtis, C. (1999). *Bud, Not Buddy.* New York: Delacorte.
U　Lowry, L. (1989). *Number the Stars.* Boston: Houghton Mifflin.
V　Sachar, L. (1999). *Holes.* New York: Farrar, Straus and Giroux.
W　Yep, L. (1993). *Dragon's Gate.* New York: HarperCollins.
X　Farmer, N. (1996). *A Girl Named Disaster.* New York: Orchard.
Y　Collier, J. and Collier, C. (1994). *With Every Drop of Blood.* New York: Delacorte.
Z　Myers, W. D. (1988). *Scorpions.* New York: Harper and Row.

　現在，誘導式リーディング用テキストは，学習者のニーズに合わせて差別化を図った指導に便利なように，A から Z，AA から ZZ，AA1 から ZZ1 のようにさらに細かくレベル分けされています。

自分で選ぶインデペンデント・リーディング

　読む本を「自分で選ぶインデペンデント・リーディング（self-selected, independent reading）」では，生徒が自分で読むものを選ぶ必要があります。幼稚園児や小学校1年生は，フィクション，ノンフィクションにかかわらず，ふつう，絵本を選び，小学校2年生になると短編の「チャプター・ブック（chapter book）」*を選ぶようになります。3年生以上では広くさまざまなジャンルのものを選ぶ傾向があり，現代物のフィクション，ファンタジー小説，情報提供系の本，ミステリー小説などが含まれます。中学生にな

* 小学校の中高学年生程度までを対象とした子ども向け物語本（第1章 p.19 および第3章 p.103 参照）。

ると，雑誌やコンピュータ・ゲームの攻略本をエンターテイメントとして選ぶこともあります。教師の役割は多面的です。まず，各学期に何度か本の選び方を示し，週に１度は本のおもしろさ，本の持つ「売り」を生徒に話します。さらに，教師は，各生徒の興味を把握していなければなりません。これはどの読書レベルでも相当な量の仕事となりますが，中学校の読書レベルではことのほか負担が大きくなります。

　BOOKMATCHは，図書選択時の基準で，生徒が本を選ぶ際には留意すべきいくつかのポイントがあるという考えに基づいて提案されました（図表4.1参照）。「ディスカッション，リーディング，ライティング，ビューイング，リスニング，ビジュアル・プレゼンテーションといったリテラシーの基本的な経験を通して，生徒は読み手であることを自覚するようになります」（Wedwick and Wutz, 2008, p. xii）。BOOKMATCHは，小学校の１年生から中学校まで使うことができます。BOOKMATCHは先頭の文字を集めた頭字語で，それぞれの文字はつぎの事柄を表します。

- **B** – book length（本の長さ）
- **O** – ordinary language（普通のことば使い）
- **O** – organization（本の構成）
- **K** – knowledge prior to the book（この本を読む以前に知っている知識）
- **M** – manageable text（読みこなせる文章）
- **A** – appeal to reader（読者の心への訴えかけ，アピール）
- **T** – topic appropriateness（トピックの適切さ）
- **C** – connection（関連）
- **H** – high-interest（高い関心）

A．小学校低学年向けのBOOKMATCH

基準	基準に適合しているかを確認する質問と指示
B – 本の長さ	・長さは短すぎるか，ちょうどよいか，長すぎるか？
O – 普通のことば使い	・理解できるか，話をしているように聞こえるか？
O – 本の構成	・本はどのように構成されているか？
K – この本を読む以前に知っている知識	・本のトピック，この本，この著者について自分は何を知っているか？
M – 読みこなせる文章	・単語はやさしすぎるか，ちょうどよいか，難しすぎるか？
A – 読者の心への訴えかけ，アピール	・本のジャンルは何か，このジャンルについて自分は知っているか？
T – トピックの適切さ	・この本のトピックを受け入れられるか？
C – 関連	・共感してほかの本や自分の人生経験と関連付けができるか？
H – 高い関心	・もっと読みたいと思うか？

B. 小学校中高学年向け BOOKMATCH

基準	基準に適合しているかを確認する質問と指示
B － 本の長さ	・長さは自分にちょうどよいか？ ・一生懸命に読めるか？
O － 普通のことば使い	・本を開いてどのページでもよいので声を出して読もう。 ・文章は自然な感じに聞こえるか？ ・文章の流れはよいか，意味が通じるか？
O － 本の構成	・本はどのように構成されているか？ ・各章は短いか，長いか？
K － この本を読む以前に知っている知識	・タイトルを読んだり，表紙をながめたり，本の後ろの要約を読んだりしてみよう。 ・本のトピック，この本，この著者について自分は何を知っているか？
M － 読みこなせる文章	・本を読み始めてみよう。 ・読みごたえはどうか？ ・読んだことを理解できるか？
A － 読者の心への訴えかけ，アピール	・本のジャンルは何か？ ・このジャンルの本を以前読んだことがあるか？ ・このジャンルから何を期待するか？
T － トピックの適切さ	・この本のトピックを受け入れられるか？ ・このトピックを読む準備はできていると思うか？
C － 関連	・この本に共感するか？ ・自分に関連付けができるか？
H － 高い関心	・この本に興味があるか？ ・この本を推薦してい人がいるか？ ・この本を読む自分の目的は何か？

Wedwick, L. and Wutz, J. A. (2008). *Bookmatch: How to Scaffold Student Book Selection from for Independent Reading* (p. 4) より。International Reading Association (www.reading.org) より許諾を得て再掲載。

図表 4.1：BOOKMATCH の基準とリーディングのレベル応じた質問事項

　魅力的な表紙は生徒の興味を引きます。したがって，表紙がよく見えるように本を展示すると，その本は選ばれやすくなります。著者の名前になじみがあることも，本棚から取り出される可能性を高めます。同様に，クラスメイトや教師から推薦された本は選ばれやすくなります。

文学の学習

　生徒はさまざまなジャンルの文学作品を読み，それについて議論する必要があります。文学の学習はその目的を達成する1つの方法です。文学の学

習にはいくつか方法があります。グランド・カンバセーション*，文学サークル，作品への感想文のライティングは，異質のメンバーからグループを構成して行うので，文学的な議論を通してさまざまな切り口（たとえば，登場人物，話の筋，場面設定，テーマなど）から作品を探ることができます。リーディングが苦手な生徒や，さまざまなバックグラウンドを持つ学習者（diverse learner）*が，こういった議論に参加するには，本を誰かに読んでもらったり，テープの録音を聞いたりするという方法も可能です。グループに課されたリーディングやライティングの課題を，グループの生徒たちがやり遂げることで，生徒たちは妥協することと，おたがいに助け合うことを学びます。グループのメンバーたちが，扱っている教材に取り組み，作業のスピードについてこられるように，ディスカッションのリーダーは奮闘し，読み書きの能力が低い生徒たちを先導します。

　文学の学習によって，生徒たちは文章をより深く理解できるようになります。文学作品に関するおたがいの解釈を知ることで，自分とは違った洞察や鑑賞の仕方を知ることができます。Fountas and Pinnell（2001, p. 47）は，「文学の学習をすると，複雑な概念やアイデアを自分たちの生活に結び付けることができるようになり，生涯，本を読み続けたくなります」と述べています。

リーディング・ワークショップ

　リーディング・ワークショップ（reader's workshop）は，ライティング・ワークショップ（writer's workshop）同様，共有の時間（sharing time）*，ミニレッスン，活動進行状況調査，個人でのリーディング，および，生徒による情報共有という5つの主要な要素で構成されています。

　共有の時間では，5分から10分程度の短い時間を使って教師が，児童文学作品（たとえば，同じパターンの話が繰り返し出てくる本，民話，チャプター・ブックの始めの数ページ，ノンフィクション物の1セクション，詩など）を読み聞かせます。クラス全体に対して用いる読み物は，ふつう，カリキュラム目標と強い関連を持つものにします。解説文の一種である描写文を読み聞かせる場合であれば，たとえば米国の子ども向けノンフィクション書籍の作家で，もともとは科学作家のGail Gibbonsや，同じく作家でイラストレーターでもあり，130を超える著作を持つSeymour Simonが書いた本の中から選びます。読み聞かせののち，生徒たちは，描写文で書かれた作品について，どこがおもしろくてためになるのかについて話し合います。

　共有の時間のあとは，教師はリーディングのストラテジーについてミニレッスンをします。トピックはさまざまですが，指導が生徒の成長と本質的に関連するよう，現在の生徒のニーズに基づいて選びます。学区のカリキュラムや，州のリーディング教育の目標で必修とされているリーディング・スキルをミニレッスンで扱ってもよいでしょう。場合によっては，ミニレッスンは，生徒がある特定のジャンルのものを読む時に役に立つ活動や，内容教科のために情報収集をする時の本の読み方に焦点を当てます。

　ミニレッスンのあとは，教師は「活動進行状況調査（status of the

---

* 生徒中心の，メンバー全員による話し合いのことで，教師は意見を述べない（第5章 p. 230 および第6章 p. 283 参照）。

* 人種，民族，文化，言語などの点で異なるバックグラウンドを持つ学習者。

*「共有の時間」とは，クラス全体が統一されたテーマのもとに授業を受けることで，教師による読み聞かせ活動が一般には行われる。

class）」をします。これは，生徒の名簿と曜日別のチェックボックスが書いてあるクリップボードを使い，各生徒がどういったタイプのリーディングをしているかをメモするものです。調査が効率的に済むように，たとえば，SSB（self-selected book: 自分で選択した図書），CRB（class required book: クラス用必須図書），LC（literature circle group: 文学サークルのグループ），LR（literature response: 文学作品への感想・意見など），RK（record keeping: 記録の作成），RC（reading conference: 読後カンファレンス），GRC（group reading conference: 読後グループカンファレンス），PR（portfolio review: ポートフォリオ点検），GS（goal setting: 目標設定），BOB（bailed out of book: 読了不可能）のような記号を用います。生徒が読んでいる本のタイトルと著者名もメモしておきます。こうすることで，誰が熱心な読書家で，誰がこつこつ努力型の読書家かがわかり，すぐれた逸話記録となります。

　このクラスの活動進行状況調査は，ふつう3分程度で終わらせたのち，教師は，学年のレベルに合わせて15分から45分間程度，生徒各自に本を読ませます。年度の中頃に，1年生はこの活動を始めることになりますが，初めての個別でのリーディング活動は10分でも十分に長いくらいです。リーディング・ワークショップでは，この生徒が文章を読む時間帯に，自分で選んだ本のリーディング，作品の感想文のまとめ，文学サークル，個人リーディング・カンファレンスという4つの活動が行われます。

　「自分で選んだ本のリーディング（self-selected reading）」では，生徒は楽しく読めるように選んだ本を読みます。生徒が本の美学（aesthetics）*に夢中になると，読書愛がはぐくまれます。好きな著者が書いたチャプター・ブックは，この時間にむさぼるかのようによく読まれます。生徒の中でも，ことに読むことにすぐれた才能を持つ生徒の場合には，学ぶこと自体が本当に楽しくて，ノンフィクションを好んで読みます。自分にとって新しいアイデアを発見することが大好きなのです。そうした子どもたちにとっては，物語や伝記，詩などを読む「耽美読み」*とパソコンなどの操作のために，マニュアル，新聞など，情報を得るために読む「情報収集読み」*の間になんら違いはありません。

　「作品への感想文のまとめ（literature response）」とは，生徒が読んでいるものに対して，自分の思ったことをジャーナルにライティングすることです。「文学サークル（literature circle）」では，生徒はグループ単位で，主体的に活動に取り組まねばなりません。テキスト教材に関するグループ・ディスカッションやグランド・カンバセーションが，文学サークルの一環として行われます。

　教師と生徒が1対1で話し合う「個別リーディング・カンファレンス（individual reading conference）」も，また，生徒が本を読む時間帯に行われます。教師は1回の授業で数人の生徒と個々に会合を持ちます。理想的には，各生徒と2週間ごとにこの機会があるとよいでしょう。こうすることで，教師と生徒間の密接な関係ができ上がっていくとともに，早い段階で問題を軽減することができます。このカンファレンス中に，教師と生徒は関心や問題点を話し合い，生徒のポートフォリオを振り返ります。この機会

* テキストの表面的な解釈を越えて存在する美しさ。

* 「耽美読み」と「情報収集読み」については本章 p.168 参照のこと。

に，生徒が読んでいる本の内容に関して，長くよく考えたうえでの意見を生徒から誘発するような，短めの刺激的な質問をします。このカンファレンスでは，生徒主導で話をし，教師は何点か，短めの的を射た指摘をするに留めるようにします。

　リーディング・ワークショップは，毎回，5分から10分間の生徒による情報共有（student sharing）で終了します。この時間帯には，生徒がワークショップ内で読んだ内容を自由に話し合います。生徒がある本に対して抱いている熱意を話すと，その熱意がクラスメイトたちに伝わることがよく起こります。また，作品の登場人物や背景などの作品構成要素に関することを話し合ったり，興味を引いた1節を指摘したり，作品中で著者が伝えたかったことについて質問してもよいでしょう。

読み手の反応：リーディングの交互作用理論からの視点

　読み手はテキストをリーディングしながら，自分の過去の経験と知識に基づいて意味を構築します（Rosenblatt, 1938, 1978）。リーディングの「交互作用理論（transactional view）」によると，読み手は，リーディングしながら理解内容を変更していきます。したがって，リーディングにおいては，意味の構築は流動的であり，変化し続けるものなのです。Langer (1990, p.238) は，読み手は，テキストについて読み手自身が作る，個人的な「心描写の世界（envisionment）」※の「最初は外側にいて，一歩ずつ中へ入って行く」と考えています。心描写の世界を通過している時に，あと戻りして再考したり，それまで理解していた点を再検討したりすることがよくあります。テキストが示す内容だけでなく，自分がすでに知っていると思っていた点に関しても疑問を投げかけることもあるでしょう。最後には，読み手が自分の心描写の世界を離れ，読んだ経験全体への反応を示す段階へたどり着きます。Langerによると，この一連のプロセスはどのタイプのテキストでも起こるものの，情報として重要な部分を読んでいく「強調過程（emphasis process）」と，筋道や論理など確認しながら読んでいく「推論過程（reasoning process）」は，読んでいるものが，情報提供系のものなのか，物語なのかで違いがあります。

＊ 心の中で視覚化した世界。

リーディングの交互作用プログラムにおける評価方法

　文学サークルと作品感想ジャーナル※は，リーディングの交互作用プログラムにおいて，評価の重要な手段となります。具体的に，ジャーナルには，「登場人物ジャーナル／なりきりジャーナル」，「対話ジャーナル」，「作品感想ジャーナル」なども含まれます。「登場人物ジャーナル」では，読み手が自分の好きな登場人物になったつもりで，その人の視点からまとめます。「対話ジャーナル」では，クラスメイトや教師と，本を読んでいる最中に本の内容に関して意見交換をします。「作品感想ジャーナル」は，小グループでのディスカッションで発表できるよう感想をまとめます。教師は生徒の作品への感想・意見や，その生徒がグループ・ディスカッションで貢献した点をメモします。アルファベットによる成績評価ではなく，読み手としての生

＊ 第3章 p.99参照。

徒の進歩と成長についてことばで書きます。

情報収集読みと耽美読み

　1938年に，Louise Rosenblattは，読むという行為には耽美的スタンスと情報収集的スタンスの2つがあると主張しました。われわれがものを読む目的には，楽しみのための「耽美読み（aesthetic reading）」と情報を得るための「情報収集読み（efferent reading）」の2つがあります。Cullinan and Galda（1999, p. 43）によると，読みながら意味を創造していくという見方には，「人生とテキストの関連付けがかかわっています。物語や詩を読みつつ意味を作り上げる行為は，非常に個人的でもあり，同時にきわめて社会的でもあります。しかし，この行為はいつも読み手が出発点です」。それゆえ，大人と子どもでは，読む目的によって異なった読み方をします。耽美読みでは，読み手は読んでいて喚起された感情，考え，イメージに注目します。登場人物と自分を結び付けて考えたり，読み手自身の生活で起こった類似した出来事に当てはめて考えたりします。たとえば，Mitchell（1993）によって書かれた *Uncle Jed's Barbershop*（邦題：ジェドおじさんはとこやさん）を読むと，家族の一員が家族のほかのメンバーや友だちのために犠牲になったりすることに加えて，自分自身が髪を切ってもらったりしたことを思い出すことでしょう。また，Henkes（1990）が書いた *Julius, Baby of the World*（邦題：せかいいちのあかちゃん）を読むと，家族に赤ちゃんが生まれると起きる兄弟間の争いのことや，誰かに家族のほかのメンバーが批判されると強くなる家族の絆について考えることでしょう。対照的に，Bruchac and London（1992）の *Thirteen Moons on Turtle's Back: A Native American Year of the Moons* の中の詩を読むと，さまざまな季節や先住アメリカ人の自然への感謝と尊敬がよくわかるようになります。

『ジェドおじさんはとこやさん』
（原題：*Uncle Jed's Barbershop*）
Margaree King Mitchell（著），渋谷 弘子（翻訳）
汐文社，2014年

『せかいいちのあかちゃん』
（原題：*Julius, Baby of the World*）
Kevin Henkes（著），小風 さち（翻訳）
徳間書店，1996年

　読み手が情報を得たい情報収集読みでは，読み手は「テキストから知識を得るという現実的な目的に集中します」（Cullinan and Galda, 1999, p. 43）。Berne（2008）の *Manfish: A Story of Jacques Cousteau* から，若

※ Couesteau（クストー）はフランスの海洋学者で，「アクアラング（登録商標）」を発明した（第7章 p. 313 および注釈7（p. 324）参照）。

い読者は，クストー※が愛した海の生き物を探索するために，彼がどのようにしてスキューバダイビングの道具（アクアラング）を発明したのかがわかります。また，Kadir Nelson（2008）の We Are the Ship: The Story of the Negro Baseball League を小学校の高学年生や中学生が読むと，シカゴにおける黒人野球リーグの創設や，彼らが好きだった野球の試合をしながら，町から町へと旅をした時に直面した困難や苦労についての背景的な情報を学ぶことができます。

耽美読みと情報収集読みというスタンスは，リーディングを光のスペクトルにたとえた際の両端に位置するのではなく，リーディングにおいて，その両方がともに含まれることがよくあります。耽美読みは，意味の個人的，情緒的な面，つまり実体験にかかわり，情報収集読みは，基本的に，意味の公的，認知的な面にかかわります（Rosenblatt, 1991）。The Boy's War: Confederate and Union Soldiers Talk about the Civil War（Murpy, 1990）は，南北戦争について学習している生徒がよく読む本です。この本から，生徒は両陣営で戦った若者や男子の数についてのみならず，ドラマーボーイ（drummer boy）[10]，旗手，兵士などの役割についてもより深く理解できます。これは，情報収集読みのスタンスの例ですが，この同じ生徒が，赤痢や不十分な治療で死んだ少年の数のことを考えたり，敵対する兵士同士での煙草とコーヒーの交換や，時おりの手紙のやりとりのことを読んだりすると，強い感情が湧いてくることもあるでしょう。The Lincolns: A Scrapbook Look at Abraham and Mary（Fleming, 2008）のような詳細な伝記も併せて読めば，16世紀の大統領と，南部生まれで十分な教育を受け，奴隷制度に反対していたリンカーンの妻のことだけでなく，南北戦争についてもよりよく理解できます。こういった本は，読み手が，南北戦争という歴史的な戦争についての情報を探す際の良い刺激となります。

注釈10（p. 213 参照）

ベイサル・リーディング・プログラム

※ ベイサル・リーダーズ（basal readers）については本章 p. 158 および注釈5（p. 213），そして第1章 p. 10 参照のこと。子ども向けの物語を収録した本（storybook）は，物語主体だが，挿絵も豊富に収録されていることが多い。

注釈11（p. 213 参照）

典型的なベイサル・リーディング・シリーズ（basal reading series）※には，文字を正式に習い始めていない子ども（emergent reader）[11] 向けの，短く簡単な文でできたお話の本（storybook）や，リーディングを習い始めた子ども向けの導入用教材としての初めての「リーダー（reader，読本）」が含まれています。2年生，3年生には，ワークブックが付いた2種類のリーダーがあり，4年から中学2年生向けには，ふつう，1種類のリーダーとオプションのワークブックが用意されています。各レベルのリーダーに付属している教師用マニュアルには，指導方法を詳細に記載した厳格な教案が提供されています。極端な場合，すべての指導・指示の文言を教師が声を出して読めば授業となる「台詞付き指導書」すらあります。教師が前もって準備する必要がないように，ディスカッション用の質問や補足のアクティビティも含まれています。

ベイサル・リーディング・プログラムは，柔軟性に欠ける点で批判を受けてきています。加えて，選ばれている物語や情報提供系の文章の内容に，クラスの生徒が興味を持てない場合もあるでしょう。こういった批判にもかか

わらず，ベイサル・リーディング・プログラムは，リーディングの指導に関して，費用はかかるものの，人気のある指導法として依然としてその地位を保っています。

ベイサル・リーディング・プログラムにおける評価方法

　1年生から3年生において，リーディングの流暢さは，あらかじめ用意された語のリストの中からいくつか生徒に読み上げさせて計るのが普通です。より速く，より正確に単語を発音できれば，より高いスコアが得られます。しかし，リーディングは，単なる「単語の音読」ではありません。読み手はテキストを理解していることを示さなくてはなりません。2年生になるまでに，担任の教師は，生徒のリーディングのレベルを知るために，各生徒のリーディング力を非公式な調査票を用いて調べ，どのベイサル・リーダーを課すかを決めます。この簡易な調査票は，その学区で採用しているベイサル・リーディング・シリーズの出版社が作成したり，学区の別な教師が作成したり，担任の教師がみずから作成したりします。調査票は，レベル表示が与えられたパラグラフと，各パラグラフに関する内容理解と語彙の質問からできています。生徒が声に出して1つのパラグラフを読んでいる間に，教師は単語認識のミスをチェックします。生徒がそのパラグラフを読み終えると，教師は，文章が生徒から見えないようにして，内容と語彙に関する質問をします。

　簡易なリーディング習熟度調査票に加え，出版社は，各リーダーのユニットのあとに実施する到達度テストも提供しています。こういったテストは，通常，リーディングのスキルおよび関連するサブスキル（subskill）*の習熟度に基づいて，ユニットごとに生徒のリーディングの到達度が計れるように作られています。学区によっては，こういったテストの結果を生徒の進級の可否の決定に使っています。

* ここでいう「サブスキル」とは，リーディング力を支える，語彙力や文構造把握力などを意味する。

グラフィック・オーガナイザー

　教師は「グラフィック・オーガナイザー（graphic organizer）」を，生徒の学習項目の理解（concept acquisition）*を助けるために利用します。グラフィック・オーガナイザーとは，学習項目に関連する複数のアイデアを図で提示したもので，授業の開始前・最中・終了後に使用します。この方法でアイデアを提示すると，生徒が新しい学習事項を学習する時に，自分の頭の中の考えを整理しやすくなります。授業を開始する際の教師のコメントや質問をグラフィック・オーガナイザーにします。こうしたコメントや質問によって，ディスカッションの一番重要なトピックに生徒を集中させます。グラフィック・オーガナイザーは，文字の書かれたチャートや意味の関係を表したマップで，一部を授業や単元の初めに作ります。その後，トピックに関しての学習が進むにつれて情報を少しずつ加えます。学習活動の終わりに，学んだ内容を形にして示すために，生徒一人ひとりが，グラフィック・オーガナイザーを作成してもよいでしょう。グラフィック・オーガナイザーには何種類かあります（第7章参照）。図表4.2はその一例です。生徒が，みず

* concept とは「学習すべき項目（概念）」のこと。

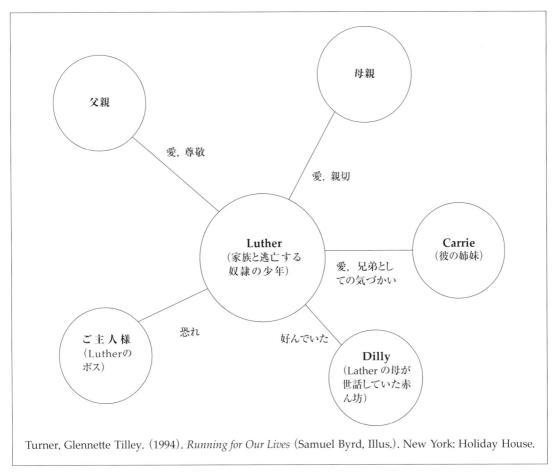

Turner, Glennette Tilley. (1994). *Running for Our Lives* (Samuel Byrd, Illus.). New York: Holiday House.

＊ 本章 p. 190「登場人物マップ」の一種，および第7章 p. 314 参照。

図表 4. 2：登場人物ウェッブ（**web**）＊。登場人物ウェッブにはさまざまな形式があります。この図では，中央の円で主人公を表し，これを囲むように，ほかの登場人物を表す円があります。生徒は，主人公の円から各登場人物の円に線を引き，線上に主人公によるその登場人物への感情や行動を書き込みます。

から視覚的にアイデアをまとめる技術が身に付くように，教師はそれぞれのグラフィック・オーガナイザーについて，どのように作るかをモデルとして示すことはとても重要です。

　Ausubel（1963）は，情報をこの方法で生徒に提供すると，より良い理解と記憶の保持につながり，生徒が学習項目を発展させる際に役に立つという仮説に基づいて，オーガナイザーに関する理論を開発しました。Ausubel の考えでは，子どもが適切な環境に置かれ，理解可能な教材を与えられれば，意味のある学習が成立します。長い期間にわたってグラフィック・オーガナイザーの手法で指導を受けてきた生徒は，内容の理解のために考えや情報をまとめるのがより上手になる傾向があります（Joyce et al., 1987）。

KWL チャート

　KWL チャートは，Donna Ogle（1986, 1989）が開発した人気の高いグラフィック・オーガナイザーです。KWL は，あるトピックに関して "What we Know"（K, 私たちが知っていること），"What we Want to know"（W, 私たちが知りたいこと），"What we Learned"（L, 私たちが学んだこと）を表しています。教師はKWLチャートを用いて，テーマのある学習単元を開始します。教師は，クラス・ディスカッションの冒頭で，トピックについて生徒がすでに知っていること（K）を尋ね，その内容をKWLチャートのKの項に書き入れます。このチャートはこの単元の学習中，つねに教室内に掲示しておきます。つぎに，そのトピックについてどんなことが知りたいか（W）を尋ねます。単元が進むにつれて，教師と生徒は最後のLの項に学んだこと（L）を書き込んでいきます。図表4.3のチャートは，小学校3年生が「天気」というトピックで学習した時に作ったものです。

　教師によっては，4つ目の文字として「How（方法）」を表す「H」をKWLチャートに加え，"How we can use what we've learned."（学習したことを，私たちがどのように使えるか）を記入します。図表4.3のKWLチャートを作った3年生は，学校のある日に，1日3回，雲の種類と気圧を記録し，天気の変化を予測するのとともに天気図を記録し続けました。幼稚園児から小学校3年生に対しては，KWLではなく，K-W-Wとしたほうがうまくいきます。最後のWは，たとえばI wonder where rain comes from?（雨はどこから来るのだろうか？）のように，扱っているトピックに関しての疑問 "I wonder"（…だろうか？）を表します。

　Janet Richards and Nancy Anderson（2003）は，KWLの別な変種を考え出しました。これは，幼稚園児と1年生がお話の本を読む時に用いる，「何が見えるかな？（What do I See?）」，「どう考えるかな？（What do I Think?）」，「疑問に思うことは何かな？（What do I Wonder?）」を意味するS-T-Wに焦点を当てて，ビジュアルなリテラシーをはぐくむアプローチです。本を読み始めたばかりの生徒に，たとえば，*Too Many Tamales*（Soto, 1993）の中で，Mariaが母親の指輪を試しにつける時のこそこそした目つきや，*The Talking Eggs*（San Souci, 1989）の中の，小生意気な表情のような，登場人物の顔の様子などを用いて，本の挿絵を注意深く観察し，挿絵の微妙な点により注意を向けるさせるようにします。

K	W	L
国の地域により気候が異なる。	何が天候に影響するのか？	赤道との近さ，エルニーニョ。
天気予報士は天気を予想するのに，さまざまな手段を用いる。	気圧計とは何か？	空気の圧力を測る道具。
雲にはさまざまな種類がある。	具体的にどのような雲があるか？	層雲 ― 平たい。 積雲 ― でこぼこしている。綿でできたボールのように見える。 巻層雲 ― きわめて高い高度にある層雲。 積乱雲 ― 雨や雪を降らす積雲。 乱層雲 ― 雨層雲。
	何が風を起こすのか？	風とは，高気圧域から低気圧域に動く空気のことです。

図表4.3：天気の単元のKWLオーガナイザー

教師をモデルにする：シンク・アラウド

教師は「シンク・アラウド（think aloud）」*を用いて，「あるテキストの，ある点で，適切な理解を行うためのプロセスの踏み方を生徒に示すことができます。シンク・アラウドを上手に使うと，なぜ特定の思考プロセスを踏んでいくことが，リーディングの困難さから生ずる混乱を乗りきるのに効果があるのかを示せます」（Block and Israel, 2004, p. 154）。新しい絵本や新しいタイプのテキストを導入する時は，教師がモデルを示すことが不可欠です。本の表紙から始めて，挿絵が人を引きつける特徴を考えさせます。たとえば，*Peach and Blue*（Kilborne, 1993）を使って，教師は「顔のある桃が見えますね（seeing，見ること）。本当の世界では桃には顔がないから，この話はファンタジーだと思います（thinking，思うこと）。この桃は物語の中でお話をするでしょうか？（wonder，疑問に思うこと）」のように発言します。この物語のあとのほうに，日が沈みかけようとしている背景のなかで Peach と Blue が睡蓮の葉の上にいる挿絵が出てきます。これを見てある子どもが教師をまねて，「Peach と Blue が一緒にいるんだけど，笑顔じゃないんだ（seeing，見ること）。この絵を描いた人は，さみしい感じの色を使ったと思う（thinking，思うこと）。何か二人に起きるんじゃないかな（wonder，疑問に思うこと）」のように言いました（Richards and Anderson, 2003, p. 442）。このテクニックは，読解能力にばらつきのあるクラスや英語学習者のクラスで有効です。この方法は，上のほうの学年で，理科や社会科の教科書や情報提供系の本を扱う場合も有効です。しかし，子どもによっては，細かい部分ばかりにとらわれて，絵の全体の主旨を見逃してしまうこともあります。

教師は，ふつう，授業の導入部分ですべての新しい学習項目を提示してから，課題となっているリーディングを行います。生徒になじみのないアイデアを導入する際に，教師が既習の項目や用語を用いれば，生徒は新しい教材が習得しやすくなります。たとえば，中東の人びとに関して学習を開始するのであれば，文化と宗教についての理解が求められます。いろいろな爬虫類について学習を開始するのであれば，爬虫類とは何であるのかの理解が求められます。

以下の 12 種類のシンク・アラウドは，すぐれた読み手がかなりの量の文章を読む際に，読む前と読んでいる最中と読んだあとに行うことをモデルとして示したものです（Block and Israel, 2004）。

読む前

1. 教師が個人的に楽しめる本をどのように探すかという視点から，**テキストを外観します**。「このトピックはおもしろいかな？ 先生好みの本の表紙かな？ 先生はこの著者のことを知っているかな？」などのようにシンク・アラウドします。

2. 次に，読み手はどのようにトピックに注目したらよいかを示すために，生徒と**一緒にトピックに注目してみます**。「先生は読みながら，読む目的と主なアイデアについて考えます。先生は，初めの数ページ

---

* 教師が考えていることをそのまま口に出すこと（第 2 章 p. 68 参照）。

をていねいに読んで，先生の読む目的のために必要な本かどうかを判断します。」

3. ある語句や表現などを使って，重要な文の糸口を探す手伝いを生徒にしてもらい，**重要な情報を探します**。本を読み聞かせながら，単語や語句に印を付ける手伝いをしてもらいます。クラスのほとんどの生徒が，自分でできるようになるまでこれを続けます。
4. **著者のねらいを探ります**。そのために，ある節の2ページを読み聞かせ，つぎに，「いま読んだところから，○○ということがわかった」ということと，「先生には，××は本当だということが読んでわかった」から，「著者のねらいは△△ですね」のように，推察の仕方をシンク・アラウドします。
5. **重要な知識を活性化させます**。初めの4ページを読み，そこに出てきた情報を手短に思い出します。オーバーヘッド・プロジェクターでテキストを映して，読み手として，自分のもともとの知識と関連付けられる特定の文を指摘します。また，不正確な考え方を持ってしまっていたならば，それも示します。
6. **本の世界に自分を置く**。生徒にも，読み手として，本の世界に自分を登場させられることを教えます。たとえば，生徒は主人公になることができます。

読んでいる最中

7. それまでの知識を再検討して，つぎに何が書かれているかを**予測します**。
8. 読みながら著者の**文体を認識します**。語彙の使用，文中に現れるアイデアの複雑さ，パラグラフの長さ，重要な考えが文章に出てくる頻度，どのように，著者は文やパラグラフをつなげているかなどに注目して，文体を分析します。
9. 単語を分析したり，文脈にあるヒントを用いたりして，単語の意味をどのように決めるかを生徒に示しながら，**単語の意味を決定します**。
10. 情報を再確認し明確にするために，読みながら**自問します**。

読んだあと

11. **文章の新鮮さに目を付けます**。たとえば，用いる単語の選択，ジャンル，巧みな文体などにより，著者のアイデアがいかに強化されているかに注目します。
12. 読んで新しく得た知識を，どのように用いることができるかを考え，**本を自分の生活と関連付けます**。そのために，「テキストの主要な節の要約をして，それらの要約をまとめるにはどようにしたらよいのか，重要な事項や概念を思い出すために，読むのを休止し，考えを巡らせるにはどによりしたらよいのか，教訓，テーマ，教科の内容を，自分の生活につなげるにはどのようにしたらよいのか」などを生徒に示します (Block and Israel, 2004, p. 162)。

シンク・アラウドしてモデルを見せることは，幼稚園から中学 2 年生までの生徒には重要です。上手な読み手が，目的とテキストの種類に応じて，どのように読み，どのように工夫してストラテジーを使うのか，よりよく理解させることができます。

指示を与えない指導（構成主義）

生徒が，自分で思ったように決定して学べる教室を作るには，生徒が自発的であり，自信を持っていることが必要です。構成主義（constructivism）に立つ指導の目的は，調べたり，精査したり，質問したりできる，刺激ある教室環境を作り上げて，生徒の学習を促進することです。つまり，探究が中心となります。新しく得た知識は，既習の知識の再評価につながります。この指導方法が多くの教室で用いられているのは，生徒が自分たちを取り囲む世界を理解しようとするからです。

注釈 12（p. 213 参照）　構成主義をとると，教師は生徒の学習の世話役（facilitator）[12]となります。教師は，あらゆる反応，感情，思いというものをそのまま受け入れます。温厚で，対応を惜しまない人として，教師は協力的であるとともに，クラスの全生徒の知的成長と幸福に心から関心がなければなりません。教室には「寛容さ」があります。つまり，教師からの強制や圧力なしで学べる自由があります。教師やクラスメイトのいずれからも，肯定的な励ましを受けます。

教師からの指示のない指導では，生徒中心のグループ・ディスカッションが大きな役割を果たします。カンファレンスやインタビューは，あたり前のように行われます。また，学習が，かなり各個人に合わせたものになっているので，拡散的思考（divergent thinking）[13]や自己評価が強調されます。

注釈 13（p. 213 参照）

協働学習

教師が選べる指導上の目標には，競争的（competitive）なもの，個人主義的（individualistic）なもの，協働的（cooperative）なものの 3 種類の構造があります（Johnson and Johnson, 1987）。ほかの生徒が目標の達成に失敗して初めて，自分の目標が達成されたと生徒が受け止める場合には，競争的な目標の構造が存在します。たとえば，スペリングテストで，成績の上から順に名前を挙げるようなことがこれに相当します。ほかの生徒の目標達成のいかんにかかわらず，生徒が目標を達成できる場合には，個人主義的な目標の構造が存在します。たとえば，筆記体の𝓕（F）の書き方を正しく学ぶことなどです。これら両方の目標達成構造が授業指導における根幹をなします。それは，生徒は楽しく競争しつつ，自律的に学ぶ必要があるからです（Johnson and Johnson, 1978）。

学力が均質ではないグループを作り，生徒たちに一緒に作業させた際に，学習プロセスにおける相互の助け合いが成立するのは，グループのメンバー一人ひとりの成功が，グループ内のほかのメンバーの成功によって決まる場合です。そのようなグループ内での相互交流を，より一般的に，教育家たちは「協働学習（cooperative learning）」と呼んでいます（Watson and

Rangel, 1989)。Slavin（1988）によると，共通の課題や目標を達成するために子どもたちが協力すれば，個々で取り組む場合よりも，良い結果が期待できます。社会的モデルとして機能するよう，協働学習では，生徒が一丸となってトピックを追求したり，最終成果を完成させたりできるよう，教師は小グループを編成します。グループ研究では，生徒たちがみずから積極的に何をどのように研究するか計画しなければなりません。グループはトピックに対する興味に基づいて編成します。各メンバーは，必要とされる情報を見つけ出して研究に貢献します。グループは全員で，研究したことを１つのものにまとめ，全体を要約し，わかったことをクラス全体に発表します。グループ研究は，つぎの６つの段階を踏んで行います（Sharan and Sharan, 1989-1990, pp. 17-21）。

第１段階：研究するトピックを何にするかを決め，生徒を研究グループに分ける。
第２段階：グループごとに，研究計画を立てる。
第３段階：グループメンバーが研究を実行する。
第４段階：グループごとに，それぞれのメンバーが分担して調べた情報を統合したうえで，要約し，最終レポートを準備する。
第５段階：グループごとに，クラスで最終レポートを発表する。
第６段階：各グループの研究を，取り組全体のプロセスと成果を含めて評価する。

協働学習を経験し，すべきことを理解したあとは，教師は直接指示を与えずに，生徒に自分たちでグループを作らせます。しかしそうすると，協働学習のグループは大半が，能力の異なる生徒で形成されることになります（Meloth, 1991）。協働学習を効果的なものにするためには，（1）子どもたちは，共通のグループの目標到達を目指して活動しなければならず，また，（2）この目標は，グループ全員の個別学習によって到達されるものでなければなりません（Slavin, 1988）。したがって，グループの目標は，困難ではあるものの，やりがいがあり，かつ達成可能なものでなくてはなりません。

協働学習とは，生徒同士が知識を分かち合い，最終的にグループのほかのメンバーが教材を理解できるよう支援することです。したがって，協働学習では，可能性のある解決方法をさまざまに考察する拡散的思考が育てられ，重んじられます。新しい考えや，すでに持っている知識を声に出して言うことで，決断力や妥協点を見い出す能力が，スピーチや調査するスキルとともに伸びていきます。協働学習では，子どもたちが，いわばグループ・ブレインストーミングによって，自分たちのアイデアや提案をおたがいに披露し合うことにより，子どもたちの既得の知識が目をさまし活性化します（Flood, 1986）。協働学習では，生徒たちはグループの仲間に，新たな学習事項やアイデアを自分なりに解釈して説明するので，学習事項の理解が進みます（Johnson and Johnson, 1985）。

民族的背景の異なる生徒同士がグループを構成すると，知識基盤の拡大とともに文化に対する意識が高まります（Salvin, 1983）。しかし，生徒たち

の背景の多様さゆえ，最終ゴールへの到達には余計に時間が必要となります。共通の信条や経験があれば，グループメンバーによる議論や交渉なしでも，ある程度の反応や同意が想定できるようになります。つまり，共通の信条や経験は，いわば「コミュニケーションの速記（shorthand form of communication）」として，コミュニケーションの時間を節約する役割を果たします。余計に時間はかかりますが，目標を到達できたグループへの参加体験によって，各メンバーの実績や貢献の程度が異なっていても，メンバーからの評価とともに，自分の能力，満足感，誇りを，いままで以上に自覚できるようになります。

　研究結果によると，協働学習は，すべての生徒の学業成績を改善し，異なった民族間の交流を活発にし，英語を第二言語とする生徒の英語レベルを向上させます（Watson and Rangel, 1989）。ミネソタ州の3人の教師は，合計で23年間協働学習を実践し，この学習方法は，能力の低い生徒，障がいを持つ生徒，もしくは才能に恵まれた生徒の別にかかわらず，すべての生徒に有益であるとしています（Augustine et al., 1989–1990）。

読解

　読解の指導（comprehension instruction）はさまざまな方法で行われ，それぞれに難しさと可能性があります（Pressley, 2000）。本節では，小学校や中学校の生徒が，文章を読み理解していくうえで必要なストラテジーについて述べます。

　リーディング指導において，教師はストラテジーを習得したモデルとなり，つぎのように，生徒がストラテジーを持ってリーディングできるように指導します（Paris, 1985）。

1. リーディングの手順を提案したり，生徒の成長を「アセスメント（assessment）」*したりするのではなく，生徒がリーディングしている間に支援をする。
2. わかるということがどういうことなのかを，生徒がわかるように手助けする。
3. いままでと，これからの両方の学習に意識的に関連付ける。
4. 新しいスキルを応用する現実の場面を強調する。
5. 見えない認知的スキルを，生徒にわかりやすく具体化して提示する。
6. 生徒が混乱した時には，ストラテジーを用いた考え方についてアドバイスする。

ストラテジーを用いてリーディングを行う人には，効果的で，効率のよい読み方をする5つの傾向があります（Pressley, 2000）。

1. 使うストラテジーについて広範な知識基盤を持っている。
2. 1つのストラテジーがうまくいかなかった場合，さまざまな異なったストラテジーを用いようとする。
3. 自分が理解したか，自分でチェックする（すなわち，メタ認知をす

---

* 第1章 p. 29 参照。

4. リーディングの目標と，テキストからリーディングの課題を分析し，その目標とテキストにうまく使えそうなストラテジーを選択する。
   5. さまざまなテキストの困難を克服して目標に到達するための，多様なストラテジーを知っている。

　子どもたちが，ストラテジーを使ってリーディングできるよう指導するには，教師は，多様な指導技術を熟知していなければなりません。なかでも，すでにある知識の活性化，協働的ストラテジーを用いたリーディング (collaborative strategic reading: CSR)[14]，それと誘導式リーディング (guided reading) の3つが，もっとも成功する指導方法として知られています。

注釈14（p.213参照）

既知の知識の活性化

　「既知の知識の活性化 (activating prior knowledge)」は，生徒がすでに知っていることと，リーディングしているテキストから得た知識を結び付けようとする試みです。生徒に，自分が知って理解していることが何かを明確に認識させることで，新たに知識を加えることのできる知識基盤ができます。既知の知識を活性化させる一般的な方法には，つぎのようなものがあります。

　本章で以前述べたように，教師や生徒たちは，K—私たちがすでに知っていること，W—学びたいこと，L—学んだこと，という3つの見出しを持つグラフィック・オーガナイザー（KWLチャート）*を作成します。生徒たちは，扱うトピックに関して知っていることや，これから学びたいことを自発的に述べます。テキストを読み終えたあと，最後のLの欄を完成させます。Ogle (2009) は，この方法に関して，いくつか注意すべき点があると指摘しています。まず，教師は，生徒の知識レベルに見合ったテキストを選択しなければなりません。つぎに，生徒たちはさまざまなテキストの読み方と，教師から支援を受けつつ，考えていることを視覚化する方法を学ばなければなりません。また，トピックが同じでも，リーディングにおいては多様な視点があることを，生徒に理解させることも必要です。生徒に関連して，教師が簡単にはできないことに生徒の興味をわかせること，チームで指導する方法を作り上げること，定常的に生徒が読書をするようにさせることなどがあります。情報を扱った絵本や伝記を読む際には，図表4.4のようなKWLチャートを用意します。

＊ 本章 p.171 参照。

K—What we know	W—What we want to know	L—What we learned
どの国よりも人口が多い	国民はどのような暮らしをしているか？	
万里の長城 共産党政府 オリンピック開催国	なぜ建てられたのか？ 誰が国を治めているのか？ オリンピック競技場はどうなったか？	

王朝があった	誰が有名な君主だったか？ 彼らは に何をしたか？	
製造コストが安い	何を作っているか？	

図表4.4：中国に関するKWLチャート

　テキストのフレーム付け（framing the text）とは，選んだテキストを理解するうえで，必要な背景知識を生徒たちに与えるストラテジーの1つです。たとえば，どのようにして，南部のアフリカ系アメリカ人には選挙に参加することが許されなかったり，「白人専用（whites only）」と掲示された水飲み場を使用できなかったりしたのか，また，彼らがしばしば非難されたり，脅かされたり，時には殺されたりしたこともあったという情報を，1960年代の公民権運動に関しての背景知識として与えると，*The Watsons Go to Birmingham, 1963*（邦題：ワトソン一家に天使がやってくるとき）を生徒が読むうえでの歴史的な基盤となります。この作品は，歴史物のフィクションで，人種間の緊張が高まっていた1963年の夏に，ミシガン州のフリントからの南部へ旅をする家族の物語です。主人公の4年生の男の子の目を通して，4人の幼いアフリカ系アメリカ人の女の子が犠牲となった16番通りバプティスト教会の火事[15]のことが描かれています。

注釈15（p.213参照）

『ワトソン一家に天使がやってくるとき』
（原題：*The Watsons Go to Birmingham, 1963*）
Christopher Paul Curtis（著），唐沢 則幸（翻訳）
くもん出版，1997年

　テキストから自分（Text to Self: T-S），テキストからテキスト（Text to Text: T-T），テキストから世界（Text to World: T-W）は，Harvey and Goudvis（2007）が推奨する，読者がすでに持っている知識に基づいて実施するストラテジーです。生徒がテキストを読みながら，読んでいる内容を，生徒の生活の中での出来事，すでに読んだものや読み聞かせで聞いたテキスト，または，世間一般と結び付けます。

協働的ストラテジーによるリーディング

　「協働的ストラテジーによるリーディング（Collaborative Strategic Reading: CSR）」において，協働学習グループの生徒たちは，テキストを読んで理解できるよう，ポイントとなる4つのストラテジーに基づいて4枚のカードを（トランプ遊びのように）1つずつ切っていきます。1枚目は

「予測カード（Preview card）」です。これを使って，テキストの特徴を探したり，扱われているトピックについてすでに知っていることをブレインストーミングしたり，テキストを読んだ時に，このトピックについてどのようなことを学ぶかを予想したりします。生徒は CSR 学習記録表（CSR learning log）を用いて，この情報を記録し，グループのほかのメンバーと共有します。つぎに，生徒たちは本の 1 節を読み，「うんうん！(click)」とか，「うーん？(clunk)」のように感じるところを探します。つまり，理解できない単語，概念，考え方がないかをモニター（monitor）[*]するのです。複数ある「うーん？カード（clunk card）」の 1 枚 1 枚には，単語や学習事項が理解できなかった時に，その意味を見つけるストラテジーが思い出せるよう，短くストラテジーをまとめたことばが書かれています。つぎに，その節を読み終えたら，「要点探しカード（Get the Gist card）」を用いて，生徒たちは節の重要ポイントを決めます。この手順を，つぎの節でも繰り返します。テキストを読み終えたら，生徒たちは「まとめカード（Wrap Up card）」を用いて，質問とその解答を箇条書きのリストにして，テキストのもっとも重要な情報が理解できたことを証明します（Liang and Dole, 2006）。

CSR は，まずクラス全体に説明して導入します。シンク・アラウドしながらモデルを示し，教師は，テキスト理解のための 4 つの重要なストラテジーの使い方を生徒に教えます。生徒たちがそれぞれのストラテジーの使い方に慣れてきたら，つぎに，教師は，テキストを読む時にこれらの 4 つのストラテジーを同時に用いる方法をモデルとして示します。やがて，生徒たちは小グループに分かれ，テキストをリーディングして理解するストラテジーを協力しながら練習します。各グループ内では，生徒一人ひとりが，グループに与えられた課題に対して，正しくストラテジーが使えるよう，明確で意味のある役割を持ちます（Liang and Dole, 2006）。

[*] 問題がないか内省する活動。

	読み手	テキスト	状況
注釈 16 (p.213 参照)	興味 動機付け 精神的状態 身体的状態 理解しているストラテジー 背景知識 自己概念[16] リーディングするスタミナ	レイアウト イラスト フォント 文体 テキストの構成 語彙 学習事項の負荷[16]	リーディングの目的。 生徒の理解の構築，拡張を支援する活動。
読む前の活動 (Prereading)	興味・関心を高める。 背景知識を学び，活性化する。 ストラテジーをモデルとして示す。 （例）実物の観察をする；ディスカッション；リスト作り・グループ分け・ラベル付け[16]；グラフィック・オーガナイザー[16]	テキストの構造を理解する。 新しい学習事項と語彙を導入する。 （例）ピクチャー・ウォーク[16]；コンセプト・ミューラル[16]；グラフィック・オーガナイザー	読む目的を示す（KWL）。 正しい予想を促す。 誘導的な質問を出す（Q&A）。
読んでいる間の活動 (During reading)	黙読 シンク・アラウドで考える	黙読 生徒の注意をテキスト	黙読 意味の構築を支援す

	様子をモデルとして見せる。リーディングのストラテジーを使えるよう支援する。	の構造に向ける。学習事項の理解と語彙の拡大を支援する。 （例）読書案内；ストーリー・マップ[16]；コンセプト・ミューラル	る。 （例）リーディングガイド[16]；ストーリー・マップ；コンセプト・ミューラル
読んだあとの活動 (Postreading)	理解を広げる。読み方の方略の再確認をすることを援助する。 （例）自分の言葉で言いなおす；T-T および T-W	学習事項を理解する支援をする。 （例）グラフィック・オーガナイザー	読んで得たアイデアを使ってみる。理解をより豊かで深いものにする。 （例）グラフィック・オーガナイザー；タイムライン[16]

Gill, S. (2008, October). *The Reading Teacher, 62* (2), pp. 106-113 より「理解を促すための活動表：テキスト理解の指導をデザインする道具」

図表4.5：理解を促すさまざまな活動

誘導式リーディング

　この章の前のほうで紹介したように，「誘導式リーディング（guided reading）」は高い効果が期待できるリーディング指導法です。誘導式リーディングは，バランスを重視するリテラシー・プログラムの一部で，4人から6人の少人数で構成される小グループに対して，グループごとに異なるリーディングを行うものです。その際，グループは，能力の高い分野と，指導の必要な分野が類似した生徒で構成することも（Fountas and Pinnell, 1996），学力の異なるグループで構成すること（Cunningham et al., 2000）もあります。確実にリーディングの力を身に付けるために，週3回から5回，20分から30分程度グループ学習をすることが推奨されています（Fountas and Pinnell, 1996）。「こうすることによって，教師は，子どもたちにリーディング・スキルと理解するためのストラテジーを具体的に説明することができるので，リーディング能力の獲得につながります。子どもの持つ指導上の必要性と興味を基に，教師は段階別に分類された本（graded leveled books）[*]を数多く，慎重に選択して使います」（Avalos et al., 2007, p. 320）。

3-2-1

　「3-2-1 ストラテジー」では，生徒はある1節を読み，読んだ時に見つけた事実を「3つ」，興味を持ったことを「2つ」，まだ残っている疑問を「1つ」書き出します（Zygouris-Coe et al., 2004）。このストラテジーは，情報提供系の本を用いる時にたいへん効果があります。なぜなら，この種の本では，写真の説明文，見出しや小見出し，テキスト内の太字で書かれた文字をざっと読めば，テキストとイラストや写真がどのようなものか，予測が立てられるからです。これは生徒たちにとって単純ですが，効果的なストラテジーです。

[*] graded readers とも呼ばれる。

多様なジャンルに何度も触れよう

　ジャンルが異なれば，書き方も異なります。読み手は，その違いを認識しなければなりません。伝記では，ある有名人の誕生から始まり，その人の人生の終わりまでを追い，本の最後のページで最高の盛り上がりが描かれます。ファンタジー小説には，回想シーンがあります。新聞のスポーツ記事には，野球チームがどのように得点したかが簡潔にまとめられています。自然を謳(うた)った詩では，読むのを中断して楓(カエデ)の葉にとまっている虫を想像します。ビデオゲームのプログラミングに関する解説書は非常に複雑です。新聞の漫画では，ことばやイラストの微妙な点に気付かなければなりません。リーディングは単純に読めばよい，というものではありません。ちょうど車の運転が，単に車を動かすだけではないのと同じです。近くのコンビニや，ショッピングモールや，フットボールを見にスタジアムに行く時など，車を運転する技術のうち，同じものが多く使われます。しかし，状況によっては異なる技術も必要になります。たとえば，近所のコンビニに行く場合は，歩行者に気を付ける必要があります。州をつなぐ高速道路を運転するには，ほかの車を追い抜いて，元のレーンに安全に戻る技術が必要です。スタジアムの周りの渋滞の中で運転するには，交通整理をしている警察官の指示に注意しつつ，自動車がじゅずつなぎとなった状況で慎重に運転しなければなりません。

　子ども向けにはいろいろなジャンルの本があります。リーディング指導では，ふつう，物語，解説，詩のようにジャンル分けをします。幼い子どもたちのリーディングでは，絵本のイラストを強調し，ピクチャー・ウォーク(picture walk)＊しながら，ベイサル・リーダー中の本や物語を紹介します。情報提供系の本では，写真の説明文や見出しを読んでみるとよいでしょう。

＊ 本章 p. 160 および注釈7（p. 213）参照。

理解を助ける視覚構造：ストーリー・マップ

　物語文で書かれた文学作品では，登場人物，場面設定，話の筋を考えます。教師は，生徒たちが話の筋を理解しやすいように，話に出てくる主な劇的な出来事を図式化します。Candace Fleming（2002）の *Muncha! Muncha! Muncha!*（邦題：むしゃ！ むしゃ！ むしゃ！——マグリーリさんとはらぺこウサギ）では，登場する3羽のウサギは，マグリーリさんが庭で育てている野菜が食べたくてしかたがありません。マグリーリさんはなんとか食べられないようにと，小さな金網のフェンスを立てますが役に立ちません。つぎに，木製の高いフェンスを用意しますが，ウサギたちはフェンスの下から土を掘って庭に入ってしまいます。溝も掘ってみますがうまくいきません。ついには，最後の手段として大事な庭の周りに要塞を建てます。ウサギたちはその壁をよじ登ったり，下から掘ったりしますが中に侵入することはできません。しかしマグリーリさんのバスケットの中に隠れ，まんまと庭に入り込んでしまいます。大きなチャートサイズの用紙[17]を壁に貼り，まず，本の表紙に描かれている動きを，紙の一番左側に描くことから始めて，本に登場する動きを，クラス全体で線グラフにしていきます。本の始まりでは，マグリーリさんが庭にものを植えることを考えているので，動きを紙の

注釈17（p. 214 参照）

物語のあらすじ

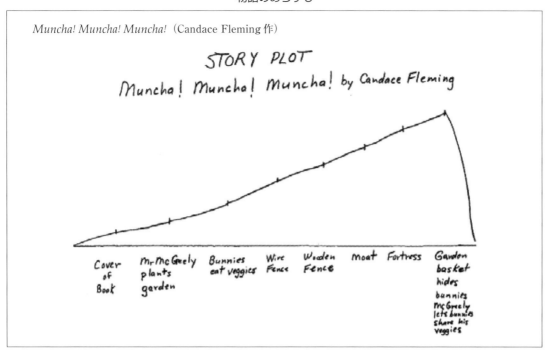

図表 4.6：*Muncha! Muncha! Muncha!* の登場人物の行動グラフ（生徒が描いたもの）

低いところに描きます。ウサギたちが野菜を見つけると、少し上昇します。金網のフェンスを克服すると、さらに上昇し、物語の解決策に至りつくまで、高くなり続けます。ついに、マグリーリさんが、決意の固いウサギたちに、自分の野菜を分けてあげることに決めたところで、グラフは話の終結に向かって下降していきます（図表 4.6 参照）。

情報提供系の本も視覚的手段を用いる機会を与えてくれます。グラフ、棒グラフ、時間表、図表などが、テキスト内にすでに記載されている場合もあります。グラフィック・オーガナイザーは、前にも述べたように、原因と結果を比較対照したり、読み手に伝えたりする際に有効なビジュアル・ツールです。

予測する

生徒に、本の表紙とタイトルから、その本に書かれている内容について予測させることは、生徒の背景知識を活性化させるテキスト理解のうえで重要なストラテジーです。たとえば、*Muncha! Muncha! Muncha!*（Fleming, 2002）から、以前、祖母に読んでもらったピーターラビットの物語を思い起こす子どももいるでしょう。また、ウサギを飼ったことのある子どもは、ウサギがニンジンやレタスの葉が好きなことを知っています。教師が音読する際には、時おり、読むのを止めて、つぎに何が起こるかを子どもたちに予測させます。ウサギたちはマグリーリさんを出し抜かなければならないし、マグリーリさんも大事な庭をウサギたちから守るには、策略を巡らせて勝た

『むしゃ！ むしゃ！ むしゃ！──
マグリーリさんとはらぺこウサギ』
（原題：*Muncha! Muncha! Muncha!*）
Candace Fleming（著），いしづ ちひろ（翻訳）
BL 出版，2002 年

なければなりません。同様に，小説を読む時に，生徒たちは登場人物がつぎに何をするかということや，話の紆余曲折を予想する必要があります。

　Frank Serafini（2008）の *Looking Closely Along the Shore* のような情報提供系のテキストでは，読者は，著者がどういった新しい情報を提供してくれるのかを予想する必要があります。見出しや小見出しは，解説文を読む際の案内板になります。それは，ちょうど小説の場合の章のタイトルが，つぎの展開を予測するヒントになるのと同じです。

並び替え

　物語や情報提供系テキスト内の出来事を正しい順番に並べることは，リーディング・スキルとして重要です。絵本を読み聞かせたのち，黒板に，その作品の中の重要な5つの出来事を順不同に書き，正しい順序についてクラスで討論させます。古くなったベイサル・リーダーを切り分けて厚紙に貼れば，1，2年生向けの正しい順序に並び替え（sequencing）させる活動となります。物語を読み聞かせたあとに，生徒たちは物語中の出来事を時計回りに円を描くように書き出し，その円の外側にそれぞれの出来事の絵を描かせてもよいでしょう。

　伝記は一般的に，ある人の誕生から死に至るまで，もしくは，その人のある年齢からその後のある年齢までを扱っていて，正しい順序に並べる活動に適しています。*Red-Eyed Tree Frog*（Cowley, 1999）は，こういった活動に向いた情報提供系の本です。

比較と対比

注釈18（p. 214 参照）

　2つのものの似ている点と，異なる点を説明する際には，ウィーブ・チャート（weave chart）[18] を用います。この表には複数の異なる見出しがあり，ものや人，場所，考えなどの異なる点がまとめられるようになっています。以下は，*Talking Walls*（Knight, 1992）に登場するウィーブ・チャートです。

壁	場所	構造	目的
万里の長城	中国	大きな石と玉石	中国国内への侵入者を防ぐため。
ベルリンの壁	ベルリン（ドイツ）	コンクリート	東ヨーロッパ（共産主義）と西ヨーロ

		鉄棒	ッパ（民主主義）を分断するため。
太陽の都	クスコ（ペルー）	てこで運ばれた巨大石	歌と踊りで祝う。
ベトナム戦没者記念碑	ワシントンDC	戦死した兵士の名前が刻まれた御影石	戦争のために命を捧げた人びとを忘れないため。

＊ 第1章 p. 23 参照。

　より幼い生徒が，本を読んで比較や対照をする際には，もっと具体的な方法が必要です。ベン図＊を用いると，上手に比較や対照ができます。2つのフラフープを一部が重なるように床に置けば，即席でベン図ができ上がります。生徒たちは細長く切った紙に，似ている点や異なる点を書き，二者がどのように似ているか，あるいは，どのように異なっているかを考えて，自分の書いた紙を適切な位置に置いていきます。

具体的な情報を探し出す

　テキストから具体的な情報を探す活動は，求めている情報が複数ページにわたらず，1ページの中に配置されていると，もっとも指導しやすくなります。リーディングがあまり得意ではない生徒や，リーディングを始めて間もない生徒たちにとっては，短い1節に限定されるので，無理なく，集中して続けられます。生徒たちが1ページ上での情報探しに慣れてきたら，絵本でよくある，見開き2ページ扱いになっている文章を使い，情報探しをさせます。描写の中の情報を見つける活動には，低学年には Jim Arnosky（2009）の Wild Tracks! A Guide to Nature's Footprints や，高学年や中学生には Lynn Curlee（2002）の Seven Wonders of the Ancient World といった本がよいでしょう。

原因と結果

　出来事の原因（cause）と結果（effect）を読み取ることも，生徒たちが習熟すべきスキルです。大量の失業者を生み出したのは，世界大恐慌中の生産物の価値の下落や干ばつなのか，ナポレオンがフランス軍隊の資金集めに，アメリカ合衆国にルイジアナ州をアメリカに売却したことが，ミシシッピー川とロッキー山脈の間の北アメリカに広がる国の出現をもたらしたのか，理科でのてこと滑車の作用，話の中で起きる主な出来事のあとの二人の登場人物の行動，などに見られるように，原因と結果の理解は，リーディングにおいて重要な活動です。An American Plague: The True and Terrifying Story of the Yellow Fever Epidemic of 1793（Murphy, 2002）には，アメリカを襲った黄熱病の恐怖が描かれています。原因や治療方法がわからなかったために，この恐ろしい病気から逃れようとして多くの失敗が繰り返されました。お金持ちたちは，この恐ろしい病原を避けるために都会から田舎に逃れました。

問題と解決策

　問題（problem）の解決方法（solution）を見つけることは，時に応じて，誰もがしなければならないことです。子どもたちは本を通じて，発明家や科学者が日々実践している問題解決のプロセスを分析できます。*Mun-*

cha! Muncha! Muncha!（Fleming, 2002）の話から，リーディングを開始して間もない生徒たちは，農夫のマグリーリさんが，ウサギたちから野菜を守るためにどのように策を練ったかがわかります。彼らは，また，ウサギたちが，いかにマグリーリさんを出し抜こうとしたかも分析できます。小学校の中学年の子どもたちなら *You Forgot Your Skirt, Amelia Bloomer*（Corey, 2000）を読むことで，自転車に乗るなどの身体活動をしている時に，スカートが邪魔にならないようにするにはどうしたらよいかという問題に対して，Amelia Bloomer がとった解決方法に大喜びすることでしょう。[19]

注釈19（p.214参照）

小中学生のリーディングに対する指導上のストラテジー

初歩的なリーディング・スキルを習得した子どもたちには，学習状況の適切性を踏まえて，よりレベルの高い指導方法を選びます。各レッスンや指導上の活動を計画し，実行し，モニターし，評価してこそ，すぐれたリーディングの教師と言えます。毎回の授業で集計用紙（tally sheet）＊を使って，授業のどの部分がうまくいったか，同じ授業を別な生徒たちにする場合に，どんな改善方法が可能かを記録してもよいでしょう。

＊集計しやすいように縦横に罫線の入った用紙。

短めのテキストを選べば，リーディングのストラテジーを効率よく教えることができます。Harvey and Goudvis（2007）は，つぎのような特徴を持つ物語や，情報提供系の本の短い1節を選ぶとよいとしています。

- よく練られ，わかりやすいことばで書かれ，印象深いイラストと写真の両方，もしくはどちらか1つがある。
- 考え方，アイデア，情報が1つにまとまっている。
- 読み手にとって切実な重要性を持った問題に焦点が置かれている。
- 読み聞かせしやすく，クラス全員に共通の体験が与えられるよう，生徒たちが同じ本を持っていたり，プロジェクターなどで投影できたりする。
- 解釈が進むように，より深い意味を探すための再読がしやすい。
- リーディングを行う生徒のタイプや能力に関係なく，利用可能である。
- 生徒たちがライティングする際の現実的なモデルとなる。
- 教育的な加工が行われておらず，現実の世界でリーディングする際の準備となる。

以下に扱う質問活動，ブッククラブ，指示式リーディング活動（DRA），指示式リーディング・シンキング活動（DR-TA）は，小中学校の生徒たちに有効性が証明されている指導方法です。

質問活動

生徒たちが，クラスを離れて個人でも質問する（questioning）テクニックが使えるように，教師は効果的な質問を生徒にするだけではなく，どうすればそのように質問できるのか，生徒に示さなくてはなりません。生徒たちの答えの質や，彼らがどの程度まで議論に参加できるかは，教師が発する質問の質に影響されます（Norton, 1985）。使用する文章教材のタイプや質

も，生徒たちの反応の質に影響します。たとえば，テキストが単純でわかりやすいと，教師がレベルの高い質問のできる教材とならないことがあります。一方，よくできた現実味のあるフィクションは，高度な質問のできる教材となることがあります（Monson, 1992）。

　教師がさまざまな思考レベルに応じて質問すれば，生徒たちの認知的スキルは発達しやすくなります。文字通りの質問（literal question）[20]，推論を要する質問（inferential question）[20]，批判的な質問（critical question）[20]は，どれも同じくらいの頻度で投げかけます。しかし，初めは生徒が自信を持てるよう，文字通りの質問，あるいは，知識のレベルに合った質問から始めるのがベストです。教師によっては，批判的な質問を「分厚い（thick）」質問と呼び，文字通りの質問を「薄い（thin）」質問と呼んでいます。読み聞かせの際に，こうした質問の違いがわかるように，モデルとして生徒に質問します。まもなく，生徒たちも「薄い」質問，「分厚い」質問のように言い始めます。

　文字通りの質問とは，生徒たちがすぐに思い出せることや，特定の1節の中に見つけられる事実に基づいています。文字通りの質問は，主となるアイデア，話の具体的な事実，出来事の順番といったものに言及するのが普通です。

　推論を要する質問では，生徒たちは，テキストを文字通りのレベルで知っているだけでなく，文字で表されていないことまでも考えなくてはなりません。推論する際には，テキストから得た知識とすでに持っている知識を用います。つまり，著者が与えてくれるヒントとともに，生徒がいままでに得た知識を用いて，つぎに何が起きるかを推測します。同じ点を探す，異なる点を探す，結論を導く，一般化する，関連を知る，結果を予想するといったことは，すべて推論的思考に入ります。

　批判的な思考では，生徒が自分で判断しなければなりません。生徒たちが，文字通りのレベルと推論のレベルでしっかり考えることができなければ，批判的思考能力は非常に限られたものになってしまうでしょう。批判的な思考をするには，生徒たちは教材を客観的にながめ，判断に至るために十分に情報を検証し終えるまで，最終的な判断はしないでおきます。

著者への質問

　「著者への質問（Question the Author: QtA）」は，著者も間違いを犯すし，著者の文章にも間違いがないとは言えないと，生徒たちが認識することが必要となる活動です。まず，教師がテキストに関しての質問をいくつか作り，そのあとを引き継いで，生徒が質問作成に取り組みます。これは生徒にとってやや難しい課題です（McKeown and Beck, 2004）。QtAでは，テキストについて，教師と生徒や生徒同士の議論が重要です。教師が，レベルの高い議論となるような質問をしながらテキストの内容を掘り下げるのが，QtAの基本です。質問は著者，もしくは生徒たちの考えに対して行われます。テキスト中の1文や，文より長いまとまりが，質問の対象となります。QtAの目的は，より高レベルな思考がもたらされるよう，生徒の思考活動を深く，広くすることにあります。

注釈20（p. 214参照）

教師は，QtAをかなりの時間を費やして慎重に準備しなければなりません。ことに，QtAを始める際には，実際のテキストを用いて入念に準備し，モデルとして適切な質問の作り方を示します。教師は，生徒たちが具体的なテキストについて質問を作成し，質問に答えるという，活動の基本的な枠組みが実践できるよう支援します。この間は，教師はかなりのかかわりを持つことになります。しかし，時間の経過とともに，生徒は自分たちだけで討論できるようになり，教師のかかわりは減少していきます（Liang and Dole, 2006, p. 746）。

質問・回答の関係付け

　「質問・回答の関係付け（Question-Answer Relationship: QAR）」と呼ばれるストラテジーでは，生徒たちが，質問とその答えの関係を分類できるように指導します（Raphael, 1986）。QARでは以下のように，答えの見つけ方の違いによって質問を分類します。

第1カテゴリー：本や物語の中
テキストから見つける（Right There）：文字通りの質問であれば，答えは本や物語の中にそのままある情報から見つけることができます。
考えて探す（Think and Search）：答えは物語の中にありますが，読み手は，テキストの何ヶ所かに分散している，いくつかの文から答えをまとめなければなりません。

第2カテゴリー：自分の頭の中
自分の中で見つける（On My Own）：答えはテキスト内にはありません。読み手は自分自身のこれまでの経験から答えを見つけます。テキストを読まずに答えることも可能です。
著者と私（Author and Me）：答えは物語の中にはありません。答えは読み手がすでに持っている知識と，著者が伝えようとしている内容から見つけます。読み手は推論したり，行間を読んだりして，正しい答えを見つけます。

　QARを導入する際に，教師はクラスの生徒に，答えを「テキストから見つける」のか，「自分の頭の中から見つける」のかという，質問の基本的な2つのカテゴリーの違いを明確にします。オーバーヘッド・プロジェクターでテキストを投影して見せながら，どのようにこの2種類の質問に答えたらよいのかモデルを示します。つぎに，教師は，生徒たちがテキストに関するほかの質問にも同じように取り組めるよう，誘導的な指導をします。2, 3日して，生徒たちがこの種類の質問に取り組めるようになったら，教師は，生徒が十分説明についていけるよう，各自が手元に持っているテキストや，教師がプロジェクターで投影したテキストを用いて，「テキストから見つける」質問と，「考えて探す」質問のモデルを示します。さらに，数日後に，「自分で見つける」と，「著者と私」のタイプの質問のモデルを示します。教師は同じテキストを用いて，このような課題への取り組みのモデルを

示し，翌日に異なるテキストを使い，学習を補完します。1つの活動，とりわけ，推論のスキルが要求される「著者と私」に焦点を当てる指導は，生徒たちがこのスキルを理解し十分に使いこなせることが確認できるまで，物語や説得文といったタイプの異なるテキストを用いて，週1回のペースで行うとよいでしょう。

　1年生には，ふつう，2学期からQARを導入します。Mem Fox（1994）の *Tough Boris* は，この活動に適した本です。2年生や3年生でQARを導入する際には，かなりの推論が必要になる *The Lotus Seed*（Garland, 1993）がお薦めです。小学校の高学年や中学生では，*The Life of Dr. Martin Luther King, Jr.*（Rappaport, 2001）（邦題：『キング牧師の力づよいことば──マーティン・ルーサー・キングの生涯』）と *March On! The Day My Brother Changed the World*（Farris, 2008）は，教師がQARのモデルを示すうえで便利です。

『キング牧師の力づよいことば──
マーティン・ルーサー・キングの生涯』
（原題：*The Life of Dr. Martin Luther King, Jr.*）
Doreen Rappaport（著），もりうちすみこ（翻訳）
国土社，2002年

ブッククラブ

　「ブッククラブ（Book Club）」とは，文学を用いた読書プログラムで，リーディング，ライティング，生徒主体のグループ討論およびクラス全体による討論が含まれます。もともとのアイデアはTaffy Raphael and Susan McMahon（1994）によるものですが，ブッククラブは，教師が，たとえば，アメリカ独立戦争，西部開拓，有名な発明家，世界大恐慌などといった，はっきりとしたテーマのあるすぐれた文学作品を選ぶことから始まります。つぎに教師は，グループによる討論や会話によって本について話すことと，本についての質問に答えることの違いを生徒たちと話し合います。さらに，生徒たちは，読書記録（reading log）の付け方の説明を受けます。最後に，教師と生徒は，上手な話し手や聞き手になるにはどうしたらよいのかについて話し合い，それぞれの特徴をウォール・チャート（wall chart）＊にまとめます。

＊「掛け図」とも呼ばれる，大判の紙に情報をまとめたもので，教室の壁や黒板に掲示する。

　生徒たちは，本を読む時に語彙シート（vocabulary sheet）を利用します。この用紙の上部には，本のタイトルと生徒の名前を記入する欄を設け，その下を4列に分割し，それぞれ日付，単語，ページ番号，単語の意味を記入します。生徒は読みながら，語彙に関する情報を記録していきます。

　本全体や，たとえば小説の中の数章というように課題になった部分を読んだあと，読書記録を付けます。以下は，読書記録の記載事項の例です（Raphael and McMahon, 1994）。

* グラフィック・オーガナイザーの一種（第7章 p.314 参照）。

- **登場人物マップ**（character map）*：生徒は気に入った登場人物，もしくは気に入らなかった登場人物について振り返り，その人物について，視覚的なマップにまとめます。その図には，登場人物の外見，登場人物がしたこと，登場人物に関して興味深かったこと，ほかの登場人物とどのよう接したかなどを書き入れます。
- **すばらしい単語**（wonderful word）：新しい単語，珍しい単語，上手に描写している単語をメモします。生徒が自分のライティングの中で使いたいと思うような単語をまとめます。生徒がなぜそのことばを選んだのか，短い説明も書いておきます。
- **絵**（picture）：本中の1場面について絵を描きます。なぜ，その絵を描いたのか，簡単に理由も書いておきます。
- **本／章の批評**（book/chapter critique）：生徒は，本，あるいは本のある章に関して，良いと思ったことや，書き改めたほうがよいと思われることをまとめます。
- **出来事の順序**（sequence）：生徒は読みながら，出来事を起きた順にチャートに記録していきます。記録したそれぞれの出来事について，なぜこのチャートに含めたのか，簡単に理由も書いておきます。
- **思い入れのある箇所**（special story part）：生徒は，本の中で自分にとって特別な箇所の最初の句あるいは文を，そのページ番号とともにメモします。
- **著者のわざ**（author's craft）：生徒は，本の中で読者にアピールする特別な単語，上手に描写していたり，愉快に感じたりした句，会話の例などをメモします。
- **本と私**（the book and me）：生徒は，本の中の出来事や登場人物を自分自身の生活に結び付けてみます。

　つぎに，生徒同士でブッククラブを作り，読んだものについて話し合います。教師はどのようにこのグループで討論を進めていくのか，ガイドラインとモデルを示してから，ブッククラブを開始します。生徒には，ブッククラブ活動を始める前に，あらかじめ，2, 3 の質問を用意させておきます。教師は，あちこちのブッククラブを見て回り，各グループの進行具合や持ち上がった問題をメモします。普通とは思えない事態が起きたり，なんらかの問題に対して，生徒から説明や助言を求められたりすることがない限り，教師は関与しないようにします。あとの段階で，クラス一斉の指導を行う際に，このブッククラブ活動中に観察をしながら集めた情報を使います。

　読書記録に加えて，生徒たちは「私が学んだこと（What I Learned）」用紙に記入します。あるテーマについて，単元で読んで学んだことを，1 行から 3 行程度の文で簡単にまとめて記入します。この用紙は，生徒の学習をアセスメントする際に部分的に利用します。

指示式リーディング活動

　「指示式リーディング活動（Directed Reading Activity: DRA）」は，何十年もの間，ベイサル・リーディング・プログラムの一部として行われてき

ました。この活動は6つのステップからできています。

1. リーディングを行う目的を明確にします。
2. 背景となる情報を確認します。
3. 新出語句を導入します。
4. リーディングする際のガイドとなるような質問を用意します。
5. テキストを黙読，もしくは音読させます。
6. リーディングのあとに補完的な質問をします。

　指示式リーディング活動における教師の役割は，リーディングがスムーズに行われるよう準備したり，生徒を動機付けたりすることです。生徒の理解を助ける関連する教材や物品を用意しておくとよいでしょう。

指示式リーディング・シンキング活動

　「指示式リーディング・シンキング活動（Directed Reading-Thinking Activity: DR-TA）」（Stauffer, 1969）では，生徒が読む時に，先に書かれている内容を予測しながらリーディングを行います。教師は，本を適当な節や切れ目でいくつかに分け，分けたところまで読んだら，内容について話し合いをさせます。DR-TA では DRA より，生徒主導で話し合いを進めていきます。生徒は，自分の持つ個人的な知識と，それまでリーディングしてきたテキストの2種類の情報に基づいて，つぎに読むテキスト中に起きることを予測します。

　DR-TA は，教師がリーディングの目的を簡潔に述べ，生徒がこれから読むもののタイトルを分析することから始まります。ベイサル・リーダーのお話や，小説中のある1章といった物語や，理科や社会科の教科書に見られる描写文を，テキストにしてもよいでしょう。生徒は，いままでの経験や，タイトルそのものからわかることを話し合い，テキストの内容を予測します。生徒にテキストを読ませ，あらかじめ決めておいた箇所まで到達したら，読むのを一旦ストップさせます。その時点で，自分たちが立てた予測が，正しいのか，それとも棄却すべきなのかを確認し，新たに得た情報に基づいて新しい仮説を立てます。これは，質問を作り，作った質問を肯定するのか否定するのかを検証し，収集した情報から新しい質問を作り出すというプロセスです（Moore et al., 1982）。*

* 本文に登場する「予測」や「仮説」ということばは，本質的に「質問」と同意義。

内容教科と解説文のリーディング

　情報提供系の本が，教室でのリーディング指導において広まるにつれ，より多くの児童用図書が，理科，社会科，さらに数学といった内容教科を教えるために使われています。このような図書は，子どもたちに，異なったものの見方を紹介する際に用いることができます。たとえば，「すぐれた絵本は，年長の生徒たちに歴史観への新しい洞察を与えます」といった指摘もあります（Farris and Fuhler, 1994, p. 383）。ベイサル・リーダーは，ほとんどが現実味のあるフィクションや物語であるのに対して，内容教科の本は，ほとんどがノンフィクションか解説文です。教科が異なれば，扱われる

| 記事 4.1 | ブルームの教育に関する分類と児童図書 |

　アメリカの教育学者のブルーム（Benjamin Samuel Bloom）は，認知スキルを，もっとも基本的なレベルから，もっとも複雑なレベルまで階層化しています。それぞれの認知スキルごとに，教師がすぐれた児童文学作品を用いて，スキルを伸ばし定着させる方法が簡潔に説明されています。

1. **知識**：いままでに提示された情報を思い出します。
　　例）*My Great Aunt Arizona*（Houston, 1992）の中の出来事を起きた順に思い出す。
2. **理解**：情報を理解し，翻訳し，解釈し，もしくは推定します。
　　例）*Lilly's Purple Plastic Purse*（Henkes, 1996）（邦題：おしゃまなリリーとおしゃれなバッグ）における Lilly の先生への思いを一般化して考える。
3. **応用**：問題解決のための原理を用いて，情報を抽象化して応用します。
　　例）*Poppleton: Book One*（Rylant, 1997）の登場人物たちの特徴を推測する。
4. **分析**：複雑な情報や考えを，いくつかの単純なパーツに分割し，それぞれのパーツの関連の仕方や，組み合わされ方を見つけ出します。
　　例）*Pink and Say*（Polacco, 1994）の 3 分の 2 だけを読み，物語の結末を予想する。
5. **まとめ**：情報を分割して新たにまとめなおします。
　　例）*Christmas in the Big House, Christmas in the Quarters*（MaKissick and McKissick, 1994）における，クリスマスの時の奴隷主と奴隷たちの個人的な対立を解釈する。
6. **評価**：判断を下します（普通は標準とされるものに対して行う）。
　　例）*Fly Away Home*（Bunting, 1991）に登場する少年のようなホームレスに対し，人びとはどのように反応しますか？　そして，それはなぜですか？

Bunting, E. (1991). *Fly Away Home* (R. Hilmer, Illus.). New York: Clarion.
Henkes, K. (1996). *Lilly's Purple Plastic Purse.* New York: Greenwillow.
Houston, G. (1992). *My Great Aunt Arizona* (S. Lambe, Illus.). HarperCollins.
McKissack, P. and McKissack, F. (1994). *Christmas in the Big House, Christmas in the Quarters* (J. Thompson, Illus.). New York: Scholastic.
Polacco, P. (1994). *Pink and Say.* New York: Philomel.
Ryland, C. (1997). *Poppleton: Book One* (M. Teague, Illus.). New York: BlueSky/Scholastic.

『おしゃまなリリーとおしゃれなバッグ』
（原題：*Lilly's Purple Plastic Purse*）
Kevin Henkes（著），いしい　むつみ（翻訳）
BL 出版，1999 年

　語彙や学習項目も違ってくるので，生徒たちが解説調の散文を読む際には，物語を読む場合とは異なるストラテジーが使えなくてはなりません。たとえば，Saul（1992, p. 1）は，「理科の本は子どもたちに科学の楽しみ，可能性，限界に気付かせるかもしれません。こういった本の中でもすぐれたものは，情報を伝える以上のことをしてくれます。すなわち，物理的存在物の美しさ，複雑さ，つながりに気付かせてくれます」と述べています。

　情報提供系の本を通して，目次，参考文献，図解，グラフ，左右の余白，地図，出典記載，索引，見返し（endpaper）＊などのノンフィクションの持つ補助的な特徴を知ることができます。こういった特徴を示す良い例となる

＊ 表表紙，もしくは裏表紙をめくって現れる，2 ページが連続した領域。

	記事 4.2 　ミニレッスン：天気——テーマ学習のための循環型指導案 [21]
注釈 21 （p. 214 参照）	**情報提供系の書籍** さまざまな関連書籍を多数用意します。 **読み聞かせ** 　*Where the River Begins*「川が始まるところ」（Thomas Locker）— 絵本 　*The Night of the Twister*「恐ろしい嵐の夜」（Ivy Ruckman）— 小説 　情報提供系の本の多くは読み聞かせに向いています。 **コーラス・リーディング／一斉読み** 　*Tornado!*「竜巻！」（Arnold Adoff）— 詩 　*Weather*「天気」（Lee Bennett Hopkins）— 詩 **インタビュー** 　クラスとして，イリノイ州のジョリエットにある国立気象局の気象学者にインタビューします。
注釈 22 （p. 214 参照）	**単語の壁** 　生徒と教師の双方が協力して，単語の壁（word wall）[22]を作ります。たとえば，つぎのような語をリストにします。

　　風向計（weather vane）　　　　　積算降水量（accumulation）
　　温度計（thermometer）　　　　　高気圧（high pressure）
　　風速計（anemometer）　　　　　低気圧（low pressure）
　　雨量計／積雪計（rain/snow gauge）　華氏（Fahrenheit）
　　湿度計（hygrometer）　　　　　　摂氏（Celsius）
　　気圧計（barometer）　　　　　　予報する（predict）
　　凝結（condensation）　　　　　　湿度（humidity）
　　気象学者（meteorologist）　　　　寒冷前線（cold front）
　　蒸発（evaporation）　　　　　　　温暖前線（warm front）
　　極寒の（frigid）　　　　　　　　吹き流し（wind sock）
　　降水（量）（precipitation）　　　　水循環（water cycle）
　　風速冷却指数（wind chill factor）　乾湿計（psychrometer）

チャートと地図
　合衆国の輪郭地図を用いて，生徒たちは寒冷前線，温暖前線の進行具合を交代で記録します。新聞の天気予報欄から，この種の地図が入手できます。当日の天気図を前日のものと比較し，天気の変化を予報し話し合います。

プロジェクト
　小グループ単位で，生徒たちは，たとえば，気圧計，風向計，雨量計／積雪計，風速計，湿度計，乾湿計のような気象観測用機器を組み立てて使用します。

学習記録
　生徒たちは，テーマ学習を行っている間は，1日に2度，自作した機器で計測した数値と，教室や校庭にある「本物の」機器で計測した数値を，ともに記録します。生徒たちは，また，現在の天気と雲の状態をメモし，天気の変化を予想し，なぜそのように予想したかについて，理由を記録します。この学習記録は教科単元を通じて，これまで学んだほかの科学的情報を振り返る際に用います。

注釈 23 （p. 214 参照）	**コンピュータ／科学技術** 　毎日，1つのグループがコンピュータで Weatherschool [23] プログラムを用いて，天気予報の準備をします。毎日の天気情報を用いて，担当となったグループは，コンピュータで作成した画像や動画などの視覚的な情報を用いて天気についてプレゼンテーションします。

調査研究
　各生徒もしくはペアで，天気に関係する研究課題を選びます。研究では，なぜ，そして，どのように，さまざまな種類の天気が生じるのか，また，天気がどのように人の役に立ったり，害をもたらしたりするのかといった点を説明します。それぞれの研究はクラスレポートとしてまとめます。以下は研究課題の例です。
　・海洋は，どのように天気に影響するか？
　・水の循環とは何か？
　・稲妻や雷は，なぜ起きるか？
　・水の循環において，蒸発（または，凝結，降水，積算降水量）はどのような役割を果たしているか？

- 低気圧（高気圧）とは，どういう意味か？
- 低気圧（高気圧）は，どのように天気に影響を与えるか？
- 竜巻とは何か？
- ハリケーンとは何か。
- 風はどのように形成されるか？

美術
気象用の吹き流しを設計し作成します。吹き流しの働きについて学習記録帳にまとめます。

情報提供系の本には，低学年向けに多くの図表が掲載されている Gail Gibbons（2002）の *Tell Me, Tree*，左右の余白に情報を記載してある Laurence Pringle（1997）の *An Extraordinary Life: The Story of a Monarch Butterfly*，そして，読者のリーディングレベルに応じて，目次，索引，地図，その他の補助的な特徴を共有するのに最適な James Cross Giblin（2000）の *The Amazing Life of Benjamin Franklin* があります。

囲み記事4.2は，天候をテーマにした単元で，中高学年に向いています。図表4.7は，この単元のグラフィック・オーガナイザーです。以下，本節では，内容教科でのリーディングにおいて，生徒の学習を支援する指導方法を取り上げます。

スタディ・スキル

生徒たちは，何のためにリーディングを行っているのか，リーディングの目的が確立できるよう，自分のリーディングのストラテジーに磨きをかけ，教師への依存度を減少させていく必要があります。したがって，生徒たちは，教師やクラスメイトの助けなしに，上手にテキストに関して質問を作り，何が書かれているかを予測できなければなりません。

自分で質問を作れるようになるために，生徒たちはクラスメイトと練習を積み重ねます。たとえば，教師は地下鉄についてどのような質問があるかを生徒たちに聞き，オーバーヘッド・プロジェクターのトランスペアレンシー上にメモしていきます。映し出された質問を見たあとで，生徒たちは同じトピックに関してさらに質問を追加します。教師は，理科と社会科の両方のテキストを用いて，実際に質問をどう作るかをモデルとして示します。理科のテキストと社会科のテキストでは，リーディングする際のストラテジーが異なるので，教師は，生徒たちが理科と社会科のいずれでも，授業で用いるテキストを使って，自分たちで良い質問を作れると思い込んではいけません。

SQ3R

注釈24（p.214参照）

リーディングを始める前のストラテジーの1つに，Robinson（1983）のSQ3Rがあります。SQ3Rは，「概観する（surver）」，「質問する（question）」，「読む（read）」，「口頭発表する（recite）」[24]，「振り返りをする（review）」という5つのステップで構成されています。生徒が読もうと思っている1節を「概観する（surver）」には，見出し，強調されている項目，イタリック体の語句，節や章末の質問，最初のパラグラフと終わりのパラグラフを読みます。生徒は，見出しを基に「質問を作り（question）」，テキストを「読んで（read）」，その答えを見つけます。つぎに，読んだ内容に

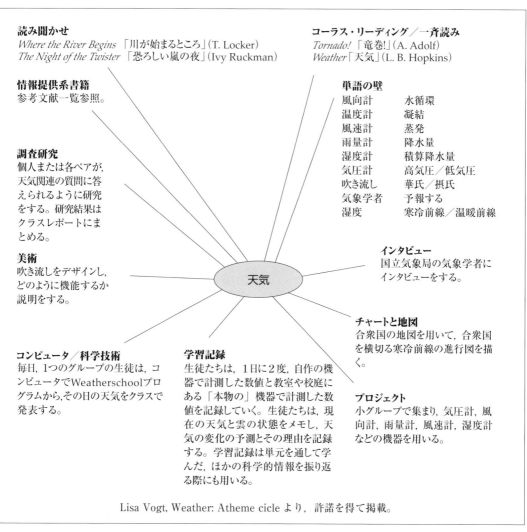

図表 4.7：天候をテーマにしたグラフィック・オーガナイザー

ついて，記憶を頼りに「口頭で発表します（recite）」。最後のステップとして，読んでいる時にメモしたことや，テキストを「振り返って（review）」，著者が主に言いたいことをまとめます。生徒たちが，この SQ3R を効果的に使えるようになるには，定期的に繰り返して練習する必要があります。

RESPONSE 指導法

注釈25（p.214 参照）

もう1つのストラテジーは，Jacobson（1989）によって作られた「RESPONSE 指導法」[25] です。SQ3R と同様に，RESPONSE 指導法では，生徒がテキストに関する質問を考えることを奨励します。SQ3R とは，生徒が質問を分類しなければならない点が異なります。したがって，この指導法は4年生から6年生にもっとも適しています。

　この指導法で用いられる「RESPONSE シート（RESPONSE form）」は，生徒と教師が相互交流を行う道具です。生徒には，質問するのと同時

に，即座に教師から回答（response）をもらう機会が与えられます。生徒たちはシートを完成させて，教師に渡します。教師は，質問，名前，語彙，学習事項などで，脇にアステリスク（*）の付いたものに注意を払います。その後，アステリスクに関連して，教師は，クラス討論として取り上げたり，個々の生徒に返信を書いたりして質問に答えます（respond）。質問が関係するページ番号や氏名などを生徒に書いてもらうことで，教師はただちに関連したページに飛ぶことができ，作業がより効率的に進みます。

記事 4.3　　RESPONSE シート

氏名：＿＿＿＿＿＿＿＿＿＿＿＿＿＿　　日付：＿＿＿＿＿＿＿＿＿＿＿＿＿＿
リーディング課題：
重要なポイント：リーディングしながら，重要な情報を箇条書きにし，重要なアイデアをまとめなさい。関連するページ番号も書き留めなさい。

質問：リーディングしながら，浮かんできた質問をメモしなさい。関連するページ番号も書き留めなさい。質問は討論する際のアイデアとなります。討論で用いずに，ただちに答えが必要な質問にはアステリスク（*）を付けなさい。

知らない専門用語，学習事項，語彙，名称：初めて聞いた語句，専門用語，人物名，基本的なアイデアを箇条書きにしなさい。関連するページ番号も書き留めなさい。先生から意味を教えてもらったり，説明してもらいたいことばにはアステリスク（*）を付けなさい。

RESPONSE を用いた指導は Jeanne M. Jacobson が，雑誌 *Reading Horizon* 1989 年冬号にて発表したのが始まり。

リテリング

　理解している内容を，自分のことばを用いて要約する「リテリング（re-telling）」は，低学年のクラスで，フィクションを扱う時によく使われるストラテジーですが，情報提供系の文章についても学年を問わずに使えます。リテリングを，たとえば，つぎのように実践してみてはどうでしょう。まず，床に紙をテープで貼り，野球のダイヤモンド型に3つの塁とホームベースを用意します。ホームベースを含む，すべての塁上に，生徒をランナーとして一人ずつ立たせます。1塁上の生徒は1番目の情報を，2塁上の生徒は2番目の情報を，3塁上の生徒は3番目の情報を，そしてホームベース上の生徒は，すべてのランナーがホームに帰れるように，全体を締めくくる4番目の情報を発表します。すべての塁を最初から走者で埋めておくと，ゲームの説明がよりわかりやすくなり，ゲームが速く進みます。形を変えたものとして，床にフラフープを縦に4つ並べる方法があります。教師はモデルとして，最初のフラフープの中で1番目の情報を発表します。そののち，つぎのフラフープへと移動し，2番目の情報を発表するという具合に，4番目のフラフープまでリテリングを続けます。続いて一人の生徒を指名して，情報提供系の本の別のエピソードを用いてこの活動を行わせます（Ellery,

2009)。

　本の1つの章の内容を記した目次は，リテリングをする際のガイドとして使えます。章の中のそれぞれの小見出しを区切りとして，区切りまでの部分の情報をグループの各メンバーが発表していきます。この方法はすでに扱った教材の復習をする時にも役立ちます。

相互教授法

　「相互教授法（reciprocal teaching）」は，小学校中高学年生や中学生や学習障がいを持つ年長の生徒たちに使用できます。この方法では，生徒は，内容教科の教材をまとめるにあたり，4つのストラテジーを用います。第1に，生徒は文章を読んで1つの文で内容をまとめます。第2に，生徒は読んだ部分に関してレベルの高い質問を1つか2つ作ります。第3に，文章で難しかった部分があれば，どの部分かをはっきりさせ，理解できるようにします。[26] そして最後に，つぎのパラグラフか，つぎに読む部分では何が起きるかを予想します。

注釈26（p.214参照）

　相互教授法では，教師の説明よりも，テキストを理解するために，教師と生徒が協力し合う点に重きを置きます。「相互教授法では，テキストの意味に関することばのやりとりが大切です」（Palincsar and Brown, 1989, p.33）。生徒は，テキストで読み終えたところから得た情報と，すでに持っている知識をともに用いて，テキストについて質問したり，これから読むテキストに関して納得のいく予想をしたりします。この点で，本質的に相互教授法はDR-TA（Directed Reading-Thinking Activity）*の個別的な形であると言えます。先行研究で，能力の低い中高学年生と，学習障がいのある中学1年生や2年生に効果があるという結果が報告されています（Palincsar and Brown, 1985）。相互教授法において重要なのは，担任の教師が，まずモデルとして実演することと，生徒たちが，この方法で内容教科の教材を読む時に，自信が持てるよう肯定的なフィードバックを大いに与えることです。

* 指示式リーディング・シンキング活動（本章 p.191参照）。

　「生徒は，読んでいるものに関して，質問を作ることが期待されているとわかっていれば，より強い目的意識を持って読むことになります」（Hashey and Connors, 2003, p.227）。Diane Connors先生は，中学校の自分のクラスで，質問が文字通りのもの（literal）であれば「痩せた（skinny）」質問*と呼び，よく思考する必要があれば「太った（fat）」質問*と呼び，質問のレベルを分けました。「痩せた」質問は，Who（誰），What（何），Where（どこ），もしくはList（…を列挙してください）などで始まり，「太った」質問は，Predict（予想しなさい），Why do you think …?（なぜあなたは…と思うか？）などで始まるものです。生徒たちが，この異なる質問の2つのレベルについて，理解していることを確認してから，Connors先生は，生徒たちに自分たちだけで質問を作らせます（Hashey and Connors, 2003）。教師が質問の作り方をモデルとして示すことは，生徒にとって有益です。同様に，「痩せた」質問と「太った」質問への答え方について，モデルを示すことも有益です。モデルとして示さないと，生徒たちは「太った」質問に対して「痩せた」答え方をしてしまい，読んだことについ

* 本章 p.186の「質問活動」の項を参照。

て，深く考えようとしなくなることがあります。

　不明な点を解明すること，すなわち，明確化（clarification）は，生徒がテキストを読み進むなかでしばしば必要となります。能力のある生徒は概して明確化を行います。その際，テキストの特定の場所を読みなおしたり，ほかの生徒に尋ねたり，先生に質問をしたりします。しかし，平均的な生徒やリーディングを苦手とする生徒は，明確化ができないために，理解が妨げられてしまうことがよくあります。生徒の明確化を進めるために，たとえば，「もし大都市に旅行に行って，迷ってしまったらどうしますか？」と尋ねてみます。生徒たちは何を探すでしょうか？「一番高い建物，博物館，具体的な通り」といった答えが出てくるでしょう。言い換えれば，これらはランドマーク（landmark）*と呼ばれる目印なのです。リーディングの際にも，生徒はランドマークを確認する必要があります。リーディングの場合，意味的なものかもしれないし，統語的なものかもしれないし，文法的なものかもしれません。文章を読みなおすということは，大きな町で迷った時に，来た道を戻ってみることに似ています。また，進むべき道を見つけるのに誰かに案内してもらうことも，明確化に至りつく方法の1つです（Hashey and Connors, 2003）。

＊ 場所を特定できる，目立った建物や自然物。

　生徒たちにとって，教材を要約するスキルは重要です。教師が，前もってよく書けている要約をいくつか選択して読ませると，たとえば *Scholastic News* *の記事のような，短い物語や解説文を要約する際に役立ちます。

＊ 米国の Scholastic 社が発行する児童向け週刊誌。

リーディングのアセスメント

　「理論的には，アセスメント（assessment）とは，行動をより具体化するために，データを収集し，解釈することです。*　しかし，実際には，データの解釈は，私たちのリテラシー教育や生徒に対する考え方，私たちを取り巻くアセスメントについての日常的な話し合い，そして私たちが思い付く『行動（action）』の範囲によって制約を受けます」（Johnston, 2003, p.90）。したがって，生徒のリーディングのアセスメントは，公式テストや標準化された測定だけに依拠してなされることはありません。ただし，そういった測定は生徒のスキルを，相対的に位置付ける場合にはうってつけです。大半の米国の州では，どの学校や地域が州のリーディング基準に達しているかを見きわめるために，特定の学年についてリーディング能力の公式テストを実施することを命じています。公式テストには，ふつう，商業ベースで作られた標準テストや州の作成するテストが含まれます。リーディングについて，標準的な到達度テストがなければ，教師や学校の経営陣は，スキルを個別に学んだ世代である親たちに，自分の子どもが適切なレベルで学んでいることを納得させることは困難でしょう。担任の教師は，生徒たちを「テストに強く（test wise）」なるように指導することが可能です。しかし，アセスメントでより重きを置くべきことは，本来，生徒の進歩を文書で記録することにあり，結果は教室における指導実践の方向を定める参考に用いるべきです。

＊ 第1章 p.29 参照。

　実際には，リーディングの進歩のアセスメントは，さまざまな手法を組み

合わせて行われるのが普通です。この手法には，教師による生徒観察や，ある期間集めた記録の分析も含まれます。教師は，生徒の評価（evaluation）[27]やクラスでの活動を通して見えてくる，子どもの興味，精神健康上の機能レベル（level of functioning）[28]，リテラシーの発達状況といった点を考慮すべきです。Routman（1991, p. 305）は，自身が定義した評価の5つの要素[29]は相互に関連しなくてはならないとして，「すなわち，観察，活動，テスト，もしくは，タスクは関連性があり，教育上の加工を施していない，オーセンティック（authentic）なものである[30]とともに，学習者に情報提供をしつつ，指導を進める教育・学習プロセスの一部でなくてはなりません」のように述べています。アセスメントの要素の1つとして，子どもたちが，リテラシーに関して持つ知識とその実践の存在に気付き，記録を取ることは，子どもたちが全体として何を知っていて，何ができるかということと同じくらい重要です。また，私たち教師がアセスメントをする時に，教室の学習環境を分析することも同様に重要です（Johnston, 2003）。

　学級文庫の十分な備え付けがなかったり，インデペンデント・リーディングについて十分な時間が確保できなかったりすると，生徒のリーディング力の達成度が低い要因になります。カリキュラムを反映させて，年間を通して入れ替えをすると，学級文庫には少なくとも2千冊から3千冊の本が必要です。この冊数は，経験豊かな教師にとってもお金のかかる膨大なコレクションです。*The Book Whisperer*（2009）の著者であるDonalyn Millerは，教師は広範なジャンルの本を熟知し，定期的に新しい本について生徒に紹介できるとよいと力説しています。本の話の時間（book talk）を設定して，本のタイトルを生徒に紹介することは，まさに教師のもたらす「書籍の恵み（the blessing of the books）」[31]のように言われています。生徒は往々にして教師の薦める本を読むことになるからです。

　教師は，子どもが個人や，小グループや，クラス全体の活動として学習している様子を観察し，子どもがことばを使ったり，問題を解決したり，クラスの仲間と協力したりする能力をしっかりと把握します。教師は，カンファレンス，質問活動（questioning），文章による対話などを通じて，生徒とよく交流して，その生徒の知識レベルや問題解決方法を評価します。最後に，教師は，出版された本であれ，生徒自身の作品であれ，文字で書かれた教材や資料に対する，生徒による口頭もしくは文章での反応を分析し，生徒の言語知識と言語使用能力を評価します（Goodman, 1988）。

　チェックリスト，逸話記録（anecdotal record）*，ジャーナル，およびポートフォリオによって，教師は，各生徒の学習と発達をモニターできます。数週間の逸話記録やチェックリストの比較などを通じて，各生徒のリーディング力の伸びを毎月見なおせば，それぞれの子どもにとって，どの経験や活動がうまくいき，どれがうまくいかなかったのかが見えてきます。ジャーナルを用いることで，各生徒の学習だけでなく，教師自身の教え方についても振り返りができます。

　クラス担当の教師はまた，生徒に自分で自分を評価するように指導します。「私がこれまで読んだ本」とか，「ライティングで私ができること」などの題名のリストを作り，進歩が見えるように記入項目ごとに日付を付けれ

ば，生徒たちは自分の努力を自分でモニターできます。何を知っていて，何を知らないかが明確になれば，生徒は，新しくなじみのない分野へと自分の学習を向けることができます。生徒が自分の学習をコントロールする，とはまさにこういうことです。

　生徒による新しいスキルの獲得は，毎日のように観察できるものなので，生徒のリーディングの評価は継続的に行います。ほかの生徒がすでに獲得したと思われるスキルが，まだ獲得されていないことに気付くかもしれません。公式な方法と非公式な方法の両方を使えば，クラス担任の教師は，クラスのすべての生徒のリーディングの能力について効率的に計測できます。

公式な評価尺度

　「公式な評価尺度（formal evaluation measures）」には，標準テストや，ベイサル・リーディング・シリーズの付録の単元テストのようなテストがあります。多くの公式の評価尺度は，集団準拠型テストか，目標準拠標準テストのいずれかです。「集団準拠型テスト（norm-referenced test）」は，生徒のテスト結果を，過去に同じテストを受験した生徒たちの結果と比べます。「目標準拠標準テスト（criterion-referenced test）」では，設定した目標や基準と生徒の結果を比べます。たとえば，標準到達度テスト（standardized achievement test）は集団準拠型テストであり，運転免許証の筆記試験は目標準拠標準テストです。

　リーディング評価の際に，集団準拠型テストは学級担任の教師に役に立ちます。集団準拠型標準到達度テストを，毎年，生徒に受験させ，その結果を，前年度の生徒の結果と比べることで，現在の生徒の進み具合が評価できます。さらには，学校や1学区のすべての生徒の結果が学年ごとにまとめられると，その学校や，1学区のリーディング・プログラムの全体的な教育効果を見ることができます。

　目標準拠標準テストは，生徒が，ある特定のスキルを身に付けたかどうかを調べるのによく使われます。たとえば，ある目標準拠標準テストが，分節法（syllabication）*についての問題を10題含んでいるとしましょう。ある生徒が8つ正解すれば，この生徒は分節法がよくできると扱われます。目標準拠標準テストは，特別な支援が必要な生徒（high-risk student）*に有効なテストです。たとえば，ある特定の行動を測定するのであれば，目標準拠標準テストを作成します。生徒は，自分のテストの出来で評価され，ほかの生徒のテスト結果と比べられることはありません。

萌芽的リテラシーテスト（emergent literacy test）：萌芽的リテラシーテストは，就学前の子どもが受けるのが普通です。この種類のテストは，聴覚による音の弁別，文字の認識，文字と音声の対応，文字の転写，ことばによる指示に従うといった領域での，年少の子どもの言語の発達に加えて，萌芽的なリーディングとライティングに関するスキルを評価する下位テストを含んでいます。

診断テスト（diagnostic test）：生徒が小学校から中学校へと進むにつれて，公式の診断テストが，個々の生徒のスキル能力を把握するために実施さ

* 単語を音節に区切ること。

* 個別的な指導を必要とする要支援生徒のこと。

れます。この種類のテストは，たとえば，子音や母音，子音の連続と二重母音を認識する能力，出来事を正しい順序に並べる能力，音読された内容を理解する能力などのように，特定のリーディング・スキルに問題がある子どもに対して実施するのが一般的です。診断テストは個別に実施され，採点と結果の解釈を注意深く行います。

　市販のリーディングテストの急速な普及によって，生徒が「テスト漬け（overtesting）」になっています。ある学区の責任者は，単元が終わる前に，その単元のテストを実施してしまう教師が何人かいると不満を漏らしていました。生徒のテスト結果が良くなかった時，「気にしなくていいです。テストの範囲がまだ授業で終わってないのだから，もともとみんなが良い点が取れるとは思っていませんでした。」のように，クラスの生徒たちに言った教師がいたそうです。当然のことですが，このようなテストの間違った使い方は避けるべきです。

非公式な評価尺度*

*「非公式な評価尺度」は informal evaluation measures。

　多くの教師が，リーディングの指導をより効果的にするために，生徒の興味，姿勢，嗜好，能力について，できる限り把握しなければならないと考えています。そこで教師は，好きなこと嫌いなこと，自由な時間にしたいこと，趣味としていることなどのリストを生徒に作らせます。加えて，生徒には，いままでに読んだ本のリストと，これから読みたい本のリストも作らせます。教師は，定期的にリストに目を通して，生徒のその時点の興味や読書活動を把握します。

　生徒たちの姿勢や興味を非公式に測る際に，リーディング評価一覧表（reading inventory）*やチェックリストを用いてもよいでしょう。あるいは，非公式な「リーディング・インタビュー（reading interview）」を，時間を設定して行います。このインタビューは，録音して記録するもので，生徒は好きな本から「特別な」1節を読み上げ，そののち，教師は，生徒にその本やその本以外の読書に関する興味について質問します。

* 第1章 p.29 の「生徒のアセスメント」の節を参照のこと。

逸話記録（anecdotal record）：逸話記録とは，クラス担任の教師が生徒を観察したのちに取るメモ書きのことです。Routman（1991, p.309）の定義によると，逸話記録とは，学習者の姿勢，得意不得意，ニーズ，進歩，学習スタイル，スキル，使われたストラテジー，その他観察時に重要と思われたことすべてに基づいて，社会性と言語の両方の発達について，日付とともに記述した非公式の観察メモです。逸話記録は，ふつう，子どもが何をしているのかと，何をすることが必要かを，具体的に記した短いコメントで構成されます。逸話記録は，長い期間にわたって文書化され蓄積されてきた情報であり，記録によって，生徒のリテラシーの発達を広い視野から見ることができます。

　さまざまな事柄が，逸話記録として書かれます。たとえば，「完成したライティングの作品について書いてあることもあれば，完成するまでのプロセスと，完成した作品の両方に関する情報を含んでいることもあります」（Rhodes and Nathenson-Mejia, 1991, p.502）。Rhodes and Nathenson-Mejiaは続けて,「逸話のメモは定期的に取られるので,指導計画を立てたり,進歩の状況を文書化したりするための手段としてだけでなく,一人の生徒の物語にもなっている」と述べています (p. 503)。

チェックリストと異なり,逸話記録は担任の教師にとって時間のかかる仕事です。しかし,逸話記録は貴重な情報源となり,とくにほかの評価尺度を併用することでその価値が高まります。なかでも,逸話記録は,生徒対教師や親対教師のカンファレンスの際に役に立つ情報を提供してくれるという点がことに重要です。

リーディング用ポートフォリオ(reading portfolio):リーディング用ポートフォリオには,調査時点における,読了日を記載した,子どもが読み終えた本のリストや,読みたい本のリストが含まれます。学習した単語も日付とともにリストにして,ポートフォリオに収めます。

低学年の間(1年生の場合には入学後半年ほど経った1月に開始)は,生徒一人ひとりについて,簡単な子ども向けの本を用いて,1分間にいくつの単語を読めるかを記録します。この記録は年に3回更新します。調査に用いる子ども向けの本は,クラス全員の成長が計測できるよう,最後まで読み終える生徒がいそうにない長さのものをクラス全員で統一して用います (Pils, 1991)。

さまざまなリーディング体験の広がり(物語,詩,歌などの教材のリーディングや,プロジェクトに携わった時に,複数の内容教科を横断して行われたリーディング)を示す情報も,ポートフォリオに収めます。加えて,どのようにリーディングとライティングを組み合わせて,問題を解決したり,ほかの人とコミュニケーションしたり,新たに関連付けをしたり,新しい発見をしたり,学校の内外でプロジェクトを推進したりしたのかという記録も含めます (Tierney et al., 1991)。教師は,ポートフォリオを定期的に,少なくとも月に1度は見なおして評価します。このアセスメントでは,リーディングやライティングの活動として,ポートフォリオに選んだものの種類とその具体的な内容を明らかにします。[32] たとえば,文学作品について感想をまとめるジャーナルで,ある期間を通して,子どもが文学的要素をどう分析しているかや,リーディングに対する生徒の関心をとくに引きつけていると思われる一人の著者(もしくは,1つの話題)があるのか,を記します。教師は,ポートフォリオを評価したら,ポートフォリオについて,生徒とカンファレンスを持ちます。カンファレンスでは,年度初めと比較しつつ,リーディングに関しての生徒の進捗状況と,リーディングの現在の興味がどこにあるのかについて話し合います。カンファレンスの間,生徒は教師に遠慮することなく,自分の得意な点と不得意な点について正面から深く考察します。また,4人の能力の異なる生徒(優秀な生徒,平均的な生徒,苦手意識のある生徒,何をしてよいかわからず学習に一貫性のない生徒)を選び,それぞれのポートフォリオを教師間で交換してもよいでしょう。各教師は,それぞれの生徒の進歩の概要を手短にメモします。その後,選ばれた生徒のポートフォリオを見ながら,各自がどのようにアセスメントしたかを話し合います (Gillespie et al., 1996)。こうすることで,教師たちが,自分で下し

注釈32(p. 214参照)

た判断の信頼性と妥当性を保つことができます。生徒の興味や，ものを考えたり行動したりする際の傾向は，リーディングとライティングの両面から少しずつ発達します。このため，リテラシーに関するより広範なアセスメントとなるよう，リーディングはライティングと組み合わせてアセスメントします。

　テクノロジーの進歩のおかげで，ポートフォリオは，より効率的で時間がかからないものになっています。ライティングの見本をコンピュータでスキャンしたり，記録を携帯端末からノート型パソコンにダウンロードしたり，生徒の劇を短いビデオクリップにして DVD に収めたりといったことができます。コンピュータを使うことで得られるスピードと効率によって，生徒の多様な活動をアセスメントし，生徒のリテラシーの発達状況をより的確に把握できるようになりました。

診断と振り返り用のポートフォリオ（diagnostic-reflective portfolio）：作品のサンプルを集め，学習目標に照らしながら評価すれば，ポートフォリオは，診断と振り返り[33]用の評価手段になります（Courtney and Abodeeb, 1999）。ポートフォリオがこの評価手段となるためには，以下の要件を満たさねばなりません。

注釈33（p.214参照）

- 生徒の得意な点と不得意な点を診断して，リテラシー指導の計画を立てる。
- 生徒と教師の双方が，生徒の作品の収集をする。
- 作品サンプルのコレクションを，生徒自身が分類する。
    - ・生徒が，文章題を解くまでの手順を文章でまとめられることを示す算数の提出物を2つ選ぶ。
    - ・生徒が読んだ本を，その生徒がなぜ好きなのかをもっともよく説明している記載事項を読書記録から1つ選ぶ。
    - ・生徒が，対話文の書き方を理解していることを示す物語文のライティング作品を1つ選ぶ。
- 教師の指導のもと，生徒自身が目標設定をする。
    - ・目標は，実現可能で適切なものにする。
    - ・目標は，各評価期間や学期の初めに設定する。
- 作品ごとに，どのような学習が，なぜ，どのようにして生じたのか，振り返りをする。
    - ・評価期間や学期の最後に，教師が生徒と話し合いを持ち，振り返りをして，その後の構想を考える。
- 生徒が，自分の親や保護者にポートフォリオを説明する。
    - ・この説明を年に3回実施する。
    - ・生徒は学校でクラスメイトを相手に練習してから，家でポートフォリオの説明をする。

　診断と振り返り用のポートフォリオは，教師対保護者のカンファレンスの時にも役立ちます。とくに，個別教育計画（individualized educational plan: IEP）[*]で学習している生徒には非常に役に立ちます。

[*] 障がいや学習困難を持つ生徒に対して，米国が法的に決定した教育計画。

本章で学んだこと

ごく最近まで，リーディングはランゲージアーツ指導の中心でした。バランスを重視するリテラシー・プログラムは，フォニックス指導と，読み方を学び始めたばかりの子どもに対するベイサル・リーダー（basal reader）による学習，もしくは，ホールランゲージ・アプローチ（whole language approach）*とを結び付けました。

子どもが，どのようにしてリテラシーを獲得するのかについて研究が進むにつれ，リーディングの分野では，最近，萌芽的リテラシーの領域が関心を集めています。これと並んで，就学前の子どもへの本の紹介と，本の紹介を低学年および中高学年に対して，さらに拡張することがあらためて注目を浴びています。小学校1学年から中学2年生までを通して，リーディング・ワークショップが活用されています。

リーディングの初心者と上級者の双方を対象にして，さまざまなリーディングの指導法があります。さらに，内容教科でのリーディングをする場合に使える学習方法も，いくつか提案されています。最後に，公式なもの，非公式なものを含めて，さまざまな子どものリーディングの進み具合を評価する方法があります。

* 部分の積み重ねではなく，意味の理解を強調する，統合的なことばの指導法（第1章 p. 12 参照）。

答えられますか？

1. 誘導式リーディングの指導法と，自分がどのようにリーディングを学んだかを比較しなさい。それぞれの長所と短所は何ですか？
2. 萌芽的リーディング段階の子どもの特徴を挙げなさい。
3. 自分自身が「ストーリータイム（story time）」の時に，先生からしてもらった読み聞かせの経験と，共有式の読み聞かせはどう違いますか？
4. さまざまなスタディ・スキル（SQR3R，retelling など）による指導方法を対照比較し，それぞれの良い点と悪い点を挙げなさい。

振り返りをしましょう

本章の最初の「教室をのぞいてみましょう」へ戻ってみましょう。エピソードを読みなおしてから，つぎの質問について考えてみましょう。エピソードに登場する先生の持つ特長（含意されているものであれ，はっきりと示されているものであれ）のうち，あなたが身につけたいのはどういう特長ですか？ 生徒のリーディングについて，どのような強みや弱みが，この章で述べられていましたか？ あなたは，そのような強みや弱みを持つ生徒に，どのように対応していきますか？

やってみましょう

1. 4歳から8歳までの，年齢の異なる4名の生徒のリーディング活動を観察します。それぞれの子どもが，どのようなリーディング・スキル（たとえば，左から右へと文字を読む，上から下へと文字を読む，画像を手がかりとする，など）を具体的に持っているのかを表にします。

2. 誘導式リーディングの活動に適した本を見つけてください。6人から8人の生徒のグループに対して，所属する学年にふさわしい，誘導式リーディングの指導計画を作り，実践してみます。
3. 本章で述べられているスタディ・スキルを用いた指導法の1つを，担当しているクラスで実践してみます。最低でも1ヶ月の間指導を継続して，生徒の成長を比較します。

参考文献

Allington, R. L. (1991). Children who find learning to read difficult: School responses to diversity. In E. H. Hiebert (Ed.), *Literacy for a Diverse Society: Perspectives, Practices, and Policies.* New York: Teachers College Press.

Allington, R. L. (2001). *What Really Matters for Struggling Readers: Designing Research-Based Programs.* New York: Wiley.

Allington, R. L. (2002). What I've learned about effective reading instruction from a decade of exemplary elementary classroom teachers. *Phi Delta Kappan, 83* (10), 740-747.

Allington, R. L. (2009). *What Really Matters in Response to Intervention Research-Based Designs.* New York: Longman.

Anderson, R. C., Hiebert, E. H., Scott, J. A., and Wilkinson, I. A. G. (1984). *Becoming a Nation of Readers: The Report of the Commission on Reading.* Washington, DC: National Institute of Reading.

Anderson, R. C., Wilson, P. T., and Fielding, L. G. (1988). Growth in reading and how children spend their time outside of school. *Reading Research Quarterly, 23,* 285-303.

Atwell, N. (1998). *In the Middle: New Understandings about Writing, Reading, and Learning* (2nd ed.). Portsmouth, NH: Heinemann.

Augustine, D. K., Gruber, K. D., and Hanson, L. R. (1989-1990). Cooperation works! *Educational Leadership, 47* (4), 4-7.

Ausubel, D. (1963). *The Psychology of Meaningful Verbal Learning.* New York: Grune & Stratton.

Avalos, M. A., Plasencia, A., Chavez, C., and Rascón, J. (2007, December). Modified guided reading: Gateway to English as a second language and literacy learning. *The Reading Teacher, 61* (4), 318-329.

Babbitt, N. (1987). *Boston Globe* Award speech. *The Horn Book, 63,* 582-585.

Berkeley, S., Bender, W. N., Gregg Peaster, L., and Saunders, L. (2009). Implementation of response to intervention: A snapshot of progress. *Journal of Learning Disabilities, 42* (1), 85-95.

Bissex, G. (1980). *GNYS AT WORK: A Child Learns to Read and Write.* Cambridge, MA: Harvard University Press.

Boushey, G. and Moser, J. (2009). *The CAFÉ Book: Engaging All Students in Daily Literacy Assessment & Instruction.* Portsmouth, ME: Stenhouse.

Boushey, G. and Moser, J. (2006). *The Daily Five.* Portsmouth, ME: Stenhouse.

Bruner, J. (1990). *Acts of Meaning.* Cambridge, MA: Harvard University Press.

Burke, E. M. (1999). Literature in a balanced reading program. In S. M. Blair-Larsen and K. A. Williams (Eds.), *The Balanced Reading Program* (pp. 53-71). Newark, DE: International Association.

Canney, G. F., Kennedy, T. J., Schroeder, M., and Miles, S. (1999). Instructional strategies for K-12 limited-English proficiency students in the regular classroom. *The Reading Teacher, 52* (5), 540-545.

Clay, M. M. (1991). Introducing a new storybook to young readers. *The Reading Teacher, 45* (4), 264-273.

Clay, M. M. (1993). *Reading Recovery: A Guidebook for Teachers in Training.* Portsmouth, NH: Heinemann.

Collier, V. (1995). Acquiring a second language for school. *Directions in Language and Education: National Clearinghouse for Bilingual Education, 1* (4). http://www.thomasandcollier.com/Downloads/1995_Acquiring-a-Second-Language-for-School_DLE4.pdf (retrieved March 31, 2010).

Courtney, A. M. and Abodeeb, T. L. (1999). Diagnostic-reflective portfolios. *The Reading Teacher, 52* (7), 708-714.

Cullinan, B. E. and Galda, L. (1999). *Literature and the Child* (3rd ed.). Fort Worth: Harcourt Brace.

Cummins, J. (1996). *Negotiating Identities: Education for Empowerment in a Diverse Society.* Ontario, CA: California Association of Bilingual Education.

Cunningham, P. M. and Hall, D. (1998). The four blocks: A balanced framework for literacy in primary classrooms. In K. Harris, S. Graham, and M. Pressley (Eds.), *Teaching Every Child Every Day* (pp. 32-76). Cambridge, MA: Brookline Books.

Cunningham, P. M., Hall, D. P., and Sigmon, C. M. (2000). *The Teacher's Guide to the Four Blocks: A Multimethod, Multilevel Framework for Grades 1-3.* Greensboro, NC: Carson-Dellosa.

DeFord, D. E., Pinnell, G. S., Lyons, C. A., and Young, P. (1987). *Ohio's Reading Recovery Program: Vol. 3. Report of the Follow-Up Studies.* Columbus: Ohio State University.

Drucker, M. (2003). What reading teachers should know about ESL learners. *The Reading Teacher, 57* (1), 22-29.

Durkin, D. (1990). Dolores Durkin speaks on instruction. *The Reading Teacher, 43* (7), 472-477.

Echevarria, J., Vogt, M., and Short, D. (2008). *Making Content Comprehensible for English Learners: The SIOP Model* (3rd ed.). Boston: Pearson/Allyn & Bacon.

Ellery, V. (2009). *Creating Strategic Readers: Techniques for Developing Competency in Phonemic Awareness, Phonics, Fluency, Vocabulary, and Comprehension* (2nd ed.). Newark, DE: International Reading Association.

Eskey, D. E. (2002). Reading and teaching of L2 students. *TESOL Journal, 11* (1), 5-9.

Farris, P. J. and Fuhler, C. J. (1994). Developing social studies concepts through picture books. *The Reading Teacher, 47* (5), 380-387.

Fitzgerald, J. (1999). What is this thing called "balance"? *The Reading Teacher, 53* (2), 100-107.

Flood, J. (1986). The text, the student, and the teacher: Learning from exposition in the middle schools. *The Reading Teacher, 40* (8), 414-418.

Fountas, I. C. and Pinnell, G. S. (1996). *Guided Reading: Good First Teaching for All Children.* Portsmouth, NH: Heinemann.

Fountas, I. C. and Pinnell, G. S. (1999). *Matching Books to Readers: Using Leveled Books in Guided Reading.* Portsmouth, NH: Heinemann.

Fountas, I. C. and Pinnell, G. S. (2001). *Guiding Readers and Writers: Grades 3-6.* Portsmouth, NH: Heinemann.

Freeman, D. and Freeman, Y. (1999). The California Reading Initiative: A formula for failure for bilingual students? *Language Arts, 76* (3), 241-248.

Fuchs. D. and Fuchs, L. S. (2009, November). Responsiveness to intervention: Multilevel assessment and instruction as early intervention and disability identification. *The Reading Teacher, 63* (3), 250-252.

Gambrell, L. (2009). Creating opportunities to read more so that students read better. In E. H. Hiebert (Ed.), *Reading More, Reading Better* (pp. 251-266). New York: Guildford.

Gambrell, L., Morrow, L. M., and Pressley, M. (2007). *Best Practices in Literacy Instruction* (3rd. ed.). New York: Guilford.

Gillespie, C. S., Ford, K. L., Gillespie, R. D., and Leavell, A. G. (1996). Portfolio assessment: Some questions, some answers, some recommendations. *Journal of Adolescent & Adult Literacy, 39* (6), 480-491.

Goodman, Y. (1988). Evaluation of students: Evaluation of teachers. In K. Goodman, Y. Goodman, and W. Hood (Eds.), *The Whole Language Evaluation Book.* Portsmouth, NH: Heinemann.

Harvey, S. and Goudvis, A. (2007). *Strategies That Work* (2nd ed.). Portland, ME: Stenhouse.

Hashev, J. M. and Connors, D. J. (2003). Learn from our journey: Reciprocal teaching action research. *The Reading Teacher, 57* (3), 224-232.

Holdaway, D. (1986). Guiding a natural process. In D. R. Tovey and J. E. Kerber (Eds.), *Roles in Literacy Learning: A New Perspective.* Newark, DE: International Reading Association.

Jacobson, J. M. (1989). RESPONSE: An interactive study technique. *Reading Horizons, 29*, 86-92.

Johnson, D. W. and Johnson, R. T. (1978). Cooperative, competitive, and individualistic learning. *Journal of Research and Development in Education, 12* (1), 3-15.

Johnson, R. T. and Johnson, D. W. (1985). Student-student interaction ignored but powerful. *Journal of Teacher Education, 36* (1), 22-26.

Johnson, D. W. and Johnson, R. T. (1987). *Learning Together and Alone: Cooperative, Competitive, and Individualistic Learning.* Englewood Cliffs, NJ: Prentice-Hall.

Johnston, P. (2003). Assessment conversations. *The Reading Teacher, 57* (1), 90-93.

Joyce, B., Showers, B., and Rolheiser-Bennett, C. (1987). Staff development and student learning: A synthesis of research on models of teaching. *Educational Leadership, 45* (2), 12-23.

Joyce, B. and Weil, M. (Eds.). (1986). *Models of Teaching.* Englewood Cliffs, NJ: Prentice-Hall.

Kennedy, A. (1999). Home visits as part of an elementary bilingual program. Unpublished masters paper, Northern Illinois University, De Kalb, IL.

Krashen, S. D. (2004). *The Power of Reading: Insights from the Research* (2nd ed.). Portsmouth, NH: Heinemann.

Langer, J. A. (1990). The process of understanding: Reading for literary and informative purposes. *Research in the Teaching of English, 24*, 229-260.

Liang, L. and Dole, J. A. (2006, May). Help with teaching reading comprehension: Comprehension instructional frameworks. *The Reading Teacher, 59* (8), 742-753.

McKeown, M. G. and Beck, I. L. (2004). Transforming knowledge into professional development resources: Six teachers implement a model of teaching for understanding text. *The Elementary School Journal, 104*, 391-408.

Meloth, M. S. (1991). Enhancing literacy through cooperative learning. In E. H. Hiebert (Ed.), *Literacy for a Diverse Society* (pp. 172-183). New York: Teachers College Press.

Miller, D. (2009). *The Book Whisperer: Awakening the Inner Reader in Every Child.* San Francisco:

Jossey Bass.
Mills, D. (2002). *Reading with Meaning: Teaching Comprehension in the Primary Grades*. Portland, ME: Stenhouse.
Monson, D. L. (1992). Realistic fiction and the real world. In B. Cullinan (Ed.), *Invitation to Read: More Children's Literature in the Reading Program*. Newark, DE: International Reading Association.
Moore, D. W., Readence, J. E., and Rickelman, R. J. (1982). *Prereading Activities for Content Reading and Learning*. Newark, DE: International Reading Association.
Norton, D. E. (1985). *The Effective Teaching of Language Arts* (2nd ed.). Columbus, OH: Merrill.
Ogle, D. M. (1986). K-W-L: A teaching model that develops active reading of expository text. *The Reading Teacher, 39* (7), 564–570.
Ogle, D. M. (1989). The know, want to know, learn strategy. In K. D. Muth (Ed.), *Children's Comprehension of Text: Research into Practice* (pp. 205–223). Newark, DE: International Reading Association.
Ogle, D. (2009). Reading comprehension across the disciplines: Commonalities and content challenges. In S. R. Parris, D. Fisher, and K. Headley (Eds.), *Adolescent Literacy, Field Tested* (pp. 34–46). Newark, DE: International Reading Association.
Ovando, C. and Collier, V. (1998). *Bilingual and ESL Classrooms: Teaching in Multicultural Contexts*. New York: Macmillan.
Owocki, G. and Goodman, Y. M. (2002). *Kidwatching: Documenting Children's Literature Development*. Portsmouth, NH: Heinemann.
Palincsar. A. S. and Brown, A. L. (1985). Reciprocal teaching: Activities to promote "reading" in your mind. In T. L. Harris and E. J. Cooper (Eds.), *Reading, Thinking, and Concept Development* (pp. 147–158). New York: College Board Publications.
Palincsar, A. S. and Brown, A. L. (1989). Instruction for self-regulated learning. In L. B. Resnick and L. E. Klopfer (Eds.), *Toward the Thinking Curriculum: Current Cognitive Research*. Washington, DC: Association for Supervision and Curriculum Development.
Palincsar, A. S., Ogle, D. S., Jones, B. F., Carr, E. G., and Ransom, K. (1985). *Facilitators' Manual for Teaching Reading as Thinking*. Washington, DC: Association for Supervision and Curriculum Development.
Paris, S. G. (1985). Using classroom dialogues and guided practice to teach comprehension strategies. In T. L. Harris and E. J. Cooper (Eds.), *Reading, Thinking, and Concept Development* (pp. 133–146). New York: College Board Publications.
Pils, L. J. (1991). Soon anofe you tout me: Evaluation in a first-grade whole language classroom. *The Reading Teacher, 45* (1), 46–50.
Pressley, M. (2000). What should comprehension instruction be the instruction of? In M. Kamil et al. (Eds.), *Handbook of Reading Research*. Hillsdale, NJ: Erlbaum.
Purves, A. C. (1990). *The Scribal Society*. New York: Longman.
Raphael, T. E. (1986). Teaching question-answer relationship, revisited. *The Reading Teacher, 39* (6), 516–523.
Raphael, T. E. and McMahon, S. I. (1994). Book Club: An alternative framework for reading instruction. *The Reading Teacher, 48* (2), 102–117.
Rhodes, L. K. and Nathenson-Mejia, S. (1992). Anecdotal records: A powerful tool for ongo-

ing literacy assessment. *The Reading Teacher, 45* (7), 502-511.
Richards, J. C. and Anderson, N. A. (2003). What do I *See?* What do I *Think?* What do I *Wonder?* (STW): A visual literacy strategy to help emergent readers focus on storybook illustrations. *The Reading Teacher, 56* (7), 442-443.
Rinaldi, C. and Samson, J. (2008). English Language Learners and response to intervention: Referral considerations. *Teaching Exceptional Children, 40* (5), 6-14.
Robinson, H. A. (1983). *Teaching Reading, Writing, and Study Strategies: The content areas* (3rd ed.). Boston: Allyn & Bacon.
Rosenblatt, L. (1938). *Literature as Exploration.* New York: Noble & Noble.
Rosenblatt, L. (1978). *The Reader, the Text, the Poem: The Transactional Theory of the Literary Work.* Carbondale, IL: Southern Illinois University.
Rosenblatt, L. (1991). Literature—S.O.S.! *Language Arts,* 68, 444-448.
Routman, R. (1991). *Invitations: Changing as Teachers and Learners, K-12.* Portsmouth, NH: Heinemann.
Saul, W. (1992). Introduction. In W. Saul and S. A. Jagusch (Eds.), *Vital Connections: Children, Science, and Adults.* Portsmouth, NH: Heinemann.
Slavin, R. E. (1983). *Cooperative Learning.* New York: Longman.
Slavin, R. E. (1988). Cooperative revolution catches fire. *School Administrator, 45* (1), 9-13.
Slavin, R. E. and Madden, N. A. (1989). What works for students at risk: A research synthesis. *Educational Leadership, 46* (5), 4-13.
Shapiro, E. S. and Clemens, N. H. (2009). A conceptual model for evaluating system effects of Response to Intervention. *Assessment for Effective Intervention, 35* (1), 3-16.
Sharan, Y. and Sharan, S. (1989-1990). Group investigation expands cooperative learning. *Educational Leadership, 47* (4), 17-21.
Stauffer, R. G. (1969). *Directing Reading Maturity as a Cognitive Process.* New York: Harper & Row.
Sweet, A. P. and Snow, C. E. (Eds.). (2003). *Rethinking Reading Comprehension.* New York: Guildford.
Taylor, B. M., Pearson, P. D., Clark, K., and Walpole, S. (2000). Effective schools and accomplished teachers: Lessons about primary grade reading instruction in low-income schools. *Elementary School Journal, 101* (2), 121-166.
Tierney, R. J., Carter, M. A., and Desai, L. E. (1991). *Portfolio Assessment in the Reading-Writing Classroom.* Needham, MA: Christopher-Gordon.
U.S. Department of Education. (2002). What works clearinghouse: Beginning reading. http// ies.ed.gov.ncee/wwc/reports/beginning_reading/topic/ (retrieved April 7, 2010).
Valencia, S. W. and Buly, M. R. (2004). Behind test scores: What struggling readers *really* need. *The Reading Teacher, 57* (6), 520-533.
Vellutino, F. R. and Scanlon, D. M. (2002). The interactive strategies approach to reading intervention. *Contemporary Educational Psychology, 27,* 573-635.
Watson, D. and Rangel, L. (1989). Can cooperative learning be evaluated? *School Administrator, 46* (6), 8-11.
Wedwick, L. and Wutz, J. (2008). *BOOKMATCH: How to Scaffold Student Book Selection for Independent Reading.* Newark, DE: International Reading Association.

Wigfield, A. and Guthrie, J. T. (1997). Relationship of children's motivation for reading to the amount and breadth of their reading. *Journal of Educational Psychology, 89*, 420-432.
Zygouris-Coe, V., Wiggins, M. B., and Smith, L. H. (2004). Engaging students with text: The 3-2-1 strategy. *The Reading Teacher, 58*(4), 381-384.

参考図書

Arnosky, J. (2009). *Wild Tracks! A Guide to Nature's Footprints*. New York: Sterling.
Berne, J. (2008). *Manfish: The Story of Jacques Cousteau* (E. Puybaret, Illus.). San Francisco: Chronicle.
Bruchac, J. and London, L. (1992). *Thirteen Moons on Turtle's Back: A Native American Year of the Moons* (T. Locker, Illus.). New York: Philomel.
Corey, S. (2000). *You Forgot Your Skirt, Amelia Bloomer* (C. McLaren, Illus.). New York: Scholastic.
Cowley, J. (1999). *Red-Eyed Tree Frog*. New York: Scholastic.
Curlee, L. (2002). *Seven Wonders of the Ancient World*. New York: Atheneum.
Curtis, C. P. (1998). *The Watsons Go to Birmingham, 1963*. New York: Holt.
Farris, C. (2008). *March On! The Day My Brother Changed the World* (L. Ladd, Illus.). New York: Scholastic.
Fleishman, J. (2002). *Phineas Gage: A Gruesome but True Story about Brain Science*. Boston: Houghton Mifflin.
Fleming, C. (2002). *Muncha! Muncha! Muncha!* (G. B. Karas, Illus.) New York: Atheneum.
Fleming, C. (2008). *The Lincolns: A Scrapbook Look at Abraham and Mary*. New York: Schwartz & Wade.
Fox, M. (1994). *Tough Boris*. San Diego: Harcourt Brace.
Garland, S. (1993). *The Lotus Seed*. San Diego: Harcourt Brace.
Gerson, M-J. (2001). *Fiesta Femenina: Celebrating Women in Mexican Folktales* (M. C. Gonzales, Illus.). New York: Barefoot.
Gibbons, G. (2002). *Tell Me, Tree*. New York: Little, Brown.
Giblin, J. C. (2000). *The Amazing Life of Benjamin Franklin* (M. Dooling, Illus.). New York: Scholastic.
Henkes, K. (1990). *Julius, Baby of the World*. New York: Greenwillow.
Kilborne, S. (1994). *Peach and Blue* (S. Johnson and L. Fancher, Illus.). New York: Knopf.
Knight, M. B. (1992). *Talking Walls* (A. S. O'Brien, Illus.). Gardiner, ME: Tilbury House.
Lobel, A. (1970). *Frog and Toad Are Friends*. New York: Harper & Row.
Medina, J. (1999). *My Name Is Jorge: On Both Sides of the River* (F. Vandebrock, Illus.). Honesdale, PA: Boyds Mills.
Mitchell, M. K. (1993). *Uncle Jed's Barbershop* (J. Ransome, Illus.). New York: Scholastic.
Murphy, J. (1987). *The Last Dinosaur*. New York: Scholastic.
Murphy, J. (1990). *The Boys' War: Confederate and Union Soldiers Talk about the Civil War*. Boston: Houghton Mifflin.
Murphy, J. (2002). *An American Plague: The True and Terrifying Story of the Yellow Fever Epidemic of 1793*. New York: Clarion.

Nelson, K. (2008). *We Are the Ship: The Story of the Negro Baseball League*. New York: Jump at the Sun.

Pringle, L. (1997). *An Extraordinary Life: The Story of a Monarch Butterfly* (B. Mastall, Illus.). New York: Orchard.

Rappaport, D. (2001). *Martin's Big Words: The Life of Dr. Martin Luther King, Jr.* (B. Collier, Illus.). New York: Hyperion.

San Souci, R. (1989). *The Talking Eggs. A Folktale from the American South* (J. Pinkney, Illus.). New York: Dia.

San Souci, R. D. (2000). *The Little Gold Star: A Spanish American Cinderella Tale* (S. Martinez, Illus.). New York: Harper/Collins.

Serafini, F. (2008). *Looking Closely Along the Shore*. Ontario, Canada: Kids Can Press.

Soto, G. (1993). *Too Many Tamales*. New York: Putnam.

Thong, R. (2000). *Round Is a Mooncake*. San Francisco: Chronicle Books.

Thong, R. (2002). *Red Is a Dragon*. San Francisco: Chronicle Books.

注　釈

1 米国の児童図書サービス協会（Association for Library Service to Children: ALSC）が，米国で刊行されたすぐれた絵本の著者に送る賞。

2 Little Critter は Mercer Mayer による絵本シリーズ。Arthur は Marc Brown による絵本シリーズで，「アーサーとなかまたち」というシリーズタイトルで青山出版社より翻訳が刊行されている（第1章 p.22 参照）。

3 リーディングにおいて，読み手とテキストの間のトランザクション（transaction，問題解決や課題の完成を目指して行われる，目的性の高い交互作用）を通じて，意味が構築されるという考え方。インタラクション（interaction，相互交流）は，二人の人間が対話や活動に主体的にかかわることを意味し，トランザクションほど目的性を持たないとされている。

4 これによって，教師がどのような思考プロセスを経ながら読むのかが生徒にわかる（本章 p.160 参照）。ライティングにおける「シンク・アラウド」については，第2章 p.68 参照。

5 19世紀後半から存在する，米国における伝統的な児童向けリーディング教材。米国の主要な出版社から刊行されている。このため「ベイサル・リーダー」では，リーディングのみに焦点を当て，リーディングの交互作用論のような，最新の教育に関する研究成果が反映されていないこともある。「ベイサル・リーダー」については，第1章 p.10 も参照のこと。

6 「balanced（バランスを重視する）」のように強調されるのは，かつて，リテラシー教育の進め方として，内容理解と音声や文字の理解とのいずれを中心に行うべきか，という点で大きな論争があり，現在は，この両者をバランスよく配置した教育が主流になっている，という背景がある（第1章 p.19 参照）。

7 教師は文字を読まずに，黙って表紙から裏表紙までページをめくり，生徒の興味を高めます。この間に，生徒たちはいろいろな質問をしますが，教師はそれに対して曖昧な返事をすることで，生徒たちの「知りたい」とか「読みたい」という興味をさらに高めます。

8 個人の出来事や，個人が頭の中で創作した話を口頭で話すように書かれた文章。主語がI（私）となり，個人的な内容を持つことが多い。この点で，いわゆる，日本語における「物語」とは異なることに注意（第2章 p.60 参照）。

9 子どもの社会性，情緒，身体，美術センス，認知力などの発達に関する，さまざまな基準に基づいて，成長を肯定的に記録するもの。

10 19世紀初頭まで，戦場でドラムを叩くために徴用された少年。当時，ドラムの音は，軍の戦術を伝える手段として用いられていた。

11 emergent literacy（萌芽的リテラシー，読み書きを十分学んでいない生徒が，自分なりに工夫して文字を書いたり，認識したりする活動）によってリーディングを行う学習者を指す（第1章 p.17 参照）。

12 生徒の自発的な学習が促進されるよう環境整備を行い，意味のある学習となるように，より深い探求につながるような質問を行う，教育上の指導者。

13 可能性のある解決方法を数多く考えることによって，創造的なアイデアを作る方法。唯一の正しい解決策に到達するまで，論理的な思考を積み重ねる集中的思考（convergent thinking）の対局に位置する。

14 "Click and Clunk strategy" と呼ばれるものが有名。生徒たちがただちに理解できる単語を click，意味がわからず読解の妨げとなる単語を clunk と呼ぶ。クラスの中で click と clunk を明らかにし，clunk の持つ意味を，生徒同士が協力しながらさまざまなストラテジーを用いて推測する活動（本章 p.180 参照）。http://iris.peabody.vanderbilt.edu/module/csr/cresource/what-can-teachers-do-to-improve-their-students-reading-comprehension/csr_06/ も参照のこと。

15 1963年9月15日，アラバマ州 Birmingham における，16th Street Baptist Church（16番通りバプティスト教会）にダイナマイトが仕掛けられ，爆発炎上した事件。日曜日の礼拝に来ていた黒人の小学生，中学生4名（いずれも女子）が犠牲となった事件。当時，協会は公民権運動の拠点となっていた。

16 「自己概念（self-concept）」とは，個人が，個人の能力，性格，価値，身体的特徴などについて，あまり変化することなく持っている考え。

「学習事項の負荷（concept load）」は，テキスト内に現れる学習事項を理解するために，生徒にかかる負荷の大きさ。

「リスト作り・グループ分け・ラベル付け（list-group-label）」とは，教師が，授業で扱う学習事項を表す表現を板書などし，生徒は，それに関連する語句を発言する活動。つまり，出された語句をカテゴリー分けしていく。これも教師が手伝いながらクラスで進めていく。最後に各カテゴリーの名前を決める。

「グラフィック・オーガナイザー（graphic organizer）」とは，思い浮かんだアイデアをまとめ，さらにアイデアを追加させるために，アイデア間の関係を図で表したもの。アイデアの関係を視覚的に捉えることができる（第1章 p.4 参照）。

「ピクチャー・ウォーク（picture walk）」とは，絵本の表紙とタイトルを見せて，内容について子どもたちに予想してもらう活動。つぎに各ページを見せながら，文字は読まずに，子どもたちに絵を見せながら，何が書いてあるのか，絵に基づいた5W1Hの質問をする。

「コンセプト・ミューラル（concept mural）」は，学習予定の教科内容を全体として理解するために，教師が単純なイラストを用いて行うビジュアル・プレゼンテーション（第7章 p.310 参照）。

「ストーリー・マップ（story map）」は，生徒の物語の理解を進めるため，本章 p.183 の図表 4.6 のように物語の流れを視覚化したものを意味する。これ以外に，空欄のある絵や枠が話の順序に並べられていて，この順序に従って読み進めながら空欄を埋めていくことで理解を促し深める活動も含まれる。

「リーディングガイド（reading guide）」とは，生徒のリーディングにおいて，理解が難しそうな部分について，内容の要点やテキストの構成について理解できるように支援したり，発展的な理解を促進したりする情報。多くは質問の形をとり，生徒はその答えをテキストから探す活動。

「タイムライン（timelines）」は，テキストの出来事を時系列に並べたもの。

17 アンカーチャート（第1章 p.4 参照）で用いる，裏面に剥離可能な糊が塗られた紙。一般的には，24インチ×32インチ（約61cm×81cm）で，ほぼA1サイズに等しい。

18 表の1行目と1列目に，分類上の基準を複数置き，横軸と縦軸が交差するセルに関連する情報を箇条書きした表のこと。basket weave と呼ばれる幅の広い横糸と縦糸を格子状に組み合わせて作るバスケットの表面と，四角いセルの並ぶ表が似ていることから，このような名前が付いた。

19 Amelia Jenks Bloomer は，1818年生まれの米国の女性解放運動家。当時，女性は，丈が長く裾が大きく広がったスカートを着なければならず，服飾面の自由が制限されていた。Bloomer は，身体活動がしやすいように，ひざ下までのズボンをショートドレスの下にはくファッションを支持し，当時の女性から大きな賛同を得た。

20 「文字通りの質問（literal question）」は，テキスト内の記載事項に基づいて，具体的で明確な解答を要求する質問。

「推論を要する質問（inferential question）」は，個人的な意見を差し込むことなく，テキストの内外から，事実に基づいた複数の根拠を提示して，論理的な結論を要求する質問。

「批判的な質問（critical question）」は，複数の根拠を提示して，個人としての判断や意見を要求する質問。

21 「循環型指導（theme cycle）」とは，使用する情報提供系のテキストを変更すれば，ほぼそのままの形で再利用できる指導案。

22 本章 p.156 の「リーディングの指導方法」の節を参照。難しい語句を共有し，参照しやすくするため，教室の壁や黒板に語句を意味とともに大きく表示したもの。

23 米国のニューステレビ局 KFOR-TV が提供する，教育用気象情報サービス。オクラホマ州の気象情報を提供している。

24 いわゆる「レシテーション（recitation）」は，「暗唱」や「朗読」を意味するが，ここでは academic recitation（アカデミック・レシテーション）と呼ばれる，自分の知識や理解を披露したり，指導したりするために行われるプレゼンテーションを指す。

25 RESONSE のように大文字で表記することで，単に教師による生徒の質問への「回答（response）」とは異なることを示している。

26 明確化する（clarify）活動。はっきりとしていなかったり，難しかったり，なじみがなかったりする部分について，どこであるかをはっきりさせ（identification），理解できるようにする（clarification）こと。

27 データの測定のあとに，教育的な解釈や判断を重視する評価。「アセスメント（assessment）」と「評価（evaluation）」の違いについては第1章 p.29 参照。

28 臨床心理士や心理学者が，客観的に人の社会的，職業的，心理的な機能の状況を，1から100の数値を用いて評価するもの。このような数値化は「機能全体的評定（Global Assessment of Functioning）」と呼ばれる。

29 Routman（1995, p.307）は，この要素を，1）プロセスと完成物（product）の両方の観察とデータ収集，2）観察記録とデータ収集，3）観察とデータの解釈と分析，4）情報の報告，5）指導／学習への応用のように定義している。

30 学習者の置かれた現実に関連している様子を表す。ここでは評価に関連したデータが，主観的に省略されたり，ゆがめられたりすることなく，そのまま記録されていることを意味する。

31 blessing は，神による人への祝福や，神がもたらす人への恩恵を意味する。blessing of the books とは，読書を通じて生徒に幸福がもたらされること。

32 ここでも「評価（evaluation）」と「アセスメント（assessment）」のように，用語が使い分けられていることに注意。「評価」は，測定されたデータに基づいて，生徒の指導に関する決定を行うことに意義があるのに対して，「アセスメント」は，データ収集を行い，特定の領域における生徒の状況を把握することに意義がある（第1章 p.29 の「生徒のアセスメント」の節を参照のこと）。

33 ここでの「振り返り（reflect）」とは，過去に起こった出来事を詳細に思い出す行為を意味する。「振り返り」とともに，学習指導上の判断や決定が行わ

れるとreviewとなる。厳密に言えば，reflectとreviewは異なる意味となるが，ともに「振り返り」のように訳出されることが多い。

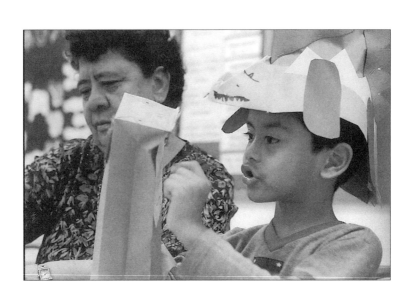

第 5 章

スピーキング：
考えていることを声に出して話す

ことばの学習者が，意味を伝えるためにことばを操作できるようになるには，社会的な交流の中で，自分でことばの規則を作り出し，その正しさを検証しなければなりません。〔Glenellen Pace, When teachers use literature for literacy instruction: ways that constrain, ways that free. *Language Arts*, 68（1），12-25. より〕

教室をのぞいてみましょう：お気に入りの物語を劇にして演じる

　Vicki は，教室の床の上でうずくまり，いつもだまっている幼いコオロギを演じます。Vicki 以外のクラスメイトは，別の昆虫を演じます。Jeremy は体の大きなコオロギ，Cory はバッタ，Paul はカマキリ，Jennifer はケムシ，Suzan はアワフキムシ，Matthew はセミ，Darrin はマルハナバチ，Sherry はトンボ，Nate はミズアオガになります。残りの生徒たちは，蚊を演じます。演技をしているのは 5 歳ないし 6 歳の生徒で，教師が読み聞かせたばかりの Eric Carle（1990）の *The Very Quiet Cricket*（邦題：だんまりこおろぎ）という物語を劇にして演じています。羽をこすっても音が出ないコオロギは，さまざまな虫と出会います。それぞれの虫は，それぞれに音を出しますが，美しいミズアオガは音を出しません。コオロギは，別のコオロギに対して「鳴く」楽しさと同様に，沈黙のすばらしさも学びます。この自由な劇活動の最後には，子どもたちの顔はみな喜びで明るく輝きます。子どもたちは劇活動に参加するだけでなく，虫についても楽しく学びます。

『だんまりこおろぎ』
（原題：*The Very Quiet Cricket*）
Eric Carle（著），工藤 直子（翻訳）
偕成社，1997 年

本章の目標

本章を通じて，以下のことができるようになります。
- ☐ ことばを使い分けるさまざまな状況がわかるようになります。
- ☐ さまざまな形で実施できる創造的な劇活動のことがわかるようになります。
- ☐ ストーリーテリングを構成する要素についてわかるようになります。
- ☐ よりレベルの高い教師のストラテジーを用いて，話しことばを用いた言語スキルの指導と評価ができるようになります。

はじめに

　声に出して話をすれば，思い浮かんだことやまとまった考えを周りの人に伝えることができます。小さい頃から話しの上手な子どもは，本が上手に読めるようになるばかりか，ライティングも上手になる傾向があります（Kendeou et al., 2009; Loban, 1976; Roth et al., 2002; Tiedt et al., 1983）。話をする力を育てるには，子どもたちに自分の意見を述べることを奨励したり，場合によっては，要求したりさえする機会や状況を作らねばなりません。考えていることを，ことばでまとめる概念化の活動が展開しやすいこのような環境から，ことばを使う必要性が生まれてきます。したがって，子どもたちがものを考えたり，問題を解決したりする能力の複雑性が高まるにつれ，曖昧さをなくし，分類し，推測し，解釈し，まとめ，要約することばが必要になります。このようなことばのスキルは，例外なく，学習を進めるストラテジーとなります。ものを考えることと，ことばは織り交ざるようにからみ合っています。両者がともに関連し合いながら発達するように，指導も行わなければなりません。

　本章では，スピーキング，劇活動，ストーリーテリングといった活動について掘り下げます。朗読劇（reader's theater），一斉音読という活動についても，ピッチ，強勢，文の連接といったイントネーションの要素とともに考察します。生徒の話しことばによるコミュニケーション活動を伸ばす具体的な活動や，アセスメントの方法についても学びます。

話しことばの大切さ

　子どもたちには，人に知ってもらいたいことがたくさんあります。子どもたちは，知っていること，考えていること，感じていることを，おたがいに自由に話し合えなくてはなりません。Berlin（1990, p. 159）は，「これから考察を始めるようとしていることばというものは，単にわれわれの体験の記録ではありません。ことばを用いて，何が見え，何が見えないのか，何を知っているのか，自分たちは何であり，何でないかなどを決めることによって，ことばは，体験に形を与え，これを構造化するのです」と述べています。長期にわたる，ことばとリテラシーの発達に関する経験的な調査において，リーディングとライティングの発達は，声に出して話をする活動の発達

に大きく依存していることが明らかになっています。このことは，ことに，話ことばの役割が大きい就学前や小学校において，語彙の学習や，ことばを豊かに学べる教室環境の充実化が必要となることを意味しています（Snow, 2001）。Wegerif（2006, p. 59）は，「生徒の知識がつねに，構築され，解体され，再構築されるような，対話を行う方法を生徒に教える」ことを目指すべきであると述べています。

　子どもは，自分で直接体験したり，周りの人たちから読み聞かされた話から，間接的に体験したりして得られた知識を持って幼稚園に通い始めます。幼稚園児たちは，話し手として，同級生，兄弟，親，その他の大人などと，数多くの多様な会話を行ってきました。しかし，私たちのことばの使用の90％が，音声を用いたものである（Stoodt, 1989）という事実があるにもかかわらず，幼稚園以降の学校カリキュラムでは，話しことばではなく，書きことばが強調されています。小学校に入る頃，子どもたちは，当然のように，声に出して上手に話せるものと思われています。就学前の数年間，ずっと滑らかに話をし続けてきたからです。話をする際の語彙や習得した文法構造も，たしかに，それなりのものなのですが，それでも，幼稚園から小学校低学年にかけては，自分のことを声に出して表現するスキルが十分に育つように，それなりの配慮が必要です。在校時間を通じて行われる，くだけたおしゃべりも，かしこまった話も，ともに子どもに良い影響をもたらすことが研究から指摘されています（Heath, 1983）。

　スピーキング活動は，思考（thinking），リーディング，ライティング，リスニングといった，ほかのランゲージアーツの発達にも欠かせません。なかでも，思考活動は，周りの人たちに声に出して伝えたいという思いに後押しされて，頭の中にあること，感じていること，思い付いたことを，組織化し，概念化し，明確にし，時に単純化することで強化されます。新しいことばをスピーキングで用いれば，スピーキングと同時に，リーディングの語彙レパートリーにもことばが加えられます。つまり，スピーキング活動により，リーディング活動，なかでも，語彙の獲得が加速します。ストーリーテリングは，子どもたちにとって楽しい参加型の活動です。物語の流れ，登場人物，時代と場所の設定，テーマといった，物語の重要な要素が何であるかを理解させることができます。こういった物語の要素が現れるのは，子どもたちが「新米の読み手（beginning reader）」として取り組む，単純な文章に限られるものではありません。「熟達した読み手（mature reader）」として出会う文章の多くにも現れます。

　ライティング力は，声に出して話をする活動に支えられることがよくあります。ことに，幼い子どもたちは，ライティング活動の初期段階を体験することになります。「ライティングは，おしゃべりの海の中に漂っている」ということばは，James Britton（1970, p. 164）の有名な比喩です。この比喩から，いかに声に出して話をする活動が，ライティング活動にとって重要なものであるかがわかります。何かを書く前に，子どもたちはよく独り言を言います。独り言は，多様な役割を果たすのです。子どもの中には，独り言を言いながら文章を書き，そのあとで，話しことばの持つイントネーションを視覚的に表そうとして，たとえば，感嘆符を付けたりや下線を引くといっ

た句読法を用いる者もいます（Graves, 1983）。独り言を言いながら，文章を書く際のアイデアを創り出す者もいます。このような子どもは，自分の創造的な試みが適切かどうかを，声に出しながら評価しているのです。独り言は，ライティング活動によって作られた文章を分析する手段になるのです（Dyson, 1981）。大人ですら，重要なものを書く時には，声に出して確認する傾向があります。

　最後に，スピーキング活動は，リスニング力の発達にも欠かせません。話の上手な人の多くは，人の言ったことに深い興味を示す聞き上手です。さらに，上手に話せる人は，ほかの人が聞きたくなるような話を持っているだけでなく，流暢さ，イントネーション，スタイルといった声に出して話をする際に，必要なスキルを上手に使うことができます。話の上手な人は，心に響くメッセージを伝えることで，聞いている人を強く引きつけます。テレビのニュース番組のメインキャスターを見れば，こういったスキルがどのようなものかよくわかることでしょう。彼らは，明確な発音で，落ち着きながらもきびきびと，ためらいや言い淀みなくニュースを伝えます。

ことばの使われる状況

　スピーキングは，ふつう，ことばの使われる状況に応じて，正式（formal），日常（informal），儀式（ceremonial），親密（intimate）という4つに分類されます（Klein, 1977）。「正式」な状況では，政治演説，説教，講義などを含む口頭での話は，前もって準備が必要で真剣な口調で行われます。

　「日常」的な状況では，事前の準備をする必要はありません。一人ひとりが会話に参加するので，よりくだけた雰囲気の中で行われます。会話中にトピックが，つぎからつぎへと移り変わることもあります。話をする場合には，会話中のすべてのやりとりを把握していなければなりません。討論に遅れずについていきながら，自分なりに追加するコメントを用意しなければならないので，この状況でのスピーキング活動は「正式」な場合より，緊張感のある厳しさを伴うものとなります。

　「儀式」的な状況では，結婚式，洗礼式，卒業式，裁判のように，法律や宗教に関連した，文化的に意義のあるイベントが含まれます。

　話に参加する人たちが，おたがいをよく知っているのが「親密」な状況です。たとえば，2人の親しい友人，3人のクラスメイト，5人のチームメイトのように，参加者全員が，おたがいの話すことばや行動を十分に理解しています。この状況においては，一人ひとりの単語の発音の仕方や，ため息のつき方から，一定の意味が読み取れることすらあります。しかし，ほかの3つの状況において，同じように単語を発音したり，ため息をついたりしても，このような意味はたぶん伝わりません。「親密」な状況は，4つの状況の中でもっとも個人性が高く，小学校の教室の中で普通に生じるものではありません。しかし，教師と生徒の1対1の話し合いや，生徒同士が十分親しくなってからできた小グループ内では，生じることもあります。

　家族や友人と話をする際に，会話は自然に流れていきます。このような状

況では，標準的な英語の代わりに自分の方言を用いたり，第二言語として英語を学んでいる場合には母国語を用いたりしても，なんら問題となりません。教師は，ことばを用いる状況が変われば，発話する時に，ことばの言い方や種類が変わることを生徒に教えるべきです。たとえば，つぎのような状況について考えてみましょう。

- アラビア語を母語とする子どもが，おじいさんと話をしています。その子のおじいさんは，おそらくアラビア語以外のことばは知らないでしょう。
- 中学生が，放課後，友人と話をする際に，スラングや軽度の卑語を用いて話をします。好むと好まざるとにかかわらず，現代社会の大衆文化の一部となっています。教師としては，こういったことばが生徒から聞こえてくるとぞっとしてしまいますが，*Jonas L.A.*（邦題：ジョナス in L.A.）や *Sabrina, the Teenage Witch*（邦題：サブリナ・ティーンエイジ・ウイッチ）といった，現代の映画やテレビ番組においては，重要な役割を果たしています。

『ジョナス in L.A.』
ディズニーチャンネル（BS, CS）

『サブリナ・ティーンエイジ・ウイッチ
コレクターズ・ボックス 1』（4枚組）（DVD）
ビクターエンタテインメント，2008年

- 先住民族であるネイティブ・アメリカンのおばあさんとは，アパラチアン方言で話をする生徒がいます。私たちは，もともと話していた方言に「幼い頃を思い出す」かのように戻ることがよくあります。このことの裏には，いまの自分たちほど教育を受けてこなかった，年上の親戚に嫌な思いをさせたくないという気持ちがあります。つまり，先祖が話していた方言を話すことは，家族や友人を煩わせないように，いわば「方言によるコード・スイッチング（code switching）*」をしているのです。このようなコード・スイッチングは，アフリカ系アメリカ人，中国人，南部地方出身者，ボストン出身者，ニューヨーク出身者，プエルトリコ人，テキサス出身者などが，もともと暮らしていた地域や，町出身の昔からの友人や家族と話をする際にも生じることがあります。

* 状況に応じてことばを使い分けること。異言語間のみならず，同一言語内の方言やスタイルの変更も含まれる。

生徒たちになじみがあり落ち着けるのは，「日常」的なことばの状況です。したがって，話しことばの指導を会話や討論から始める，というのは理

にかなっています。

クラスの生徒全員を，普段通りに話をする活動に積極的に参加させるには，つぎの3つの段階を踏んで準備するとよいでしょう。

1. すべての生徒が，日々すべての科目において，声に出して話をすることがよいことだと，教師と生徒の双方が認識する。
2. 教師は，クラス全体によるスピーキング活動が現実のものとなるように，クラス内で手順を示し，練習を積む。
3. 授業において上手に話をして討論に加わることができるように，生徒にあらかじめ情報や道具を与えて準備させる。(Goulden, 1998)

授業の最初の日から，教師は，積極的に手を挙げる生徒にも，なかなか手を挙げられない生徒にも同じように発言を促します。クラスの中では，どんな生徒でも，状況にかかわらず，等しく教師から発言が求められることを理解させます。教師は，クラスに質問した際には，生徒が頭の中で自分なりの答えを作れるように，最低でも5秒間，考える時間を十分に与えます。

クラスの中では，上手に会話を行っている複数の生徒たちを指名し，モデルとして会話させてもよいでしょう。ほかの先生方や，地域の指導者，テレビに出演するタレントといった，クラス外の人たちの会話もモデルになります。子ども向けの文学書に登場する人物も手本になります。たとえば，Marc Brown のアーサー（Arthur）[*]，E. B. White（1952）の *Charlotte's Web*（邦題：シャーロットのおくりもの）中のシャーロット，J. K. Rowling のハリー・ポッターや友人たち[*]，などが手本となります。

[*] 第1章 p. 22 参照。

[*] 第1章 pp. 22, 26 参照。

『シャーロットのおくりもの』
（原題：*Charlotte's Web*）
E. B. White（著），さくま ゆみこ（翻訳）
あすなろ書房，2001年

人と会話をするスキル

上手に会話のできる人は，声に出して話をするスキルとともに，はっきりと，すばやくものを考える力があります。会話活動は，その大半が個人的に思いを巡らせる内省活動であり，上手に会話を行うためには，参加者全員に対する気配りが求められます。それゆえ，会話では，人と対応するスキルも重要になります。会話の参加者は協力者です。自分の考えを述べるだけではなく，周りの人の発想や感情も同時に考えなければなりません。実際，会話の上手な人は，会話の相手の言うことを注意して聞いて理解し，関連する自

分の考えを頭の中でまとめて声に出して発表し，会話の持つ情緒的な雰囲気に合わせる，といった一連の活動を，まるで熟練したジャグラーのように連続して行います。

　上手な会話を行うために，それぞれの参加者にはつぎのような活動が求められます。

1. すでに発言されたことを考えたうえで，今後の会話中で発言されそうなことを予測する。
2. 頭の中で考えたことや思いついたアイデアを，明瞭かつ簡潔に整理し，慎重に単語や文構造を選び発言する。
3. これまで話し合われた事柄の間に関連性を見い出し，すでに持っている知識と関連付ける。
4. 会話の周りの人たちが，気遅れせずに質問をしたり，コメントを述べたりできるようなくつろいだ雰囲気を作る。
5. 会話にプラスとなる貢献は行うが，会話の独り占めはしない。
6. 会話が満足できる結論へと流れるような，前向きな意見を強く支持する。

　3年生を担当するPierce先生は，生徒とともに上の6つの点について確認しました。すると，Garthという生徒が，「要するに，言いたいことがない時には，しゃべらないでいるほうがいい」のように，この6点をまとめました。この発言に，ただちに反対したのはNathanです。彼は，「どんな人のことばにも，それなりに価値がある，ということだ」と主張しました。引き続きクラス内で話し合い，「両方の意見はいずれも正しい。みんなでこの2つを，規則として守る」という合意に至りました。Pierce先生は，会話を行う際にふさわしい行動がいつでも思い出せるよう，両方の意見を大きな紙に書いて教室の前方の壁に掲示しました。

　さまざまな多くの状況のもとで，会話を経験することが会話を上達させます。そのような会話は，伝えるべき意味と目的があります。そのために，教師と生徒の双方が，ことばのやりとりを通じて，会話のゴールを少しずつ形にしながら到達できるように協力する必要があります。

　生徒が会話活動を行う際に，必要なことを知識として理解しているだけでは不十分です。生徒は，日々，周りの生徒と相互に応対しながら，意味のある会話に参加し，会話を上手に行うために必要な，声に出して話しをするスキルを習得します。教師は，この目的が達成されるよう，子どもたちのやる気を引き起こす活動を計画し，おたがいに信頼し，受け入れられる環境を作り，子どもたちに，考えたこと，感じたこと，信じていることなどを自由に話し合わせます。生徒のNathanが発言したように，「どんな人のことばにも，それなりに価値がある」のです。しかし，Nathanの言わなかったことですが，人を批判する時には，率直に，かつ，人を怖がらせずに行わなくてはなりません。会話では，あらゆる人の，あらゆる発言に敬意を表します。自分の意見や発言が，決してばかにされることがないとわかれば，安心して会話活動ができます。

イントネーション

　イントネーション（intonation）には，話しことばの持つ，ストレス（stress），ピッチ（pitch），連接（juncture）という3つの要素があります。2歳になる頃には，子どもはイントネーションを自然に，しかも意識しないで用いるようになります。2歳のRichieは，周りの大人がふと目をそらした隙に，バケツに足がはまってしまいました。Richieは "Help, please!"（助けて，お願い！）のように叫びます。イントネーションによって，興奮した様子がことばに加えられると，ことばは命を持ちます。また，イントネーションは，死を暗示するような雰囲気を作り出すこともあります。子どもは，イントネーションによって，聞き手がどのように感じるかを理解しなければなりません。

　ストレスは「アクセント（accent）」と呼ばれることもあり，人が声に出して発音する，音や，単語，句を強めて発音することです。たとえば，I love hamburgers.という3つの語からなる文を，それぞれ別の語にストレスを置いて3回音読してみると，意味はどのように変化するでしょうか。"I" にストレスを置いた場合，「ハンバーガーが好きなのは私です」のように，その個人が強調されます。"love" にストレスを置くと，「私はハンバーガーが本当に好きなんです」のように，ハンバーガーに対する，ただならぬ思いが聞き手に伝わります。"hamburgers" にストレスを置くと，「私が好きなのはなんといってもハンバーガーです」のように，さまざまな食べ物の中からハンバーガーを選んで強調する印象を与えます。

　「トーン（tone）」とも呼ばれるピッチは，ことばの音声の高低を変化させるもので，ことばにメロディー（旋律）を与えます。声に出して話されているフランス語を耳にすると，フランス語特有の美しいメロディーのような音の流れに，よく心を奪われます。一方，聞きなれない人が聞くと，ベトナム語は，ピッチの高い音と低い音が，無秩序に集まったように聞こえます。ベトナム語では，ほかのいくつかのアジアの言語と同様に，音声が同じでもピッチが変わると意味が変わります。英語の場合には，ピッチは，通常の陳述文を感嘆文や疑問文に変える働きがあります。I love hamburgers.という文の終わりで，ピッチを一気に下げて発音すると感嘆文になり，ピッチを上げて発音すると疑問文になります。

　連接とは，音や単語や句のつなぎ目に生じる「ポーズ（pause）」のことです。いわば，連接は，話しことばにおける句読点のようなものです。書きことばにおける，カンマ，セミコロン，ピリオドと対応するように置かれるポーズは，ストレスもピッチも変化させることなく，強調したい部分をほかから浮き立たせる効果を持ちます。たとえば，I planned to watch the game, ［ポーズ］but the cable went out on my television set.（試合を見ようと計画していたんだ。ところが，…テレビのケーブルがだめになっちゃった）では，but …の事実が，そしてJohn［ポーズ］will provide us with an explanation of the events.（ジョンが…イベントについて説明してくれます）では，Johnが，それぞれ強調されます。

　先に取り上げたI love hamburgers.の文においても，ポーズを用いて，

文の一部を強調することができます。I［ポーズ］love hamburgers. のように，最初の単語のあとにポーズを置くと，「ハンバーガーが好きなのは私です」のように，ハンバーガー好きな「人」が強調されます。一方，I love［ポーズ］hamburgers. のように，2番目の語のあとに，ためらうようなポーズを置くと，「私はハンバーガーが本当に好きなんです」のように，話し手がいかにハンバーガー好きであるかが強調されます（図表5.1参照）。

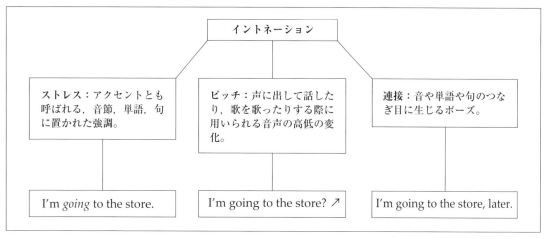

図表5.1：イントネーションの全体像

小グループ活動として行う討論

　教室内で行われるさまざまな討論がうまくいくかどうかは，教師の指導にかかっています。Pinnell and Jaggar（2003, pp. 902, 903）は，話しことばの指導について5つの原則を主張しています。

1. 英語に関連したランゲージアーツの授業では，生徒に積極的に話をさせなければならない。
2. 教室は，ことばが広範囲に発達し使用されるような，多様な学習環境を提供するものでなければならない。
3. 教育は，子どもたちがことばを使用する，知的で，個別的で，社会的な目的を拡げなければならない。
4. 学習の構成主義[1]の立場から見て，ことばによる多様な交流がカリキュラム中に用意されなければならない。
5. 話しことばの学習では，ことばが用いられる文脈が中心的な役割を持つ。

注釈1（p. 269参照）

　声に出して話をする活動は，子どもたちにとってとても大切であることは明らかです。声に出して話をすることで，いままでにない体験をどう感じているかを表すことや，必要な情報を集め，自分の持っている情報をクラス全体に知ってもらうことができます。生徒には，学習活動の一部として，意味のある対話に参加するチャンスを十分与えます。こうした対話は，大人になって社会の一員として仕事をする際に，毎日のように行わなくてはならない

ことです。

　5人から7人の小さなグループで討論させる時,教師は,それぞれの生徒の興味や個性をよく考えてグループ分けを行います。討論の第1回目には,内向的な生徒と,会話を支配しがちな生徒を同じグループにしてはいけません。ことに高学年においては,学習態度に問題がある生徒に細心の注意を払いつつ,グループ分けを行います。建設的な討論ができない複数の生徒を,同じグループにしてはいけません。Wiencek and O'Flahavan (1994, p. 491) は,担任の教師は,「それぞれの生徒が持つ,社会性や,ものを解釈したりテキストを読んだりする能力を考慮しつつ,多様性に富むグループ編成をする」必要があると主張しています。この二人はさらに,教師は,まず自分のリードのもとでグループ討論を行い,つぎに,生徒が,自分たちの討論をリードできるように指導しなくてはならない,とも述べています。その際,生徒は,質の高い文学作品の中から1冊を指定してあらかじめ読んでくる,といった,何かしら共通したことから討論を始めるのがよいでしょう。物語が上手に構成されていると,生徒は関心や興味を持ち続けることができます。また,こうした物語は生徒も理解しやすく,「これからどうなるのだ?」という予測や,「こういうことなのだろう?」という推測にも適していて,結果的に生徒による討論が活発になります。ベイサル・リーダー*中の物語は,一般的に短く書かれているので,教室でのグループ討議のやり方を指導する際にことのほか役立ちます。

　グループ分けが終わったら,生徒に討論の仕方を教えます。実際,討論にはさまざまな方法があります（以下においても,そのうちの主なものが解説されています）。討論方法を学んだあと,グループごとに,どのように自分たちに与えられた課題やタスクを完成させたらよいかを決めます。同時に,グループ内でリーダーも決めます。リーダーとなるのは,ふつう,比較的自己主張のできる生徒で,この生徒が,グループのメンバーのそれぞれが果たすべき責任を明らかにします。高学年の生徒向けの大きめのプロジェクトには,比較的長い期限が定められることもありますが,初めて行うグループ討論は,短く,具体的で,単純で,個々の生徒が主体的に参加できるものとします。グループ討論は,直接的におたがいが協力し合おうとする真摯な学習活動です。生徒が引きつけられる魅力的なタスクを用意すれば,割り当てられた課題を完成させようとする自発性が育ちます。

ブレインストーミング

　「ブレインストーミング (brainstorming)」とは,グループ討議で用いられる活動方法の1つで,参加者全員が現実の,もしくは想定された問題に対して,思いついたことや考えられる解決方法を述べ合うものです。どのような考えであれ,一切,否定されることはありません。あらゆる提案を受け入れ,文字にして記録します。ブレインストーミングは,時間を制限して行います。長くても普通は5分以内で終わらせます。たとえば,ブレインストーミングでは,つぎのような問題や状況を取り上げるとよいでしょう。

* 第4章 p. 158 および注釈 5 (p. 213) 参照。

注釈2（p. 269参照）

- シックス・フラッグス[2]や，ウォルト・ディズニー・ワールド・リゾート[2]のようなテーマパーク内に閉じ込められた時，人に頼らず脱出するにはどのようにしたらよいですか？
- 宝くじの当選で得たお金を基に，財団を設立して，子どもたちを財政的に支援することになった場合，どのような資質や事情を持った子どもを支援しますか？
- つぎの物はどのように利用できますか？ なるべく多くの利用法を考えましょう。炭酸飲料の空き缶，線路の枕木，古いスクールバス，ストロー，発泡スチロールでできたハンバーガーの容器，古い運動靴。
- 学校を中途退学しそうな生徒を励ますには，どのようなことができますか？
- 自分の学校が，良い学校だとみんなに思われるようにするには，どうしたらよいですか？
- 実験を行うために，学校に理科実験室がなくてはならないのはなぜですか？

　ブレインストーミングを行って，与えられた問題や状況に対する，考えられる解決方法のリストができ上がったら，みんなで話し合って合意形成を目指します。問題解決を目的とした意見交換では，すべての提案から，2つないし3つ程度の可能性のある解決方法が残るまで，注意深く考察や吟味を続けます。グループ全体で，最終的に残った解決方法には，いずれも，実現可能性のうえで問題がないことを証明できなければなりません。

　ブレインストーミングを用いて，最終的に全体の合意を目指す課題では，問題や状況が生徒に直接的にかかわる場合に，最大の効果がもたらされます。もっと言えば，身の周りにある，どちらとも決めかねるような問題こそ，生徒が取り組むのにふさわしいものなのです。

パネル・ディスカッションとディベート

　ブレインストーミングと，それを受けての合意形成が上手にできるようになったら，「パネル・ディスカッション（panel discussion）」や「ディベート（debate）」のような，より形式的な発表へ進みます。パネル・ディスカッションでは，3人から5人の生徒が，与えられた具体的なトピックについて，指定された聞き手の前で発表を行います。発表を行うメンバーは，それぞれの責任で調査やグループ討論を行い，中心となるトピックについて特定の切り口から，それぞれが口頭発表を行います。パネル・ディスカッションでは，調整役として全体の流れを作るリーダーを一人決めます。リーダーになった生徒は，最初もしくは最後に，自分のレポート発表を行うとともに，グループ全体の作業や発表の順番を調整し，討論開始時に挨拶し，終了時に討論をまとめます。

　ディベートでは，討論を行うそれぞれのグループのメンバーは，クラスの生徒からの質問に答えられるように，関連する問題について十分情報を得ておきます。参加者が一人ずつ，冒頭陳述（opening statement）と呼ばれる，主張全体の概略説明を行う本格的なディベートでは，参加者同士が質問

し合うことができます。ディベートでは事前の調査がとても大切です。質問に対して，具体的な事実や数値を挙げて回答できると，主張を裏付けられるからです。実際，ディベートは高度なスキルが必要となるので，ふつう，5年生になってから始まります。それ以前に導入されると，生徒は感情の高揚に左右されてしまい，理にかなう信頼できる事実や意見をうまく使えません。

　生徒の討論やディベートを，カセットテープやビデオテープに記録しておけば，討論中の生徒が実際にどのように声に出して話をしているかがアセスメント*できます。こういった記録があれば，普段の小さなグループ内で，生徒の討論への貢献度について直接かつ効率よく評価できます。グループの活動を，教師が直接その場でモニターする必要もありません。このほかに，生徒が考えて理解するとともに声に出して話をする活動には，つぎのようなものがあります。

*「アセスメント（assessment）」と「評価（evaluation）」の違いについては，第1章 p.29 の「生徒のアセスメント」の節を参照のこと。

シンク・ペア・シェア（think-pair-share）：ペアになった生徒は，まず，教師から与えられた質問にどう答えるかを各自で考え（シンク，think）ます。つぎに，ペアの中で，それぞれが考えた答えについて討論します（ペア，pair）。ペアで数分間話し合ったあと，教師は，生徒たちに自分たちで考えたことをクラス全体に発表させます（シェア，share）。

テーブル・トピック（table topic）：効率よく，生徒が自分の考えをまとめ，声に出して話をするスキルが向上します。クラスの中で生徒全員が楽しめるよう，テーブル・トピックを行う場となるテーブル・トピック・センターを設置し，教師はつぎの手順に従って活動をさせます。

- 生徒は，センター用のテーブルのところへ行き，箱の中から，トピックとともに番号の書かれた紙を1枚ずつ取り出します。たとえば，つぎのようなトピックが考えられます。ピザで一番おいしいものは？ 1年で一番よい季節は？ 宝くじに当選したら何をする？ いままでの人生で一番影響を受けたのは誰で，それはなぜ？
- 番号が一番小さな紙を持った生徒が，最初に話をします。番号順に交代して順次話をします。
- 生徒は話の準備をする際に，メモを作ってもかまいません。話は，まず，自分の意見や考えを述べることから始め，つぎに，この意見や考えを裏付けるために2つから4つの具体的な事実や事柄を述べ，最後に話の概略や全体のまとめを述べます。
- タイマーを用いて，グループのすべてのメンバーが自分の話をする時間を確保します。
- 討論のガイドラインを守るように指導します（つぎの図表5.2を参照のこと）。

ディスカッション・ウェッブ（discussion web）：Alvermann（1991）で提唱されているディスカッション・ウェッブとは，図表5.3のように，問題や質問を対立する2つの側面から評価する枠組みです。

・話し始める前に静かになるのを待つ。 ・例外なく全員が声に出して意見を述べる。 ・人のアイデアに悪いものはない。 ・ほかの人の言うことをしっかり聞く。	・聞き手と目を合わせるように，アイコンタクトを取りながら話す。 ・討論にふさわしい大きさとなるよう，声を調整する。 ・話し手には，敬意を表し，感じたことを伝え，建設的な批判をする。

図表5.2：討論のガイドライン

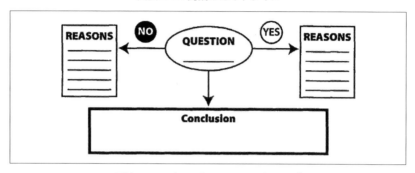

図表5.3：ディスカッション・ウェッブ

　生徒には，十分考えを深めて自分の意見が決められるように，対立する証拠や情報を自由に検討させます。この活動には，リーディング，ライティング，スピーキング，リスニングというランゲージアーツの4スキルが統合的に含まれています。まず教科書中のテキストを読ませます。つぎに，3名から4名でグループを作り，メインの質問に対して，肯定的な意見と否定的な意見の双方を検討させます。意見を述べる際には，テキスト中から見つけた，自分の意見に支持を与える根拠も合わせて述べさせます。討論が終わったら，生徒は，問題に対する賛成と反対の意見の両方をディスカッション・ウェッブに書き入れます。書き込まれたディスカッション・ウェッブを基に，生徒には，賛成と反対の両方の立場になって問題を考えさせます。最後に，生徒が最終的に得た結論を，一人ずつディスカッション・ウェッブに書き込ませます。

　Alvermann（1991）の論文には，学年を超えて教師が利用できるように，多種多様なディスカッション・ウェッブを用いた討論の例が収録されています。その中には，つぎのようなものがあります。

- *Jack and the Beanstalk*（邦題：ジャックと豆の木）を読み，幼稚園の児童に「ジャックが，巨人のお城から物を家に持ち帰ってよかったと思いますか？」と尋ね，討論させる。
- *The Hobyahs*[3] を読み，2年生に「犬のTurpieが，Hobyahsの機械に飛び乗ったのは賢い行動でしたか？」と尋ね，討論させる。 　　注釈3（p.269参照）
- *Stone Fox*（邦題：犬ぞりの少年）[4] を読み，生徒に「Willyは，勝てるだけのことをしましたか？」と尋ねる。 　　注釈4（p.269参照）
- *Island of the Blue Dolphins*（邦題：青いイルカの島）[5] を読み，4年生に「Karanaは，弟のRamoを救うために戻るべきだったでしょうか？」と尋ねる。 　　注釈5（p.269参照）

『ジャックと豆の木』
（原題：*Jack and the Beanstalk*）
おびか ゆうこ（翻訳）
福音館書店，2012 年

『犬ぞりの少年』（原題：*Stone Fox*）
John Reynolds Gardiner（著），
久米 穣（翻訳），文研出版，2004 年

『青いイルカの島』
（原題：*Island of the Blue Dolphins*）
Scott O'Dell（著），藤原 英司（翻訳）
理論社，2004 年

グランド・カンバセーション（grand conversation）：文学作品をグループ単位で読んで，討論する文学サークル（literature circle）と同様に，クラス全体や小グループ内で自由に意見を出し合い，会話を通じてテキストの理解を深める活動です（Peterson and Eeds, 1991）。より高学年では，教師の代わりにグループのリーダーとなった生徒が，ほかの生徒に働きかけてテキストの討論を進めます。リーダーは，討論に現れたトピックや問題点を記録します。グランド・カンバセーションの終わりには，リーダーが，記録した意見の中からパターンを探し出してグループに報告します。この活動では，クラスやグループ全体で，テキストについて自由に感想を述べ，発展的に考え，質問し，探求し合います。

　リーダーは，グループに対して，「物語についてどう思いましたか？」のように尋ねます。リーダーは討論を深めるために，さまざまに質問を行い，ほかの生徒が答えます。あらゆる人の，あらゆる意見が，尊重されます。討論は生徒主導で行われます。教師は世話役（facilitator）として，状況に応じて質問を行い，話の整理や，掘り下げた意見やわかりやすい説明を求め，討論に上った主な考えを記録します。最後に，グループ全体に，教師が作った記録を読み上げて討論を終えます。

フォー・コーナー（four corner）：まず，生徒に，批判的な視点から物事を考えさせ，つぎに，生徒に，自分が採用した視点に効果的な支持を与えさせる活動です。思考力と発話力を養成します。教師は教室の四隅（4 つのコ

ーナー）に、「まったく賛成（Strongly Agree），賛成（Agree），まったく反対（Strongly Disagree），反対（Disagree）」のような、4つの異なる選択肢のメモを貼っておきます。Scieszka（1999）による *The True Story of the 3 Little Pigs*（邦題：三びきのコブタのほんとうの話――A. ウルフ談）* を読んだあと、「オオカミは3番目のコブタにひどいことをした」とか、「オオカミは本当のことを話している」といったことについて、自分の考えをまとめさせます。生徒には、時間を与えて選択肢を選ばせ、選択肢のメモが貼られているコーナーへ移動させます。その後、教師が世話役となり、話し合いの際、生徒に意見を述べさせます。討論の際に役立つつぎのような表現について、教師から紹介しておくのもよいでしょう。

* Jon Scieszka による子ども向け絵本。『三匹のこぶた』の物語を、オオカミの視点から捉えなおした物語。

- …に賛成です（I agree with …）
- …について自分も意見を述べたい（I want to add to the comment about …）
- …について賛成できません（I disagree with …）
- …を支持する証拠はほかにもあります（I have more evidence for …）
- …する別の理由があります（I have an additional point to make …）

『三びきのコブタのほんとうの話――A. ウルフ談』
（原題：*The True Story of the 3 Little Pigs*）
Jon Scieszka（著），いくしま さちこ（翻訳）
岩波書店，1991 年

　生徒の批判的な思考力が育つように、子ども向けの文学書、新聞の社説や論評、最近の出来事などを定期的に使用します。フォー・コーナーの会話練習から学んだ、話をして人を説得する技術は、人を説得する文章を書く際に応用できます。

討論をアセスメントする

　スピーキングは、標準化された測定方法によって、これまで計測されたことのないランゲージアーツの1つです（Pinnell and Jaggar, 2003）。しかしそれでも、教師は、形式張らない手段をさまざまに用いて、小人数のグループや大きなグループ内の討論において、成長した度合いを調べることができます。たとえば、つぎのようなルーブリックをディベート活動で用います。

ディベート活動をアセスメントするルーブリック					
評価項目	1	2	3	4	
1. 全体の構成とわかりやすさ：考え方と意見の概要が，わかりやすく，順序立てて並べられているか？	全般的にわかりにくい。	わかりやすい部分もあるが，すべてではない。	全般的にとてもわかりやすく，順序立てて並べられている。	完璧にわかりやすく，順序立てて並べられている。	
2. 議論の行い方：考え方を支持するように，複数の理由が与えられているか？	関連する理由がほとんど，あるいは，まったく与えられていない。	関連する理由がいくつか与えられている。	ほぼすべての理由が与えられている：理由はとても関連性が高い。	きわめて関連性の高い理由が，支持として用いられている。	
3. 例や事実の使い方：理由に支持を与えるように，例や事実が複数与えられているか？	指示を与える例や事実がほとんど，あるいは，まったく与えられていない。	関連する例や事実がいくつか与えられている。	多くの例や事実が与えられている：例や事実はとても関連性が高い。	関連性の高い例や事実が，数多く支持として用いられている。	
4. 反論の行い方：ほかのチームが行った議論を受け止め，効果的に反論しているか？	効果的な反論はまったく行われていない。	効果的な反論はほとんど行われていない。	効果的な反論がいくつか行われている。	効果的な反論が数多く行われている。	
5. 発表のスタイル：聞いている人を納得させるような，口調，身振り手振り，熱意の度合いなどのスタイル上の工夫がなされているか？	スタイルとして工夫したことがほとんどない。使っていても人を納得させる力がない。	人を納得させるようなスタイル上の工夫がいくつか用いられている。	スタイル上の工夫はすべて用いられており，その多くに人を納得させる力がある。	スタイル上の工夫はすべて用いられており，いずれにも人を納得させる力がある。	

生徒自身が，グループ討論にどのくらい参加できたかを，みずから振り返って考えることはとても大切です。図表5.4のようなチェックリストで確認させます。

	はい	いいえ
討論の際，提案できるような意見やアイデアを前もって考えてきた。		
よくわからない時には質問をした。		
ほかの人の意見に思いやりを持って接した。		
討論の際，自分の意見を述べた。		
ほかの人の意見をよく聞いた。		

図表5.4：グループ討論──自己評価チェックリスト

詩や散文をオーラル・インタープリテーションする

「オーラル・インタープリテーション（oral interpretation，口頭解釈）」とは，詩や散文を音読する活動です。選んだテキストについて，リズム，テンポ，拍（cadence）*などと呼ばれる，読み上げる際の速度を決め，ストレス，ピッチ，連接（juncture）[6]のようなイントネーションの要素を用いて，詩や散文を個性的に口頭で発表します。オーラル・インタープリテーションは，すべての子どもが楽しく参加できるスピーキング活動です。

＊ 音や動作が規則的に繰り返されること。
注釈6（p.269参照）

子ども向けの文学作品をどう解釈するかについて，正解や不正解が一元的に決まることはありません。オーラル・インタープリテーションでは，生徒に，ことばと音声を用い，自由に創造的で実験的な活動をさせます。McCauley and McCauley（1992, p.530）が指摘しているように，「子どもたちはリスクを恐れずに活動できなければならない」のです。オーラル・インタープリテーションは，スピーキング活動に対する肯定的な態度を育て協働学習を促進させます。

学習障がいや，リーディング活動上の問題を持つ子どもたちにとって，オーラル・インタープリテーションは，グループ活動を基本としているので，ある種「避難所」となります。音程をはずしがちな人でも，教会に集まった人たちと一緒に歌えば，安心して歌えます。同じように，テキストの音読が上手にできない生徒でも，小さなグループの中に入り，子ども向けの文学作品をみんなと一緒にオーラル・インタープリテーションすれば，音読がうまくできたとは思わないまでも，安心していられます。

ラップ音楽の人気の高まりにより，オーラル・インタープリテーションに新たに取り組もうとする子どもが出てきました。そればかりか，自作のラップ音楽をクラスで発表しようとする子どもまで出てきました。以下は，9歳から10歳の男子児童を集めたグループが作ったものです。

Don't Pollute the Air
We need to protect the environment
Keeping it clean just makes sense
Then the air we breathe stays clean and clear
No bad smog our lungs to fear
So don't burn trash or drive polluting cars
And at night we'll be able to see the stars
Acid rain won't kill the trees
And we'll live longer healthfully
　　　　　　　—Max, Travis, and Tork

空気を汚さないで
環境を守ろう
環境をきれいに。本当に実現しよう。
きれいで澄んだ空気が吸える
汚れたスモッグを吸う心配もない
だから，ゴミは燃やさない。空気を汚す車は運転しない
夜空を見上げれば星が見える
酸性雨が木を枯らすこともない
みんなじょうぶで長生きできる
　　　　　　　——マックス，トラビス，トーク

ことば遊び，読みの流暢さ，子ども向け文学作品

「ことば遊び（language play）」と「読みの流暢さ（reading fluency）」は，切り離せない関係にあります。リーディングを学び始めた生徒にとって，単語の1文字1文字や，単語を構成する部分（chunk，チャンク）に注意を向けることから，単語を全体として認識することへと，いかに早く移行できるかがリーディング上達の鍵となります。ことば遊びには，音声的に

単語に親しみを持たせ，大きな紙に書くなどして掲示することで，文字としての単語の認識を促進させるものが数多くあります。読みの流暢さと単語の認識力を上げるには，"I Love the Mountains" や "Twinkle, Twinkle Little Star" といった歌，Margaret Wise Brown 作の "I Like Bugs" といった詩，*Brown Bear, Brown Bear, What Do You See?*（Martin, 1968）や *Chicken Soup with Rice*（邦題：チキンスープ・ライスいり――12 のつきのほん）（Sendak, 1962）といった書籍から，繰り返し現れる表現を全員が見えるように大きな紙に書き出したり，小冊子に書き込んだものを，子どもたちが机の中からすぐに取り出せたりするようにして，パートナーとともに時どき確認できるようにしておきます。

『チキンスープ・ライスいり――12 のつきのほん』
（原題：*Chicken Soup with Rice*）
Mauris Sendak（著），神宮 輝夫（翻訳）
冨山房，1986 年

ことば遊びに適した子ども向けの本はたくさんあります。Viorst（1972）の有名な *Alexander and the Terrible, Horrible, No Good, Very Bad Day* を思い出してください。"rotten"（ひどい）という語には，なんとすばらしい同義語があるのでしょう。みんなで遊んでみたくなる，おもしろいことばの出てくる絵本も数多くあります。Pamela Duncan Edwards は，ことば遊びを含む絵本の作者として有名です。*Some Smug Slug*（1996）や *Four Famished Foxes and Fosdyke*（1995）には，頭韻（alliteration）[7] が含まれています。同じ作者による *Ed and Fred Flea*（1999）では，"flea"（ノミ）や "flee"（逃げる）のような同音異義語でことば遊びをしています。Jack Prelutsky（2006, p.44）による，"Multilingual Mynah Bird"（いろいろなことばの話せる九官鳥）の最初の一節を音読してみましょう。

注釈7（p.269参照）

Birds are known to cheep and chirp and sing and warble, peep and purp, and some can only squeak and squawk but the mynah bird is able to talk ...	鳥にはいろいろな鳴き方があるよね。ピヨピヨ，ピイピイ 歌ったりさえずったり，ピッピ，ポッポ， キーキー，ガーガー そして九官鳥はおしゃべりができる……

このような詩を喜ぶのは低学年の生徒ですが，中学年の生徒には詩を作る際のモデルとなります。

コーラス・スピーキングとコーラス・リーディング

暗記したことを，一斉に声に出して発話する「コーラス・スピーキング (choral speaking)」と，一斉に本を音読する「コーラス・リーディング (choral reading)」は，子どもに人気のある活動です。コーラス・リーディングは，「どんな子どもでも，年齢，リーディングのレベル，さらに言えば，ことばの能力のレベルの違いに関係なく，リーディングへの興味をかき立てる活動です。実際，母国語が英語ではない子どもも，ほとんど問題なくコーラス・リーディングに取り組んでいます」(McCauley and McCauley, 1992, p. 527)。ふつう，低学年におけるオーラル・インタープリテーション活動は，コーラス・スピーキングとコーラス・リーディングから始まります。幼い子どもたちは，マザーグース (Mother Goose)[8] の歌であればよく知っているので，幼稚園児や小学校 1 年生にオーラル・インタープリテーションを導入するのに適しています。その際には，つぎのような手順を踏むのがよいでしょう。

注釈 8（p. 269 参照）

1. マザーグースの詩の一編をクラスに紹介します。
2. クラス全員で，詩をコーラス・リーディングします。
3. リズムに合わせ，拍手しながら，詩をコーラス・リーディングします。太鼓が使える場合には，二人の生徒にリズムに合わせて太鼓を叩いてもらいます。
4. 詩を，リーダーに指名された一人の生徒と，グループ活動を行う残りの生徒が，交代で音読できるように区切ります。「全員」と指示された箇所では，クラス全体でコーラス・リーディングします。
5. 効果的に声を使うには，詩のどの部分で，どのように声を変えたらよいかをクラス全体で話し合い，さまざまな提案をさせます。たとえば，ささやき声で言うといった提案や，グループ全体でそっと言い，リーダーとなった生徒が大きな声で言うといった提案が考えられます。実際に提案されたとおりに変えて，詩をコーラス・リーディングします。

また，生徒を同じ人数の 2 つのグループに分け，1 つのグループが，マザーグース全体をコーラス・リーディングし，もう 1 つのグループが，"Hickory, Dickory, Dock" の tick tock, "The Three Little Kittens" の meow, meow のようなリフレインのパートを繰り返して，コーラス・リーディングするという方法もあります。

コーラス・リーディング用に作られた絵本を利用するのもよいでしょう。Bill Martin, Jr. and John Archambault (1989) 作の絵本 *Chicka Chicka Boom Boom*[9] から，アルファベットの小文字を学ぶことができます。"Chicka chicka boom boom, will there be enough room?"（チカチカブンブン，場所は十分足りてるの？）という文が，リフレインとして繰り返されます。絵本の中では，アルファベットの全 26 文字がそれぞれ役割を持っています。生徒一人ひとりに，それぞれアルファベットの役割を与え，クラスのその他全員がリフレインを繰り返し，コーラス・リーディングします。また，Jeanne Titherington (1986) による *Pumpkin, Pumpkin* は，

注釈 9（p. 269 参照）

理科的な記述が現れる絵本です。内容は単純で，5，6歳の子どもにも十分コーラス・リーディングができます。これは，カボチャの種が芽を出し，大きくなり，花を咲かせて実がなるまでの物語です。Chris Raschka（1993）の *Yo! Yes?*（邦題：やあ！ともだち？）は，黒人の男の子と白人の男の子が通りで出会い，友だちになる物語で，6，7歳の子どもがコーラス・リーディングする際に適しています。また，Pam Muñoz Ryan（2002）の *Hello, Ocean* は，砂浜の持つ深い美しさをわかりやすく伝えています。この本は，*Hola, Mar* というタイトルで，2007年にスペイン語版も刊行されています。

『やあ！ともだち？』（原題：*Yo! Yes?*）
Chris Raschka（著・絵），泉山 真奈美（翻訳）
偕成社，1995年

Sandy grains in a salty drink are best for fish and whales I think. I lick the drops still on my face; I love the way the ocean tastes.	しょっぱい飲み物の中の砂粒が 魚やクジラには一番なのでしょう。 ほっぺにまだ残っていた水滴をなめてみる。 海のこんな味が 私は好き。

　コーラス・リーディングは，中高学年の生徒には異なる意味合いを持ちます。この学年になって，子どもたちは，ようやく詩そのものや，詩を書いた詩人のすばらしさが理解できるようになるからです。「ふつう，子どもは詩について話をするのを嫌がります。『正しく解釈しなければならない』というような思い込みがあるからです」（McClure, 1995, p. 117）。よく知られている詩をコーラス・リーディングすることで，子どもたちは詩人が作った，イメージ，韻，リズムに意識を向ける経験を楽しみながら行えます。子どもは，Jack Prelutsky（1990）による *Something Big Has Been Here* の中の "A Remarkable Adventure" という詩が大好きです。詩の中で，ある子どもが，自分が机に向かって宿題をしなければならい時に起こった，とっぴで，現実にはありそうもない冒険のことを語ります。この子どもは，自分がなぜ宿題をしてこなかったか，手の込んだ言い訳を先生にしているのです。その他のコーラス・リーディングやコーラス・スピーキングに適したユーモラスな詩には，Prelutsky（1982）の *The Baby Uggs Are Hatching* や，同じ Prelutsky（2000）の *It's Raining Pigs and Noodles*，Rebecca Kai Dotlich（2003）の *In the Spin of Things: Poetry of Motion*，Shel Silverstein（1974）の *Where the Sidewalk Ends* と，同じ Silverstein（1981）

の *A Light in the Attic* などがあります。

　いくぶんか複雑な内容にも対処でき，コーラス・スピーキングについても豊富な体験を持つ，より学年が高い生徒には，Paul Janeczko（2001）による詩のコレクション *Dirty Laundry Pile: Poems in Different Voices* * の中の詩が，コーラス・リーディング用として適しているでしょう。生徒を怖がらせてしまうかもしれませんが，Prelutsky（1980）による *The Headless Horseman Rides Tonight* には，巨人，ポルターガイスト（poltergeist，姿は見せないものの，物音を立てたり，物を動かしたりして自分の存在を示す幽霊），ゾンビ（zombie，悪霊によって生き返った死体）などが登場する全12の詩が収録されていて，いずれもコーラス・リーディングにも，コーラス・スピーキングにも用いることができます。Paul Fleischman（2000）の *Big Talk: Poems for Four Voices* には，ペアワークや，4人あるいはそれ以上のグループワークで，コーラス・リーディングを行うのに適した早口ことばを含む詩が収録されています。

　高学年になると多くの生徒が，"Somebody Said That It Couldn't Be Done"（Solyer, 2003, p. 50 に掲載）という詩に共感するようになります。クラスの生徒を2つに分け，この作者不詳の詩をつぎのようにコーラス・リーディングします。

* 生活の中で見つかるさまざまな物や動物について，一人称の視点が述べた詩のコレクション。

クラス全体：Somebody Said It Couldn't Be Done	「そんなことはできっこない」って，人は言う
クラス全体：Somebody Said It Couldn't Be Done	「そんなことはできっこない」って，人は言う
グループ1：But he, with a grin replied	でも，あの子は，にっこり笑って言ったんだ
グループ2：He'd never be one to say it couldn't be done—Leastways not 'til he tried.	「できっこない」なんて，僕は言わないよ——だってまだやってもいないでしょ。
グループ1：So he buckled right in, with a trace of a grin;	それであの子は負けちゃった。でも笑ってたそう，あの子はぶつかっていったんだ。
グループ2：By golly, he went right to it.	
グループ1：He tackled The Thing That Couldn't Be Done!	「できっこない」ことにぶつかって！
クラス全体：And he couldn't do it!	ほんとにできなかったんだ！

　生徒たちが，詩から自分の感情を掘り下げて考えるようになったら，シリアスな詩をコーラス・リーディングで取り上げます。Georgia Heard（1989, p. 41）は，「深く感じたことから詩が現れてくる」と述べています。一人の子どもの体験や疑問を基に，現実の生活を題材にした詩を，クラス全体で考えるきっかけとなることもあります。

歌を使ってコーラスする

　詩は，歌の歌詞のもとになることがあります。3年生から中学2年生までの生徒に，よく知っている歌のメロディーに乗せて，教室で学んでいることから詩を新たに作らせてはどうでしょうか。その際に，たとえば，「詩には事実が5つなくてはならない」のような制約を教師が与えます。4年生にグループワークさせて，理科の授業で宇宙について学んだことを，Everly Brothers の "Cathy's Clown" という歌のメロディーを用いて歌でまとめさせたところ，"Asteroids"（小惑星）というタイトルのつぎのような歌詞ができました。

Asteroids	小惑星
Here they come, Asteroids	小惑星がやってきた
Mini planets in the sky	空に浮かぶ小さな惑星
Don't know how they got there	どうして，そこにあるかはわからないけど
But there they are, Asteroids	そこにあるんだ，小惑星
There are several different types	小惑星の種類は7つ
Stony iron meteorites	石鉄隕石
Pock marked with craters	クレーターが作ったへこみ
Very dark in color	真っ黒な色
Carbonaceous chondrites	炭素質コンドライト
Here they come, Asteroids	小惑星がやってきた
Mini planets in the sky	空に浮かぶ小さな惑星
Don't know how they got there	どうして，そこにあるかはわからないけど
But there they are, Asteroids	そこにあるんだ，小惑星
Made of hydrocarbon	炭化水素がその成分
Oldest material around	中心にあるもっとも古い物質は
Iron nickel alloy	鉄・ニッケル合金
Melted planetary bodies	溶けて惑星を作る
Big ones weigh several tons	大きなものは数トンにもなる
Here they come, Asteroids	小惑星がやってきた
Mini planets in the sky	空に浮かぶ小さな惑星
Don't know how they got there	どうして，そこにあるかはわからないけど
But there they are, Asteroids	そこにあるんだ，小惑星
Asteroids, Asteroids	小惑星，小惑星

　　量販店の音楽コーナーに行けば，カラオケの音源が買えます。主に販売されているのは，最近流行しているポピュラーやカントリーの歌手の歌です。なかでも，中学生は，ポップスのカラオケが大好きで，良い動機付けとなります。また，流行歌以外にも，生徒に人気のあるテレビ番組のテーマ曲に詩を付けるというのもよいでしょう。繰り返しを多く含み，テンポもゆっくりめな，Taylor Swift, Justin Bieber, Kenny Chesney, Tim McGraw, Carrie Underwood のような歌手の歌うポップスは，生徒に歌詞を作らせるのに適しています。

朗読劇

　　「朗読劇（reader's theater）」は，物語の登場人物を，学習者がオーラル・インタープリテーションを通じて描き出す活動です。朗読劇は，コーラス・リーディングや，スピーキングのさまざまなスキルを学習する際の最適な活動です。Young and Rasinski（2009, p. 5）は，「朗読劇は，文字で書かれたスクリプト（script）*を，意味を観客に伝えることを主眼として読み上げる演技のことで，何度も繰り返し読んだり，教師やクラスメイトに援助してもらいながら読み込む必要があります」と述べています。スクリプトは，たとえば，絵本などの本1冊全体から作成しても，小説のような，長めのテキスト中のエピソードを1つ選んで作成してもよいでしょう。まとめれば，朗読劇とは，物語の流れを音読するナレーションを基本とし，その中に織り込まれたさまざまな対話を，自由な形で音読する活動であると言え

* 音読を行う原稿，台本のこと。劇活動の際に暗唱する「脚本」と区別される。

ます。生徒はまず，文学作品を基にして，一部分を選択したり，自分たちで作ったりしてスクリプトを作成します。スクリプトができたら，練習を繰り返し，舞台の上で上演します。

　朗読劇の上演には，それなりの準備が必要です。スクリプトは，頑丈なリングバインダーに綴じておきます。朗読を担当する箇所は，読み手ごとにマーカーで印を付けておきます。スクリプトを見る際には，頭は動かさないようにして，眼だけを下に向けて見るようにします。ページが変わるような長い文章を朗読する際には，朗読の途中でページをめくらなくても済むように，後半のページをコピーして，バインダーの中で左右に並ぶようにして，前半のページから連続して読めるようにします（Shepard, 1994）。

　朗読劇は「スモック（smock）」を着て行います。スモックは，長方形の布に首を通す穴を開け，布の左右をホックやマジックテープで留めたような簡単な作りの作業着です。スモックがなければ，色を統一したTシャツを着てもよいでしょう。さらに本格的に見せるには，学校名とともに，「朗読劇班」と印刷されたそろいのTシャツを着ます。朗読劇の参加者が同じような服装をすれば，生徒の外見の違いが目立たなくなり，個々の生徒の衣服のスタイルや色がばらばらな場合よりも，文学作品のメッセージが伝わります。背もたれのないスツールのほうが，背もたれのある椅子よりも朗読劇では役に立ちます。スツールは，登場人物の背の高さに合わせて，さまざまな高さのものを用意します（たとえば，ロバには高さの高いもの，イヌには低いもののように高さを変えます）。また，スツールは，上に立っても問題ないようなじょうぶなものにします。物語によっては脚立を用意します。色を塗った大きな紙を，黒板に貼っておけば背景幕となります。かご，天井から吊るして豆の木を表すのに使うプラスチック製の蔦（ツタ）の造花，野菜を煮込む鍋といった小道具も，物語に応じて用意します。しかし，朗読劇では，朗読される内容とともに，身体の動きや表情を用いたパントマイムが重要な役割を果たすので，小道具の使用は最小限にします。

　朗読劇では，読み手は起立していても，着席していてもかまいません。初めて朗読劇を行う時には，子どもはとくに緊張してしまいます。着席すると，不安な気持が和らぎます。読み手はスクリプトのバインダーを自分の手で持ち，楽譜台や書見台には置きません。右利きの生徒の場合には左手，左利きの生徒の場合には右手でバインダーを持ち，利き手はジェスチャーができるように空けておきます。

　生徒に目線の配り方を練習させます。たとえば，物語の進行役であるナレーターは，観客を見つめるのに対して，朗読劇中の登場人物は，物語に沿って，観客ではなく，話しかけている相手を見ます。物語にふさわしいように，目線の配り方をさまざまに工夫してみます。自分の頭の中にある考えを独り言として朗読する際には，あたかも窓の外の遠く離れた場所を見るようにします。登場人物が観客のほうを向いて，客席に直接話しかけるような状況も考えられます。

　舞台上の立ち位置は，登場人物に応じて決めます。似たような考えを持つ登場人物は，近い位置にまとめます。台詞がもっとも多い読み手は，舞台の左奥，もしくは右奥の，ほかの登場人物から離れた場所に配置します。朗読

劇は，通常の演劇のように，舞台に登場したり退出したりするのではなく，一歩前に歩み出たり，立ち上がったり，スツールに座っている場合には，ほんのわずかだけ前のめりになったりすることで，場面への登場を表現します（逆方向の動作によって退出を表します）。

　朗読劇は，一人の生徒が書名と作者名を述べ，もう一人の生徒が，物語全体を簡単に紹介して始めます。この導入部分は聞き手の興味を引くだけのものとし，物語全体の流れや結末については話さないでおきます。朗読劇が読み終わったら，読み手全員が口を閉じ，教室全体をシーンとさせます。その後，読み手が一斉にスクリプトを閉じ，起立し，観客に一礼をします。

　初めは，市販のスクリプトや，絵本を基にして作ったスクリプトを使うのが無難です。慣れてきたら，生徒に気に入った文章から，自分たちでスクリプトを作らせます。朗読劇にしたい物語が決まったら，スクリプトとしてふさわしいように編集します。登場人物の発話は，物語からそのまま持ってきます。ナレーターのナレーションは，物語の話の流れを記述する文章を基に作ります。ナレーターのことばから，観客は物語の始まり，全体の雰囲気，テーマ，結論などを理解します。ナレーターとなった生徒は，朗読劇の初めから終わりまで，観客が迷うことなく話の流れについてこられるよう，話を組み立てなくてはなりません。朗読劇の登場人物のことが，ナレーターによって説明されることはあっても，登場人物自身がナレーターのように，物語の流れを朗読してはいけません。そうなりそうな場合には，複数の登場人物が直接ことばを交し合う対話の中で，説明となる情報が与えられるようにスクリプトを工夫します。

　朗読劇で用いられる題材は，まず，子どもたちの心を捉えるものでなくてはなりません。楽しくてドキドキする物語に，魅力的で興味を引く人物が登場すれば，生徒はすぐにでも，登場人物の個性と物語の流れの両方を理解します。オーラル・インタープリテーションによって，学習者の実験的な活動が展開するような題材は，魅力的で感動的です。漫然と話の流れの解説ばかり続く物語では，子どもたちはすぐに参加意欲をなくしてしまいます。朗読劇に適した本は，典型的には，登場人物同士の対話が多く登場し，短めの説明文が対話と対話の間を埋めているような形式となっています。

　思いやり，寛大さ，欲，誠実さのように，テーマが朗読劇にふさわしければ，子どもたちは，すぐにテーマにのめり込みます。絵本の多くが，こうしたテーマで製作されているので，朗読劇を行う際に参考にするとよいでしょう。たとえば，年少の生徒にもお薦めの絵本には，Arnold Lobel (1970) の *Frog and Toad Are Friends*（邦題：ふたりはともだち），Steven Kellogg (1991) の *Jack and the Beanstalk*（邦題：ジャックと豆の木），Judy Schachner (2005) の *Skippyjon Jones*, Mo Willems (2003) の *Don't Let the Pigeons Drive the Bus!*（邦題：ハトにうんてんさせないで。）といったものがあります。このほかにも，Charlotte Huck (1989) の *Princess Furball*（邦題：毛皮ひめ），Ellen Jackson (1994) の *Cinder Edna*, Robert Munsch (1980) の *The Paper Bag Princess*（邦題：紙ぶくろの王女さま），Tomie dePaola (1982) の *Strega Nona's Magic Lessons*（邦題：まほうつかいのノナばあさん），Vera B. Williams (1981) の *A Chair for My Mother*（邦題：かあさんのいす）といったものが生徒に好まれます。より学年が上の生徒であれば，DiCamillo（2009）*The Miraculous Journey of Edward Tulane*（邦題：愛をみつけたうさぎ——エドワード・テュレインの奇跡の旅），Collier and Collier（1994）の *With Every Drop of Blood*，O'Dell（1980）の *Sarah Bishop*，Lowry（1989）の *Number the Stars*（邦題：ふたりの星），Park（2001）の *A Single Shard*（邦題：モギ——ちいさな焼きもの師），Avi（2002）の *Crispin: The Cross of Lead*（邦題：クリスピン）といった絵本から，スクリプトを作ることもできます。その他，スクリプト作成に適した書籍については，以下のサイトを参照してください。

```
www.aaronshep.com/rt/
www.fictionteachers.com/classroomtheater/theater.html
www.teachingheart.net/readerstheater.htm
www.timelessteacherstuff.com/
www.timrasinski.com
www.vtaide.com/png/theatre.htm
```

* 2015 年 8 月 30 日時点でのアクセス。

図表 5.3：朗読劇のスクリプトを収集したサイト*

『ふたりはともだち』
（原題：*Frog and Toad Are Friends*）
Arnold Lobel（著），三木 卓（翻訳）
文化出版局，1972 年

『ハトにうんてんさせないで。』
（原題：*Don't Let the Pigeons Drive the Bus!*）
Mo Willems（著），中川 ひろたか（翻訳）
ソニーマガジンズ，2005 年

『毛皮ひめ』
（原題：*Princess Furball*）
Charlotte Huck（著），松井 るり子（翻訳）
セーラー出版，1991 年

『紙ぶくろの王女さま』
（原題：*Paper Bag Princess*）
Robert Munsch（著），加島 葵（翻訳）
カワイ出版，1999 年

『まほうつかいのノナばあさん』
(原題:*Strega Nona's Magic Lessons*)
Tomie dePaola(著),ゆあさ ふみえ(翻訳)
ほるぷ出版,1978 年

『かあさんのいす』
(原題:*A Chair for My Mother*)
Vera B. Williams(著),佐野 洋子(翻訳)
あかね書房,1984 年

『愛をみつけたうさぎ――エドワード・テュレインの奇跡の旅』
(原題:*The Miraculous Journey of Edward Tulane*)
Kate DiCamillo(著),子安 亜弥(翻訳)
ポプラ社,2006 年

『ふたりの星』
(原題:*Number the Stars*)
Lois Lowry(著),掛川 恭子,卜部 千恵子(翻訳),太田 大輔(イラスト)
童話館出版,2013 年

『モギ――ちいさな焼きもの師』
(原題:*A Single Shard*)
Linda Sue Park(著),片岡 しのぶ(翻訳)
あすなろ書房,2003 年

『クリスピン』
(原題:*Crispin: The Cross of Lead*)
Avi(著),金原 瑞人(翻訳)
求龍堂,2003 年

ストーリーテリング

　最近,教室と社会全体のいずれにおいても,改めて注目を集めているのが「ストーリーテリング(storytelling)」です。ストーリーテリングが上手にできるようになると,会話と演劇の両方に関連するコミュニケーション・スキルの向上につながります。また,ストーリーテリングは,子どもに,意味について新たに気付かせるのに適しています(Nicholson, 1992)。Karla

Hawkins Wendelin (1991, p.181) は，つぎのように述べています。

> ストーリーテリングによって，生徒のコミュニケーション・スキルが発達し，学習体験の共有が広がります。ストーリーテリングをすることで，上手に声を出して話せるようになるとともに，上手に聞けるようになります。発音，滑舌の良さ，音量などに気を配ることで，スピーキング能力が発達します。集団を前に，落ち着いて自信を持って話をする力は，どんなことでも受け入れようとする肯定的な雰囲気を持つ教室で培われます。生徒は，さまざまにイントネーションを変え，さまざまな感情を声で表そうとします。また，思いが伝わるように，適切なことばを選んで話す必要があります。ストーリーテリングでは，自分なりにことばを操作しつつ，ほかの生徒の表現方法にも注意して耳を傾け，評価し，良さを理解します。

ストーリーテリングを成し遂げるまでには，6つの段階があります。第1段階は「物語の選択」です。物語のテーマと全体の雰囲気はともに，読み手（ストーリテラー，storyteller）が納得できて，対象としている聞き手にも適切なものを選びます。第2段階は，「物語の登場人物と話の流れの分析」です。第3段階は，物語を正しく描写する「イントネーションやジェスチャーの実験」です。第4段階は，「話の全体の流れがわかるように，物語を語る」です。導入と結末は省かずにおきます。第5段階は，「聞き手を前にした本番の前に，リハーサルをする」です。最後となる第6段階で，本番としてストーリーテリングを行います。

第1段階： 物語を十分理解し，対象としている聞き手に，物語が適切なものであるかを判断する。
　　a. 自分が気に入った物語で，そのすばらしさを，周りの人にもわかってもらいたいと思えるようなものを選びます。
　　b. 全体の流れに気を配りながら，少なくとも2回は物語を読みます。物語は，単純で，追いかけやすく，複雑な展開をしないものがよいでしょう。テーマも，裏に秘められているようなものではなく，すぐにわかるようなものにします。聞き手の年齢層に合ったテーマと雰囲気を持った物語を選びます。

第2段階： 登場人物と物語の流れを分析する。
　　登場人物は現実味があり，一人ひとりが個性的で，描きやすい人物像を持っていなければなりません。そのため，登場人物の特徴や個性をしっかり考察します。登場人物は，どのようにおたがいに関連し合うのでしょうか？ それぞれの登場人物は，物語の中でどのような役割を果たしていますか？ また，どのように見えるのでしょう？ さまざまな登場人物を適切に表現するために，どのような動きや声がふさわしいかを考えます。自分なりに納得できるまで，登場人物の声や見ためを工夫してみます。

第3段階： オーラル・インタープリテーションとジェスチャーを活用する。

a. 物語を音読し，物語の本質を伝えるのに不可欠で，興味深い句（phrase）を見つけ出します。このような句は，視覚的なイメージを作る際に役に立ちます。たとえば，The Teeny Tiny Woman（邦題：ちいさいちいさいおばあさん）というグリム童話では，teeny tiny house, teeny tiny hat, teeny tiny gate, teeny tine bone といったように，"teeny tiny" という句が，すべての物に形容詞として用いられます。"teeny tiny" を繰り返し聞くと，聞き手には，ドラマが「視覚的」に浮かんできます。

『ちいさいちいさいおばあさん』
（原題：The Teeny Tiny Woman）
Paul Galdone（著），晴海 耕平（翻訳）
童話館出版，2001 年

b. 物語から離れてしまうようなジェスチャーは避け，物語をわかりやすくするようなものを使います。たとえば，巨人を表現する際には，まっすぐに背を伸ばして立ち，両手を広げ，背の低い人たちを見下ろすようにします。同様に，象がジャングルを歩くイメージを表すには，身を乗り出し，つないだ両手を前後にゆすります。

第 4 段階：出来事が起きる順番に注意して，みんなが納得できる始まりと終わりを作る。

a. 物語の主なシーンに注目します。物語を 1 語 1 語すべて暗記するのではなく，重要なシーンとその状況を把握したうえで，物語を進行させます。

b. 物語の始まりと終わりをどうするかは，最初に決めておきます。中間に起きる出来事を変えることはあっても，始まりと終わりは物語の流れに沿ったものとします。

c. 聞き手が思わず最後まで聞き続けたくなるような，魅力的な物語の始まりを作ります。始まりは簡潔ではあれ，場面設定（時代や場所）と物語のテーマの両方をはっきりさせます。子どもたちも大好きな「むかしむかし，山奥に……」のような民話の始まりは，まさにこれを表しています。

d. 物語の終わりは，物語全体の幕を閉じさせるようなものにします。聞いている人が，「これでおしまいなの？」のような疑問を抱かないよう，登場人物全員が，最後にどのようになるかをはっきりさせます。

第 5 段階：リハーサルを観客なしで行う。

鏡，カセットレコーダー，ビデオレコーダーといった機器を

用いて，実際に上演する前に数回，ストーリーテリングをリハーサルします。会ったこともない観客を前に，落ち着いて作品を上演できるレベルに到達するまで，時間をかけて繰り返し練習します。

第6段階：観客を前に上演する。

観客に物語が十分伝わるように，邪魔になりそうな物はできるだけ取り除きます。たとえば，ストーリーテリングを行う人の後ろに，模様の描かれたカーテンや，運動場や通りに面した窓があると，観客は物語に集中できなくなります。上演する人の華美な服装や無意識に起きる癖も，上演の邪魔になります（囲み記事5.1 参照のこと）。

記事5.1　ストーリーテリング参考資料

Freeman, J.（2007）. *Once Upon a Time: Using Storytelling, Creative Drama, and Reader's Theater with Children in Grades Pre-K-6*. Denver: Libraries Unlimited.
　包括的な参考資料として価値が高い。

Livo, N. J. and Rietz, S. A.（1991）. *Storytelling Folklore Sourcebook*. Denver: Libraries Unlimited.
　物語やストーリーテリングの要素（登場人物，目的，活動，主題，覚え方など）に関する包括的な解説は，教師にも演じる生徒にも役に立ちます。中級レベルや中学校の生徒向きです。

Margaret Read MacDonald は，自身がすぐれたストーリーテラーであるのと同時に，世界中から子ども向けの物語を集めた収集家としても高い評価を得ています。以下は彼女による刊行物の一部です。

Bookplay: 101 Creative Themes to Share with Young Children（1995）
Celebrate the World: Twenty Tellable Folktales for Multicultural Festivals（1994）
Ghost Stories from the Pacific Northwest（1995）
The Girl Who Wore Too Much: A Folktale from Thailand（1998）
Peace Tales: World Folktales to Talk About（1992）
Pickin' Peas（1998）
The Round Book: Rounds to Sing or Play（1998）
The Skit Book: 101 Skits for Kids（1990）
Slop! A Welsh Folktale（1997）
The Storyteller's Startup Book: Finding, Learning, Performing, and Using Folktales（1993）
　ストーリーテリングに向いた12の話を収録。（邦題：ストーリーテリング入門――お話を学ぶ・語る・伝える）
Twenty Tellable Tales（1991）
When the Lights Go Out Twenty Scary Tales to Tell（1988）

『ストーリーテリング入門――お話を学ぶ・語る・伝える』
（原題：*The Storyteller's Startup Book: Finding, Learning, Performing, and Using Folktales*）
Margaret Read MacDonald（著），末吉 正子，末吉 優香里（翻訳）
一声社，2006年

低学年層に人気があるのは，寓話（fable，日常の教訓を教える物語），おとぎ話（fairy tale，魔法使いや妖精が登場し，超人的な出来事を起こす話），説話（folktale，人から人へ口承によって伝えられる話），空想小説（fantasy，事実に基づかない物語）といった物語です。これには，たとえば，イソップ物語，イギリスやアメリカのアパラチア地方における Jack の登場する物語（イギリスの民話『ジャックと豆の木』（Jack and the Beanstalk）はその代表），The Five Chinese Brothers（邦題：シナの五にんきょうだい），Hans Christian Andersen: His Classic Fairy Tales（1974）中の The Princess and the Pea と The Ugly Duckling（邦題：みにくいアヒルの子。アンデルセン物語），Laura Numeroff（1991）による If You Give a Moose a Muffin（邦題：もしもムースにマフィンをあげると）のようなものがあります。中学生レベルの子どもには，Beverly Cleary*，Virginia Hamilton（ヴァージニア・ハミルトン），Edgar Allan Poe（エドガー・アラン・ポー）といった作家の作品とともに人気があるのは，E. J. Bird（1990）による The Blizzard of 1896 です。

* ベバリー・クリアリー，もしくはビバリー・クリアリーと表記。「ゆかいなヘンリーくん」シリーズ（学習研究社）をはじめ，邦訳が多数刊行されている。

『シナの五にんきょうだい』
（原題：The Five Chinese Brothers）
Claire Huchet Bishop（著），
かわもと さぶろう（翻訳）
瑞雲舎，1995 年

『もしもムースにマフィンをあげると』
（原題：If You Give a Moose a Muffin）
Laura Numeroff（著），青山 南（翻訳）
岩崎書店，2000 年

　ストーリーテリングは，声に出してことばを話すという，伝統的に，社会で行われてきた活動で，スピーキングとリスニングという2つの活動を結び付け，学年を問わず，音楽や社会科のみならず，理科の授業においても実施できます。アメリカの民話は，多様な文化が混ざり合う「サラダボウル（salad bowl）」文化から発祥しています。そこに現れる，いつの時代でも人気の高い登場人物に命を与えるのは，ストーリーテリングにほかなりません。社会科の授業に，Johnny Appleseed[10]，Molly Pitcher[10]，John Henry[10]，Mike Fink[10]，Paul Bunyan[10]，Annie Oakley[10] といった人物の話が登場します。Jean Fritz（1980）による Where Do You Think You're Going, Christopher Columbus? もストーリーテリングに適した教材で，子どもたちは Columbus の4つの航海を視覚的にイメージできます。Fritz の書いた伝記は，社会科の授業において，建国の父（founding fathers）と呼ばれる米国建国の功労者たちについて，ストーリーテリングで紹介する際のすぐれた教材となります。

注釈10（p. 269 参照）

伝説やなじみのない異文化を理解するには，つぎのような物語がよいでしょう。Verna Aardema (1981) の *The Riddle of the Drum: A Tale from Tizapán, Mexico*, Joseph Bruchac (1995) の *Gluskabe and the Four Wishes*, Joyce Cooper Arkhurst (1964) の *The Adventures of Spider: West African Folktales*, そして，Taro Yashima (1955) の *Crow Boy*（原著：からすたろう）。こうした物語には，単純なものから，かなり込み入ったものまでさまざまあります。したがって，通常より学業に意欲的に取り組む才能や性格を持って生まれた子どもたちにも，学習障がいや学業遅滞を抱える子どもたちにも，ストーリーテリング用の作品は難なく見つかります。子どもたちは，なじみのない文化を理解し感動する体験を通じて，自分たちと他者の違いを理解し，他者を受け入れられるようになります（囲み記事5.2参照）。

『からすたろう』
八島太郎（著）
偕成社，1979年

記事5.2	ミニレッスン：「ほらふき話」を使った活動

　アメリカには，民話上のヒーローと，このヒーローにまつわる，真実とはとうてい思えない話がいくつかあります。このような話は「ほらふき話（tall tale，トールテイル）」と呼ばれています。Steven Kellogg (1988) は *Johnny Appleseed* (New York: Morrow) において，Johnny Appleseedの実像と，彼が行ったアメリカの辺境地におけるリンゴの植樹についての言い伝えを記しています。本の終わりに，Kellogは Johnny Appleseed にまつわる，さまざまな現実味のない作り話を一覧にして示しています。この本は，中学生レベルの生徒に読み聞かせて，その後，似たような作り話を持つ，アメリカの民話上のヒーローを生徒自身に見つけ出させる活動へとつなげます。
　ほらふき話を用いた発展的な活動には，つぎのようなものもあります。まず，生徒を4つのグループに分け，グループごとに非現実的な人物を作らせます。それぞれのグループに，レジで使う印字用のロール紙を1メートルほど切って与えます。グループ内で順番に，その人物が行った冒険を書いていきます。書き終わったら，文具を与えて，テープを胴体として，頭や，手足を書き加えて，冒険をした人物の絵を描かせます。どのような話を作ったか，クラスで発表し，掲示板に作った物語と絵を掲示して，クラス全員が楽しめるようにします。

　人形劇用の人形（puppet）：子どもたちが，ストーリーテリングに自信を持って取り組めるように，人形を使うと効果的です。手人形（hand puppet）を使えば，子どもは，単純な話を，クラスや小さなグループに緊張せずに話せます。子どもは人形で遊ぶのが大好きです。お気に入りのぬいぐるみの仲間のような気がします。紙袋，木の棒に糊付けした色画用紙，ペーパータオルのロール，靴下，ボタン，目玉の動くボタン，布，フェルト，パイ

プクリーナー，鉛筆，編み物の糸，草，木の棒など，人形を作る素材はさまざまです。人形は物語の登場人物に魂を与えます。人形は，動物園（動物の人形），書店（「アーサーとなかまたち」シリーズ*に登場するアーサーや大きな赤い犬のクリフォードの人形），学校教材販売店などから，既製の物を購入してもよいでしょう。

第1章 p. 22 参照。

　子どもたちにことに人気があるのは，いらなくなった靴下や手袋で作る手人形です。人形を子どもがよく知っている本を基にして作るのもよいでしょう。たとえば，Eric Carle（1969）の *The Very Hungry Caterpillar*（邦題：はらぺこあおむし）*を使うのであれば，あおむしは，緑色のハイソックスで胴体を，2個の白いボタンで目を作ります。チョウの形に切り取った小さな黄色い布は，折りたたんで靴下のつま先に隠しておきます。果物や葉っぱなどの，本に登場する食べ物は，30センチ四方のフェルト生地を切って作ります。それぞれの食べ物には切り込みを入れておき，あおむしが子どもの手の上を動いていく時に，食べながら通り抜けていくことができるようにします。物語の最後に，子どもはあおむしをさっと隠し，チョウを靴下から引っ張り出して観客に見せます。冷蔵庫や洗濯機が入っていた大きな段ボール箱で，人形劇の劇場が作れます。ほかのクラスの生徒を招いて一緒に鑑賞します。

第3章 p. 141 参照。

フェルトやネルを張ったボード，マグネットボード：フェルト張りのボードや，磁石の付くマグネットボードをスタンドで立てて，ストーリーテリングに必要なものをそこに張り付けます。登場人物や，場面設定に役立つもの（たとえば，わら，木，レンガでできた家）を作って，物語を理解しやすいようにします。フェルトボードにしっかりと留まるように，マジックテープを，フェルトや厚紙の裏に張り付けておきます。フェルトやネル張りのボードを作るには，大型のボール紙を切って，必要な大きさのものを2枚用意します。ボードを大きくしたい場合には，薄めのベニア板2枚を蝶番で留めて広げられるようにします。ボール紙を使う場合には，2枚を糊付けして重ねて，ひと晩置いて乾かします。ボードを覆うフェルトやネルは，単色のものを用います。フェルトやネルの色には注意が必要です。白くするとすぐに汚れてしまい，黒くすると，暗すぎて人物の区別ができなくなってしまいます。明るすぎも，暗すぎもしない緑や青は，背景として適切です。フェルトやネルで作った登場人物，家，木などは，物語ごとにプラスチックの箱に入れて，ストーリーテリングする際にすぐに取り出せるようにしておきます。

　フェルトやネルを張ったボードをストーリーテリングで使う時には，スタンドや黒板のチョーク置きに立てかけ，生徒たちを，教師の周りにほぼ円を描くように集めます。すべての生徒からボードが見えるように，教師は自分の座る位置を決めます。ストーリーテリングを始める前に，登場人物が，物語に現れる順番どおりに出てくるように並べておきます。最初の場面に必要な，木，ボート，湖などの小道具をボードに張ります。登場人物は，実際にボードに張る時まで，生徒から見えないように，箱の中やカーペンター腰袋（carpenter's apron）*に入れておきます。ストーリーテリングをする際には，生徒の目としっかりコンタクトできるよう，教師の頭を生徒の目と同じ

* 大工道具を収納する複数のバッグの付いたベルト。腰の周りに巻いて使用する。

高さにします。ストーリーテリングの経験が浅い教師によくあることですが，どうしても，聞き手の生徒ではなく，ボードを見て話をしてしまいます。教師がボードを見て話をすると，聞き手は物語を十分理解できなくなります。

　教室のホワイトボードには，ふつう，磁石がくっ付きます。小さな磁石を，ストーリーテリングの小道具に張り付けておけば，ホワイトボード上に留められます。その場合，登場人物や小道具が重すぎて，ストーリーテリングしている最中に，ボード上を滑り落ちてしまわないように気を付けます。小道具は紙で軽めに作るとよいでしょう。

　フェルト張りのボードや，マグネットボードを使う際には，たとえば，*The Three Bears*（邦題：さんびきのくま），*The Three Little Pigs*（邦題：三びきのこぶた），*The Emperor's New Clothes*（邦題：はだかの王様），*Henry and Mudge* のように，登場人物が限られていて，単純な場面設定しか持たないわかりやすい物語のほうがうまくいきます。話が多方面に展開する複雑な物語は，フェルト張りのボードやマグネットボードにはふさわしくありません。聞いている人は混乱して，物語で実際に起こっている出来事がわからなくなってしまいます。

『さんびきのくま』（原題：*The Three Bears*）
Byron Barton（著），中川 千尋（翻訳）
徳間書店，1995 年

　子どもたちが，物語を自分のことばで語りなおす際に，フェルトやネル張りのボードや，磁石の付くマグネットボードはとても役に立ちます。言語スキルの発達とともに，物語の理解，出来事の順序付け，語彙の習得にも効果があります。子どもたちは，自分たち自身で，物語や登場人物を作りたくなることもあります。そのような時のために，小さめのボードを追加で用意しておくとよいでしょう。

フリップ・チャート（flip chart）：フリップ・チャートは，会議のプレゼンなどで用いられる，画板型の台に大型の紙をまとめて載せたものです。フリップ・チャートもストーリーテリングに使えます。教師は，フリップ・チャートの紙をめくって場面を切り替えます。最初の紙は物語のタイトルにして，つぎの紙で何が問題となっているかをまとめます。その後は，1番目の出来事，2番目の出来事のように続け，最後は，問題がどのように解決されたかを示します。物語の軸となる考え方は，紙に描かれた絵を，つぎからつぎへとめくって提示します。図は手描きのものでかまいません。教師が，絵を描くのがあまり得意ではない場合には，絵をトランスペアレンシーにコピ

ーし，オーバーヘッド・プロジェクターを使って紙の上に絵を映し出し，鉛筆でなぞります。なぞり終ったら，鉛筆の線を基に，マーカーで色を付けて絵を仕上げます。フリップ・チャートの紙の上には，わらぶきの家の屋根を表す「わら」，雨を表す「お米」，魚を獲る網を表す「ナイロンの網」，カーテンや服を表す「布」，木の幹を表す「木の皮」，月を表す「25セント硬貨」，家を形取った「スパゲッティ」，種を表す「乾燥豆」などというように，さまざまな物を糊付けします。

ロールストーリー（roll story）：ロールストーリーとは，場面ごとに複数の絵を描きつないで巻物を作り，1つひとつの絵を巻き取りながら表示させて，ストーリーテリングするものです。絵を描いた紙を巻き取る芯として，トイレットペーパーの芯がよく用いられます。まず，物語のタイトルを提示して始めます。それぞれの場面を，同じ大きさで描き，絵と絵の間に短い縦の余白を残すように指示します。新しい靴が入っていた厚紙の箱を横に置き，トイレットペーパーの芯2つを鉛筆で固定し，描いた絵を順次巻き出していくと，子どもたちが大喜びするロールストーリーの劇場ができます。生徒には，まず，チャート紙を適当な大きさに切り，トイレットペーパーに複数の紙を糊付けしてから絵を描かせます。1つひとつの絵の大きさが同じになるように，型紙を与えておきます。

物語に登場する「物」を使う：物語に現れる「物」を使ってストーリーテリングします。たとえば，Janet Stevens（1995）の *Tops & Bottoms* は，賢いウサギが，クマに「作物を植えてあげますよ」と言いながら，クマを出し抜く物語です。クマが「作物の上の部分がほしい」と言えば，ウサギは，ラディッシュ，ニンジン，ジャガイモを植え，「下のほうがほしい」と言えば，マメ，トマト，キャベツを植え，「上も下もほしい」と言えば，トウモロコシを植えます。物語に出てくる本物の野菜をバスケットに隠しておき，物語の進行に合わせて取り出します。これと似たように，登場する「物」が重要な物語に Marcia Brown（1947）の *Stone Soup*（邦題：せかいいちおいしいスープ）[11] があります。物語の終わりに合わせてスープができ上がるようにします。

注釈11（p.269参照）

『せかいいちおいしいスープ』
（原題：*Stone Soup*）
Marcia Brown（著），こみや ゆう（翻訳），
岩波書店，2010年

創造的な劇活動としての演劇

劇活動は，すべての子どもが幼い頃に体験する，創造的な遊びを自然に発

展させたものです。劇活動は子どもにとって，社会に参加する実験の場です。子どもは「ままごと」や「ごっこ遊び」を通じて，現実世界を模擬的に体験します。「ごっこ遊び」では，お店屋さんになったり，学校に行って授業を受けたり，お巡りさんなって街を警備したり，特別な出来事をお祝いしたりします。起こり得ないような冒険もごっこ遊びの対象です。子どもたちは，転覆した船から生存者を救出したり，火星行きの宇宙船をデザインして操縦したり，古代の宝物を探しに中国へ航海したりします。子どもたちにとって，劇活動は，現実世界と向き合い，ふさわしい社会的なふるまいを学ぶ訓練となります。また，演じることは，現実世界から離れることでもあり，いままでなかった現実や状況を深く考え，試す機会となります。劇活動は，子どもたちの初期のリーディングとライティングの発達に良い影響を与えます（Christie, 1990）。子どもたちは，記憶，想像，観察，他者との交流などに頼りながら，新しい行動とコミュニケーションを作り上げます（Wagner, 1988）。子どもは自分の殻を破り，新しい役割を演じますが，その役割は，いずれも自分が実際に見たことのあるものばかりです。たとえば，母親や店員の役割であったり，人形のバービーやアニメのキャラクターのような，なんらかのメディアを通じて知っている役割であったりします。

　創造的な学習の形である劇活動には，数多くの長所が指摘されています。その中には，語彙の拡大，スピーチ，自己意識などの向上とともに，批判的で直感的な思考スキル，集中力，読解力の発達も含まれています（Gray, 1987）。さらに，演劇を通じて，生徒たちは，想像し，行動し，抽象的なものを具体化し，曖昧なものにはっきりとした形を与え，授業の内容を深く理解するようになります（Athanases, 2002）。Smilanky（1968）の調査では，社会的なごっこ遊び（sociodramatic play）*が，語彙，スピーチの内容，文の長さといった領域で，経済面や教育面で恵まれない子どもたちの知的発達を促進させることが明らかになりました。

　ことに，劇活動は，低学年層のスピーチ活動を上達させます。声の高低や表現力は，オーラル・プレゼンテーションには欠かせません。役割の中には，「こうでなくてはならない」のように，具体的に役割に合った話し方が決まるものがあります。Minarik（1978）の Little Bear（邦題：こぐまのくまくん）において，子グマのお母さん役の生徒は，和らいだ声で，母グマの持つ優しさ，繊細さを表現します。一方，The Three Little Pigs（邦題：三びきのこぶた）の大きな悪いオオカミは，大きく，明るく，自信に満ちている声で話します。聞きやすく，はっきり発話することは大切です。子どもたちは，大きく通る声で，観客にわかるよう明瞭にことばを発音できるまで練習します。

　Burgess（1984）は，劇活動は，ランゲージアーツの習得に大きく貢献する，としています。劇活動において，生徒は抽象的に考え，他者と対応して協働活動を完成させます。このことから，Burgess は，劇活動はことばの全般的な発達の一助となるという考えを支持しています。

---

* 親，警察官，消防士，ウェイトレスのように，大人の社会的な役割を演じる「ごっこ遊び」。

『こぐまのくまくん』（原題：*Little Bear*）
E. H. Minarik（著），まつおか きょうこ（翻訳）
福音館書店，1972年

プロセス*としての劇活動

*ここでの「プロセス（process）」とは，教育上の目的を達成するために，複数の活動を一定期間連続して配置することを意味する。

　一人の登場人物に扮することで，子どもは，ことばを内面化し，わずか数分間かもしれませんが，その人物に「なりきり」ます。McCaslin (1984) は，「人が演じた物語は，消えがたい印象を人にもたらします。すぐれた文学作品をさまざまに考察し，自分のものにするのが，劇活動を行う最大の意義です」のように主張しています。登場人物の体現化を経て，劇活動は，すぐれた文学作品の一部について深い理解をもたらします。

　劇活動の中で，子どもは，個人的な体験と読書体験の双方を用いて，うまくロールプレイができるよう準備します。一人ひとりの登場人物と同じように，話のプロットも完全に理解します。そうすることで，物語や演劇がわかりやすくなり，方向性もはっきりします。Haine (1985) は，劇活動を通して，生徒たちは物語について想像を巡らせる，と主張しています。劇活動をしていく中で，生徒は，なじみのない概念について考え，物語に対する自分なりの反応の仕方について，さまざまに思いを巡らせ，最終的に，自分自身の解釈を作り上げます。物語の重要な出来事，イメージ，テーマといったものが，劇を演じる中で処理されていきます。

　劇活動を，小学校の段階で教育上価値のあるプロセスとするには，以下の6つのステップを踏みます。

1. 生徒が，本当に楽しめて，進んで演劇化したくなるような，すぐれた物語を選びます。子どもたちが，自分の知識や体験に基づいて，共感できるような物語を選びます。
2. 物語には誰が出てきたか，それぞれは，物語のさまざまな場面において，どのように現れ，語り，感じ，ほかの登場人物とかかわり合ったか，などについてクラス全体で話し合います。さらに，登場人物にほかにはないその人らしい特徴が認められる場合には，その特徴を明らかにします。
3. 物語の主なシーンと出来事を文章にまとめてから，演じてみたいシーンを選びます。
4. 選択したシーンごとに，起こった順番に演者の動作を並べます。その際，教師から「このシーンで，落とせない重要な動作は何ですか？ 省略しても，シーンの重要性を損なわない動作は何ですか？」のように問いかけます。

5. どの生徒が，どの役を演じるか決め，それぞれが演じる人物について，もっとも重要な特徴が何なのかを洗いなおしします。
6. 選んだシーンについて，生徒自身の解釈を盛り込んで演じます。自由度の高い演劇ではアドリブで会話を行い，より形式を重んじる場合には，台詞を読めるように脚本を用意します。よりリアリティーを出すには小道具も使います。

劇活動におけることばの深まりと広がり

　劇活動によって，子どもたちは意味のある文脈の中で，自分のことばを練習し，拡げていくことができます。以下は，Adomant（2009, p. 635）の主張です。

　劇活動を行う生徒には，物語の多層的で，深い理解を創り出す自由があります。文学作品の理解を劇活動によって行う際に，生徒は，自分たちの持つ強みを発揮できるのです。生徒は，複数の登場人物の役割を演じながら，物語のテキストを分析し，発展させ，変容させます。自分の興味，希望，そして自分に不足していることなどを持ち込んで，主体的に新しい意味を創り出します。また，劇の作品の中に現れた社会的な交渉や，多角的な視点を通して自分の世界観を拡げます。

　劇活動の間，生徒がどのようなことばを使うのか，教師は注意して聞きます。全体の内容，表現スタイル，声の調子，語彙などをよく考えながら，教師は，適切なことばのモデルを具体的に生徒に示します。教師の示したモデルは，日常的なスピーチと正式なスピーチのいずれにおいても，子どもたちが，ことばを声にして発する際に役立ちます。生徒はことばを操る際には，意識的に行っていることも，無意識に行っていることもあります。つまり，生徒は，話をしている時に，意識下で，自分が何をどのように言うかを確認しているのです。これはメタ言語的な気付き（metalinguistic awareness）＊と言えます（Morgan and Saxon, 1988）。

＊ 自分のことばについて意識を働かせ，何かが存在していることや，自分の状況について理解すること。

劇活動の種類

　小学校で行われる劇活動には，主に，パントマイム，アドリブ劇（improvisation）＊，本格的な劇活動の3種類があります。

＊ 準備せずに，状況に合うように台詞をその場で考え出して進める演劇。即興劇。

パントマイム（pantomime）：意味を伝える際に，非言語的な行動だけを行うものがパントマイムです。ジェスチャーや体の動きによって，行動のみならず考えや，感情をも象徴化したドラマです。このように象徴化した顔の表情や体の動きは，舞台の上ではとても重要です。観客は，離れた場所から舞台で行われていることを見て解釈するからです。したがって，パントマイムで用いられるジェスチャーや体の動きは，当然，通常より大げさで，細部に気を配ったものとなります。たとえば，コーヒーを飲むパントマイムでは，ゆっくりと砂糖とクリームを入れ，慎重にそれをかき混ぜる動作から始めます。

　表情に応じて，伝わる感情が変わることを理解するにつれ，子どもたち

は，観客に伝えたいメッセージにふさわしい顔の表情の作り方を学びます。顔でさまざまな感情を伝えることができます。喜び，悲しみ，恐怖といった感情を出発点として，困惑，驚き，無気力，共感，無関心といった感情へと進んでいきます。非言語的な行動の観察に慣れてくると，それぞれの顔の表情に合うように，身振り言語（body language）*や身体の動きが加えられるようになります。たとえば，肩をすくませることで，「信じられない」などといった疑念，手のひらを上にして両腕を広げる動作で，「助けて」のような支援の要請を表します。こうした動きは関連する顔の表情に意味を追加します。

＊ 言語情報に依存せずに，感情を伝えるために用いられる身体動作。

　低学年の子どもたちには，パントマイムを全員参加の活動として導入します。生徒たちに，つぎのものをパントマイムするよう指示します。

- 静かに流れる小川を漂う木の棒
- 暖かな日差しの下で，陽気に飛び跳ねて遊ぶ子ヒツジ
- 秋に音もなく落ちていく枯葉
- 真っ暗な家の階段を手探りで下りていくネコ
- 吹雪のあと，雪だるまを作る大人

　クラス全体で，このようなパントマイムをいくつか行ったあと，生徒一人ひとりに，さまざまなパントマイム活動をさせます。幼稚園児や1年生にパントマイムさせる際に，楽しいあまり，演じながら自分の役割を声に出してしまう，という問題がよく起こります。たとえば，6歳のKarinは *The Three Billy Goats Gruff*（邦題：三びきのやぎのがらがらどん）のパントマイムの最中に，突然，「僕は，ヤギたちが渡りたがっている橋の持ち主のトロールなんだ」のように大声で叫んでしまいました。

『三びきのやぎのがらがらどん』
（原題：*The Three Billy Goats Gruff*）
P. C. Asbjornsen（著），せた ていじ（翻訳）
福音館書店，1965年

　低学年の子どもたちには，上のもの以外に，つぎのようなパントマイムもよいでしょう。

- ビデオカメラでビデオを撮る。
- 日用品を買いに行く。
- クローゼットをきれいに片付ける。
- 葉っぱをくまでで集め，山にして，その山に飛び込む。
- 凧揚げをする。
- アメリカンフットボールの試合で，タッチダウンするものの，靴を片方なくす。

- 当たりの宝くじを見つける。

子どもたちは，声を出さずに役を演じようと，斬新かつ巧妙に，顔の表情や動作を創り出します。低学年の生徒には，最近読んだ物語の出来事や，みんなが知っている子ども向けの文学作品に登場するお気に入りの登場人物をパントマイムさせます。より年長の生徒には，授業を行っている時点で，話題となっている国内外のニュースに現れる，政治家，テレビや映画のスター，スポーツ選手などの個人をパントマイムさせます。

アドリブ劇（improvisation）：子どもたちが，自信を持ってパントマイムできるようになったら，つぎの段階として，アドリブ劇を導入します。演者が，その場で台詞を考えるアドリブ劇では，子どもたちの演劇スキルのレパートリーに，対話力が加わります。アドリブで対話しようとしても，最初のうちは，短くぎこちないものとなりますが，慣れてくると，スムーズにことばが出るようになります。したがって，生徒がアドリブ劇に慣れるまで，複雑な場面設定は避けます。子どもたちは物語の抜粋を，アドリブ劇で演じたがることがよくありますが，この活動で大切なのは，物語のテキストの暗記ではなく，物語のシーンをみんなに伝えようと，即興的に想像力を働かせて対話を行うことです。

生徒にアドリブ劇をさせる際には，本の中で人気のある人物を用います。選んだ人物について，つぎのようなことを生徒に考えさせて，アドリブで対話させます。登場人物はどのような風貌ですか？ どのように立ち，どのように歩きますか？ 年齢はいくつですか？ どのような服を着ていますか？ 話し方はどうですか？ 声の質はどうですか？ シーンで何をしていましたか？ どのような人ですか？ ほかの人にはない特徴は何ですか？

アドリブ劇に適した登場人物が現れる文学作品には，つぎのようなものがあります。

小学校低学年の初級者向き

Allard, H. (1978). *Miss Nelson Is Missing* (J. Marshall, Illus.). New York: Scholastic.

Aylesworth, J. (1992). *Old Black Fly* (S. Gammell, Illus.). New York: Henry Holt.

Bang, M. (1999). *When Sophie Gets Angry, Really, Really, Angry.*（邦題：ソフィーはとってもおこったの！）New York: Scholastic.

Hutchins, P. (1982). *Don't Forget the Bacon.* New York: Farrar, Straus & Giroux.

Kirk, D. (1994). *Miss Spider's Tea Party.*（邦題：ミス・スパイダーのティーパーティ）New York: Scholastic.

Rohman, E. (2002). *My Friend Rabbit.*（邦題：はなうたウサギさん）Brookfield, CT: Roaring Book Press.

Rosa-Casanova, S. (2001). *Mama Provi and the Pot of Rice* (R. Roth, Illus.). New York: Atheneum.

Spinelli, J. (2010). *I Can Be Anything.*（邦題：なりたいものだらけ）New York: Little, Brown.

Trivizas, E. (1993). *The Three Little Wolves and the Big Bad Pig* (H. Oxenbury, Illus.).（邦題：3びきのかわいいオオカミ）New York: Scholastic.

小学校高学年の中級者向き

DiCamillo, K.（2003）. *The Tale of Desperaux.*（邦題：ねずみの騎士デスペローの物語）Cambridge, MA: Candlewick.
Duffy, J.（1989）. *The Christmas Gang*（B. McClintock, Illus.）. New York: Scribner.
Myers, W. D.（1987）. *Fast Sam, Cool Clyde and Stuff.* New York: Puffin Viking.
Newman, R.（1984）. *The Case of the Baker Street Irregular.* New York: Atheneum.
Pearson, K.（1990）. *The Sky Is Falling.* New York: Viking.
Rylant, C.（1992）. *Missing May.*（邦題：メイおばちゃんの庭）New York: Orchard.
Spinelli, J.（1990）. *Maniac Magee.*（邦題：クレージーマギーの伝説）Boston: Little, Brown.

中学生向き

Avi.（2002）. *Crispin: The Cross of Lead.* New York: Hyperion.
Curtis, C. P.（1999）. *Bud, Not Buddy.*（邦題：バドの扉がひらくとき）New York: Delacorte.
Lowry, L.（2002）. *Gathering Blue.* Boston: Houghton Mifflin.
Peck, R.（2000）. *A Year Down Yonder.*（邦題：シカゴより好きな町）New York: Penguin/Putnam.
Rupp, R.（2002）. *The Waterstone.* Cambridge, MA: Candlewick.
Sachar, L.（1998）. *Holes.*（邦題：穴）New York: Delacorte.*
Spinelli, J.（2010）. *Milkweed.* New York: Knopf.

第1章 p.27 参照。

『ソフィーはとってもおこったの！』
（原題：*When Sophie Gets Angry, Really, Really, Angry*）
M. Bang（著），おがわ ひとみ（翻訳）
評論社，2002 年

『ミス・スパイダーのティーパーティー』
（原題：*Miss Spider's Tea Party*）
D. Kirk（著），岩田 裕子（翻訳）
日本ヴォーグ社，1996 年

『はなうたウサギさん』
（原題：*My Friend Rabbit*）
E. Rohmann（著），いまえ よしとも（翻訳）
BL 出版，2004 年

『なりたいものだらけ』
（原題：*I Can Be Anything*）
J. Spinelli（著），ふしみ みさを（翻訳）
鈴木出版，2013 年

『3 びきのかわいいオオカミ』
（原題：*The Three Little Wolves and the Big Bad Pig*）
E. Trivizas（著），こだま ともこ（翻訳）
冨山房，1994 年

『ねずみの騎士デスペローの物語』
（原題：*The Tale of Desperaux*）
K. DiCamillo（著），子安 亜弥（翻訳）
ポプラ社，2004 年

『メイおばちゃんの庭』
（原題：*Missing May*）
C. Ryland（著），斎藤 倫子（翻訳）
あかね書房，1993 年

『クレージーマギーの伝説』
（原題：*Maniac Magee*）
J. Spinelli（著），菊島 伊久栄（翻訳）
偕成社，1993 年

『バドの扉がひらくとき』
（原題：*Bud, Not Buddy*）
C. P. Curtis（著），前沢 明枝（翻訳）
徳間書店，2003 年

『シカゴより好きな町』
（原題：*A Year Down Yonder*）
R. Peck（著），斎藤 倫子（翻訳）
東京創元社，2003 年

恥ずかしがり屋や，英語を第二言語とする子どもたちは，アドリブ劇になかなか参加しようとしないこともあるでしょう。教師は，辛抱強く参加を促し続けなくてはなりません。クラス全員に例外なく民話でアドリブ劇をさせる際には，英語を母語としない生徒には，自分の文化にある民話を題材とさせるとよいでしょう。

　アドリブ劇では，オーラル・インタープリテーションに，「自分なりに解釈して行ってもよい」という「お墨付き」が与えられます。ギリシャ神話であれ，韓国やノルウェーの民話であれ，気軽に自分たちが日常，用いていることばへ移し替えてよいのです。台詞通りに発話しなければならないという，ことば上の制約がないため，子どもたちは，ことばの流暢さ，内容，語彙の面でのスピーキングスキルを，例外なく，気がねせずに使い，行き着くところまで拡げます。

　アドリブ劇では，音楽とともに小道具を使うこともできます。発想を変えて，アドリブを活性化させるために小道具が使えます。生徒を3,4名の小さな班に分け，班ごとに「小道具箱」の中から道具を選ばせ，選んだ道具を用いてアドリブ劇を作らせます。小道具箱には，鎖の付いたキーホルダー，つえ，財布，フロッピーディスク，指輪，封函された手紙，ウサギの足（rabbit's foot）*，ネックレス，懐中電灯，木製の小箱といったものを入れておきます。

　小道具として服も用意してもよいでしょう。もちろん余り布でも衣装として十分に役に立ちます。余り布は応用性に富み，洗濯機で洗え，洗濯代も安く済みます。たとえば，大型のカーテン生地を使って，スペイン民話中の登場人物がまとうセラーペ（serape）*や，古代ローマの元老院議員のローブや，女王のケープにします。小さめの布地は，大きな生地を固定するベルトにします。アドリブ劇の活動中に，小道具を使い，自分たちの持つ創造性の高さに気付くと，子どもたちはもっと大胆に新しいことに挑戦します。

　本格的な劇活動（formal drama）：本格的な劇活動は，アドリブ劇よりもしっかりと構造化されています。生徒は，書かれた台詞をそのまま読むか，あるいは，覚えた台詞を暗唱して演技します。暗記という難しい活動を，楽しそうに取り組む生徒もいますが，たいていの生徒は，時間のかかる退屈な活動だと感じるので，精神的な負担が増えます。そうなると，緊張して居心地が悪くなり，自然な演技ができなくなります。ナレーターがナレーションを読むように，子どもたちが，登場人物の台詞を暗記せずに読むことも認めてあげます。

　Catalano（1998）による *Frog Went A-Courting: A Musical Play in Six Acts* は，低学年の子どもたちの劇活動に適しています。学年が進み，中高学年になると，子どもたちは読書サークルの活動で読んだお気に入りの本を用いて，楽しみながら脚本が書けるようになります。登場人物と場面設定を決めてから，ナレーターと配役の台詞を書きます。

　San Jose（1988）は，低学年の生徒に，本格的な劇活動の行程を踏ませる場合には，ストーリー・ドラマ（story drama）*がよいとしています。初めにすべきことは，選んだ物語についてさまざまに話し合うことです。物

---

* 幸運をもたらす，とされるアクセサリー。ウサギの後ろ足を模して，留め具を付けたもの。

* 主に中南米の男性がおおう，色鮮やかな毛布状のショール。

* 最初から脚本が用意されているのではなく，物語を出発点として，最終的に演劇として完成させる劇活動。

語の場面設定，登場人物，テーマなどについて，すでに知っていることや，教師が用意した地図や絵を基に，新たにわかったことをおたがいに発表し合って確認します。つぎに，教師，もしくは指名された生徒が，物語の一部を音読します。音読のあと，質問を繰り返して，登場人物，時代や地域の設定，物語の流れなどについて理解できているか確認します。たとえば，この物語は，どのような人が書いたものですか？ 話はこの後，どのように展開しますか？ 脚本にした際に，そのままの形でナレーションや台詞となる部分はありますか？ 演者が，パントマイムでも表現できる動作はありますか？のように質問します。San Jose は，こうしたプロセスの説明をするなかで，子どもたち自身が恐れることなく，演技，登場人物の解釈，問題解決などの活動において，自由に自分の意見を述べられる雰囲気作りを教師はすべきであるとしています。

本格的な劇活動に適した本には，つぎのようなものがあります。

小学校低学年の初級者向き

Bursik, R.（1992）. *Amelia's Fantastic Flight*. New York: Holt.
Cameron, A.（2002）. *Gloria Rising*（L. Toft, Illus.）. New York: Farrar, Straus, & Giroux.
Dooley, N.（1991）. *Everybody Cooks Rice*（P. J. Thornton, Illus.）. Minneapolis, MN: Carolrhoda.
Kellogg, S.（1989）. *Yankee Doodle*. New York: Four Winds.
Lester, J.（1998）. *Black Cowboy, Wild Horses: A True Story*（J. Pinkney, Illus.）. New York: Dial.
Rascol, S.（2004）. *The Impudent Rooster*（H. Berry, Illus.）. New York: Dutton.
Rylant, C.（1982）. *When I Was Young in the Mountains.*（邦題：わたしが山おくにすんでいたころ）New York: Dutton.
Sanders, S. R.（1989）. *Aurora Means Dawn*（J. Kastner, Illus.）. New York: Bradbury.
Schachner, J.（2009）. *Skippyjon Jones Lost in Spice*. New York: Dutton.
Yolen, J.（1998）. *Raising Yoder's Barn*（B. Fuchs, Illus.）. New York: Little, Brown.

小学校高学年の中級者向き

Bierman, C.（1998）. *Journey to Ellis Island: How My Father Came to This Land*（L. McGraw, Illus.）. New York: Hyperion.
Cushman, K.（1996）. *Ballad of Lucy Whipple*. Boston: Clarion.
Gross, V. T.（1991）. *The Day It Rained Forever: A Story of the Johnstown Flood*（R. Himler, Illus.）. New York: Viking.
Hickman, J.（1978）. *Zoar Blue*. New York: Macmillan.
Lowry, L.（1989）. *Number the Stars.*（邦題：ふたりの星）* New York: Dell.
Morrison, T.（2004）. *Remember: The Journey to School Integration*. Boston: Houghton Mifflin.
Naylor, P. H.（1991）. *Shiloh*. New York: Atheneum.
Soto, G.（1990）. *Baseball in April and Other Stories*.（邦題：四月の野球）Dan Diego: Harcourt.
Turner, A.（1987）. *Nettie's Trip South*（R. Himler, Illus.）. New York: Macmillan.
Williams, C. L.（1998）. *If I Forget, You Remember*. New York: Doubleday.

本章 p. 242 参照。

中学生向き

Creech, S.（2004）. *Heartbeat.*（邦題：ハートビート）New York: HarperCol-

lins.
Eckert, A. W. (1998). *Return to Hawk's Hill.* New York: Little, Brown.
Fine, A. (2002). *Upon Cloud Nine.* New York: Delacourt.
Leapman, M. (1998). *Witnesses to War: Eight True-Life Stories of Nazi Persecution.* New York: Viking.
Paulsen, G. (1998). *Soldier's Heart.*（邦題：少年は戦場へ旅立った）New York: Delacorte.
Rosenburg, M. (1994). *Hiding to Survive: Stories of Jewish Children Rescued from the Holocaust.* New York: Clarion.
Spinelli, J. (2010). *Milkweed.* New York: Knopf.

『わたしが山おくにすんでいたころ』
(原題：*When I Was Young in the Mountains*)
C. Rylant（著），もりうち すみこ（翻訳）
ゴブリン書房，2012 年

『四月の野球』
(原題：*Baseball in April and Other Stories*)
G. Soto（著），神戸 万知（翻訳）
理論社，1999 年

『ハートビート』
(原題：*Heartbeat*)
S. Creech（著），もき かずこ（翻訳）
偕成社，2009 年

『少年は戦場へ旅立った』
(原題：*Soldier's Heart*)
G. Paulsen（著），林田 康一（翻訳）
あすなろ書房，2005 年

ビデオ撮影

　子どもたちの劇活動の練習は，自由なものと形式的なものの双方をビデオカメラで撮影し，クラス全体で確認します。ビデオで確認すると，低学年の生徒たちのことばと，身体動作のスキル向上につながります。最初のうちは，ビデオに映った自分の姿を見て，自意識過剰になる傾向があります。しかし，しだいに子どもたちは，メッセージを伝わりにくくしている発話上の癖に気付くようになります。たとえば，3 年生の Becky は，無意識のうちに，"you know"（ええと，あのね）ということばを，会話がちょっとでも途切れそうになると，ほぼ毎回のように挿入していました。ベイサル・リーダー*中の登場人物の演技を撮影したビデオ映像を見て，このことばがいか

＊ 第 4 章 p. 158 および注釈 5 (p. 213) 参照。

に意味のないものか，彼女は理解しました。この方式がうまくいくかどうかは，生徒の年齢とも関連します。生徒が思春期に近づくと，ますます自意識過剰になります。したがって，ビデオを用いる活動に比較的抵抗が少ないより初期の段階から，ビデオ撮影に慣れさせておくとよいでしょう。

　デジタル・ビデオカメラは，ほぼ例外なく，どの学区でも簡単に利用できます。教師は，定期的にビデオカメラを利用して，生徒に，周りの人たちが自分をどのように見ているか把握させます。本気で自分の演技が分析できると，人物を適切に演じるための演技の修正や調整も上手になります。

　ビデオを見ながらつぎのように自分に問いかけて，自分の演技を評価させます。

1. 強い声が出ていますか？
2. ていねいにことばを発声していますか？
3. 劇活動にふさわしくない，発声上や身振り言語上の癖はありませんか？
4. はっきりと発声していますか？
5. ためらったり，途切れたりせずに，聞いていてわかりやすい速度で話していますか？
6. ことばの使い方で誤りはありませんか？

メディアとテクノロジーを用いた創造的な劇活動

　生徒たちが，台詞を読み上げるか暗唱するかして役を演じる，本格的な劇活動を体験したら，今度は，生徒たち自身が脚本を書けるように，教師がサポートします。テキサス州サンアンジェロ市と，カンザス州ピッツバーグ市の3年生を担当する教師が連携して，チザム・トレイル，サンタフェ・トレイル，グッドナイト・トレイルと呼ばれる，アメリカの19世紀の開拓時代に，家畜用の牛を鉄道の出荷場のあるカンザスまで引き連れて行く街道について，生徒に調査させました。カウボーイや，開拓時代の旧西部の生活について，さまざまな情報を集めて学習単元を作ります。その中には，カウボーイの歌，馬の調教，カウボーイが作った詩，キャンプファイアを囲んだほらふき話の語らいなども含まれています。クラスごとに，Kellogg（1999）の *Sally Ann Thunder Ann Whirlwind Crockett* や，同じ Kellogg（1992）の *Pecos Bill* といった，ほらふき話の本を1冊選んで調べます。本を読んだあと，生徒は3人ずつのグループに分かれ，自分たちでほらふき話を作り，演劇として上演します。生徒たちは，登場人物を自分たちで考え，1つもしくは2つのシーンを設定し台詞を書きます。リハーサルを繰り返して脚本の推敲を重ね，登場人物の人形と，ダンボール箱を使ったステージを作ります。人形は，紙，アイスキャンデーの棒，藁（ワラ），鉛筆，牛乳パック，プラスチック製のおもちゃの動物や人物，目玉の動くボタン，フェルトなどで作ります。「ドレス・リハーサル（dress rehearsal）」*を行い，グループごとに，布や色画用紙で飾り付けをしたステージで人形劇を上演します。観客から見えない場所で音楽や音響効果を担当するグループも作ります。

---

* 本番同様に衣装を着けて行う最終リハーサル。

デジタル・ビデオカメラを使って劇の本番を記録し，コンピュータに取り込み，DVDに焼きます。コンピュータセンターでダビングして，DVDを，生徒一人ひとりに渡して家に持ち帰らせます。DVDを見るたびに，自分が，がんばって脚本を作り，演技したことがよみがえります。また，ほかの学年の生徒が見られるように，ダビングして図書館でも保管します。インターネットを通じて，それぞれの学校での人形劇の映像を交換します。人形劇を行った3年生は，ステージと人形をほかのクラスに持ち込んで，自分たちの創造的な劇活動を披露します。この劇に刺激を受け，6年生が，似たような劇活動に取り組みます。粘土を用い，1コマ1コマずつ辛抱強くビデオ撮りして，小さな段ボール箱で作ったステージ上を人形が動き回る，クレイメーション（claymation）*と呼ばれるアニメーションを作ったのです。

絵を用いたプレゼンテーションも，映像技術を使えば，グループで行う創造的な劇活動になります。クラス全員で物語を読み，それぞれの生徒は，本の中の1つの場面や出来事を1枚の絵に描きます。描き終わった絵は，順番に並べて番号を付け，絵を説明する文章を書きます。ライティングのスキルにたけた生徒たちが，監督する立場で全体をまとめます。そのような生徒たちは，文字通り「監督」になったり，脚本の作成を指揮したり，ナレーターになったり，読んだり書いたりすることが苦手な生徒の指導をしたりします。ビデオカメラを用い，生徒の絵をプロジェクターで投影しながら，シーンごとに生徒が作った説明を音読させ，紙芝居形式で物語をプレゼンテーションさせます。

* 子どもたちに人気のある「ひつじのショーン（Shaun the Sheep）」シリーズも，このクレイメーションによって作られている。

記事5.3　ミニレッスン：話しことばの学習活動

1. 子どもが，それぞれ自分の持っているスキルや技術を，みんなの前で発表して説明する「発表会」を開催します。たとえば，ヨーグルトの作り方，スケートボードの作り方と乗り方，ビデオカメラを使った紙芝居の作り方といったテーマで発表します。
2. 笑い話やなぞなぞを調べて，クラスで発表します。
3. お気に入りの本の中の人物に扮して，クラスメイトからのその人物についての質問に答える会を開催します。
4. 同じ本を読み，正反対の考えを持つ上級生と同時進行で，複数の討論会を設定します。
5. 本のお気に入りの部分をストーリーテリングして，ビデオカメラで撮影します。
6. カセットレコーダーを用いて，文字が書かれていない絵本について，自分の解釈を録音し，クラス全体で聞きます。
7. ペアを組んで理科の実験を企画し，説明文を書き，クラスで発表したり，ビデオカメラで撮影したりします。

本章で学んだこと

話しことばにたけた子どもたちは，往々にして，考えたり，本を読んだり，文章を書いたり，人の話に耳を傾けたりすることにもたけています。したがって，スピーキングは，はずすことのできないランゲージアーツです。スピーキングのスキルを伸ばせる機会を子どもたちに提供しない教師が少なくないことは，残念なことです。会話やグループ討論が，子どもたちのスピーキング・スキルを育てるのです。

話しことばを使う活動として，討論，コーラス・リーディングやコーラス・スピーキング，朗読劇，ストーリーテリング，劇活動などを行うことで，子どもたちは知らなかった情報を発見して共有し，話しことばに磨きをかけ，自信を持って声を発するコミュニケーションができるようになります。

答えられますか？

1. 2年生に，イントネーションとは何かを，どのように説明しますか？ 6年生ではどうですか？
2. 自分のクラスで本格的な劇活動を行う際，どのように物語を選びますか？
3. 人の持つ会話上の癖には，どのようなものがありますか？
4. イントネーションの3つの要素とは何ですか？ それぞれは，どのような働きを持ちますか？
5. ことばの使われる状況は大きく4つに分類されます。それぞれは，どのようなものですか？ 3年生にはどのように説明しますか？
6. 1，2年生にパントマイム活動をさせる時，最適な本として何を選びますか？ その理由は何ですか？
7. 担当する5年生が，スピーキングについて十分な体験していない場合，手始めに，どのようなスピーキング活動を導入しますか？ どのようにその活動を導入しますか？

振り返りをしましょう

本章の最初の「教室をのぞいてみましょう」へ戻ってみましょう。エピソードを読みなおしてから，つぎの質問について考えてみましょう。登場する先生の持つ特徴（本文中に明記されているもの，明記されていないけれども推測できるもの）のうち，あなたには不足していて，身に付けたいと思うものは何ですか？ 生徒たちは，どのような学習上の強さや弱さを持っていますか？ 生徒たちの弱さについて，あなたならどのように対処しますか？

やってみましょう

1. まず遊び場で，つぎに教室で，子どもたちの会話を観察します。ことばの使い方の間違いやスラングを記録します。場面が変わると，子どもたちのことばはどのように変わりますか？
2. ストーリーテリングに適した物語を見つけます。本章の pp. 242-250 に記されたストーリーテリングを行うための段階を参考にして，自分がストーリーテリングする技術を改善してから，子どもたちの前で発表します。
3. クラス全体で取り組めるコーラス・リーディングと，コーラス・スピーキング向きの詩を集めます。
4. アドリブ劇や本格的な劇活動でも使えそうな，社会科や理科の授業のテーマが解説されている，子ども向きの本のリストを作成します。
5. 理論と実践を関係付けられるように，ランゲージアーツを教える授業

において，映像技術を用いたプレゼンテーションを行います。
6. 小道具箱に入れる小道具を集めます。
7. ストーリーテリングの大会に参加します。ストーリーテラーの用いる，ジェスチャー，声の強弱，高低，息継ぎの置き方，小道具の使い方などのさまざまな技術に注目します。
8. 担当するクラスの4年生に，ことばの使い方でいくつかおかしなところがあったとします。この生徒に対して，どのような1対1での指導をしますか？ グループワークの中で対応させるにはどうしますか？

参考文献

Adomat, D. (2009, May). Actively engaging with stories through drama: Portraits of two young readers. *The Reading Teacher, 62* (8), 628-636, doi: 10.1598/RT.62.8.1.

Alvermann, D. E. (1991). The discussion web: A graphic aid for learning across the curriculum. *The Reading Teacher, 45* (2), 92-99.

Athanases, S. Z. (2002). Ethnography for the study of performance in the classroom. In J. Flood, D. Lapp, and S. B. Heath (Eds.), *Methods of Inquiry in Communicative and Visual Arts Teaching* (pp. 97-109). Mahwah, NJ: Erlbaum.

Berlin, J. A. (1990). The teacher as researcher: Democracy, dialogue, and power. In D. A. Daiker and J. Morenberg (Eds.), *The Writing Teacher as Researcher* (pp. 153-166). Portsmouth, NH: Boynton/Cook.

Britton, J. (1970). *Language and Learning*. Hammondsworth, Middlesex, England: Penguin.

Burgess, T. (1984). The question of English. In T. Burgess (Ed.), *Changing English: Essays for Harold Rosen*. London: Heinemann.

Christie, J. (1990). Dramatic play: A context for meaningful engagements. *The Reading Teacher, 43* (8), 542-545.

Dyson, A. H. (1981). Oral language: The rooting system for learning to write. *Language Arts, 58* (7), 776-784.

Goulden, N. R. (1998). Implementing speaking and listening standards: Information for English teachers. *English Journal, 87* (1), 90-96.

Graves, D. (1983). *Writing: Teachers and Children at Work*. Portsmouth, NH: Heinemann.

Gray, M. A. (1987). A frill that works: Creative dramatics in the basal reading program. *Reading Horizons, 28* (1), 5-11.

Haine, G. (1985). In the labyrinth of the image: An archetypal approach to drama in education. *Theory into Practice, 24* (3), 187-192.

Heard, G. (1989). *For the Good of the Earth and Sun: Teaching Poetry*. Portsmouth, NH: Heinemann.

Heath, S. B. (1983). Research currents: A lot of talk about nothing. *Language Arts, 60* (8), 999-1007.

Kendeou, P., Van den Broek, P., White, M. J., and Lynch, J. S. (2009). Predicting reading comprehension in early elementary school: The independent contributions of oral language and decoding skills. *Journal of Educational Psychology, 101* (4), 765-778.

Klein, M. (1977). *Talk in the Language Arts Classroom*. Urbana, IL: National Council of Teachers of English.

Loban, W. (1976). *Language Development: Kindergarten Through Grade Twelve* (Research Report No. 18). Urbana, IL: National Council of Teachers of English.

McCaslin, N. (1984). *Creative Drama in the Classroom*. New York: Longman.

McCauley, J. K. and McCauley, D. S. (1992). Using choral reading to promote language learning for ESL students. *The Reading Teacher, 45* (7), 526-533.

McClure, A. A. (1995). Fostering talk about poetry. In N. L. Roser and M. G. Martinez (Eds.), *Book Talk and Beyond*. Newark, DE: International Reading Association.

Morgan, N. and Saxon, J. (1988). Enriching language through drama. *Language Arts, 65* (1), 34-40.

Nicholson, H. H. (1992). Stories are everywhere: Geographical understanding and children's fiction at Key Stages I & II. *Reading, 26* (1), 18-20.

Pace, G. (1991). When teachers use literature for literacy instruction: Ways that constrain, ways that free. *Language Arts, 68* (1), 12-25.

Peterson. R. and Eeds, M. (1991). *Grand Conversations: Richmond Hill.* Ontario, Canada: Scholastic.

Pinnell, G. S. and Jaggar, A. M. (2003). Oral language: Speaking and listening in elementary classrooms. In J. Flood, D. Lapp, M. R. Squire, and J. M. Jensen (Eds.), *Handbook of Research on Teaching the English Language Arts* (3rd ed.). Mahwah, NJ: Erlbaum.

Roth, P., Speece, D. L., and Cooper, D. H. (2002). A longitudinal analysis of the connection between oral language and early reading. *The Journal of Educational Research, 95* (5), 259-272.

San Jose, C. (1988). Story drama in the content areas. *Language Arts, 65* (1), 26-33.

Shepard, A. (1994). From script to stage: Tips for reader's theatre. *The Reading Teacher, 48* (2), 184-186.

Sloyer, S. (2003). *From the Page to the Stage: The Educator's Complete Guide to Reader's Theatre.* Westport, CT: Greenwood.

Smilansky, S. (1968). *The Effects of Sociodramatic Play on Disadvantaged Preschool Children.* New York: Wiley.

Snow, C. (2001). Preventing reading difficulties in young children: Precursors and fallout. In T. Loveless (Ed.), *The Great Curriculum Debate: Politics and Education Reform* (pp. 229-246). Washington, DC: Brookings Institution.

Stoodt, B. (1989). *Teaching Language Arts.* New York: Harper & Row.

Tiedt, I. M., Bruemmer, S., Lane, S., Stelwagon, P., Watanabe, K., and Williams, M. (1983). *Teaching Writing in K-8 Classrooms.* Englewood Cliffs, NJ: Prentice-Hall.

Wagner, B. J. (1988). Research currents: Does classroom drama affect the arts of language? *Language Arts, 65* (1), 46-55.

Wegerif, R. (2006). Dialogic education: What is it and why do we need it? *Educational Review, 19,* 58-66.

Wendelin, K. H. (1991). Students as storytellers in the classroom. *Reading Horizons, 31* (3), 181-188.

Wiencek, J. and O'Flahavan, J. F. (1994). From teacher-led to peer discussions about literature: Suggestions for making the shift. *Language Arts, 71* (7), 488-498.

Young, C. and Rasinski, T. (2009, September). Implementing readers theatre as an approach to classroom fluency instruction. *The Reading Teacher, 63* (1), 4-13. doi: 10.1598/RT.63.1.1.

参考図書

Aardema, V. (1981). *The Riddle of the Drum: A Tale from Tizapán, Mexico* (T. Chen, Illus.). New York: Four Winds.

Andersen, H. C. (1974). *Hans Andersen: His Classic Fairy Tales* (E. Haugaard, Trans.; M. Hague,

Illus.). New York: Doubleday.

Arkhurst, J. C. (1964). *The Adventures of Spider: West African Folktales*. Boston: Little, Brown.

Avi. (2002). *Crispin: The Cross of Lead*. New York: Hyperion.

Bird, E. J. (1990). *The Blizzard of 1896*. Minneapolis, MN: Carolrhoda.

Brown, M. (1947). *Stone Soup*. New York: Simon and Schuster.

Bruchac, J. (1995). *Gluskabe and the Four Wishes* (C. N. Shrader, Illus.). New York: Cobblehill.

Carle, E. (1969). *The Very Hungry Caterpillar*. New York: The World Publishing Company.

Carle, E. (1990). *The Very Quiet Cricket*. New York: Philomel.

Catalano, D. (1998). *Frog Went A-Courting: A Musical Play in Six Acts*. Honesdale, PA: Boyds Mills Press.

Collier, J. L. and Collier, C. (1994). *With Every Drop of Blood*. New York: Delacorte.

DiCamillo, K. (2009). *The Miraculous Journey of Edward Tulane* (B. Ibatoulline, Illus.). Cambridge, MA: Candlewick.

dePaola, T. (1982). *Strega Nona's Magic Lessons*. San Diego, CA: Harcourt Brace Jovanovich.

Dotlich, R. K. (2003). *In the Spin of Things: Poetry of Motion* (K. Dugan, Illus.). Honesdale, PA: Wordsong/Boyds Mills Press.

Edwards, P. D. (1995). *Four Famished Foxes and Fosdyke* (H. Cole, Illus.). New York: Hyperion.

Edwards, P. D. (1996). *Some Smug Slug* (H. Cole, Illus.). New York: HarperCollins.

Edwards, P. D. (1999). *Ed and Fred Flea* (H. Cole, Illus.). New York: Hyperion.

Fleischman, P. (2000). *Big Talk: Poems for Four Voices* (B. Giacobbe, Illus.). Cambridge, MA: Candlewick.

Fritz, J. (1980). *Where Do You Think You're Going, Christopher Columbus?* (M. Thomes, Illus.). New York: Putnam.

Huck, C. (1989). *Princess Furball* (A. Lobel, Illus.). New York: Greenwillow.

Jackson, E. (1994). *Cinder Edna* (K. O'Malley, Illus.). New York: Lothrop, Lee, & Shepard.

Janeczko, P. B. (Ed.). (2001). *Dirty Laundry Pile: Poems in Different Voices* (M. Sweet, Illus.). Boston: Houghton Mifflin.

Kellogg, S. (1991). *Jack and the Beanstalk*. New York: Morrow.

Kellogg, S. (1992). *Pecos Bill*. New York: Harper Trophy.

Kellogg, S. (1999). *Sally Ann Thunder Ann Whirlwind Crockett*. New York: Harper Trophy.

Lobel, A. (1970). *Frog and Toad Are Friends*. New York: Harper & Row.

Lowry, L. (1989). *Number the Stars*. Boston: Houghton Mifflin.

Martin, B. (1968). *Brown Bear, Brown Bear, What Do You See?* (E. Carle, Illus.) New York: Holt.

Martin, B., Jr. and Archambault, J. (1989). *Chicka Chicka Boom Boom* (L. Ehlert, Illus.). New York: Simon & Schuster.

Marzollo, P. (1990). *Pretend You're a Cat* (J. Pinkney, Illus.). New York: Dial.

Minarik, E. H. (1978). *Little Bear*. New York: Harper & Row.

Munsch, R. N. (1980). *The Paper Bag Princess* (M. Martchenko, Illus.). Toronto, Canada: Annick.

Numeroff, L. (1991). *If You Give a Moose a Muffin* (F. Bond, Illus.). New York: HarperCollins.

O'Dell, S. (1980). *Sarah Bishop*. Boston: Houghton Mifflin.

Park, L. S. (2001). *A Single Shard*. New York: Clarion.

Prelutsky, J. (1980). *The Headless Horseman Rides Tonight* (A. Lobel, Illus.). New York: Green-

willow.
Prelutsky, J. (1982). *The Baby Uggs Are Hatching* (J. Stevenson, Illus.). New York: Greenwillow.
Prelutsky, J. (1990). *Something Big Has Been Here* (J. Stevenson, Illus.). New York: Greenwillow.
Prelutsky, J. (2000). *It's Raining Pigs and Noodles* (J. Stevenson, Illus.). New York: Greenwillow.
Prelutsky, J. (2006). *Behold the Bold Umbrellaphant: And Other Poems* (C. Berger, Illus.). New York: Greenwillow.
Raschka, C. (1993). *Yo! Yes?* New York: Orchard.
Rosen, M. (1989). *Let's Go on a Bear Hunt* (H. Oxenbury, Illus.). New York: McElderry Books.
Ryan, P. M. (2001). *Hello Ocean* (M. Vachula, Illus.). New York: Levine/Scholastic.
Ryan, P. M. (2007). *Hola Mare* (M. Vachula, Illus.). New York: Scholastic.
Schachner, J. (2005). *Skippyjon Jones.* London: Puffin.
Scieszka, J. (1999). *The True Story of the 3 Little Pigs* (L. Smith, Illus.). New York: Penguin.
Sendak, M. (1962). *Chicken Soup with Rice.* New York: HarperCollins
Silverstein, S. (1974). *Where the Sidewalk Ends.* New York: Harper & Row.
Silverstein, S. (1981). *A Light in the Attic.* New York: Harper & Row.
Stevens, J. (1997). *Tops & Bottoms.* London: Hazar.
Titherington, J. (1986). *Pumpkin, Pumpkin.* New York: Greenwillow.
Viorst, J. (1972). *Alexander and the Terrible, Horrible, No Good, Very Bad Day* (D. Cruz, Illus.). New York: Atheneum.
Willems, M. (2003). *Don't Let the Pigeons Drive the Bus!* New York: Hyperion.
Williams, V. B. (1981). *A Chair for My Mother.* Westport, CT: Greenwillow.
White, E. B. (1952). *Charlotte's Web.* New York: Harper & Row.
Yashima, T. (1955). *Crow Boy.* New York: Viking

注　釈

1. ピアジェ (Jean Piaget), ブルーナー (Jerome Bruner), ヴィゴツキー (Lev Vygotsky) らの思想に基づく。学習者にとって, 身近な現実社会におけるタスクの完成を目指し, 情報を取捨選択しながら, 他者との討論や交流を通じて, 学習者個人の中に学習がしだいに構成されていくという学習理論。

2. シックス・フラッグスは, 北米でチェーン展開する遊園地。
ウォルト・ディズニー・ワールド・リゾートは, 米国フロリダ州, オーランドにあるリゾート施設群。

3. アメリカの民話に基づいた童話。Robert D. San Souci, Val Biro, Simon Stem など, 民話を文章化した作者に応じて, ストーリーにいくつかのバージョンが存在する。Hobyahs という怪物がある一家を襲い, 忠実な犬が家族を守ろうとする話。

4. John Reynolds Gardiner による子ども向け短編小説。農場を守るため, 犬ぞりレースに参加する少年ウィリーと犬のサーチライトの物語。

5. Scott O'Dell による小説。一人, 孤島に取り残され 18 年間生き抜いた少女の物語。

6. 音や単語や句のつなぎ目に生じる「ポーズ (pause)」(本章 p.224 「イントネーション」の節を参照)。

7. 同一の子音を持った単語を連続させてリズムをとる方法。早口ことば "Peter Piper picked a peck of pickled peppers." (Peter Piper は, トウガラシピクルスをひとつまみつまんだ) はその例。

8. 英米で民間に伝承されてきた童謡や童話の総称。Mother Goose (ガチョウ婆さん) という架空の人物が作者として想定されている。ナーサリーライム (nursery rhyme) のように呼ばれることもある。日本語の歌詞で歌われている「ロンドン橋落ちた」,「きらきら星」,「メリーさんの羊」などの童謡もマザーグース。

9. アルファベット 26 文字が, 1 本のヤシの木に登ろうとする物語。26 文字が擬人化され, さまざまな行動を行う。音声 CD 付きも販売されている。

10. Johnny Appleseed (ジョニー・アップルシード〔1774-1845 年〕)。アメリカの建国時代の開拓者。リンゴの種を植えて, アメリカを開拓し続けたという伝説がある。
Molly Pitcher (モリー・ピッチャー〔1754-1832 年〕)。アメリカ独立戦争中の「モンマスの戦い」(1778 年) において戦ったとされる女性。
John Henry (ジョン・ヘンリー〔生年不詳〕)。19 世紀, 屈強な男として, 鉄道工事に従事しハンマーを使いこなしたとされる。
Mike Fink (マイク・フィンク〔1770/1780-1823 年〕)。オハイオ川やミシシッピー川を, keelboat と呼ばれる川専用の運搬船を操って航海したとされる男。
Paul Bunyan (ポール・バニアン〔生年不詳〕)。米国北東の森林で暮らすきこり。巨人であったとされている。
Annie Oakley (アニー・オークリー〔1860-1926 年〕)。オハイオ州生まれの女性で射撃の名手であったとされている。

11. おなかをすかせた旅人が, 大きな鍋に水をくみ, 石を入れて火にかける。のぞきに来た村人に,「おいしいスープができるんだが, まだちょっとだけ材料が足らない」と話しかけると, 村人は, つぎからつぎへとスープの材料を持参し, 最後はおいしいスープが完成し, 村全体で楽しく食べるという物語。

第 6 章

リスニング：受容的スキル

私たちは，リスニングという言語スキルを用いて学習を開始し，生涯を通じて使い続けます。〔Iris M. Tiedt and Sidney W. Tiedt, *Contemporary English in the Elementary School* より〕

教室をのぞいてみましょう：情報を得るためにリスニングする

　1年生のDerekは，教室の後ろのほうをそわそわと歩き続けます。絵がたくさん載っている教科書を片手に持ち，耳にはイヤホンを差し込んでいます。イヤホンは，ポケットに入れた小さなMP3プレーヤーと細いコードでつながれています。Collard（2002）の*Beaks*の本を手に，耳からその音声を聞きながら，部屋の端から端までを行ったり来たりしている彼の唇から，「うわ！」とか「すごーい！」といった興奮したことばがもれてきます。クラスメイトの女の子が，教室の後ろに行き，リスニング・センターから本を選ぼうとすると，彼は振り向いて，彼女に「絶対これ聞かなくちゃ！」と言います。

　担任のTyne先生は，Derekを注意深く観察し続けます。これほどDerekを夢中にさせたのですから，ノンフィクション教材を用いて，可搬式のリスニング・センターを作ったのは成功と言えます。Derekは，学年の始めの頃にはあたり前のようにやっていた，通りすがりに，ほかの子どもたちをぶったり，鉛筆を机からはたき落としたり，といったいたずらをすることも忘れてしまったようです。学年の始まりには，あたり前のように行われていたことでした。行動に問題のある生徒に，最新のテクノロジーと，それをうまく使ってみた教師が合わさって，当人たちも驚くような学習体験が起こったのです。

　もはや，自分自身の学習から気がそれたりすることはないし，クラスメイトの学習を邪魔したりすることもありません。以前のDerekは，自分のエネルギーをなんとか消費しようとして，教室をふらふらと歩き回っていましたが，いま，そのエネルギーは，ノンフィクション教材のリスニング・センターで，教科書を録音したものをMP3プレーヤーで聞きながら，教科書をめくり続ける，という建設的な学習へと収斂しています。関連する課題をこなすためではありますが，テーブルの周辺を動き回るので「ふらふらしたい」気持ちも満たされます。さらにリスニング活動の一環として，Derekは，糸，粘土，棒，布きれなど，さまざまな材料を用いて鳥の巣を作ることになりました。彼は，もの作りがうまいことをみんなに示すチャンスを得たのです。続く第2の活動として，彼は，ピンセットを使ってヘチマの実から種を取り出しました。これは，鳥が細長いくちばしで，餌を食べる時にす

る動作と同じです。また，バラバラにした小麦の穂が浮いている水の入った鍋から，彼は，楽しそうに小麦を熱帯魚の網を使ってすくい取りました。これは，ペリカンが餌を食べる動作と同じです。また，彼は，水槽用の小さな網で，水盤に浮かべたシリアルを，まるでペリカンが餌を食べる時のように，楽しそうにすくい上げました。こうして，彼は，2種類のくちばしを比較して，その違いを理解しました。これは，より高次の思考活動であると言えます。リーディング活動で，本に出ているお気に入りの鳥の絵を描き，それについてライティングをした時にも，ほかの生徒たちから大いに称賛されました。リーディングとすべてのリスニング活動が終わると，Derek は，鳥のシールを学習完了表に貼り付け，つぎの音楽の授業の準備のために自分の席に戻りました。

本章の目標

本章を通じて，以下のことができるようになります。
- ☐ 4種類に分類されるリスニング活動にはどのようなものがあるかがわかるようになります。
- ☐ 4種類のリスニングに対応した指導法について理解が深まります。
- ☐ 教師が，生徒にとってリスニングの良いモデルとなる大切さがわかるようになります。
- ☐ リスニングを秩序立てて行うさまざまなストラテジーについて理解が深まります。
- ☐ リスニングを評価するさまざまな方法がわかるようになります。

はじめに

　Derek の担任の Tyne 先生は，教室に内容教科を学習するリスニング・センターを作りました。先生は，「（生徒を）新しいトピックに誘い，（生徒の）未知なる世界への扉を開き，なんらかのトピックについて，より多くの情報をみずから探して読んでみるように仕向けます」(Farris and Werderich, 2009, p. 16)。リスニングは，人間が自分を取り巻く世界を理解する方法の1つです。人は，聞こえてきたものに耳を傾け，その意味を理解しようとします。この意味で，リスニングは理解力を発達させる，聴覚的な媒体だと言えます。Goss (1982a) は，リスニングは聞こえてきた音を組織化して，意味が生まれるように，ことばのまとまりへと組み立てる活動であると定義しています。

　リスニング活動は，実際のところ，生まれる前から始まっていて，生涯を通して重要な双方向性のプロセスであり続けます。胎児は，さまざまな音色や母親の声に反応し，新生児は生後数週間で，周りの音だけでなく，両親や兄弟の声に反応し始めます。さらに数ヶ月が経過すると，人の話す話ことばが意味を帯びてきて，次第に単語が認識できるようになります。

　概して，リスニングは，現場において，スキルとしてほかのランゲージアーツほど注目されていません。Carole Cox (2008, p. 145) は，「活発なリ

スニング活動によって，生徒のリスニング能力が向上することがわかってきているにもかかわらず，リスニングの指導は，ほかのスキルと比較してあまり注目されていない」と指摘しています。Shane Templeton（1998, p. 136）も，「リスニングは，学校のみならず，おそらく社会においても，ランゲージアーツの中でもっとも注目度が低いことはほとんど疑いがない」としています。このようにリスニング指導が軽視される理由として，教師が，リスニングの指導法についてほとんど，あるいはまったく訓練を受けておらず，指導しようとしても自信が持てないという状況が指摘できます（Funk and Funk, 1989）。また，この分野の専門家の間で，リスニングとは何なのかについて共通見解がないことも問題です。

　音声として発せられたことばを，子どもが「受け流して聞いている」のか，「主体的に聞いている」のかは，なかなか区別がつきません。教師が生徒に質問をして，誤った答えが子どもから返ってきた時，きちんと聞いていなかった場合もあれば，質問そのものが正しく理解できなかった場合もあります。また，子どもから正しい答えが返ってきた場合でも，前から知っていた知識に基づいて答えただけで，教師が与えたメッセージは聞いていないこともあります。その結果，教師は，実際には子どもが質問を理解していないのに，理解したと思い込んでしまうことがあります。1年生から3年生を対象にした調査において，メッセージが実際には不完全であったり，あいまいであったりしても，子どもたちは往々にして理解しているような様子を見せてしまうことが指摘されています（Ironsmith and Whitehurst, 1978）。さらに，子どもたちは学年に関係なく，十分に理解できていない時でも，話し手に質問して追加の情報を得ようとはしません（Cosgrove and Patterson, 1977）。

　教師は，子どもたちに，リスニングに必要なストラテジーをわかりやすく教え，実際にそれらを使う機会を十分与えて，最終的には意識せずに使えるレベルに到達させる必要があります（Opitz and Zbaracki, 2004）。この目標を達成する最良の方法は，まず，音について考えさせ，徐々に，リスニングの意識と能力のレベルを上げることです（Telmpleton, 1998）。リスニングの直接指導にまさる方法はありませんが，教師が良い聞き手としてリスニングの模範を示すことも不可欠です。米国で「聞き上手」として名高いOprah Winfrey[*]は，話を聞く際に，話し手に対して関心や，共感や，支持といった気持ちを持っていることを全身で表現しながら話を聞き，それを受けて気のきいた質問をします。教師もOprah Winfreyを見習う必要があります。

　リスニング活動には，(1) 音声インプットの受け取り，(2) 受け取った音声インプットへの集中，(3) 受け取った音声インプットの解釈と反応という，3つの主な段階があります。第1段階には，音声として発話されたメッセージの受容が行われます。メッセージが聞こえてきただけでは，理解できていないことがあります。聞き手が発話メッセージを受け取るということは，音全体から，関連のない音が無視され，除外されるということです。この行為は「マスキング（masking）」と呼ばれ，あたかもテープを貼って文字を隠すように，周りに存在する不必要な音を聞き手自身が聞こえなくして

[*] 米国のトークショー番組の司会者。

いるのです。

　聞こえてきた音声に関心を向ける第2の段階では，聞き手は，話し手が発話したことに精神を集中させます。発話メッセージに集中すると，精神的にも肉体的にも負担がかかります。このことは，休息している時と，この集中している段階では，心拍数が異なることからわかります。リスニング時に集中すると心拍数が上がります。

　リスニングの第3段階では，聞こえてきた音声を解釈して反応します。聞き手は，単に情報を集めて蓄積するのではなく，発話音声に変換された情報を取り入れたあと，最終的には，その情報を分類し，比較し，すでに持っている知識と関連付けなければなりません。Aronson（1974）は，この第3段階では，短い期間ですばやく行われる「予測したらすぐ確認する（predict-then-confirm）」というストラテジーが求められる，としています。話し手が話している内容を，聞き手がよく知っている場合には，「予測」はずっと簡単に成立します。「予測」のあと，聞き手は，頭の中でさまざまに考えて見つかったことに基づいて，新しく手に入れた知識の正当性に異議を唱えたり，場合によっては拒絶したりします。このように，リスニングは能動的な活動であり，受動的な活動ではありません。

　聞き手が，正確に発話メッセージを受け取ったあと，思考と反応は，伝達された出来事そのものを超えて進行することもあります。聞き手による「反応」には，メッセージの構成要素の分類，関連性や重要性の観点から情報の序列化，比較・対照，予測，並べ替え，因果関係の認識，批判的な評価の使用，ドラマの質や口調，リズムの鑑賞，問題解決などがあります。

　本章では，リスニングを行うさまざまな目的を明らかにし，子どもたちのリスニング能力とストラテジーが確実に発達する適切な指導法を提案します。

リスニングを効果的に行うためのポイント

　教師は，教室内でのリスニング活動の重要性をしっかり認識しなければなりません。小学校レベル，ことに低学年では，学業がうまくいくかどうかは，主に，子どものリスニング能力によって決まります。一般的に，生徒は教師のメッセージの50パーセントから60パーセント程度しか耳に入っていない，とされています（Blankenship, 1982; Strother, 1987）。発話音声メッセージとともに視覚情報が与えられると，保持率は80パーセントまで向上する，とした調査もあります。Weaver（1972）は，担任の教師が口頭でのみ情報を与えた際の保持率を調査しました。Weaverによれば，低学年の生徒のほうが，より学年の高い豊かな経験を持つ生徒より，全般的に保持率は高くなっていました。たとえば，教師が与えた指示を，1年生は90パーセント，2年生は80パーセントの割合で記憶していました。一方，6年生と中学2年生は43.7パーセント，高校生に至っては，わずかに28パーセントしか記憶していませんでした。このような結果を説明する要因はいくつか指摘できます。まず，年齢の低い子どもたちは，中学生や高校生より，教師の言うことを集中して聞きます。実際，幼稚園から2年生までの子ども

たちは，リーディング力が十分ではないので，リスニングは情報を得る最大の手段となります。年齢が上になるにつれて，生徒は教師が言おうとしていることを簡単に予測でき，教師が発話することに集中しなくなります。また，より年長の生徒では，授業外の興味や活動のみならず，情緒的な悩みや問題のために集中力が弱まり，リスニングの効率が低下します。

子どもは，就学時には，ふつう，「再生（recall）」*と「再認（recognition）」という基礎的なレベルのリスニング・スキルを持っています。しかし，外的もしくは内的に気を散らせるものがあると，基礎レベルの質問にさえ正しく反応できなくなります。教師は，ふつう，基礎レベルの質問しかしませんが，より高いレベルのリスニング力が付くように，より高いレベルの質問もします。

囲み記事 6.1 は，教師が小学生の基礎レベルと，高いレベルの両方のリスニング力を評価する際のチェックリストです。このチェックリストを用いれば，学年を問わず，生徒のリスニング力の伸びがチェックできます。このリストは，教師が生徒との面談時に，セルフ・チェックリストとして生徒に自分で記入させることもできます。

* recall は，出来事や情報をそのまま思い出すこと。recognition は，思い出した情報から問われている情報を選択すること。

記事 6.1　リスニング・スキル・チェックリスト

氏名：＿＿＿＿＿＿＿＿＿＿＿＿

リスニング・スキル	メッセージの長さ		
	文	段落	短い物語
知識の再生			
知識の再認			
口頭での指示に従う			
理解する			
知識の応用			
要約			
原因と結果の認識			
問題解決／予測			
評価／判断			
リスニングを阻害する要因	あり		なし
つねに聞こえる騒音			
静かな教室			
スピーカーの音が小さい			
教室外の問題			
プレゼンテーションの長さ			
備考			

これ以外にも，教師はさまざまに対策を講じて，生徒のリスニング力向上を支援します。生徒たちが効率よくリスニングするには，話し手に精神を集中させなければなりません。そのために，教師は，生徒が集中してリスニング課題に取り組めるよう，環境の整備が必要です。リスニングを阻害する要因は，つねに最小となるようにします。外部の騒音はできるだけ遮断します。往来の激しい道路や交差点に面した教室での授業では，音響的に整った快適な教室での授業よりも，実際の指導の際に，多くの変更が求められます。生徒が効率よくリスニングできるよう，教師サイドで行う直接的な対策にはつぎのようなものがあります。

- はっきりと話をする。
- 話す時は，生徒に向かって話をする。黒板に字を書きながら話をしない。
- 生徒の顔を見て，自分のことばを生徒が理解しているか確認する。
- 授業開始時に，学習事項のあらましを伝え，個々の学習事項は，単刀直入にかつ論理的につながるように提示する。授業の終わりに，学んだことを要約する。
- 曖昧にならないように，明確で簡潔な指示を与える。
- 生徒に積極的に質問させる。
- 大事な事柄は繰り返し強調する。
- 表，模型，黒板のメモ，オーバーヘッド・プロジェクターなどの視覚機器を利用する。

聞き手としての教師

　生徒たちは，短時間で，生徒一人ひとりの持つリスニング能力の違いに応じて，教師の寛容力も利用しつつ，うまく反応できるようになります。教師が，生徒の発言をできる限り聞こうとすれば，生徒は自分の意見を生き生きと主張し，熱のこもった議論ができ，創造的で多様な思考活動が促されます。こうした教師は，話題に合わせて，多様な回答が可能な質問（open-ended question）*をいくつも生徒に発します。このように質問することで，生徒たちは，質問と質問をつなぐリンクを自分で見つけるようになります。このような活動を通じて，複数のアイデアを連結し，推測し，比較し，評価するスキルが育っていきます。これと正反対な指導上のスタイルを持つ教師は，限定された回答しかできない質問（closed-ended question）*しか言わず，生徒には正しい反応だけを求めます。このような教師は，自分が聞き上手になろうとはしていません。声の調子や顔の表情といった，教師の非音声的な言語（nonverbal language）から，生徒たちは「先生は，正解以外は受け入れてくれない」と受け止めてしまいます。

　教師は，定期的に自分のリスニングを点検します。たとえば，もし教師が，生徒の発言を聞くよりも，自分が話をしているほうが多いことに気付いたならば，徐々にこの傾向を修正します。本章の冒頭で指摘したように，教師は，生徒の話に共感を持って，心からおもしろそうに耳を傾けることのできる，聞き上手のモデルとならなくてはなりません（Leverentz and Gar-

* 自由回答形式の質問。

* 選択回答形式の質問。

man, 1997)。Paley（1986）は，理想的な聞き上手になるには好奇心が欠かせない，と主張しています。Paley は論文の中で，「教師が，関心深げに，子どもが発することばに耳を傾けて反応していると，子どもは自分が大切にされていると感じます」（p. 127）と述べています。

リスニング活動を分類する

　リスニング活動は，(1) 周辺的／背景的なリスニング，(2) 鑑賞のためのリスニング，(3) 傾聴型リスニング，(4) クリティカル・リスニングの4種類があります。生徒たちが毎日実践している，この4種類について，以下1つずつ見ていきましょう。

周辺的なリスニング

　人にとってもっとも負担が少なく，もっともよく行われるリスニングは「周辺的／背景的リスニング（marginal/background listening）」と呼ばれます。たとえば，人の声と交通量の多い通りから聞こえてくる騒音とを聞き分ける時には，このリスニングを使っています。このためには，子どもたちは，言語と言語音に十分になじむ必要があります。こうすることで，いろいろな音を区別して聞けるようになるのです。生徒は，英語で用いられる個々の音を，自分の聴覚上のレパートリー中に置き，それぞれを区別できるようにならなければなりません。

　教師は，教室で何か問題が起きていないかを確認するのに，周辺的／背景的リスニングをつねに行っています。度を超して静かだったり，うるさかったりする場所があれば，学習がうまくいっていない証拠です。しかし，今日の電子化した社会では，つねにバックグラウンドで，たとえば，ロックミュージックのような雑音が流れているほうが勉強しやすい，と言う生徒もいます。こうした生徒にとって，静かすぎる教室では学習が妨げられてしまうこともあります。

鑑賞のためのリスニング

　「鑑賞のためのリスニング（appreciative listening）」は，娯楽を目的として，朗読，スピーチ，歌，音楽などを聞く活動です。このリスニングは，本質的に美しさや楽しさを追求する耽美的活動です。演劇で俳優の台詞を聞いたり，友だちの愉快な話を聞いたり，誰かがサンフランシスコの地震*や火災のことを話しているのを聞いたり，人気ロックバンドのアルバムを聞いたり，何度聞いても飽きないラジオのコマーシャルを聞いたり，といったことがその例です。音楽の授業は，音楽の持つ多様なリズム，歌詞，スタイル，種類などの鑑賞の仕方を学ぶ環境を提供しますが，それに匹敵するような，話しことばを鑑賞する能力を発達させる教育は，小学校においてはほとんどなされていません。それでも，子どもたちは，話の上手な人が，どのように声の強弱，高低，息継ぎなどを用いるのかを，じかに触れて学ぶ必要があります。そういうことは，子どもたちのリスニング能力の向上につながります。子どもたちは，声のトーン，ムード，話し手のスタイル，リスニングが

---

* 1906 年 4 月 18 日早朝に，カリフォルニア州サンフランシスコ市周辺に発生した地震。市街地の建造物の大半が倒壊した。

行われる状況設定への聞き手の影響などについても理解しなけらばなりません。本の作者が，自分の作品を自分で朗読した音声テープを聞くと，いままでにない視点から，さまざまな作品を鑑賞することができるようになります。

　教師はみずから，生徒がスピーキング活動をする際の効果的なモデルとなれるように，音読やストーリーテリングの技術を高める必要があります。加えて，いろいろな種類のリスニングに応じた，良いリスニング習慣の模範も示す必要があります。しかし，現実問題として，鑑賞のためのリスニングをモデルとして上手に示せる教師はあまりいません。そのための訓練を，いままで受けてこなかったことが原因の1つです。

　教師はどうしても，小説中の1文や1段落の朗読を聞く場合であれ，短い詩を生徒たちがコーラス・リーディングするのを聞く場合であれ，鑑賞のための耽美的なリスニング・スキルを高める必要性を見落としがちです。たいていの教師は，ことばを声に出して行う活動の重要性を強調しています。しかし，この声に出す活動と同じ活動の枠内で，どのように鑑賞のためのリスニングをすべきかはあまり理解していないようです。まず，幼稚園児や1年生には，イメージの作り方を教えます。たとえば，生徒は，教師から必要な支援を受けつつ，物語中の記述的な1節を頭の中で視覚的に捉え，そのイメージを口頭でクラスに発表します。このほか，鑑賞のためのリスニング・スキルのうち，年少の子どもたちに学ばせることができるのは，詩の音読を聞きながらリズムを確認したり，音読する速度の変更によって，詩の持つ意味がどのように変わるのかを評価したり，教師が選んだ文章の持つトーン（tone）＊やムード（mood）を描写する能力を身に付けたりすることです。（フォークソングを用いても同様な活動ができます。）

＊ tone は音から受ける印象，mood は情緒的な雰囲気。

記事 6.2	ミニレッスン：読み聞かせの時間とストーリー・ジャーナル

　鑑賞のためのリスニングは，定期的に学習を記録するジャーナル（第1章 p.27 参照）を用いたライティング活動と組み合わせることが可能です。小学校では，本を一緒に朗読する活動は日常的に行われているので，読んだ物語に対して，生徒にその場で反応させれば，鑑賞のためのリスニング活動として効果があります。子どもたちの心を確実に捉え続けられそうな，おもしろくて，展開が速い物語を選び，演劇をしているような口調で生徒たちに読み聞かせます。物語の読み聞かせの直後に，定期的に，ストーリー・ジャーナルとして，生徒たちに感じたことを文字やイラストで書かせます（Farris, 1989）。年少の子どもたちの場合，「絵しか描きたくない」とか，「字しか書きたくない」とか言う者も出てきますが，教師が背中を押して両方の活動を行わせます。

　以下は，Mayer (1969) の *There's a Nightmare in My Closet* を読み聞かせしたあとで，1年生が書いたストーリー・ジャーナルの例です。ジャーナル中で，子どもは自分で作った綴り（invented spelling, 第1章 p.17 参照）を用いて書いています。

オリジナル
My pet most r.
My liaf is nias I hav a
pet you will not bu leav it what
it is. it is a mosts his
naem is spiek he likes
grbij I no it is schaenj
but it is not. he is mi
pel the end.

通常の綴りへの変換後
My Pet Monster
My life is nice. I have a
pet you will not believe it what
it is. It is a monster. His
name is Spike. He likes
garbage. I know it is shocking
but it is not. He is my
pal. The end.

> **わたしのペットのモンスター**
> わたしの生活はすてきです。わたしは
> みんなには信じられないようなペットを飼っています。
> お化けです。名前は
> Spike と言います。生ごみ
> が大好きです。びっくりしたでしょう。
> でも，わたしはだいじょうぶ。Spike は
> わたしの友だちです。終わり。
>
> 　低学年より上の学年になると，生徒たちはストーリー・ジャーナルに，より手の込んだ文章を書くようになります。たとえば，本の中の主要な登場人物に共感し，ある具体的な登場人物の視点から，工夫を凝らした手紙や文章を書いたりします。James Howe（1999）の *Bunnicula Strikes Again!* は，3年生から6年生までのクラスで使えます。
>
> Howe, J. (1999). *Bunnicula Strikes Again!* (A. Daniel, Illus.) New York: Atheneum.
> Mayer, M. (1969). *There's a Nightmare in My Closet.* New York: Dial.

傾聴型リスニング

　「傾聴型リスニング（attentive listening）」とは，多くの場合，記憶する必要がある情報を聞き手に求めるタイプのリスニング活動です。したがって，この活動は本質的に，聞き手から話し手に向かう対外的な方向性（efferent）[*]を持っています。このリスニング活動では，発話されたメッセージが確実に理解できるように，聞き手は意識を集中して，聞いている情報を瞬時に分析しなければなりません。聞き手には，情報を理解し，あとで利用できるように，情報に対して，分類，検証，関連付け，質問，組織化などの操作をすることが求められます。具体的には，慣れない土地に行って道順を口頭で聞き出したり，テレビで6時のニュースを見たり，番号案内で電話番号を教えてもらったり，水上での安全に関する公演に参加したりする状況が含まれます。メッセージの種類ごとに，適切なストラテジーが必要になるので，メッセージの目的を理解してからリスニングする必要があります。

[*] efferent は「輸出的」の意。通常のリスニング活動は，話し手から聞き手へと情報が向かう「輸入的な方向性（afferent）」を持つ。

記事 6.3　ミニレッスン：傾聴型リスニング

　本の読み聞かせを行ったあとで，生徒一人ひとりに，はがき大の色の付いた文献カードを渡します。カードの表には本についての質問，裏には別の質問の答えが書かれています。生徒を一人指名して，持っているカードに書かれた質問を音読させます。その質問の答えが書かれているカードを持っている生徒が，答えを読み上げます。今度は，この生徒が続いて自分のカードの質問を音読する，というように繰り返します。

　カードは，つぎのようにして準備します。まず1枚目の文献カードに質問を書き，2枚目にその答えを書きます。ここで，1枚目のカードは取り分けておきます。2枚目を裏返して質問を書き，3枚目のカードを取り出してその答えを書く，というように最後まで1枚ずつ，質問と答えを書いていきます。最後の質問を書いたら，あらかじめ取り分けておいた1枚目のカードにその答えを書きます。

　このリスニング活動は，理科の学習事項や社会科の単元を復習する際にも役に立ちます。

　生徒たちがリスニングの目的を理解したら，発話されるメッセージを完璧に理解する仕組みを身に付けなければなりません。メッセージ中の単語をすべて正確に思い出すことは，ふつう，できませんが，メッセージ中の重要なポイントを記憶して内容を理解します。傾聴型リスニングを行う際のストラテジーは，つぎのように指導します。

聞き手は，話し手のメッセージを，自分の持つ個人的な過去に獲得した知識と関係付けます。これをうまく行うには，聞き手は，情報を分類し組織化しなければなりません。生徒たちは，まず，リスニングに先立ち，これから聞く具体的なトピックについて，自分たちが，すでに知っていることを思い起こします。トピックに対応する，自分がよく知っている事柄を基盤として，話の要点と自分の知識を関連付けます。人は，話すよりも速い速度でリスニングができます。つまり，聞き手には，発話されたメッセージに意識を集中させながら，この関連付けを行うだけの時間的余裕があります。囲み記事6.4や6.5のチェックリストを用いて自己評価すると，傾聴型リスニング力の向上につながります。

記事6.4　リスニング自己評価チェックリスト

	はい	いいえ	まだ不十分
上手に聞くことができた。			
ほとんどずっと聞こうとした。			
聞くのを忘れた。			

記事6.5　リスニング自己確認チェックリスト

	はい	いいえ
1. ほかの人の話を聞くのが好きである。		
2. 嫌いな話し手でも話を聞くことができる。		
3. 嫌いなトピックでも話を聞くことができる。		
4. 話し手がどのような人でも，話を聞く時には同じように扱える。その際，友だち，家族，大人，子ども，男性，女性，外国人であるかどうかは関係しない。		
5. 話し手に集中するため，やっていることを途中で止められる。		
6. 話し手をよく見ている。		
7. 話し手が話を終わるのを待ってから，自分の話を始める。		
8. 話し手に，話し手が言ったことばを繰り返して言い，自分の理解が正しいかを確認することがある。		
9. 話し手の考えがわからない時には質問をする。		
10. リスニングが上達するよう努力している。		

クリティカル・リスニング

聞き手が情報を評価し判断するのが,「クリティカル・リスニング (critical listening)」*です。したがって,聞き手は,メッセージを内省的に振り返り処理します。本質的に対外的な方向性を持つ点で,傾聴型リスニングと似ていますが,聞き手が,情報を評価し判断や決定を行う点で異なります。傾聴型リスニングでよく強調される,一字一句もらすことなく解釈する活動とは異なり,内省的な思考には,幅広い推察力,原因と結果の比較,メッセージと話し手双方に対する評価や判断が求められます。このため,クリティカル・リスニングは,これまで見てきたどのリスニング活動よりも複雑であり,レベルの高い思考スキルが必要となります (Goss, 1982b)。

> * 批判的精神を持って行うリスニング。

一見したところ,大人は,発話されたことばを個人的に分析して重要な決定を行っているので,子どもよりも,クリティカル・リスニングを多く実践しているように思えるかもしれません。大統領選挙に投票する,新車を買う,新しく公開された映画の中から見たいものを選ぶ,などの行為を行うには,口頭によるメッセージに対して,個人として批判眼を持って反応し,解釈しなければなりません。しかし,子どもたちも数多くの状況で,クリティカル・リスニングを実践しています。たとえば,友だちと意見が食い違った時に妥協したり,テレビのコマーシャルを見ておもちゃの購入を決めたりする際に,クリティカル・リスニングが行われています。

さまざまな状況で,クリティカル・リスニングのスキルが必要な状況は多いので,子どもたちは,早い段階から耳から入ってくるメッセージを分析する能力を身に付けなければなりません。幼い子どもたちは,簡単に,他人に誤った道へ導かれたり,影響されたりしてしまうことがわかっています。なかでも,年上の個人や,さまざまなものやサービスの購入を迫ってくる(あるいは,両親に購入をせがませる)メディアの広告に惑わされてしまいます。しかし,いくつかの調査によると,口頭のメッセージにありがちなこうした問題を際立たせて気付きやすくしてあげれば,子どもたちは上手に見きわめることができます (Pratt and Bates, 1982; Stein and Trabasso, 1982)。Baker (1983) の研究は,「これから聞くメッセージには困ったことが含まれています。たとえば…です」のような情報をあらかじめ与えておくと,子どもたちの問題を見つける能力が向上することを指摘しています。したがって,子どもたちにとって,プロパガンダと呼ばれる組織的な宣伝活動で用いられる手法を認識できることは,重要な意味を持ちます。この手法は複数存在しているので,1回に少しずつ,わかりやすく具体的な例を示しながら,指導することをお勧めします。囲み記事6.6は,宣伝活動の手法について具体例を添えてまとめたものです。子どもたちが中高学年になれば,こういった宣伝活動の手口の見きわめ方を指導することができます。

記事6.6　宣伝活動の手法

エリート意識をくすぐる

宣伝活動を行う話し手が,聞き手を行動に移らせるために,お世辞を使う手法です。「ご主人は見るからに聡明で,お金でも多分問題ないと思いますので,こちらの子ども用デラックス・ブ

ランコ〔ヨーロッパ製のスポーツカー，グルメ調理器具，輸入チョコレート〕はいかがでしょうか」などと言い，聞き手に，自分が賢く裕福で，話し手が売る商品の買い手としてふさわしいように思わせます。

注釈1
(p.301参照)

バンドワゴン（bandwagon）[1]

誰にでもある，そして，とくに子どもには強く見られる，仲間集団に「属していたい」という願望を利用する手法です。「今年は，みんな黒いスニーカーを履いてますよ」のように話し，黒いスニーカーを履かずにはいられないような気持ちにさせます。

注釈2
(p.301参照)

カードスタッキング（card stacking）[2]

話し手が聞き手に，話題になっていることの都合の良い面だけをわざと示し，具体的な視点や意見に同調させる手法です。聞き手が追加情報を入手できなければ，客観的な対応ができなくなります。

中身のない華美なことば

話し手が，商品の品質や個人の特徴について，きらびやかではあるものの，広く当てはまり，中身のない主張を行う手法です。「John Doeに1票を。彼ほど賢くて，すばらしいクラス代表候補はいません」 クリティカル・リスニングができるようになると，どういう点で「もっとも賢くて，すばらしい」のか追及したくなります。

レッテル貼り（name-calling）

「レッテル貼り」は，遊び場や近所でよく見かけるものなので，年少の生徒でも見きわめやすい手法です。たとえば，ある候補者が別の候補者に対して，「対抗馬は，ただのお人よしのリベラルだ」のように，名誉を棄損するようなレッテルを与えます。

一般人を強調する（plain folks）

自分が一般人であることを強調する手法です。政治家が有権者の支持を得るために，この手法を多用します。話し手は，自分が勤勉で，普通の人と同じような物を食べ，納税し，きわめて常識的な生活をしている，いわゆる「一般人」と同等であることを強調します。元米国上院議員のSam Ervinが，自分を「よくあるいなか者（an ol' country boy）」と呼んだことは，この手法の例となります。たしかに，彼は地方の生まれでしたが，ハーバード大学の法学部を優秀な成績で卒業しています。同様に，元シカゴ市長のJane Byrneは，市主催の聖パトリック祭の年行事であるパレードでは，いつも毛皮を着ていましたが，選挙の行われる年には，さほど高価ではない布製のコートを着ていました。

おまけ付き

コーンフレークの箱におまけが入っていたり，洗濯石鹸の箱にキャッシュバックの金券が入っていたりすると，購買意欲がそそられます。同様に，自動車購入時の低金利ローンや，長期貯蓄口座を開設した際にもらえる粗品なども，高額商品を購入する際の「おまけ」の働きをします。賢い消費者は，このような仕掛けがある場合には，十分に警戒して，サービス品をもらうために購入しなくてはならないものを，本当に自分が必要としているか，「おまけ」によって製品の価格が水増しされていないかを判断しなければなりません。

証言利用（testimonial）

名の通った有名人が商品の良さを解説すると，聞き手は，その商品を買わずにはいられない気持ちになります。有名な運動選手，映画俳優，音楽家が商品を推奨すると，普段以上にほしくなります。こうした広告は，衣服から保険まで，あらゆるものを聞き手に買わせようとします。典型的なところでは，年齢の近さを利用したり（たとえば，第一線を退いたテレビスターが，高齢者向けの医療保険を宣伝する），共通する関心事を利用したり（たとえば，プロ球選手が，スポーツ好きの生徒に宣伝する）して，有名人が特定の聞き手集団に共感させます。聞き手は，購入を決める前に，宣伝している有名人が，製品の適切性を評価できる資質を持っているか判断する必要があります。

転移（transference）

子どもであれ大人であれ，「転移」と「証言利用」を明確に区別するのは困難です。ともに，名の通った個人が商品を推奨するからです。転移の場合，聞き手は，直接，有名人と自分を同一視し，その人の資質が，自分にも備わっているかのように錯覚します。たとえば，アメリカンフットボールの有名選手が宣伝している制汗剤を使えば，聞き手自身が，大きく頑丈な体格のハンサムなスポーツマンになった気がします。同じように，映画のスーパースターが手にした歯磨きを使いたくなるのは，自分がスマイルすれば，スターと同じくらい魅力的になれ，異性の関心を引くことができると信じるからです。しかし，望みどおりになるなんて，まったくの思い違いです。

リスニング活動の準備

　子どもたちが，ペアや小グループで会話を行う場合，会話でのリスニングが，どのようなものなのかについてミニレッスンを行っておくとよいでしょう。Dorothy Grant Hennings（2000, p. 165）は，談話上の規則について明確に気付く，いわゆる，メタコミュニケーション上の気付き（metacommunicative awareness）を増やすためには，生徒に，談話に必要な規則を確認させなければならない，としています。Henningsは，「人の話はしっかりと最後まで聞き，ほかの人が考えていることはきちんと尊重しましょう。友だちには話す時間を公平に与え，好き勝手にしゃべり続けてはいけません。友だちが話していることに基づいて，意見や感想を述べるようにしましょう」といった内容を，教師から生徒に伝えるように提案しています。このルールは，テキストのリーディング活動に関連した，アイデア，トピック，問題点などについて討論を行う「グランド・カンバセーション」*にも当てはまります。

* 第5章 p. 230 参照。

グランド・カンバセーション

　「グランド・カンバセーション（grand conversation）」は，理科や社会科といった教科における，検討すべき問題点の場合と同様に，フィクションやノンフィクションを問わず，子どもが読む本を題材にしてよく行われます。たとえば，2年生には，エコロジーをトピックにしてグランド・カンバセーションを行います。クラス全体でグランド・カンバセーションをする場合，話をする前に手を挙げる，まず全員の意見を聞いてから2回目の発言をする，といった規則を初めに決めておきます。ローマの皇帝の比較，医療における倫理的な問題，連邦議会における現行の法律や連邦最高裁判所における判決の妥当性などの難しいトピックについては，より上級の学年の小さなグループでなら，グランド・カンバセーションで扱えます。生徒たちに，地域，州，国，世界で現在起きている出来事を討論させる際に，新聞の記事やテレビのニュースを取り入れると，触媒を入れたかのように討論が熱を帯びることがあります。まとめ役を一人指名し，グループのグランド・カンバセーション中に提示された，賛成，反対，中立のそれぞれの意見のポイントを要約して発表させます。毎日，異なる生徒をこの役目に指名して，すべての生徒が話しに集中しながら，批判的に聞く機会を得られるようにします。あわせて，メモを取ることも奨励するとよいでしょう。

　グループ活動では，会話を支配したり，決まって1つのトピックに必要以上長くかかわろうとする生徒がいたりします。小学校3年生から中学2年生の場合，この問題を防ぐには，グループの二人の生徒に，それぞれ「うなり係（woofer）」と「さえずり係（tweeter）」の役割を与えます。うなり係になった生徒は，会話を支配している生徒がいれば，「ウー，ウー」と犬のようなうなり声を出します。さえずり係の生徒は，1つのトピックにこだわりすぎたり，グループ全体が話題からそれたりした際に，「チュン，チュン」と小鳥のような声を出します。

　グループ討論の際に，いつでも行動の監視ができるように，討論中の行動

として，望ましいことと，してはいけないことを，たとえば図表6.1のように表にしておきます。

討論中の望ましい行動	討論中にしてはいけない行動
・質問をする。 ・尋ねられた質問に答える際には，自分がなぜそのように考えたかを説明する。 ・ほかの人の話にしっかり耳を傾ける。 ・反対する際には，その理由を述べる。 ・討論をどのように進めたらよいか，しっかりと考える。 ・教材に戻って内容を確認する。	・相手の話を聞かずに，自分が話す。 ・尋ねられた質問に答える際に，自分がなぜそのように考えたか説明しない。 ・知ったかぶりをする。 ・ほかの人の意見を尊重しない。

図表6.1：討論中の望ましい行動，してはいけない行動一覧表

リスニング・センター

「リスニング・センター（listening center）」とは，生徒たちが物語の音声を聞いたり，絵や印刷された文章を目で追いながら，リスニングするのに役に立つ教材を配置した教室内のコーナーです。子どもや，青少年向けの文学作品を読み上げた録音教材は，多くの会社から市販されています。教科書に付属する録音を使用するのに加えて，アメリカ図書館協会（American Library Association: ALA）の下部組織である，子ども図書館サービス協会（Association for Library Service to Children: ALSC）のホームページ（http://www.ala.org/alsc/）から毎年発表される，notable children's recordings（子ども向け優良録音）のリストがお薦めです。また，Audible社のホームページ（http://www.audible.com/）で，AudibleKidsのオーディオブックを，分野，年齢，学年などで検索してダウンロードすることもできます。

写真の子どもたちは，よく知っている物語の録音を聞きながら，本の中のイメージをつぎからつぎへと見ていきます。こうすることで，子どもたちは頻度の高い単語に気付き，語彙を増やし，理解力を高めます。（写真の掲載にあたってはNorthern Illinois Universityにご協力いただきました）

Farris and Werderich（2009）は，以下のような，教室内のリスニング・センターを作る際のガイドラインを定めています。

1. 録音された書籍を，生徒が座って聞きたくなるような場所を教室内で探します。小さなスツールや柔らかなシートクッションに座れるようにします。

2. 生徒は，バッテリーで動作するCDプレーヤー，iPodなどのMP3プレーヤーを用いて音声を聞くことができます。
3. 教科書を含めた社会科や理科などのカリキュラムと，学区や州の教科内容の基準をよく調べ，学習するトピックを決めます。たとえば，地下鉄のようなトピックを討論したあとに，関連する本を録音し，リスニング・センターに設置します。
4. 生徒のリスニング力と学習全体を強化して，発展させるような，さまざまな教材をリスニング・センターに置きます。たとえば，リスニングしながら完成させるグラフィック・オーガナイザーや，録音された文章の構造の理解を助けるリスニングマップ（囲み記事6.7）を配布するとよいでしょう。

注釈3
（p. 301参照）

記事6.7　リスニングマップ：情報提供系テキスト（informational text）[3]

氏名：＿＿＿＿＿＿＿＿＿＿＿＿＿＿＿　　日付：＿＿＿＿＿＿＿＿＿＿＿＿＿＿＿
タイトル：＿＿＿＿＿＿＿＿＿＿＿＿＿＿＿＿＿＿＿＿＿＿＿＿＿＿＿＿＿＿＿＿＿
作者：＿＿＿＿＿＿＿＿＿＿＿＿＿＿＿＿＿＿＿＿＿＿＿＿＿＿＿＿＿＿＿＿＿＿＿
読む前に考える：この本から何を学びたいですか？

重要なアイデア	重要語句

要約

Diller, D. (2005). *Practice with Purpose: Literacy Work Stations for Grades 3-6.* (Portland, ME: Stenhouse) を基に改編。

リスニング・ストラテジーを育てるガイドライン

Funk and Funk（1989, pp. 660-662）は，以下の4つのステップを踏むことが，生徒のリスニング・ストラテジー（listening strategy）の成長には必要であるとしています。

1. リスニングの目的を与える。生徒に，これから何を聞くのかだけではなく，何のために聞くのかを理解させる。
2. リスニングがしやすい適切な学習環境作りをする。そのために，リスニング活動中は，雑音などの阻害要因を排除し，生徒が興味を持つ事前学習を用意し，生徒の座席配置を臨機応変に行う。
3. リスニング活動終了後に，関連する学習体験を用意する。
4. 教える際のストラテジーを用いて，生徒たちが，教師の発話のみならず，おたがいの発話もかならず聞くような，前向きなリスニング習慣

を育てる。

　Brent and Anderson (1993, p. 124) は，「有意義なリスニング指導の鍵となるのは，生徒が必要とするスキルやストラテジーを把握し，効率よくこれを指導し，教師の監督のもとで練習を行わせ，定期的にストラテジーを確認し，さまざまな状況下において，子どもたちがもっとも適切なストラテジーを選択できるよう支援することである」と考えています。さらに彼らは，生徒たちが効率よくリスニングの練習ができるように，教師は教室において，つぎのような活動の機会を提供すべきであると示唆しています。

著者の椅子（Author's Chair）*：生徒が，自分の作品や子ども向け文学作品を，クラス全体に読み聞かせる際に座る教室の前に置かれた椅子。ほかの生徒たちは集中して聞き，聞いたことについて質問します。

> * 第2章 p. 54 参照。

教師による読み聞かせ（reading aloud to the class）：教師は学年を通じ，さまざまな教材を選択してクラスに読み聞かせます。たとえば，小説を読み聞かせる場合，最初に，本のタイトルだけを教えて「何が起きると思う？」のように尋ねます。生徒たちは，読み聞かせが進むにつれて，新たに予測を立てるとともに，以前に行った予測の正しさを検証します。生徒たちは，物語の詳細や主な出来事を思い出したり，物語を要約したりします。ペアを組んで，交代で，物語を自分のことばで相手に伝えなおすリテリング（retelling）*を行います。

> * 物語や情報について，自分のことばで内容を要約する活動（第4章 p. 196 参照）。
> * 第2章 p. 65 参照。

ライティング・ワークショップ（writer's workshop / writing workshop）*：この活動中，子どもたちは，リスニング・スキルの使用が不可欠な，複数の課題に取り組みます。詳細を明らかにするために質問する，ペアとなった生徒の物語を聞いて批評する，そして，自分の作品の改良のためにほかの生徒の提案に耳を傾けます。

協働グループ（cooperative/collaborative group）[4]：こういったグループ活動は，グループのメンバーが，十分にリスニング・スキルを用いなければ成功しません。活動を始める際に，それぞれのメンバーから情報の発表を聞いたら，励ましのことばや改善につながることばをかけ合うように指導します。

> 注釈4（p. 301 参照）

朗読劇（reader's theater）*：1冊の本から1つの物語や短い文章を選び，音読用の台本として作りなおします。一斉に音読する部分と，個人ごとに音読する部分の両者があってもかまいません。この活動では，生徒全員が傾聴型リスニングをする必要があります。

> * 「朗読劇（reader's theater）」については第5章 p. 238 を参照。

リテリング（retelling）：たとえば，西漸運動（westward movement）*，ネイティブ・アメリカン，第二次世界大戦のように，トピックを統一して生徒たちが異なる本を読み，小グループでリテリングを行い，各自が集めた情報を発表し合います。

> * 米国の東海岸から西海岸へと向かう，長期的な未開拓地域の開拓と開拓地への定住。

　Brent and Anderson (1993) は，生徒が学校で過ごす1日を通して，リスニング活動を統合的に行うことが重要であることを強調し，リスニング・ストラテジーを，ほかから切り離して別個に取り扱うのではなく，有意味な統合的な状況の中で応用するように推奨しています。

さまざまな指導方法

　何もしなくても，生徒たちはリスニングをするものだ，というような期待を教師は持つべきではありません。上手にリスニングできるようになるには，リスニングをする目的とともに，さまざまなリスニングに関連した手順やストラテジーを教えなければなりません。この節では，小学校の教室において，生徒のリスニング力を伸ばすためのサポート方法について考えます。教師は，まずミニレッスンを通じて，リスニング・ストラテジーを導入し，引き続き，学校での１日が終わるまでのさまざまなリスニング体験が生じる時間をフルに使って，このストラテジーを実践する機会を作ります。

記事 6.8　　ミニレッスン：情報の要約

　理科と社会科の授業で，生徒たちは，さまざまな科学者や探検家と彼らの発見について学びます。この種の学習を強化する傾聴型リスニングの活動には，情報を探すための質問活動（questioning）の利用があります。この手法では，who（誰が），what（何を），when（いつ），where（どこで），why（なぜ）という，５つのＷで始まる質問を使い，小学校２年生から中学２年生までの広い層で活用できます。

　A4サイズの厚紙と黒板の両方に，When?（いつ？），Where?（どこで？），Who?（誰が？），What?（何を？），Why?（なぜ？）の順に質問を書いておきます。(When と Where の質問を最初に置くのは，小学生にとっては，時間と場所という，出来事の状況を設定するための出発点を明確にすることが難しいからです。まず When と Where の情報を押さえておくと，残りの情報を分析する際の枠組みができます。) つぎに，「いまから短い文章を読みます。ここに書いた５つの質問の答えとなる情報を覚えておくようにしてください」のように指示します。

　生徒にペアを作らせ，そのうちの１組のペアに，５つのＷの質問が書かれた厚紙を渡し，教室から廊下に出させ，クラスの声が聞こえない離れた場所で待機させます。教師は，残った生徒に１つの段落を読み聞かせます。読み聞かせが終わったら，待機させていたペアを教室に戻し，５つの質問をクラスメイトに尋ねさせます。このペアは，こうしてクラスメイトから得た情報を基にして，２人で話し合いをして，教師が音読した内容を要約しそれをクラスに発表します。新しい段落ごとに要約するペアを交代し，生徒全員が要約し終わるまでこの活動を繰り返します。

　教師が音読する段落は，理科や社会科の教科書や，教科書以外の教材から，そのまま取ってきてもかまいません。その際，段落の長さと難しさは，生徒の学年のレベルに合うものを選ぶ必要があります。

教師による読み聞かせ

　ほぼすべての授業で，普通に行われている教師による読み聞かせは，生徒のリスニングとスピーキング力の基礎を作り，総合的にことばの発達を促します（Barrentine, 1996; Sipe, 2000）。生徒たちの集中力が途切れ，そわそわし始めて，雰囲気を変えなければならなくなった時に，有効だと言う教師がいます。一方で，小学校高学年を担当する教師の多くは，年長になり，いろいろなことがわかるようになってきた生徒たちに，この方法を使ってよいものかとためらってしまいます。しかし，Ivey and Broaddus（2001）が行った大規模な調査によれば，教師による読み聞かせをことのほか楽しんでいたのは，中学生でした。Bruckerhoff（1977）による高校生を対象とした調査によると，高校生が小学校時代に出会ったこのようなリーディング活動が，リーディングに対する，彼らの肯定的な態度の礎になっていました。同様に，Boodt（1984）は，リスニング活動を特別に強化すると，小学校の中高学年において，学習が遅れがちな生徒のリーディング活動が，プラスの方

向に改善されることを指摘しています。Robb（2000, p. 35）は，中学校2年生に読み聞かせを行う意義について，つぎのようにまとめています。

> 日々読み聞かせを行うと，生徒は，さまざまなジャンルの文章に触れることができ，リスニングと想起スキルの向上にもつながります。一方，教師にとっても，読み聞かせをしている時は，シンク・アラウド（think aloud）*を実践できる機会でもあり，同時にリーディング・ストラテジーのモデルを生徒たちに示すことにもなります。

* 第4章 p. 173 参照。

子どもたちが，テキストの読み聞かせを聞きながら，テキストをリーディングする活動については，多くの研究がなされています。実際のところ，大半の子どもたちが，このやり方でリーディングを学んでいるのです。つまり，幼い子どもが，両親や兄弟に読んでもらっている時に，目で文字を追う行動のことです。幼い頃の読み聞かせから，萌芽的リテラシー（emergent literacy）[5]が生まれます。車の運転中，親がディスカウントストアの名前や，広告用の看板に書かれていることばを繰り返し声に出して読むと，同乗している子どもは，聴覚からの情報と視覚上の手がかりとを結び付けるようになります。何ということでしょう。リーディングしているではありませんか。

注釈5（p. 301 参照）

学習の遅れがちな生徒が，教科の知識を獲得する際に，ことに必要なのはコンセプト・ミューラリング（concept muraling）[6]のような，情報提供系の本の読み聞かせと口頭による説明です。情報提供系の本は理解しにくいものです。物語文は，子どもたちにもなじみのある「お話」調の構成になっていることが多く，一方，解説文は，物語文とは構成が異なります（Benson, 2003; Livingston et al., 2004）。教師は，読み聞かせで，さまざまな文章のパターンをクラスで扱ったり，内容理解や語彙力強化のための適切なストラテジーについて話し合ったり，具体的なモデルを提示したりすることによって，生徒の情報提供系の本のリスニングとシンキングの[7]ストラテジーを発達させることができます。

注釈6（p. 301 参照）

注釈7（p. 301 参照）

Moss（1995, p. 123）によると，「ノンフィクション教材の読み聞かせには，池に石を投げ入れた時のような波及効果があります」。Moss は，ノンフィクション教材を読み聞かせる理由として，以下の5つを指摘しています。

1. 子どもたちに，現実の世界の魔法を体験させる。
2. 子どもたちに，解説文の持つパターンに気付かせる。
3. さまざまな教科領域とうまく関連付けができる。
4. 生徒の個別的な成長を促し，社会的に反応できるようになる。
5. もっとも注目すべきことは，情報に対する「食欲」を刺激し，その結果，子どもたちはノンフィクション教材を一人で黙読するようになる。

* 1から5はそれぞれ，以下のようにいずれもAで始まる語を含んでいるので，「5つのA（the five A's）」としてまとめられている。

また，Moss（1995, p. 123）は，教師による読み聞かせに適した質の高いノンフィクション教材は，つぎの5つを考慮して選ぶのがよい，としています*。

1. 著者の著名度（authority of the author）
2. 内容の正確さ（accuracy of the text content）
3. 子ども向けの本としての適切さ（appropriateness of the book for children）
4. 文章の味わい深さ（literary artistry）
5. 本の外見（appearance of the book）

　教師による読み聞かせを行う際に，生徒に，リスニング・ストラテジーを使うように指示することがあります。たとえば，指示式リスニング・アクティビティ（directed listening activity: DLA）や，指示式リスニング・シンキング・アクティビティ（directed listening-thinking activity: DL-TA）と呼ばれるものです。DLT と DL-TA はともに，リスニング教材を学習する際に用いられる，構造化された手法です。

指示式リスニング・アクティビティ

　DLA（指示式リスニング・アクティビティ）は，個人にも，小グループにも，クラス全体にも応用できますが，DL-TA（指示式リスニング・シンキング・アクティビティ）は，6人から8人単位で生徒をグループ分けして用いるのがベストです。これらのストラテジーを使うことで，生徒のリスニング・スキルを伸ばすことができるとともに，教師は，生徒が物語中の重要な情報にどの程度注目できているかを確認できます。

　DLA は，従前より使われてきた，ベイサル・リーダー（basal readers）のレッスン形態を踏襲しています。しかし，リーディングを行うのではなく，音読されたテキストをリスニングする点が異なります。生徒は，(1) リスニング前活動，(2) リスニング活動，(3) フォローアップ活動を順を追って行います（Cunningham et al., 1981）。実際のリスニングを始める前に，生徒たちにリスニングの目的や目標，適切なリスニング・スキルが提示されます。場合によっては，生徒がみずから目的を決め，目標を設定し，適切なリスニング・スキルを選ばせることもあります。DLA の場合，教師も生徒たちも，より具体的なリスニング・スキルの強化を目指すことができます。たとえば，テーマを明らかにする，要約する，明示的な意味や言外の意味を通じて新しい語彙を理解する，分類する，正しい順序に並べる，どのような因果関係かを見きわめる，評価するなどのスキルが考えられます。DLA は，英語を第二言語とする生徒の支援にも，学力が低めな生徒や，学習障がいを抱えた生徒を支援する際にも役に立ちます。DLA を行う際には，つぎのようなステップを踏むことが提案されています。

1. プロットが明確で，論理的かつ単純に話が推移する文章を選ぶ。
2. リスニングする目的を生徒たちに伝える。
3. 教材がよく理解できるようなヒントを与える。たとえば，教材の重要なポイントなどに言及しながら，教材をすでに持っている知識と関連付けさせる。
4. リスニング活動の妨げとなる雑音などを排除して，教材を提示する。
5. 理解したことをクラスで話し合い，リスニングで不足している部分を

補完する。（この活動は授業の最後のまとめにもなる。）

　　教師は，リスニング前の活動の中で，リスニングを行う理由を明らかにしないまま，リスニングの課題を与えてしまいがちです。理由を明確にすることを基本としないと，リスニングの課題に合ったストラテジーの学習が計画できません。生徒に，さまざまなリスニング・ストラテジーを伸ばす機会を与えなければ，耳で聞いたことのすべてを想起する，というストラテジーしか身に付かなくなってしまいます。これは，明らかに，無意味で効率が悪いのみならず，生徒にも，とうてい満足できるものではありません。リスニング活動では，その種類を問わず，リスニングの前活動として教師が生徒に指示を与えると，生徒の緊張が和らぎリスニング・スキルも向上します。

　　目標が具体的に設定されると，DLAの第2段階のリスニング活動へスムーズに進め，聞き手は情報を組織化して分類し，メッセージの内容について推理をすることになります。最後のフォローアップの段階で，聞き手はリスニングしたメッセージに自分なりに反応します。このような振り返りの活動を通じて，メッセージを批判したり，評価したり，判断したりする，クリティカル・シンキングのスキルが育ちます。

　　DLAの例として，つぎのようなことが考えられます。まず，教師は「いまから3つのお話（寓話，fable）を聞きます。聞いたあとで，それぞれのお話が表す大切なこと（教訓）を選びなさい」のように，生徒に指示します。この指示によって，生徒はそれぞれのお話を聞いて，お話のテーマをつかもうとします。それぞれのお話と正しい教訓を結び付けること自体が，フォローアップ活動となります。囲み記事6.9は，生徒が協力して行うDLAの例です。

注釈8
(p. 301参照)

| 記事6.9 | ミニレッスン：協働（cooperative/collaborative）[8]による傾聴型リスニング |

　　このDLAは，小学校2年生から中学校2年生まで用いることができます。まず，生徒を6人1組でグループ分けします。紙に直径20cmの円を描き，扇形に6分割して切り抜き，グループのメンバーに一人1枚ずつ渡します。渡し終わったら，生徒たちに，これから教師が音読する民話を注意して聞き，話に出てくる主な出来事を6つ，グループで話し合って決めるように伝えます。6つが決まったら，それぞれの出来事の担当を決め，渡された扇形の紙にその絵を描きます。（注：1グループごとの人数は，対応する出来事の数とともに，クラスのサイズや，実際の民話に登場する重要な出来事の数に応じて，変化させます。）

　　グループ内で絵が完成したら，一人ずつ，自分の絵が表す出来事の説明をします。続いて，絵を順番に並べれば，民話の「リテリング（retelling）」をしたことになります。時計で12時の位置にある絵から初めて，時計回りに，絵を順に追って物語が完成するように，6つの扇形の紙に描かれた絵を集めて1つの円にします。明るい色の厚紙に完成した円を糊付けすると，展示物として掲示板に貼ることができます。

注釈9
(p. 301参照)

　　この活動を，ライティング広場（writing arena）[9]での活動へと拡げることもできます。まず，生徒に，自分で考えたお話の下書きをさせます。つぎに，物語中の出来事それぞれに対して絵を1つずつ描かせます。さまざまな場面の絵を描き，絵を好きな順番に並べ替えて物語を改訂したり，より良いものに作り上げていくことができます。そして，最後に最終版を書き上げます。

　　以下は，Farris, P. J. (1996) の *Young Mouse and Elephant: An East African Folktale.* (Boston: Houghton Mifflin) という物語について，3年生の6人グループが作成した絵です。物語は，若いネズミが「自分が一番強い動物だ」と自慢するところから始まります。すると，ネズミのおじいさんは「象こそ動物の中で一番強い」と言います。若いネズミが象を探す旅に出て，冒険と愉快な話が始まります。

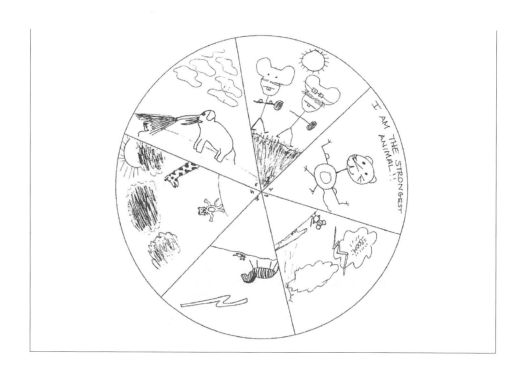

指示式リスニング・シンキング・アクティビティ

　すでに指摘したことですが，リスニング力が向上すると，つぎにくるメッセージを部分的に予測できるようになります。これは，リーディング力の向上に伴い，文章を読みながらつぎに起きることが予測できるのと同じです。DL-TA（指示式リスニング・シンキング・アクティビティ）は，子どもたちが，積極的かつ批判的にリスニングする能力があることを前提としています。つまり，この活動では，聞いたことと，すでに持っている知識や体験を関連付けることになります（Stauffer, 1975）。

　DL-TA の手順としては，まず，教師は，物語の一部を読み聞かせ，重要なポイントにきたら中断します。生徒たちは，個人的な知識や体験から出てくる情報とともに，リスニングから得た情報に基づいて，つぎに起きる出来事を予測します。たいていの物語には，なんらかのヒントがあり，聞き手や読み手はつぎに起きることが予測できます。子どもたちは，こういったヒントに気付き，それを解釈する体験をすることで，DLA では見逃していたり，無視したりしていたような細かい点に気付くようになります。クラス全員が予測を発表したら，教師は読み聞かせを再開し，つぎの重要ポイントで再び中断します。前に行った予測がはずれた生徒は，この中断までの新しい情報を基に新しい仮説を立てなければなりません。どのようなクラスであれ，生徒たちが背景に持つ体験は異なるので，生徒たちが行う予測も多様性にあふれます。そこで，生徒たちは，自分が行った予測の根拠を示し，その正当性を説明しなくてはなりません。物語のリスニングで得た手がかりや，思い付きをクラスで話し合えば，この活動はより行いやすくなります。DL-TA は，次のような手順で実施します。囲み記事 6.10 は，ほかの教科で DL-TA 学習を行う例です。

第 6 章　リスニング：受容的スキル　　291

1. 十分な討論が行われるように，6人から10人単位のグループを作ります。この程度の人数でグループ分けすると，ほぼ確実にすべての生徒がリスニングした物語について，自分の予測を発表できます。
2. プロットが明確で，場面がわかりやい物語を選びます。
3. 読み聞かせを中断する箇所を2つから5つ選びます。その際，それぞれの箇所が，物語の展開上重要なポイントの直前にくるように配慮します。
4. それぞれの中断箇所で，生徒に，そこまでに起こった出来事を要約させ，つぎに何が起こるかを予測させます。
5. どのような予測もしっかり尊重し，正誤の判断はしません。子どもたちには，過去の知識と体験を用いて，自分が立てた予測の根拠を積極的に説明させます。
6. 読み聞かせを再開して，つぎの中断ポイントにきたら，生徒たちに前に行った予測を振り返らせます。具体的には，物語のつぎの展開を予測する前に，生徒に，自分のそこまでの予測が正しかったかどうかを確認させます。
7. 教師は，子どもたちが全員，話し合いに参加するように仕向けます。その際，話し合いが物語からそれてしまったり，それていなくても長引いて活動のおもしろさが失われたりしないようにします。

鑑賞のためのリスニングには，たくさんの長所があります。このリスニング活動では，質の高い文学作品をクラス全体で共有することができます。これにより，新しい概念を学習させたり，新しい経験をさせたりできます。いろいろな種類の本を活動で用いれば，子どもたちは，さまざまなジャンルの文学作品を体験し，リーディングの興味の幅が拡がることにつながります。また，読み聞かせの中で，なじみのない用語や普段あまり目にしない文型に出会えば，生徒たちの言語体験が拡がるきっかけにもなります。

記事6.10　ミニレッスン：教科におけるリスニング

注釈10
(p.301参照)

　子どもたちは，歴史と科学がどのようにつながるか理解しなければならい時があります。そのような場合，2，3年生であれば，Alice Fleming (1988) の *The King of Prussia and a Peanut Butter Sandwich*（プロシアの王様とピーナッツ・バター・サンドイッチ）を読み聞かせるとよいかもしれません。この本は，プロシアを追放され，カンザスに流れ着いて暮らすことになった，キリスト教のメノナイト（Mennonites）[10] と呼ばれる人たちの物語です。メノナイトはカンザスで，パンの原料となる秋まき小麦の栽培を始めました。DL-TAの指導法を用いて，教師は，生徒たちに本のタイトルについて予想させます。つまり，プロシアの王様とピーナッツ・バター・サンドイッチがどのような関係があるのかを考えさせるのです。
　DL-TAが終わったら，教師は，生徒を小グループに編成して，グループごとに，歴史と科学が結び付いている似たような話を作らせます。その際，必要に応じて，教師から，うまくいきそうなトピックについてヒントを与えたり，必要な情報がどこで見つかるかを指導したりします。
　歴史と科学を結び付ける，5年生から中学2年生向けの本に，K. Lasky (2003) の *The Man Who Made Time Travel*（時間に旅をさせた男）があります。この物語は，正確に経度を測量し，航海をより安全なものとした人に与えられた賞金の物語です。
Fleming, A. (1988). *The King of Prussia and a Peanut Butter Sandwich*（R. Himler. Illus.）. New York: Scribner.

Lasky, K. (2003). *The Man Who Made Time Travel* (K. Hawkes, Illus.). New York: Melanie Kroupa Books.

物語を正しい順序に並べ替える

　物語の出来事を正しい順番に並べ替える活動（sequencing）は，低学年でよく行われます。この活動で，生徒たちには，主な出来事やシーンのイメージを頭の中で順番通りに浮かべるようにさせます。活動を行いやすくするために，何も書かれていない紙を1枚ずつ生徒に渡し，半分に折り，さらに半分に折って小さな「本」を作らせます。4つに折った紙を広げて，机の上に置かせ，読み聞かせる短い話をよく聞いて，話の中の4つの主な出来事を覚えるように指示します。読み聞かせが終わったら，生徒に，4つのシーンの絵を，紙の1つの区画に1つずつ描かせます。読み聞かせしたテキストについて話し合う際に，つぎのように質問します。

1. 物語の出来事は正しい順番に並べられますか？
2. 物語の出来事の順番を覚える時に，どのような工夫をしましたか？
3. 今後聞くほかの物語では，どのようにしたら，出来事の順番をより上手に覚えられるようになりますか？

インクエスト

　リスニングをしている最中の理解を助ける指導方法として，Mary Shoop（1986）は「インクエスト（InQuest）」という活動を提唱しています。インクエストでは，3年生以上の生徒に，口頭のメッセージを聞きながら，頭の中でそのメッセージについて質問を考えさせます。また，インクエストでは，傾聴型リスニングを活性化するために，即興劇を用います。Shoopによるこの指導方法は，生徒たちがリスニングの最中に，すでに知っていることと，知らないことを積極的に確認するように誘導する効果があるので，このようなメタ認知活動は，「きちんと理解しているかを慎重に確かめる力（sensitivity to comprehension）」を育てることになります。インクエストの方式では，教師が物語を読み聞かせ，いくつかの重要なポイントで読み聞かせを中断します。中断するポイントに到達したら，記者会見の開始を宣言し，一人もしくは二人の生徒に，物語の主要登場人物の役割を与え，ほかの生徒たちが調査のレポーターとなってさまざまな質問をします。物語の出来事を正しく解釈するために，レポーターは登場人物に質問をし，返ってくる答えを評価します。記者会見で得た情報を，自分なりにふるいにかけて，レポーターたちは，物語で，今後，何が起きるのかの見込みを付けたり予想したりします。

ノートテイキング

　中高学年では，ノートの取り方を学ぶことが必要です。傾聴型リスニングでは，事実を正確に入手し理解しなければなりません。したがって，傾聴型リスニング活動の一環として，「ノートテイキング（note taking）」のスキル指導を組み入れることは適切なことです。ミニレッスンを行い，教師が，

どのようにノートを取るのかモデルを示します。ほかの教科で，学習中のトピックと関連した5分から10分程度の短めのビデオを見たあと，オーバーヘッド・プロジェクターを用い，何がトピックとなるかをクラスに示します（通常，トピックの要点は，ビデオのタイトルの中に組み込まれています）。つぎに，ビデオ中に登場した重要なアイデアが何かを指摘します。教育活動を目的としたビデオの多くは，番組の冒頭に重要なアイデアが箇条書きで出てきます。教師は，トピックの下に，重要なアイデアを書き加えます。それぞれの重要なアイデアに続き，このアイデアを支持する根拠を，いくつか箇条書きにしてまとめます。以下はこのノートテイキング活動で用いられる書式の例です。

```
トピック：_____
重要なアイデア：_____
  支持する根拠：_____
  支持する根拠：_____
  支持する根拠：_____
重要なアイデア：_____
  支持する根拠：_____
  支持する根拠：_____
  支持する根拠：_____
重要なアイデア：_____
  支持する根拠：_____
  支持する根拠：_____
  支持する根拠：_____
```

重要なアイデアには，かならずしも支持する根拠が3つあるわけではありません。2つですら，ないこともあります。このことは，生徒にあらかじめ伝えておく必要があります。したがって，以下に示すような構造をした伝統的なアウトラインの書式では，うまくまとめられないことがあり，作業中の生徒たちが混乱してしまうことがあります。

I. トピック
 A. 重要なアイデア
  1. 支持する根拠
  2. 支持する根拠
   a. 支持する比較的小さな根拠
   b. 支持する比較的小さな根拠

ノートテイキングの仕方のモデルを見せるために，ビデオ教材の主要トピックと支持する根拠をメモする様子を見せます。それが済んだら，*Cobblestone*（アメリカ史，4年生から6年生向き），*Calliope*（世界史，6年生から中学2年生向き），*KidsDiscover*（理科，4年生から6年生向き）のような子ども向けの雑誌から，短いノンフィクションの文章を読み聞かせます。この読み聞かせでは，モデルを見せたノートテイキングの手法を，生徒一人ひとりが机に向かって実践します。読み聞かせのあと，グループに分かれ

て，重要なアイデアと支持する根拠をおたがいに報告し合います。この時，教師は，オーバーヘッド・プロジェクターで，クラス全体から見えるように情報を書き入れ，話し合わせます。こうすることで，ノートテイキングの仕方について理解が深まります。

　生徒は，話し手が，プレゼンテーションの初めに提示する手がかりを聞き逃してはいけません。ふつう，話し手は，最初に，取り上げる主な領域を聞き手に伝えてくれます。たとえば，何かを3つに大きく分類するプレゼンテーションが行われることがわかったら，ノートを3ページ使い，それぞれのページの先頭部分に，もしくは，ノートの1ページを3列に分け，各列の先頭部分に分類名を書き込みます。その後，話し手の説明を聞きながら，それぞの分類の説明に現れる語句をメモします（図6.2 参照）。

```
Name: Terry Smity              North Caroline Notes—Jeremy's oral report
Famous Citizens
  —Sir Walter Raleigh         History (Facts)           Products
  —Virginia Dare—1st white    12th state                tar
    child born in U.S.        1st colony—Roanoke        tobacco
                              Cherokee Indians          furniture
                              Southern state
                              1st airplane flight of Wright
                                brothers at Kitty Hawk
```

図表6.2：Terry がメモした，クラスメイトの Jeremy によるノースカロライナに関するレポートの概要

深い考察を行う（探究する）ストラテジー*

*「深い考察を行うストラテジー（inquiry strategy）」とは，物事を深く掘り下げて考える際に，必要となるストラテジー。

　クリティカル・リスニング（critical listening）では，生徒たちがみずから判断するというよりレベルの高い思考スキルが求められます。以下に，批判的，分析的なリスニングを行うために必要な探究的ストラテジー（inquiry strategy）を示します。

- **分類する**（categorize）：述べられていること（事実か意見か），登場人物（敵か味方か），出来事，時期などに分類します。
- **原因と結果**（cause and effect）：なぜそのようなことが起こったのか，理由を説明します。「もし〜ならば…となる」のような，出来事の関係を考えます。リスニングの際に because（なぜならば），therefore（だから），as a result（その結果として）のような語句に注目します。
- **記述する**（describe）：特徴，性質，例を，箇条書きにします。
- **説明する**（explanation）：わかりやすく説明します。
- **一般化する**（generalize to real life）：現実の生活に一般化して考えます。
- **比較／対照する**（compare/contrast）：似ている点，異なる点を考えます。
- **推測する**（make predictions）：リスニングしたことから，証拠を見つけ出して推測します。

- **問題と解決**（problem and solution）：何が問題となっていて，どのように解決されたかを把握します。

グラフィック・オーガナイザー*は，生徒たちが，クリティカル・リスニングを通して得た概念を，視覚的に描き出すことができるので，探求的ストラテジーを実践する際に有効です。

* 第 1 章 p. 4，第 4 章 p. 190，第 7 章 p. 314 参照。

本章で学んだこと

リスニングは双方向的な活動で，聞き手は，前から持っている知識と，話し手から聞いたメッセージを関連付けようとします。その過程において，聞き手は，話し手のメッセージに対して，分類，組織化，並べ替え，評価，反論，承認・拒否という対応をします。

リスニングを行う目的は，状況ごとに異なります。リスニングには，周辺的なリスニング，鑑賞のためのリスニング，傾聴型リスニング，クリティカル・リスニングの4種類があります。周辺的なリスニングとは，たとえば，エレベーターの中で聞こえてくる音楽のような，背景的な雑音の有無に気付くことです。鑑賞のためのリスニングとは，音楽や，講義や，詩の朗読などの耳に聞こえてくる音を楽しむことです。傾聴型リスニングとは，口頭によるメッセージを理解することです。クリティカル・リスニングとは，聞き手がメッセージを理解するとともに評価もすることです。

指示式リスニング・アクティビティ（DLA）と指示式リスニング・シンキング・アクティビティ（DL-TA）は，生徒のリスニング能力を向上するのに役立つ指導方法です。DLA は一人の生徒でも，クラス全体でも用いることができます。一方，DL-TA は小グループに適した活動です。

DLA には，(1) リスニング前活動，(2) リスニング活動，(3) フォローアップ活動という3つの段階があります。リスニング活動を実際に始める前に，教師は，何を目的としてリスニングするのかを明らかにします。また，生徒たちがトピックについて前もって知っていることを思い起こし，場合によっては，さらにグループ内で報告し合ってからリスニング活動に取りかかります。リスニング活動のあと，フォローアップ活動として，討論したり，リスニング活動を基にした課題を行ったりして活動を終えます。

DL-TA は，より高いレベルでの思考スキルの使用を活性化し，多様性に満ちた思考を促します。教師は，物語の重要なポイントのところまできたら，読み聞かせを中断します。生徒は，教師が中断したところまでに起こったことを振り返り，物語から得られる手がかりと自分が経験的に知っていることに基づいて，つぎに何が起きるかを予測します。

年少の子どもたちにとって，リスニングは学習活動の中でもっとも重要なランゲージアーツです。年齢が進むにつれて，リスニングが担う教育現場での重要性は低くなると思われています。しかし，どの学年のレベルであれ，教師は，すべての生徒たちの低次から高次にわたるリスニング・スキルが，最大限に発達するように配慮しなければなりません。

答えられますか？

1. クリティカル・リスニングを指導する際には，何が大切ですか？
2. 子どもの潜在的なリスニング力に対して，外部的な要因はどのように干渉する可能性がありますか？
3. 子どものリスニング力の向上につながるように，教室内でのリスニング活動を妨害する要因を減らすために，何をしたらよいでしょうか？
4. 低学年と中高学年において，4種類のリスニング活動のそれぞれが果たす役割について，似ている点，異なる点をまとめてみましょう。

振り返りをしましょう

本章の最初の「教室をのぞいてみましょう」へ戻ってみましょう。エピソードを読みなおしてから，つぎの質問について考えてみましょう。教師には，どのような特徴（明示的であっても，そうでなくても）があるとよいと思いますか？ 生徒のリスニングについて，どのような強みや弱みが，この章で述べられていましたか？ そのような強みや弱みを持つ生徒に，どのように対応していきますか？

やってみましょう

1. 1年生と6年生のクラスを観察し，生徒たちのリスニングに見られる違いをまとめてみましょう。
2. 鑑賞のためのリスニングは，学校ではほとんど注目されていません。ランゲージアーツ以外の教科の指導に，鑑賞のためのリスニングを組み込んだ授業をデザインしてみましょう。
3. 選挙キャンペーンのコマーシャルをいくつか録音に取り，小学校の中学年以上の生徒と中学生に，どのような宣伝活動（プロパガンダ）の手法が用いられているかを考えさせましょう。
4. あなた自身の丸一日を振り返って，聞き手としての強さと弱さをまとめてみましょう。
5. ある学年を選び，その学年にふさわしい，指示式リスニング・アクティビティ（DLA）と指示式リスニング・シンキング・アクティビティ（DL-TA）を考えましょう。
6. 教育関連の定期刊行物（*Instructor*, *The Reading Teacher* など）の中から，異なるリスニング活動を5つ探し，指示式リスニング・アクティビティと指示式リスニング・シンキング・アクティビティのそれぞれに，もっともふさわしいものはどれか考えてみましょう。
7. 教室内にリスニング・センターを作る際に，利用できるトピック，書籍，教材には，どのようなものがあるか具体例を挙げてみましょう。

参考文献

Aronson, D. (1974). Stimulus factors and listening strategies in auditory memory: A theoretical analysis. *Cognitive Psychology, 6* (1), 108-132.

Baker, L. (1983). *Children's Effective Use of Multiple Standards for Evaluating Their Comprehension.* Unpublished manuscript, University of Maryland, College Park.

Barrentine, S. J. (1996). Engaging with reading through interactive read-alouds. *The Reading Teacher, 50* (1), 36-43.

Benson, V. (2003). Informing literacy: A new paradigm for assessing nonfiction. *The New England Reading Association, 39* (1), 13-20.

Blankenship, T. (1982). Is anyone listening? *Science Teacher, 49* (9), 40-41.

Boodt, G. (1984). Critical listeners become critical readers in reading class. *The Reading Teacher, 37* (4), 390-394.

Brent, R. and Anderson, P. (1993). Developing children's classroom listening strategies. *The Reading Teacher, 47* (2), 122-126.

Bruckerhoff, C. (1977). What do students say about reading instruction? *Clearing House, 51* (3), 104-107.

Cosgrove, J. M. and Patterson, C. J. (1977). Plans and development of listener skills. *Developmental Psychology, 13* (5), 557-564.

Cox, C. (2008). *Teaching Language Arts: A Student- and Response-Centered Classroom* (6th ed.). Boston: Allyn & Bacon.

Cunningham, J. W., Cunningham, P. M., and Arthur, S. V. (1981). *Middle and Secondary School Reading.* New York: Longman.

Diller, D. (2005). *Practice with Purpose: Literacy Work Stations for Grades 3-6.* Portland, ME: Stenhouse.

Farris, P. J. (1989). Storytime and story journals: Linking literature with writing. *New Advocate, 2*(I), 179-185.

Farris, P. J. and Werderich, D. E. (2009). "You gotta hear this one!": Creating listening centers to support content area instruction. *Illinois Reading Council Journal, 38* (1), 15-21.

Funk, H. D. and Funk, G. D. (1989). Guidelines for developing listening skills. *The Reading Teacher, 42* (9), 660-663.

Goss, B. (1982a). Listening as information processing. *Communication Quarterly, 30* (4), 304-307.

Goss, B. (1982b). *Processing Communication.* Belmont, CA: Wadsworth.

Hennings, D. G. (2000). *Communication in Action: Teaching Literature-Based Language Arts* (7th ed.). Boston: Houghton Mifflin.

Ironsmith, M. and Whitehurst, G. J. (1978). The development of listener abilities in communication: How children deal with ambiguity. *Child Development, 49* (2), 348-352.

Ivey, G. and Broaddus, K. (2001). "Just plain reading": A survey of what makes students want to read in middle school classrooms. *Reading Research Quarterly, 36*, 350-377.

Leverentz, F. and Garman, D. (1987). What was that you said? *Instructor, 96* (8), 66-70.

Livingston, N., Kurkjian, C., Young, T., and Pringle, L. (2004). Nonfiction as literature: An un-

tapped goldmine. *The Reading Teacher 57* (6), 584–591,
Moss, B. (1995). Using children's nonfiction tradebooks as read alouds. *Language Arts, 72* (2), 122–126.
Opitz, M. F. and Zbaracki, M. D. (2004). *Listen Hear! 25 Effective Listening Comprehension Strategies.* Portland, ME: Heinemann.
Paley, V. G. (1986). On listening to what children say. *Harvard Educational Review, 56* (2), 122–131.
Pratt, M. W. and Bates, K. R. (1982). Young editors: Preschool children's evaluation and production of ambiguous messages. *Developmental Psychology, 18* (1), 30–42.
Robb, L. (2000). *Teaching Reading in Middle School.* New York: Scholastic Professional Books.
Shoop, M. (1986). InQuest: A listening and reading comprehension strategy. *The Reading Teacher, 39* (7), 670–674.
Sipe, L. R. (2000). The construction of literary understanding by first and second graders in oral response to picture storybook read-alouds. *Reading Research Quarterly, 35* (2), 252–275, doi: 10.1598/RRQ.35.2.4.
Stahl, K. A. D. (2004). Proof, practice, and promise: Comprehension strategy instruction in the primary grades. *The Reading Teachers, 57* (7), 598–609.
Stauffer, R. (1975). *Directing the Reading-Thinking Process.* New York: Harper & Row.
Stein, N. L. and Trabasso, T. (1982). What's in a story? Critical issues in comprehension and instruction. In R. Glaser (Ed.), *Advances in Instructional Psychology* (Vol. 2). Hillsdale, NJ: Erlbaum.
Strother, D. B. (1987). Practical applications of research on listening. *Phi Delta Kappan, 68* (8), 625–628.
Templeton, S. (1998). *Teaching the Integrated Language Arts* (3rd ed.). Boston: Houghton Mifflin.
Weaver, C. H. (1972). *Human Listening: Process and Behavior.* Indianapolis: IN: Bobbs Merrill.

参考図書

Arnosky, J. (2009). *Crocodile Safari.* New York: Scholastic.
Beatty, P. (1992). *Who Comes with Cannons?* New York: Morrow.
Boelts, M. (2009). *Those Shoes* (N. Z. Jones, Illus.). Cambridge, MA: Candlewick.
Collard, S. B. (2002). *Beaks* (R. Brickman, Illus.). Waterton, MA: Charlesbridge.
Davies, N. (2003). *Surprising Sharks* (J. Croft, Illus.). Cambridge, MA: Candlewick.
Dipper, F. (2003). *Secrets of the Deep Revealed: Fantastic See-Through Pages.* New York: DK.
Gibbons, G. (2009). *Tornadoes!* New York: Holiday House.
Giblin, J. C. (2004). *Secrets of the Sphinx* (B. Ibatoulline, Photo.). New York: Scholastic.
Kelly, I. (2002). *It's a Hhummingbird's Life.* New York: Holiday House.
Levine, E. (1986). *If You Traveled West in a Covered Wagon.* New York: Scholastic.
Levine, K. (2003). *Hana's Suitcase: A True Story* (G. Morton, Illus.). Toronto: Second Story Press.
Marrin, A. (2006). *Oh Rats! The Story of Rats and People.* New York: Penguin.
Meltzer, M. (1990). *Bread and Roses: The Struggle of American Labor, 1865–1915.* New York: Facts on File.

Pringle, L. (2003). *Come to the Ocean's Edge: A Nature Cycle Book* (M. Chesworth, Illus.). Honesdale, PA: Boyds Mills Press.
Ray, D. (1990). *A Nation Torn: The Story of How the Civil War Began*. New York: Dutton.
Reeder, C. (1989). *Shades of Gray*. New York: Harper Trophy.
Ryan, P. (2002). *When Marian Sang*. New York: Simon & Schuster.
Walker, S. (2005). *Secrets of a Civil War Submarine*. Minneapolis: Carolrhoda.
Wechsler, D. (2003). *Bizarre Bugs*. Honesdale, PA: Boyds Mills Press.
Weaver, R. (1999). *Meerkats*. Minneapolis, MN: Capstone Press.

注　釈

[1] 「バンドワゴン」とは，もともとは，行進の先頭で音楽隊が乗る車のこと。

[2] 「カードスタッキング」とは，もともとは，トランプを用いて不正にゲームで勝つ「いかさまトランプ」のこと。

[3] 「情報提供系テキスト」とはノンフィクションの一種で，自然や社会に関連した情報を，詳しくない人を読者対象として解説したテキスト。

[4] 厳密に定義すると，cooperative は全体を分割して複数の担当者に与え，課題を完成させるもの。collaborative は参加者が交渉を行い，調整を図りながら課題を完成されるもの。したがって，cooperative は分担はするものの，collaborative に比べて，おたがいに力を合わせる意味が弱い。このため cooperative を「複数の人がともに行ったり，使ったりする」の意味を持つ「共同」，collaborative を「おたがいに力を合わせて取り組む」の意味を持つ「協働」のように，両者に別の訳語を与えて区別する場合もある。本書では，両者の間の違いは明確ではなく，ほぼ同じように用いられているので，ともに「協働」と訳出している。

[5] 萌芽的リテラシー。実際に，読み書きを学んでいない就学前の子どもが，文字を書いたり，認識したりする活動（第 1 章 p. 17 参照）。

[6] concept（コンセプト）とは，学習すべき項目（概念）のこと。学習予定の教科内容を，全体として理解するために，教師が単純なイラストを用いて行うビジュアル・プレゼンテーション（第 7 章 p. 306 参照）。

[7] リスニングを通じて情報を探す活動は「傾聴型リスニング」（本章 p. 279），考える活動は「クリティカル・リスニング」（本章 p. 281）を参照のこと。

[8] cooperative と collaborative の意味の違いについては注釈 4 を参照のこと。注釈 4 で指摘したとおり，ここでも両者には明確な区別は与えられていない。

[9] 「ライティング広場」とは，生徒のライティング活動のために教室内に設けられたコーナー。

[10] キリスト教に基づき，非暴力による世界平和の実現を目指し，さまざまな災害救助活動を国際的に実施している教派またはその信徒のこと。

第 7 章

ビューイングとビジュアル・プレゼンテーション：多面的モダリティ[1]とランゲージアーツ

注釈 1（p. 324 参照）　視覚は，俊敏で，包括的で，分析と統合を同時にこなす。視覚によって，われわれの心は，またたく間に無限個の情報を受け取り，保持することができるのである。

—Caleb Gattegno

教室をのぞいてみましょう：クラスに視聴覚教材を持ち込んで

「ねえ，ちょっと，この *Avatar*（邦題：アバター）の記事を読んでみて！」大ヒット映画の評論をみんなで読んでいる時に，Nick は興奮を押さえきれない様子で言いました。

「スペクタクルがなければ，物語はありきたり。それにしても，なんというスペクタクルなんだろう！ *Avatar* は，観客の目をくらませ（dizzing），周りを取り囲まれた気分を引き起こし（enveloping），頭をくらくらさせる（vertiginous），……。161 分の上映時間のうち，1 時間を過ぎた時点で，この種の形容詞が底をついた」と，*New York Magazine* 誌の映画評論家 David Edelstein 氏は書いています。

「野心的で，臨場感満載の映画体験」は，*Washington Post* 誌の Ann Hornaday 氏の言。

「うーん！ あの映画はチョーすごかった。まじ信じられない。絶対にもう 1 回見たい！」と大きな声を上げたのは，Nick と同じ中学 1 年生の Kyle です。「3D メガネはやばいね！」

「ごめん，"vertiginous" って何？ どういう意味？」Jamelle が尋ねます。

「何だかわかんないけど，かっこよく聞こえるね。調べてみよう」Nick は，すぐにインターネットで意味を検索します。「立っていられないほど，めまい（vertigo）がするくらい目が回る，だって」

この間，ある女子のグループは，2010 年にディズニーが製作したもう 1 つの 3D 映画の *Alice in Wonderland*（邦題：アリス・イン・ワンダーランド）のレビューを読み，50 年前に公開された，ディズニーによる最初の同名映画と比較していました。女の子たちは小さい頃，50 年前のアニメ版を見たことがあったので，中学生の彼女たちにとっては，ジョニー・デップ（Johnny Depp）が登場し，少し暗いトーンで描かれたこの映画に引きつけられるものがありました。

Alisha は「*New York Times* のレビューはね，『*Alice in Wonderland* は，映像的には見事な 3D 映画であり，出だしのところでは，観客の目を楽しませてくれる。……しかし，すぐに，悪い夢でも見ているような気分になる』と書いてあるわ」と言いました。

「うん。本当に怖かったわ！」と，Bridgitte が言いましたが，すぐその

あとで,「でも,最高!」と称賛しました。

「私もよ!」と,Emilyです。「でも,前のより良かったと思う?」

「わからない。小さい頃は最初のが好きだったから,何度も何度も見たわ。でも今度のはすごいわ!」と,Baillieが加わりました。

　Tim Schultz先生は,このような時にどう対処したらよいか,十分にわかっています。生徒たちに,*Avatar*か*Alice in Wonderland*のいずれか1つを鑑賞させ,映画の紹介記事を書かせ,大手の新聞中の映画評論と比較させます。先生は,生徒たちに,3D映画がどのように人を感動させるのか,また,それはなぜなのかを説明させます。先生は,この世代の子どもたちが,視覚刺激に目がないことを理解したうえで,こういった映画を教育的に利用して,批判的にものを考える力と美的感覚を同時に育てようとしています。

『アバター』(DVD)
20世紀フォックス・ホーム・エンターテイメント・ジャパン,2011年

『アリス・イン・ワンダーランド』(DVD)
ウォルト・ディズニー・ジャパン株式会社,2011年

本章の目標

本章を通じて,以下のことができるようになります。
- ☐ ビジュアル・リテラシーが,いかに生徒の学習意欲の向上につながるかがわかるようになります。
- ☐ ビューイングと,ビジュアル・プレゼンテーションを,ランゲージアーツ指導の一環として行う方法について理解が深まります。
- ☐ 多面的モダリティによって,どのようにカリキュラム間の連携が高まるかがわかるようになります。
- ☐ 多面的モダリティを活用して,生徒の学習を評価する方法がわかるようになります。

はじめに

　FacebookやMySpace,YouTubeを使っておたがいに情報を発信し合い,Twitterで,お気に入りの映画スターやスポーツヒーローをフォロー(follow)*するなど,生徒たちはネットサーフィンを通じて,デジタル時代の新しいリテラシーをあたり前のように使いこなします。教師が指導するま

*特定の人物や事柄について,定期的に情報を得たり,自分から発信すること。

でもなく，生徒たちはビジュアル・リテラシーを，自分で探し当て，使い，創出します（Jakes, 2007）。MacArthur Foundation（2008）は，十代の若者800名についてのソーシャル・ネットワーキング・サービス（Social Networking Service: SNS）[*]の使用状況と，それが何であるか理解せず，また価値も認めていない大人たちが，それをどう見ているかを調査しました。調査によって，(1) 若者と大人の間には，オンライン活動の価値の認識に関して，ジェネレーション・ギャップがある，(2) 若者はオンライン活動に参加しつつ，複雑な社交上のスキルと，複雑なテクノロジーを利用するスキルを同時に獲得している，(3) 若者は，オンラインで出会う仲間から進んで学ぼうとする，(4) 若者の大半が，インターネット上で利用できる機会を十分に活かしきってはいない，という4点が明らかになりました。調査は冒頭で，「オンラインでの社会的交流は，消すことのできない永続性を持ち，世界中に公開された世界であり，その利用者に，友人や知人からなる複雑に絡み合ったネットワークの管理を要求し，常時『オン（on）』の状態が続きます。その意味において，若者たちが利用している社交の世界には，過去には存在しなかったダイナミクスがある」とし，さらに，「インターネットは，若者たちが交流し，おたがいにフィードバックし合う新しい公共の場となった」（p.1）と述べています。

[*] 友人や知人であることを前提に，作られるインターネット上のコミュニティ。

いまや，情報コミュニケーション技術（information and communication technologies: ICT）は，教科内容を理解するリテラシーの一部として位置付けられなければなりません（Flynt and Brozo, 2010）。この新しいリテラシーにおいて，「生徒は，ライティング，スピーチ，ビジュアル・イメージ，電子的双方向メディアなどが一体化した多様なテキストを解釈し，かつ，自分で創り出すことができなければなりません。その実現には，自分たちが見たり，ながめたりするものについて討論する際に，必要な諸概念と用語を生徒に提供することが鍵となります」（Callow, 2008, p.616）。

Schultz先生と生徒たちの例が示すように，ランゲージアーツの指導には，「多面的モダリティ」という新しい視点が必要です。本章では，この新しい多面的モダリティを考察し，ランゲージアーツの指導の中にどのように組み込めるかを考えます。

ビューイング

「ビューイング（viewing）」は，イメージや映像を見て，意味をくみ取る活動です。絵本では，静止したイメージがテキストに添えられています。よくできた絵本の場合，巧みに書かれた文章が，画家の創造的な解釈と融合して読み手を絵本の最後まで導きます。絵本のつぎのページをめくる直前に，読み手の目が見開きの右ページの下へと流れ着くように，画家はイメージを配置して物語を進めます。

注釈2（p.324参照）　Beaumont（2005）の *I Ain't Gonna Paint No More!* [2] には，読み手を，はっとさせるような色彩鮮やかなイラストが描かれています。そして，本文中にはリズミカルな文が繰り返し登場し，子どもたちを虜（とりこ）にします。これは，ある男の子が「もう絵は描かないよ，もうね（I ain't gonna paint no more, no more.)」と歌いながら，自分の体の部分に，つぎからつぎへと絵具を塗り続け，最後に絵具がなくなってどこにも描けなくなる，というストーリーです。幼稚園児はこの本の絵で，体の部位と体とは何かについて学ぶことができます。Julie Durango（2006）の *Cha Cha Chimps* は，幼稚園児から 1 年生向きの絵本です。この絵本は，Deep in the forest in the dim moonlight / ten little chimps sneak out for the night / wearing shiny shoes and their boogie woogie pants / they go to Mambo Jamba's where they dance, dance, dance（薄暗い月夜の夜，ジャングル奥深く / 10 匹の小さなチンパンジーが闇にまぎれてそっと出てきた / ピカピカの靴とブギウギ踊りのズボンをはいて / ディスコ Mambo Jamba に行って，踊りまくる）という文章で始まります。チンパンジーが，3 匹の豚のバンドと一緒に踊ったり，カバが，ホーキー・ポーキーダンス（hokey-pokey）[3] を踊ったり，ミーアキャットが，ラテンのビートに合わせてマカレナダンス* を踊っている絵のページが出てくると，生徒たちが絵本の前に駆け寄ってきます。同じく Durango（2010）の *Go, Go Gorillas* という副教材は，first, second, third といった序数詞を tenth まで扱っています。

注釈 3（p.324 参照）

＊ スペイン人のデュオ，ロス・デル・リオが歌う『恋のマカレナ』に合わせたダンス。

　年齢が上がると，ビューイングは，異なる方向へ向かうようになります。絵本や絵画などのイメージ以外にも，YouTube で見ることのできる大量の動画クリップを，クラス全員で行うビューイング活動で活用することが可能です。中学年生たち，なかでも，マーチングバンドに所属している生徒たちは，OK Go Band* の "This Too Shall Pass" というタイトルの YouTube 動画が大好きです（YouTube OK Go This Too Shall Pass で検索する）。クラスを 3 人ずつのグループに分け，動画を再生します。再生が終わったら，グループごとに動画のさまざまな場面（たとえば，ビデオの冒頭にさびしそうに登場する 4 人のメンバー，楽器を演奏しながら突然飛び起きる「草人間たち（grass people）」，let it go, this too shall pass（だいじょうぶ，これもいずれ終わる）と歌うバンド，リボンを手にした子どもたちと一緒に，みんなでいくつもの輪になって行う行進の意味を考えます。生徒たちは，愉快な動画をさまざまに解釈し，活発に意見の交換をします。

＊ シカゴ出身の 4 人組ロックバンド。

コンセプト・ミューラリング

　子どもたちは，私たちが生活する世界をつねに視覚的に意識していて，自分自身が認識できるイメージに引きつけられるものです。「コンセプト・ミューラリング（concept muraling）」[4] とは，教材を視覚的に提示して，直接指導する方法です。教師は，単純なイラストを用いて，教科内容の全般の流れをビジュアル・プレゼンテーションの形式で，口頭によって説明します。「スキャフォールディング（scaffolding）」* としてであれば，コンセプト・ミューラリングを，内容教科のテキストの理解に欠かせない基本的な概念を提示するために使うこともできます。普通とは異なっている生徒や学習障がいがある生徒たちには，ほかの学習へと跳躍する土台になります。コンセプト・ミューラリングでは，教科書中に現れる学習項目について，全体的な理解が進むよう，単純化されたイラストを提示します。脳は 1 枚の絵全

注釈 4（p.324 参照）

＊「足場かけ」とも訳出される。子どもの学習状況に応じてできないところを補う教師からの支援（第 1 章 p.7「最近接発達領域」の節参照）。

体を，1つのパターンとして認識するので，絵を使うと，単純に教科書を読んだり聞いたりするだけの場合と比べて，より直接的に意味の把握ができます。外国語として英語を学んでいたり，リーディングが苦手であったり学習障がいがあったりしても，絵の意味を理解し，内容を吸収できます（Farris and Downey, 2004）。

　コンセプト・ミューラリングを開始する前に，教師は，まず，内容教科の教材に目を通し，視覚的に提示する重要な概念を選び出します。その際，州が設定する学習基準とともに，学区の作成する具体的な到達目標にも配慮しなければなりません。教科書（たとえば，理科や社会科）に書かれていることを読み，重要な概念を6から8つに絞り込みます。つぎに，1つの概念について1枚ずつ，オーバーヘッド・プロジェクターで投影できるような簡単な視覚教材を作ります。作成した教材は，論理的に連続するように配置します。たとえば，Abraham Lincoln（アブラハム・リンカーン）に関するコンセプト・ミューラルでは，まず，リンカーンが十分公教育を受けていないにもかかわらず，学習への情熱を持っていたことを示す，本の中の絵を用意します。つぎに，アメリカの農家によくある，太い丸太を割って作った横木を組み合わせたフェンス（split rail fence）の絵を用いて，農家の出であることを示します。3枚目には，弁護士であったことを示す机の絵を用意するというようなことが可能です。このほか，大統領選挙の対立候補であったStephen Douglasとの討論のイラスト，奴隷の絵，南北戦争時の兵士のイラスト，大統領となったリンカーンの肖像画，暗殺の現場となったFord's Theatre（フォード劇場）とだけ書かれた看板，などもよいでしょう。絵が集まったら，教師はそれらを効果的に演出します。オーバーヘッド・プロジェクター用の透明フィルムは，まず左上の角を起点とし，左から右か下へ進み，最後には，右下の角へと視線が流れるように使います。イラストを指示棒で示しながら，1つのイラストについて，最大3つまでの重要なポイントを指摘して，つぎのイラストに進みます。生徒になじみのない用語は，透明フィルムに直接書いて授業で説明します。こうすれば，視覚と聴覚の両面からクラスで共有できることになります。詳細な情報がありすぎると，生徒の注意が削がれてしまう傾向があるので，絵はなるべく単純化します。プレゼンテーションにかかる時間は，学習する概念の難易度に応じて，3分と短い時もあれば30分にも及ぶことがあります。（囲み記事7.1は，理科の授業でのコンセプト・ミューラルと，関連する教師の口頭による説明の例です。）

記事7.1	ミニレッスン：「ウミガメ」をコンセプト・ミューラリングで学習する

　コンセプト・ミューラリングを行うためには，まず，教師は，レッスンやユニットの学習目標を確認し，生徒の読むテキストをスキミングして読み，学習項目の要約を作成します。つぎに，オーバーヘッド用の透明フィルムや，パワーポイントのスライド，説明のための表やグラフなどの上に，学習項目と関連するように，絵やクリップアートを載せたり，簡単な絵を自分で描いたりします。最後に，1つの絵に対して最大3つまでの学習事項を説明する原稿を書きます。最終的に，絵の数は，幼稚園児であれば4枚，中学年の生徒であれば8枚までとします。説明文中には，登場する新しい語彙をメモしておきます。授業では，絵を，1枚1枚指し示しながら口頭で解説します。

口頭での説明が終わったあと，新しい語彙をそれぞれの絵の隣に書き加え，教師が指し示す語句を，生徒全員で発音します。

「ウミガメ」を学習するコンセプト・ミューラル（小学校2～3年生向き）

（注意：提示する絵は，思考がページの上部から下部へと蛇行しながら流れるように，左上部から右の隅のコーナーへ配置します。教師は，それぞれの絵を指し示したあとに，関連する概念の説明をします。）

説明用の原稿
絵1：大人のウミガメ
1. ウミガメは，暖かい海に生きる爬虫類です。
2. ウミガメは強い「水かき（flipper）」があり，力強く，速く泳ぎます。
   a. 時速30km以上で泳げるウミガメもいます。
   b. 人間より4倍速く泳げます。
3. 8種類のウミガメがいます（教師は両手を高く挙げ，10本の指を動かしてから，右手と左手の親指を折って8を示し，生徒にも同じことをさせる）。
   a. もっとも大きなウミガメは「オサガメ（leatherback）」で（と言いながら「オサガメ」と透明フィルムや絵の上に文字を書き加える），400kg以上もの体重があります。
   b. もっとも小さいのは「ヒメウミガメ（ridley）」です（「ヒメウミガメ」と書き加える）。
      i. 体長 約60cm
      ii. 体重 約50kg
   c. アカウミガメ（loggerhead）は大西洋岸に現れます。

           i. 体長 1 m～1.5 m
           ii. 体重 約 170 kg
絵2：ウミガメの頭
1. ウミガメは，音を聞いたり，匂いを嗅いだり，ものを見たりする感覚がすぐれています。
    a. 耳は目の裏側にあります。
    b. 鼻の穴から匂いを嗅ぎます。
    c. 水中でも遠くまで見通せます。
2. ウミガメは涙を流して，目に溜まった海水の塩分を取り除きます。
3. ほかの種類のカメは，身を守るために頭と足を甲羅の中にしまえますが，ウミガメはできません。
4. ウミガメは，海藻をアゴで引きちぎり，塊のまま飲み込みます。
絵3：ウミガメの甲羅（shell）
1. ウミガメは固い甲羅で身を守っています。
    a. 甲羅の背中側は「背甲（carapace）」と呼ばれます（「背甲」と書き，一斉に音読させる）。
       i. 甲羅は「甲（scute）」と呼ばれる大きなウロコでできていて，パズルのピースのように見えます（「甲」と書き，一斉に音読させる）。
    b. 甲羅のおなか側は「腹甲（plastron）」と呼ばれます（「腹甲」と書き，一斉に音読させる）。
    c. 背甲と腹甲は「橋（bridge）」と呼ばれる部分でつながっています。
絵4：卵室（nest）：ウミガメが砂浜に掘った卵を産み落とす穴
1. メスのウミガメは，2年に1度，晩春から夏にかけて回遊します。
2. メスのウミガメは，自分が生まれた海岸へと帰ります。
    a. この時期を除いて海から陸へ上がってくることはありません。
    b. 砂浜に浅い穴を掘ります。
    c. 約100個の卵を産み，砂をかけます。こうして一度に生まれた卵を「一腹卵（clutch）」と呼びます（「一腹卵」と書き，一斉に音読させる）。
絵5：ウミガメの卵の孵化
1. 産み落とされてから2ヶ月後，卵は孵化します。
2. 赤ちゃんウミガメは，ニワトリやアヒルのひよこと同じように，卵歯（egg tooth）と呼ばれる歯を用いて（「卵歯」と書き，一斉に音読させる），卵の殻を突き破って出てきます。
絵6：赤ちゃんウミガメ
1. まだ夜が暗いうちに，赤ちゃんウミガメは水かきを使って海へと這って行きます。
2. 月の光の反射で，海上のほうが陸上よりも空が明るくなります。赤ちゃんウミガメは，このことを利用して海の方向を見つけます。
Gibbons, G. (1995). *Sea Turtles*. New York: Holiday House. を参考にして作成。

　　　イラストの提示がひと通り終わったら，教師はオーバーヘッド・プロジェクターから透明フィルムを取り除きます（パワーポイントの場合には，ファイルを閉じ，黒板に図表を張り付けている場合には裏返しにします）。何もない状態で，最初の絵のあった場所を指さし，そこにはどんな絵があったかを一人の生徒に尋ねます。その後，クラス全体でその絵の情報を出し合います。この手順を，2番目の絵，3番目の絵のように，1つずつ，最後の絵に到達するまで繰り返します。すべて終わったら，再び，プロジェクターに透明フィルムを置き，もう1度イラストと関連する語彙を見て確認します（Farris and Downey, 2004）。

　　　つぎに，生徒たちはグループに分かれ，コンセプト・ミューラリングの記録の作成作業に入ります。初めに，一人ひとりの生徒が，ノートを使って絵を描き，語句を加えて自分自身のコンセプト・ミュールを作成します。つぎに，教科書の関連する章を読みます。通常のリーディング活動の時と同じように，見出し，教科書中の図，テキストのいくつかの節などについて話し合います。その後，関連する小説を読んだり，追加調査をしてレポートにま

＊ ホームページの形で，提供されるタスク活動をアーカイブしたサイト（http://WebQuest.org/）。

とめたり，WebQuest＊で関連タスクを完成させたりします。学習単元の最後で，教師は，もう１度コンセプト・ミューラルの透明フィルムを提示し，学習する前に持っていた知識と，リーディングやそのほかの課題を通じて新たに得た追加情報について生徒に発言させます。

Sea Turtle WebQuest

Introduction
Task
Process
Evaluation
Conclusion
Teacher
Credits

Save the Sea Turtles!

The beaches in Daytona Beach, Florida are visited by a variety of endangered sea turtles every night from May until the end of October each year. These huge turtles come ashore to lay their eggs in the sand but now face many obstacles when trying to reproduce. If they can make it through the traffic on the beach, they lay their eggs before heading back to the ocean. For thousands of years the glow of the moonlight on the water told the turtles which direction to go to find the sea but now the lights from the condos, hotels and homes confuse the turtles causing them to go in the wrong direction ending up on the street.

Use the navigation menu to the left to move between the pages of the webquest. Clicking in the "Sea Turtle WebQuest" title on each page will return you to this page.

ウミガメの保存に関する WebQuest
(http://edtech2.boisestate.edu/fordk/502/webquest.html)

　コンセプト・ミューラリングは，幼稚園児のような幼い子どもたちにも使える指導法です。そのような場合には，犬，クジラ，ウサギといった動物を解説した本から４枚の単純なイラストを選んで使う，というようなことが考えられます。コンセプト・ミューラリングを行ったあと，その日のうちに本の読み聞かせを行います。翌日，作成したコンセプト・ミューラルを用いて，前日の学習を復習します。そして週の後半で，コンセプト・ミューラルを用いて手短に復習したあと，再び読み聞かせます。

　学習障がいを持つ中学生や，英語を外国語として学ぶ中学生の場合には，１つの章全体ではなく，章を小分けにしてコンセプト・ミューラルを作れば，より簡単に効率よく理解でき，量に圧倒されずに済みます。この進め方を経験すると，このような生徒たちでも，コンセプト・ミューラリングによって，クラス全体に声に出して情報が伝えられるようになります。それは，コンセプト・ミューラリングで，部分がどのような構造を持って組織化されるかがわかるからです。

ビジュアル・プレゼンテーション

＊ 文学作品をグループ単位で読み，討論する活動（第４章 p.166 参照）。

　生徒たちは，定期的に学習を記録するジャーナル（journal）に読んだ本の感想を書いたり，文学サークル（literature circle）＊に参加したり，教科書のユニットを学習したりする，さまざまな学習活動の中で学んだ情報をクラス全体に伝えるために，視覚的な情報を含んだ文章（visual texts，ビジュアル・テキスト）を，自分で作成し，その過程で意味を獲得していきます。ビジュアル・テキストには，イラスト，フローチャート，ポスター，ス

注釈5（p.324参照）　トーリー・キルト[5]，イラストとさまざまな文章を組み合わせたスライドショー，ビデオ，あるいは，コンピュータソフトを用いて作成したハイパーテキストなどがあります。

　「ビジュアル・プレゼンテーション」は，学んだことを創造的に発表する手段を格段に増やします。たとえば，あるグループは，共通に読む本を1冊決めて，物語の重要な場面をいくつか選び，手分けして絵を描き，全体で大きな1枚の壁画になるように絵を並べてビジュアル・プレゼンテーションをします。別のグループは，本文中の会話を用いて漫画[6]を作ります。3番目のグループは，大きなポスター用紙をYの字の形に3分割し，それぞれの領域に，登場人物，物語，場面設定のようにテーマを設定したYチャート（Y chart）を作ります。その後，グループのメンバーがそれぞれ，Yチャートの3つの領域に関連する事柄を記入します。4番目のグループは，登場人物を視覚的に表現します*。グループ全体で，登場人物の頭部の絵を描き，首の部分にその人の名前を記入し絵を切り抜いておきます。マニラ紙*の半分に，登場人物の考えを吹き出しに入れて書いたり，物語に出てくる対話部分を引用符に入れて書いたりします。もう半分には，登場人物のおでこからあごまでの顔の部分を描きます。その後，頭部の絵を画びょうで掲示板に留めます。担当グループ以外の生徒は，登場人物の部分的な顔を見ながらその人の考えや言ったことばを読みます。

注釈6（p.324参照）

* 登場人物マップ（character map）。第4章 p.190参照。
* マニラ麻を用いて作成した包装用のじょうぶな紙。

ストーリー・キルト

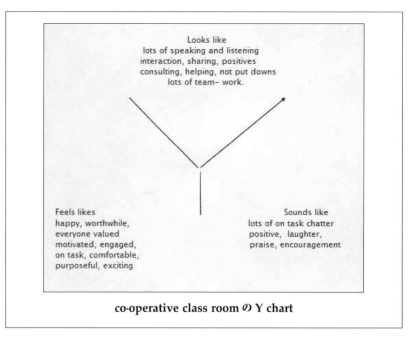

co-operative class room の Y chart

　学習した概念をビジュアル・プレゼンテーションで表現する方法を用いると，生徒は，自分たちの知識や理解したことを，やる気を起こしてみずから進んで発表するようになるでしょう。筆記試験の代わりに，効率よくアセスメントする方法にもなります。

スケッチしてストレッチ

　テキストの一部を読んだあと，重要なポイントを思い出すために絵を描かせると，生徒の視覚的な解釈を通して理解が深まります。この活動は「スケッチしてストレッチ（sketch to stretch）」*(Seigel, 1984) と呼ばれます。物語，詩，情報を伝えるテキストなどを読んだあと，生徒は，指定された時間内で絵を描きます。読みながら考えたことや，おもしろかった部分や学んだことなどを絵にします。生徒が絵を描いている間，教師も生徒と同じように，ホワイトボードや模造紙，書画カメラ（document camera）上の紙などにスケッチを描きます。細かなところまで描ききる必要はありませんが，単純な絵は描ける程度の時間を与えます。

　「スケッチしてストレッチ」は，読んだものについてクラス全体で討論する前に，まずは絵を描かせることによって，そこに書かれた事柄を明らかにしようとしたり，振り返ったりするとともに，登場人物の関係性を考える機会を与える活動です。生徒同士で絵を見せ合う時に，何を描いたのか，その絵が，なぜ，また，どのように文章と関係するのかを説明します。したがって，会話はしだいに豊かになり，深まっていきます。グループ内のメンバーたちは，多様な視覚的解釈をするので，視覚的表現方法のレパートリーもおのずと拡がっていきます。最初に描いた絵の描きなおしをすることもよくあります。「スケッチしてストレッチ」によって，生徒がテキストを基にして行う討論の質と理解のレベルは，短い時間で着実に向上します（Hoyt,

---

* ここでの stretch は「がんばって理解を広げる」のようなニュアンスから，「主体的な学習を行う」ことを意味する。

1992)。

「スケッチしてストレッチ」は，読み聞かせをしてから始めるのが最適です。Berne（2008）による *Manfish: A Story of Jacques Cousteau* のプロローグを見てみましょう。Jacques Cousteau（ジャック・クストー）は，潜水用呼吸装置（SCUBA[7]，スキューバ）を発明したフランスの海洋学者で，熱心な海洋の保護活動家として有名です。「さあ，目を閉じて思い浮かべてください。いま，大海原に浮かんだ船の上にいます。波が穏やかな音を立てて船にぶつかります。潜水服を着た一人の男の人が，青い海へと飛び込みます」と言ってから，次のプロローグを読み聞かせます。

注釈7（p.324 参照）

> 何も聞こえない海の中を，泡が立ち上がってきます。銀色に輝く光の玉は人の息です。深く，深く，潜り続けると，見知らぬ海の大地がきらめいています。そこでは海藻がゆっくりとゆれ，美しい生き物が息づいています。魚となった人が泳いで，未知の領域へと潜り，海底の世界を探検します。そこには，誰も見たことのない，想像すらしなかった世界が広がります。(Berne, 2008)

読み聞かせのあと，生徒に心に浮かんだイメージを絵に描かせます。この時，教師も同じように絵を描きます。絵を描き終わったら，4人1組でグループを作り，グループ内で描いた絵を見せ合い，絵が何を表しているか説明します。その後，教師が上の文章を再び読み聞かせ，教師が描いた絵をクラスに見せます。心に浮かんだイメージが，どのようなものであり，どうしてそのようなイメージが浮かんだのかについて，生徒に自由に発表させます。

ビューイングとビジュアル・プレゼンテーションは，地図，絵画，図，表などを用いて行われます。写真では，二人の男子生徒が，南北戦争の戦術について当時の地図を用いて学習しています。

視覚的作品

「視覚的作品（visual arts）」を，リーディング活動やライティング活動に組み入れると，認知面のみならず，情緒面での学習効果があります。教師は，学習している間にさまざまな相互作用が起きるようにして，生徒が多様なリテラシー活動に取り組めるようにします。Linda Hoyt（1992）は，リテラシーの指導における視覚的作品の重要性を主張しています。Hoyt には「文章を書いたり，声に出してことばを話したりすることが苦手な子どもでも，学習体験に焦点を当てて美術的に表現させると，自分の考えをまとめたり，より伝統的な表現方法を繰り返し練習できるようになる」（p.267）と

いう強い思い入れがあります。Hoytは，生徒が，絵を描く，色を塗る，粘土をこねて形にする，コンピュータで絵を描くなどのさまざまな視覚的な創造活動を行うことで，文学的な内容とでき上がった作品とが結び付きやすくなる，と主張しています。この時，子どもは自分なりの解釈をするので「視覚的に新しい情報を理解しようとして，大量のことばが一挙にわき上がって」くるとも言っています（p.269）。

六角柱をモビール（six-side box mobile）にすると，リテラシー学習の一助となります。6つの側面の5つに，それぞれ，主人公・人物解説，物語の流れ，場面設定，テーマ，作者のスタイルという本の5つの要素を記し，6つめの面に本のタイトルと著者名を書き，生徒が見えるように天井から吊るします。画家のモネに関する本を読んだあとで，水彩絵の具と色付きのティッシュペーパーを組み合わせてイメージを作ったり，粘土で恐竜を作ったりすると，読み手の解釈が豊かになり理解が深まります。このような学習活動は，生徒にきちんと課題に取り組ませれば，あまり時間がかかることもなく，リテラシーの学習に別な要素を付加することになります。

グラフィック・オーガナイザー

* 第1章 p.4 参照。

「グラフィック・オーガナイザー（graphic organizer）」*を用いて，ビジュアル・プレゼンテーションさせる時に生徒が作るイメージは，内容理解と語彙習得を促進させます。グラフィック・オーガナイザーとコンセプト・ミューラリングは，概念の発達の助けとなるという点で似ています。どちらも，リーディングの前，最中，後のどこでも用いることができます。しかし，学習を導入する際の解説や，生徒の関心を学習トピックに引きつけるための質問は，グラフィック・オーガナイザーならではのものです。

生徒は，自分の頭の中で知識をまとめるのと同じように，情報を提示します。意味が生まれるには，子どもにとって新しい情報と，すでに持っている知識とが結び付かなければなりません。グラフィック・オーガナイザーは，既習事項を用いて新出事項を説明し，両者を統合し関連付けるものなので，生徒は主体的に学習しなければなりません（Joyce and Weil, 1986）。

* 第2章 p.48 および第4章 p.182 参照。

物語や本の主な出来事を，初めから終わりまで絵で描いた単純なストーリー・マップ*も，グラフィック・オーガナイザーと言えます。幼稚園から小学校2年生の生徒の場合には，絵本から，始まり・中・終わりの3つの場面の絵を描かせるだけのこともあります。3年生以降の生徒には，中学年生を対象としたリーダーや小説の中から，重要な場面の絵を，4つから8つまでの範囲で描かせます。2つの円が重なるベン図*もグラフィック・オーガ

* 第1章 p.23 および第4章 p.185 参照。

ナイザーの一種です。それぞれの円が，他方にはない固有の要素を，重なる部分が両方に共通の要素を表します。教室では2個のフラフープを用いて，概念を具体的に伝えるようにします。クモの巣の形に似た「ウェッブ

* 第2章 p.46 参照。

（web）」*もグラフィック・オーガナイザーです。中央のクモの胴体の部分にトピックを書き，そこからクモの脚のように関連する学習事項を線でつないで広げます（図表7.1, 7.2, 7.3参照）。次ページ以下の，具体的な例とその解説を見てください。

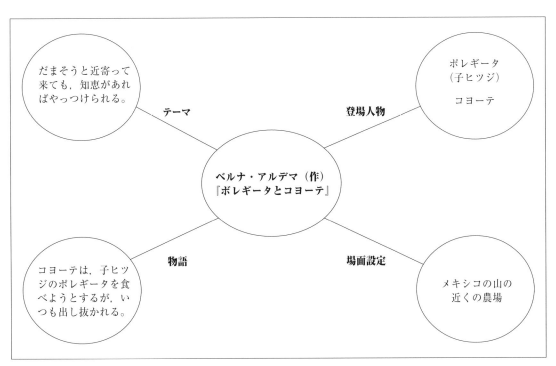

図表7.1：絵本 Borreguita and the Coyote（ボレギータとコヨーテ）を用いた「スポークウィール図（spoke wheel，車輪）」。スポークウィール図は，1つの項目や，一人の登場人物のことをまとめる際に用いられます。円と円をつなぐ線（spoke，スポーク）は重要な見出しや分類を示します。（Aardema, V. (1991). *Borreguita and the Coyote* (Petra Matthews, Illus.). New York: Knopf.）

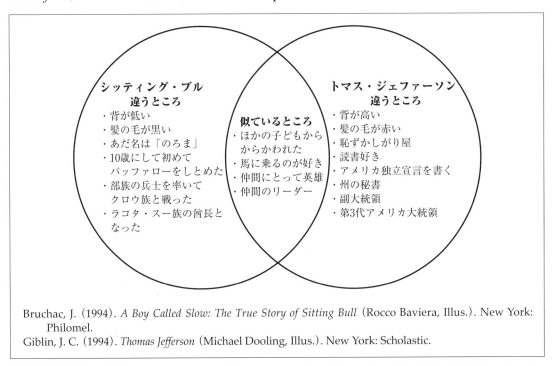

Bruchac, J. (1994). *A Boy Called Slow: The True Story of Sitting Bull* (Rocco Baviera, Illus.). New York: Philomel.

Giblin, J. C. (1994). *Thomas Jefferson* (Michael Dooling, Illus.). New York: Scholastic.

図表7.2：アメリカ先住民（インディアン）酋長のシッティング・ブルと，第3代アメリカ大統領のトマス・ジェファーソンに関するベン図。

第7章　ビューイングとビジュアル・プレゼンテーション：多面的モダリティとランゲージアーツ　315

図表7.2のベン図では，部分的に重なる円を用いて，2つの項目や人物の異なる点と，似ている点を明らかにします。1年生には，2つのフラフープを，教室の床に部分的に重ねて示すとわかりやすくなります。その場合，2つの項目の違いや共通点を書いた厚紙を，フラフープの3つの領域のそれぞれに置いていきます。

『父さんの納屋』（原題：*The Barn*）
Avi（著），谷口 由美子（翻訳）
偕成社，1997年

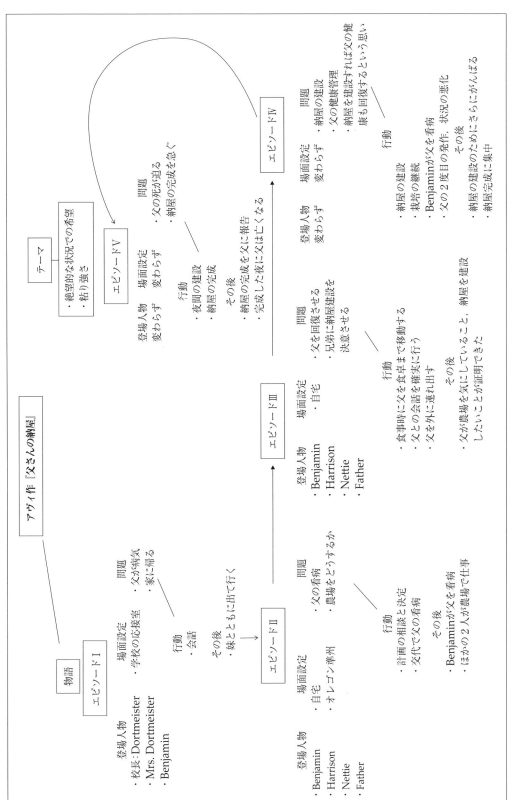

図表7.3：*The Barn*（邦題：父さんの納屋）のプロット・オーガナイザー．（プロット・オーガナイザーは，物語中の主なエピソードと登場人物，場面設定，問題とそれを解決する行動，行動のあとどうなったか，などを表します．絵本の場合，エピソードが1つしかないこともありますが，小説には，ふつう，複数のエピソードがあります．（Avi. (1994). *The Barn*. New York: Orchard Books/Richard Jackson.））

第7章　ビューイングとビジュアル・プレゼンテーション：多面的モダリティとランゲージアーツ　317

グラフィック・ノベル

注釈8（p.324参照）　「コミック（comic book）」[8]は，従来，低俗な読み物として軽んじられてきました。今日，コミックから派生した「グラフィック・ノベル（graphic novel）」は，売れ行きのよい，もっともホットなジャンルの1つです。学校の図書館でグラフィック・ノベルを置けば，すぐに貸出中になります。グラフィック・ノベルでは，登場人物の台詞が書かれた「吹き出し」から，誰が話をしているかが視覚的に明白で，会話がわかりやすくなっているので，学習が遅れ気味な生徒や英語を外国語とする生徒にはとても役に立ちます。顔の表情も生徒の解釈を助けます。

　Spiegelman（1986）の Maus: A Survivor's Tale（邦題：マウス──アウシュヴィッツを生きのびた父親の物語，および，マウスⅡ アウシュヴィッツを生きのびた父親の物語）は，第二次世界大戦中のヒトラーの人種差別を，ネズミを用いて描いた作品です。なかでも，英語を外国語として学ぶ中学生がこの本を読むと，視覚的に描かれた人種差別がこれまでの自身の体験と重なり合い，深い感動をもたらします。

『マウス──アウシュヴィッツを
生きのびた父親の物語』
（原題：*Maus I: A Survivor's Tale:
My Father Bleeds History*）
Art Spiegelman（著），小野 耕世（翻訳）
晶文社，1991年

『マウスⅡ アウシュヴィッツを
生きのびた父親の物語』
（原題：*Maus II: A Survivor's Tale:
My Father Bleeds History*）
Art Spiegelman（著），小野 耕世（翻訳）
晶文社，1994年

　こうしたテキストの持つ多面的モダリティが，多くの教室に見られる，民族や人種の多様なアイデンティティを反映した興味深い内容と結び付くと，生徒のこれまでにない深いリーディング活動につながります。英語を外国語として学ぶ生徒のリーディング活動が，グラフィック・ノベルを通じて活性化すると，重要な社会ネットワークへの参加と，そこで生きるための予備的な訓練が促され，通常クラスにおいて，学業上成功するすチャンスが拡がります。（Chun, 2009, p. 145）

ビジュアル・リテラシー

注釈9（p.324参照）　「ビジュアル・リテラシー（visual literacy）」[9]は，情緒，構成，批判という3つの分野から成り立っています。説明しやすいのは「情緒的リテラシ

ー（affective literacy）」です。Sendak（1964）の *Where the Wild Things Are*（邦題：かいじゅうたちのいるところ）に登場する怪獣たちを，子どもたちは「愛らしい」と感じ，「怖い」とは感じません。主人公の Max が支配する，9つの文からなるこの絵本の中の怪獣は，体は大きいものの，間が抜けていてかわいらしいものばかりです。Sendak の描いた物語は，「批判的リテラシー（critical literacy）」にもつながります。イラストレーターの Sendak は，小さな枠の中に絵を描いて絵本を始めます。その後，しだいに枠は大きくなり，怪獣たちの大騒ぎが見開き 2 ページいっぱいに拡がります。物語の終わりで，Max が無事冒険から家に戻った時には，再び小さな枠の絵へと戻ります。「批判的リテラシー」は，子どもたちが，物語と絵をどのように解釈するかということと関連します。なぜ Max は，自分がリーダーだと宣言したのでしょうか？ 船の大きさが，小さすぎるのはなぜでしょうか？ 絵本の作者は Max を無事に家へ戻らせましたが，なぜ，お母さんの腕の中へではなく，自分の寝室へと戻らせたのでしょうか？

『かいじゅうたちのいるところ』
（原題：*Where the Wild Things Are*）
Maurice Sendak（著），
じんぐう てるお（翻訳）
冨山房，1975 年

『絵本の絵を読む』
（原題：*Looking at Pictures in Picture Books*）
Jane Doonan（著），正置 友子，灰島 かり，
川端 有子（翻訳）
玉川大学出版局，2013 年

「情緒的リテラシー」は，子どもたちが，描かれているとおりにイメージを楽しんでいるかということと関連します。生徒は，絵について自分の意見を述べる，顔の表情で表す，ジェスチャーを使うなどといったやり方で，楽しい気持ちをさまざまに表現できます。ペアのパートナーと，時間をかけて，特定の絵や写真についてじっくり話し合うこともできます。Barnard（2001）は，生徒たちが自分の過去の体験や，好き嫌いを，さまざまに表現しながら，イメージに対する個人的な解釈を伝えることも「情緒的リテラシー」となる，としています。

「構成的リテラシー（compositional literacy）」は，イメージが 1 つの美術の形としてどのように現れているかに関連します（Unsworth, 2001）。教師は，美術や美術鑑賞に関連するメタ言語に精通していなければなりません。色，輪郭，軌跡，レイアウト，登場人物の行動，ショットの長さ（shot length）＊，アングル，目線（gaze）＊のような用語を，生徒に対して使う必要があるからです。たとえば，シリアルの外箱をいくつか用意して，印刷された絵を生徒に見せます。箱に描かれた人物は，多くの場合，どのアングル

＊「ショットの長さ」は，同じ場面が継続する時間。映像に関連する用語。
＊「目線」は，人物がどのように物や人を見る視線の方向を表す。

から見ても絵を見ている人を見つめているように見えます。この目線によって，スーパーのカートに乗った小さな子どもは，外箱のマンガのキャラクターの「アイコンタクト」に引きつけられてしまいます。このようなシリアルには，ふつう，砂糖が大量に含まれています。

「批判的リテラシー」は，テキストとイメージが合わさったものを，社会的視点から批判的に理解することに関連します。小さな子どもたちは，「ここにもう1つ絵がほしいな」とか，「ここはちょっと変えてほしいな」といったことを，絵本作家に言いたくなるかもしれまん。しかし，年齢が進むと，生徒の考え方は少し大人びてきて，テキストとイメージを1歩下がったところからながめ，どうしてテキストとイメージの，その場面での組み合わせ方が，特定の感情を引き起こすのかを説明できるようになります（Anstey and Bull, 2006）。シリアルの外箱の例について言えば，5年生になると，小さな子どもたちが親に買ってくれとせがみたくなるほどに，子どもたちにアピールする絵が描かれていることが，すぐにわかるようになります。

アセスメント

教師による，多面的モダリティ指導のアセスメント（assessment）は，以下の基本的な原則を考慮に入れて行います。望ましい指導はつぎのようなものです。

- オーセンティックな学習体験の一部として組み込まれている。
- 継続的評価，形成的評価，総括的評価を含んでいる。
- 生徒たちに，視覚的多面的モダリティを持つ，テキストの学習の手順（テキストを見て，熟考するための時間配分も含む）だけでなく，自分たちの持つスキルや概念的知識を見せるさまざまな方法を提供している。
- 絵本，情報提供系の本，電子テキスト，生徒が自分で作った文章などの，オーセンティックなテキストを用いている。
- 視覚的要素と文字要素の相互作用とともに，視覚的テキストの情緒，構成，批判の3側面をきちんと考慮している。
- 授業で見て，討論したテキストに対する反応として，生徒が作った作品（線画，絵画，マルチメディア作品など）を含んでいる。
- 生徒の話しや理解が，視覚の具体的な領域に焦点を当てて行われるように，絞り込んだ学習活動を提供している。
- アセスメントの一部として，生徒がメタ言語を使用しているかを考慮している。

(Callow, 2008, p. 619)

アセスメントすべき視覚特性と関連するメタ言語	テキストとイラストへの生徒の取り組みを観察します。 ・読みながら絵やイラストを見る。 ・絵やイラストについて意見を述べる。 ・絵やイラストについて，肯定または否定の情緒的な意見を述べる。 ・より深く考察するため，前に出てきた絵やイラストに戻る。 ・楽しそうに，リーディングとビューイングの活動に取り組む。
アセスメントのための教師からの質問や発言	読む前： ・「本の表紙をよく見てごらん。これは何の本なんだろうね？」 本を読み始める： ・「これはおもしろそうな表紙だね。それじゃちょっと物語を読んでみよう。これから何が起きるだろう？」 　（注意：本の冒頭部分を少しだけ読み聞かせるか，生徒に読ませるかしてから，同じ生徒に，さらに2回その部分を読ませます） 読み終わったあとで： ・「本当に気に入った絵はどれ？　どうしてその絵なの？」 ・「嫌いな絵はどれ？　どうして嫌いなの？」 読んでいる途中で： ・「この絵では何が起きているかな？」
活動の評価基準 （幼稚園児〜2年生）	・自分の好きな絵，嫌いな絵を，本やマルチメディアから見つけられる。 物語文： ・絵を用いて，主人公と物語の流れを説明できる。 ・挨拶などの社会的なかかわり合いを説明できる。 情報提供系のテキスト： ・絵を用いて，テキスト中で解説されている概念を説明できる。
活動の評価基準 （3年生〜4年生）	・テキストやメディア中で見つけたお気に入りの絵について，好きな理由を周りが納得できるように説明できる。 ・テキストやメディア中で見つけた嫌いな絵について，嫌いな理由を説明できる。 ・登場人物が主人公に対して，近い存在なのか，遠い存在なのかを説明できる。
活動の評価基準 （5年生〜中学2年生）	・テキストやメディア中の絵やイラストが，なぜ，人の心を捉えるのかを考え，どのような特徴を持っているかを見きわめる。 ・ある絵やイラストが，なぜ自分の心にはアピールするものの，ほかの人にはあまりアピールしないかを説明できる。 ・絵やイラストについて，アップ，ロングなどの距離（shot distance）[10]と，その意義について説明できる。 ・色，輪郭，アングル，線の軌跡を，イラストレーターがどのように用いているかを説明できる。

注釈10
(p.324参照)

図表7.4：多面的モダリティ指導を展開する方法

本章で学んだこと

　ビューイングとビジュアル・プレゼンテーションは，1996年に追加されたスキルですが，ランゲージアーツの中でもっとも新しく導入されたものです。このようなスキルが加わったこと自体，社会が多面的モダリティを帯びてきたことを反映しています。生徒がテキストを，深く，広く理解するには，個々のカリキュラムを超えて，ビューイングとビジュアル・プレゼンテーションを取り入れることが大事なことです。

答えられますか？

1. 自分が教わったことのある先生は，どのようにビジュアル・リテラシーを自分の指導に取り入れていましたか？
2. 教師は，自分がやるリテラシー指導に多面的モダリティを取り入れるタイミングを，どのように正当化できますか？
3. ビューイングとビジュアル・プレゼンテーションとは，どのように異なりますか？

振り返りをしましょう

注釈11（p.324参照）　Scieszka（1999）による名作 The True Story of the 3 Little Pigs[11] や，Teague（2002）の Dear Mrs. Larue を用いて，「スケッチしてストレッチ」の活動をしましょう。描いた絵と，絵の意味することを同僚の教師二人に説明してみましょう。どの要素が一番重要でしたか？　どのような考えが思い浮かびましたか？　それはなぜでしょうか？

やってみましょう

1. グラフィック・ノベルを1冊読み，掲載されているイメージについて，自分の考えをまとめてください。
2. 子ども向け絵本の優秀作品に与えられるコルデコット賞（Caldecott Medal）を受賞した絵本と，それより質の劣る絵本を比べましょう。色，線，アングルなどの視点から分析して，傑出した絵本と，普通の絵本の違いを生み出している要因は何だと考えますか？
3. 若者向けの小説を5冊書架から取り出し，表紙を比較してみましょう。表紙は年月の経過に伴って変化していますか？　変化している場合には，どのように変化していますか？
4. YouTubeから，小学生や中学生がビジュアル・リテラシーを学習する時に，みんなで一緒に鑑賞できる動画を見つけてみましょう。この動画を同僚にも見てもらい，リテラシー教育に適しているかどうか尋ねてみましょう。

参考文献

Anstey, M. and Bull, G. (2006). *Teaching and Learning Multiliteracies: Changing Times, Changing Literacies*. Newark, DE: International Reading Association.

Barnard, M. (2001). *Approaches to Understanding Visual Culture*. New York: Palgrave.

Callow, J. (2008, May). Show me: Principles for assessing students' visual literacy. *The Reading Teacher, 61* (8), 616-626. doi: 10.1598/RT.61.8.3

Chun, C. W. (2009, October). Critical literacies and graphic novels for English-language learners: Teaching Maus. *Journal of Adolescent & Adult Literacy, 53* (2), 144-153. doi: 10.1598/JAAL.53.2.5

Farris, P. J. and Downey, P. (2004). Concept Muraling: Dropping visual crumbs along the instructional trail. *The Reading Teacher, 58* (4), 376-384. doi: 10.1598/RT.58.4.7.

Flynt, E. and Brozo, W. (2010, March). Visual literacy and the content classroom: A question of now, not when. *The Reading Teacher, 63* (6), 526-528. doi: 10.1598/RT.63.6.11

Hoyt, L. (1992). Many ways of knowing: Using drama, oral interactions, and the visual arts to enhance reading comprehension. *The Reading Teacher, 45*, 263-273.

Jakes, D. (2007). Web 2.0 and the new visual literacy. *Technology and Learning, 29* (9), 29.

Joyce, B. and Weil, M. (Eds.). (1986). *Models of Teaching*. Englewood Cliffs, NJ: Prentice-Hall.

MacArthur Foundation. (2008, November 20). New Study Shows Time Spent Online Important for Teen Development. http://www.macfound.org/site/c.lkLXJ8MQKrH/b.4773437/k.3CE6/New_Study_Shows_Time_Spent_Online_Important_for_Teen_Development.htm (retrieved April 15, 2010).

Seigel, M. (1984). Sketch to stretch. In O. Cochran (Ed.), *Reading, Writing, and Caring* (pp. 178-184). New York: Richard C. Owen.

Unsworth, M. (2001). *Teaching Multiliteracies Across the Curriculum*. Buckingham, Great Britain: Open University.

参考図書

Beaumont, K. (2005). *I Ain't Gonna Paint No More* (D. Catrow, Illus.). New York: Simon & Schuster.

Berne, J. (2008). *Manfish: A Story of Jacques Cousteau* (É. Puybaret, Illus.). San Francisco: Chronicle.

Durango, J. (2006). *Cha Cha Chimps* (E. Taylor, Illus.). New York: Simon & Schuster.

Durango, J. (2010). *Go, Go Gorillas* (E. Taylor, Illus.). New York: Simon & Schuster.

Scieszka, J. (1996). *True Story of the 3 Little Pigs* (*as told by A. Wolf*) (L. Smith, Illus.). New York: Puffin.

Sendak, M. (1964). *Where the Wild Things Are*. New York: HarperCollins.

Spiegelman, A. (1986). *Maus: A Survivor's Tale*. New York: Pantheon.

Teague, M. (2002). *Dear Mrs. Larue: Letters from Obedience School*. New York: Scholastic.

注 釈

1 「多面的モダリティ（multimodality）」は，アイデアを伝える際に，文字，音声，視覚などの多面的なコミュニケーションの様式（モード）を利用すること。認知的な側面に焦点を当てている。マルチメディア（multimedia）との違いについては，第1章注釈3（p.40）を参照のこと。

2 ナーサリーライムや，ラップのような節を付けて歌われる。開いたページは大半が，"I paint my …" で終わり，ページをめくると，head，hand，feet などの体の一部を表す単語とともに，カラフルに着色されたその部分が現れる。

3 マザーグース。"Head, Showlders, Knees and Toes" と同様に，手足や体を歌詞の通りに歌いながら動かすもの。

4 concept（コンセプト）とは，学習すべき項目（概念）のこと。mural は「壁画」。学習項目をイメージ化して提示すること。使われるイメージは「コンセプト・ミューラル（concept mural）」と呼ばれる（第6章 p.288 参照）。

5 物語を読んだあと，物語の重要なシーンや登場人物について，個人またはグループ単位で，約30cm四方の正方形の紙に絵と簡潔な説明文を書き，大型の布（quilt，キルト）に物語の流れに沿って張り付けたもの。

6 ここでの漫画は，comic strip（コミック・ストリップ）と呼ばれ，新聞や雑誌に掲載される連載物を指す。「スヌーピー」シリーズはその代表。

7 SCUBA は，self-contained underwater breathing appratus の略。「アクアラング」は商品名（第4章 p.169 参照）。

8 「コミック（comic book）」は，アメリカにおいて，大人の読者を対象とした，物語が複雑で長いマンガを指す。「グラフィック・ノベル（graphic novel）」は，いわゆる「アメリカン・コミック」のこと。32ページの薄い月刊誌に1つの作品が連載される。

9 絵画や絵本のように，視覚的要素が重要な意義を持つ情報を，正しく理解するための基本的な知識とスキル。Jane Doonan (1993) の *Looking at Pictures in Picture Books*（邦題：絵本の絵を読む）(Timble Press) は，絵本の読み方に関するビジュアル・リテラシーのすぐれた解説書（本章 p.319 参照）。

10 観察者と，絵やイラストに描かれた物との距離。

11 Jon Scieszka による子供向け絵本。『三匹のこぶた』の物語をオオカミの視点から捉えなおした物語（邦題は『三びきのコブタのほんとうの話──A. ウルフ談』，第5章 p.231 参照）。

英・和キーワード対照リスト

もっとも詳しい説明のある本文中の箇所（章番号，ページ）

英	和	章	ページ
academic learning log	学習記録	3章	129
accent	アクセント	5章	224
acrostic poem	折句詩	3章	120
activating prior knowledge	既知の知識の活性化	4章	178
aesthetics reading	耽美読み	4章	168
affective literacy	情緒的リテラシー	7章	319
alliteration	頭韻	3章	118
alternative assessment	代替アセスメント	1章	29
American Library Association: ALA	米国図書館協会	3章	116
analytic holistic evaluation	分析的全体評価	2章	89
anchor chart	アンカーチャート	1章	4
anecdotal record	逸話記録（法）	1章	29
appeal to emotion	感情へのアピール	3章	140
appreciative listening	鑑賞のためのリスニング	6章	277
assessment	アセスメント	1章	29
attentive listening	傾聴型リスニング	6章	279
audience	オーディエンス	2章	55
authentic	オーセンティック	4章	199
Author's Chair	著者の椅子	2章	54
Author's House	著作鑑賞会	2章	54
autobiographical writing	自伝のライティング	3章	131
balanced literacy instruction	バランスを重視するリテラシー指導理論	1章	19
balanced literacy program	バランスを重視するリテラシー・プログラム	4章	159
basal reader	ベイサル・リーダー	4章	158
beginning reader	新米の読み手	5章	219
big book	大判の本	4章	160
biography	伝記	3章	133
body language	身振り言語	5章	254
Book Club	ブッククラブ	4章	189
booklet	ブックレット／小冊子	3章	125
brainstorming	ブレインストーミング	5章	226
cadence	拍	5章	233
ceremonial	儀式	5章	220
chapter book	チャプター・ブック	1章	19

character map	登場人物マップ	4章	190
chunk	チャンク	1章	24
cinquain	五行詩	3章	123
claymation	クレイメーション	5章	262
closed-ended question	選択回答形式の質問	6章	276
cluster map	クラスター・マップ／マッピング	2章	48
code switching	コード・スイッチング	5章	221
collaborative strategic reading: CSR	協働的ストラテジーによるリーディング	4章	179
comic book	コミック	7章	318
comic strip	漫画	7章	311
compositional literacy	構成的リテラシー	7章	319
comprehension instruction	読解の指導	4章	177
concept muraling	コンセプト・ミューラリング	7章	306
concrete poetry	具象詩	3章	121
conference	カンファレンス	2章	73
constructivism	構成主義	4章	175
cooperative learning	協働学習	4章	175
cooperative/collaborative group	協働グループ	6章	286
couplet	二行詩	3章	122
critical listening	クリティカル・リスニング	6章	281
critical literacy	批判的リテラシー	7章	319
critical question	批判的な質問	4章	187
critical thinking	クリティカル・シンキング	1章	29
cross-curricular teaching	教科横断的指導	1章	28
debate	ディベート	5章	227
decoding	デコーディング	1章	8
descriptive writing	描写文ライティング	2章	60
dialogue	対話文	3章	106
dialogue journal	対話ジャーナル	2章	81
diamante poem	七行詩	3章	123
directed listening activity: DLA	指示式リスニング・アクティビティ	5章	289
directed listening-thinking activity: DL-TA	指示式リスニング・シンキング・アクティビティ	5章	291
directed reading activity: DRA	指示式リーディング活動	4章	190
directed reading-thinking activity: DR-TA	指示式リーディング・シンキング活動	4章	191
discussion web	ディスカッション・ウェッブ	5章	228
divergent thinking	拡散的思考	4章	175
diverse learner	さまざまなバックグラウンドを持つ学習者	4章	165
document camera	書画カメラ	7章	312
double acrostic	二重折句詩	3章	120

drafting	下書き	2章	48
dress rehearsal	ドレス・リハーサル	5章	261
editing	校正	2章	50
editing station	編集コーナー	2章	52
efferent	対外的な方向性	6章	279
efferent reading	情報収集読み	4章	168
emergent literacy	萌芽的リテラシー	1章	17
emergent reader	文字を正式に学び始めていない子ども	4章	169
emergent writer	書くことを始めたばかりの生徒	2章	60
empowerment	権限移譲	1章	12
endpaper	見返し	4章	192
English Language Learner: ELL	英語学習者	2章	72
envisionment	心描写の世界	4章	167
evaluation	評価	1章	29
explanatory writing	解説文(の)ライティング	2章	60
expository writing	説明文(の)ライティング	2章	60
facilitator	生徒の学習を助ける世話役	3章	100
flip chart	フリップ・チャート	5章	249
formal	正式	5章	220
formative assessment	形成的アセスメント	1章	30
four corner	フォー・コーナー	5章	230
free voluntary reading: FVR	自発的読書	4章	156
gaze	目線	7章	319
gestalt approach	全体アプローチ	2章	84
graded leveled book	段階別に分類された本	4章	181
graded reader	グレイディッド・リーダー	1章	10
grand conversation	グランド・カンバセーション	5章	230
graphic novel	グラフィック・ノベル	7章	318
graphic organizer	グラフィック・オーガナイザー	4章	170
guided writing	誘導式ライティング	2章	72
head rhyme	頭韻	1章	8
hidden alliteration	隠れ頭韻	3章	118
high fantasy	ハイファンタジー	3章	103
high-risk student	特別な支援が必要な生徒	4章	200
honeybee conference	ミツバチ・カンファレンス	2章	74
hook	フック／仕掛け	2章	67
hornbook	ホーンブック	1章	9
hyper text	ハイパーテキスト	7章	311
HyperCard	ハイパーカード	2章	80
idea	アイデア	2章	57
immersion	イマージョン	1章	6
improvisation	アドリブ劇	5章	255

English	Japanese	章	ページ
independent reading	インデペンデント・リーディング	4章	157
independent writing	インデペンデント・ライティング	2章	73
individual reading conference	個別リーディング・カンファレンス	4章	166
individualization	個別化	1章	11
individualized educational plan: IEP	個別教育計画	4章	203
inferential question	推論を要する質問	4章	187
informal	日常	5章	220
informal evaluation measures	非公式な評価尺度	4章	201
informal reading inventory	略式のリーディング評価一覧表	1章	29
information and communication technologies: ICT	情報コミュニケーション技術	7章	305
informational text	情報文	3章	139
inquiry strategy	深い考察を行う／探求するストラテジー	5章	295
instruction	指導	1章	35
integration	統合	1章	11
interdisciplinary instruction	学際的指導	1章	28
International Reading Association: IRA	国際リーディング協会	1章	6
intimate	親密	5章	220
intonation	イントネーション	5章	224
invented spelling	自分なりに発明した綴り	1章	17
journal	ジャーナル	3章	107
juncture	連接	5章	224
KWL chart	KWL チャート	4章	171
landmark	ランドマーク	4章	198
language play	ことば遊び	5章	233
level of functioning	精神健康上の機能レベル	4章	199
life map	ライフマップ	2章	46
list poem	リストポエム	3章	119
listening strategy	リスニング・ストラテジー	6章	285
list-group-label	リスト作り・グループ分け・ラベル付け	4章	180
literacy	リテラシー（活動）	1章	5
literal question	文字通りの質問	4章	187
literature circle	文学サークル	4章	166
lyric	叙情詩	3章	114
mapping	マップ作成／マッピング	2章	47
marginal/background listening	周辺的／背景的なリスニング	6章	277
mature reader	熟達した読み手	5章	219
mechanics	メカニクス	2章	47
mentor text	メンターテキスト	1章	8
metacognition	メタ認知	3章	129

English	Japanese	章	頁
metacommunicative awareness	メタコミュニケーション上の気付き	6章	283
metalinguistic awareness	メタ言語的な気付き	5章	253
metaphor	隠喩／暗喩	3章	119
methodology	教育上の指導法	1章	35
mini lesson	ミニレッスン	2章	67
minority group	少数グループ	1章	13
modeling	モデリング／模範の提示	1章	19
mood	ムード	2章	69
motivation	動機付け	2章	47
multimodality	多面的モダリテイ	1章	14
narrative text	物語文	2章	60
narrative writing	物語文ライティング	2章	60
National Council of Teachers of English: NCTE	全米英語教師委員会	1章	6
No Child Left Behind Act: NCLB	落ちこぼれ防止法	1章	13
nonverbal language	非音声的な言語	6章	276
note taking	ノートテイキング	3章	135
onomatopoeia	オノマトペ／擬音語／擬声語	3章	118
open-ended question	オープンな／自由回答形式の質問	6章	276
outline	アウトライン	2章	58
overtesting	テスト漬け	4章	201
panel discussion	パネル・ディスカッション	5章	227
pantomine	パントマイム	5章	253
pen pal	ペンパル	3章	112
personal language	個人的言語	1章	11
personification	擬人化	3章	119
persuasive writing	説得文(の)ライティング	2章	61
phoneme	音素	1章	19
phonics	フォニックス	1章	19
picture poem	絵画詩	3章	122
picture walk	ピクチャー・ウォーク	4章	160
pitch	ピッチ	5章	224
plot organizer	プロット・オーガナイザー	7章	317
pocket book	ポケットブック	3章	141
poetry	詩	3章	114
portfolio	ポートフォリオ	2章	80
predict-then-confirm	予測したらすぐ確認する	6章	274
prewriting	構想	2章	47
process	プロセス	1章	12
product	プロダクト	1章	12
proofreading	プルーフリード	2章	50
publishing	発表	2章	53
quick draw	クイックドロー	3章	108
quickwrite	クイックライト	2章	48

英語	日本語	章	ページ
rabbit's foot	ウサギの足	5章	258
reader response journal	読書感想ジャーナル	3章	105
reader's theater	朗読劇	5章	238
reader's workshop	リーディング・ワークショップ	4章	165
reading aloud to the class	教師による読み聞かせ	4章	165
reading inventory	リーディング評価一覧表	1章	29
recall	再生	6章	275
recognition	再認	6章	275
reflection	振り返りの活動	2章	47
rehearsal	リハーサル	2章	47
research plan	リサーチプラン／調査計画	3章	139
retelling	リテリング	4章	196
revising	改訂	2章	49
rhizome	地下茎	1章	14
rhyme	押韻（詩）	2章	60
roll story	ロールストーリー	5章	250
roulette writing	ルーレット・ライティング	2章	78
rubric	ルーブリック／評価指標表	1章	30
scaffolding	足場かけ／スキャフォールディング	2章	72
scavenger hunt	スカベンジャーハント	3章	114
script	スクリプト	5章	238
self-efficacy	自己効力感	2章	79
sensitivity to comprehension	きちんと理解しているかを慎重に確かめる力	6章	293
sentence fluency	文章の流暢さ	2章	64
sentence strip	短冊状の紙	3章	130
sharing time	共有の時間	4章	165
shot length	ショットの長さ	7章	319
sight word	サイトワード／視認語	1章	10
simile	直喩／明喩	2章	62
6+1 Traits of Writing, The	6＋1のライティングのポイント	2章	57
sketch to stretch	スケッチしてストレッチ	7章	312
smart board	スマートボード	1章	4
Social Networking Service: SNS	ソーシャル・ネットワーキング・サービス	7章	305
sociodramatic play	社会的なごっこ遊び	5章	251
spelling	スペリング／音から文字への変換	1章	8
standardized achievement test	標準到達度テスト	1章	29
stanza	（詩の）節	2章	62
story chart	ストーリー・チャート	2章	46
story drama	ストーリー・ドラマ	5章	258

story map	ストーリー・マップ	4章	182
story quilt	ストリー・キルト	7章	311
storytelling	ストーリーテリング	5章	242
strategy	ストラテジー	1章	12
stress	ストレス	5章	224
subskill	サブスキル	4章	170
summative assessment	総括的アセスメント	1章	30
summative evaluation	総括的評価	2章	89
syllabication	分節法	4章	200
synthesize	まとめる	4章	153
table topic	テーブル・トピック	5章	228
tall tale	ほらふき話	5章	247
tally sheet	集計用紙	4章	186
teacher time	教師との時間	4章	155
text message	携帯メール	3章	109
The New England Primer	ニューイングランド初等教本	1章	9
think aloud	シンク・アラウド	2章	68
thinking	考える／思考	1章	5
think-pair-share	シンク・ペア・シェア	5章	228
tone	トーン	6章	277
transactional theory of reading	リーディングの交互作用理論	4章	157
transition words	つなぎことば／転換語	2章	59
tweeter	さえずり係	6章	283
Venn diagram	ベン図	1章	23
viewing	ビューイング	7章	305
visual arts	視覚的作品	7章	313
visual literacy	ビジュアル・リテラシー	7章	318
visually representing	ビジュアル・プレゼンテーション	7章	310
voice	ボイス	2章	59
wall chart	ウォール・チャート	4章	189
weave chart	ウィーブ・チャート	4章	184
web	ウェッブ／クモの巣図	2章	46
westward movement	西漸運動	6章	286
whole language approach	ホール・ランゲージ・アプローチ	1章	12
woofer	うなり係	6章	283
word bank	語彙バンク	2章	46
writer's workshop	ライティング・ワークショップ	2章	65
writing process	ライティング・プロセス	2章	46

索 引

6＋1のライティングのポイント　57, 65, 96（注13）, 104
ALA（米国図書館協会）　116, 284
ALSC（子ども図書館サービス協会）　213（注1）, 284
CSR（協働的ストラテジーによるリーディング）　179
DLA（指示式リスニング・アクティビティ）　289
DL-TA（指示式リスニング・シンキング・アクティビティ）　289, 291
DRA（指示式リーディング活動）　190
DR-TA（指示式リーディング・シンキング活動）　191
ELL（英語学習者）　72, 91, 153
IEP（個別教育計画）　203
IRA（国際リーディング協会）　6
KWLチャート　25, 171
MP3プレーヤー　271
NCLB（落ちこぼれ防止法）　13
NCTE（全米英語教師委員会）　6
RESPONSE指導法　195, 214（注25）
SNS（ソーシャル・ネットワーキング・サービス）　305
SQ3R　194
　概観する（survey）　194
　質問する（question）　194
　読む（read）　194
　口頭発表する（recite）　194
　振り返りをする（review）　194
UCLA（カリフォルニア大学ロサンゼルス校）　15

「アーサーとなかまたち」シリーズ　22, 248
アイデア　57, 96（注14）
アウトライン　58, 96（注16）
アクセント　224, 225
朝のひと言　67, 72
足場かけ／スキャフォールディング　72, 306
アセスメント　29, 198, 228, 231, 232, 320
　形成的アセスメント　30
　総括的アセスメント　30
アドリブ劇　253, 255
アンカーチャート　4, 42（写真）, 214（注17）
一般化する　187, 295
一般人を強調する　282
逸話記録（法）　29, 40（注11）, 161, 199, 201, 213（注9）

イメージョン　6
インクエスト　293
インデペンデント・ライティング　68, 73
インデペンデント・リーディング　157
イントネーション　224
隠喩／暗喩　96（注23）, 119
ウィーブ・チャート　184, 214（注18）
ヴィゴツキー, L.　7, 269（注1）
ウェッブ／クモの巣図　46, 96（注2）, 171, 314
ウォール・チャート　189
ウサギの足　258
うなり係　283
英語学習者　67, 72, 91, 153, 173
エコロジー　283
押韻（詩）／ライム　60, 73, 114, 118, 148（注16）
オーセンティック　199, 214（注30）, 320
オーディエンス　55, 96（注12）
オーディオ・ブック　284
大判の本　160
オープンな／自由回答形式の質問　75, 276
オーラル・インタープリテーション　233
落ちこぼれ防止法　13
オノマトペ／擬音語／擬声語　118
おまけ付き　282
折句詩　120
音声インプット　273
音素　13, 19, 40（注5）

カードスタッキング　282
カーペンター腰袋　248
絵画詩　122
解説文（の）ライティング　60, 73, 96（注22）, 114, 125
改訂　49, 69, 138
書くことを始めたばかりの生徒　60, 96（注20）
学際的指導　28
拡散的思考　175, 213（注13）
学習記録　129
隠れ頭韻　118, 148（注17）
ガレージセール　151
考える／思考　5, 35
鑑賞のためのリスニング　277
感情へのアピール　140
カンファレンス　68, 73, 74, 75, 77, 97（注25）
儀式　220
記述する　58, 125, 240, 295

擬人化　119
既知の知識の活性化　178
きちんと理解しているかを慎重に確かめる力　293
キッド・ウォッチング　157
教科横断的指導　28
教師との時間　155
教師による読み聞かせ　26, 165, 286, 287
強調過程　167
協働学習　78, 175
協働グループ　286
協働的ストラテジーによるリーディング　179
共有式リーディング　160
共有の時間　165
クイックドロー　108
クイックライト　48, 96（注9）, 108
寓話　246, 290
具象詩　121
クラスター・マップ／マッピング　48, 58, 96（注8）
グラフィック・オーガナイザー　4, 23, 24, 140, 170, 195, 213（注16）, 314
グラフィック・ノベル　318
グランド・カンバセーション　165, 230, 283
クリティカル・シンキング　29, 40（注8）
クリティカル・リスニング　281
グループ討論　189, 226, 227, 232
グレイディッド・リーダー　10
クレイメーション　262
形成的アセスメント　29, 30, 33, 40（注9）
携帯メール　101, 109
傾聴型リスニング　277, 279
傑作選　10
原因と結果　105, 125, 185, 295
権限移譲　12
語彙シート　189
語彙バンク　46, 96（注2）
公式な評価尺度　200
　　集団準拠型テスト　200
　　目標準拠標準テスト　200
　　標準到達度テスト　200
　　診断テスト　200
　　萌芽的リテラシーテスト　200
校正　50, 65, 96（注10）
構成主義　12, 175, 225, 265（注1）
構成的リテラシー　319
構想　45, 46, 47
コード・スイッチング　221
コーラス・スピーキング　235
コーラス・リーディング　235
国際リーディング協会　6
個人的言語　11
ことば遊び　16, 233
子ども向けの本としての適切さ　289
子ども向け優良録音リスト　284
個別教育計画　203
個別化　11
個別リーディング・カンファレンス　166
コミック　318

コミュニケーションの速記　177
コルデコット賞　151, 213（注1）
コンセプト・ミューラリング　214（注16）, 288, 301（注1）, 306, 324（注4）

再生　275
サイトワード／視認語　10
再認　275
さえずり係　283
サブスキル　11, 158, 170
さまざまなバックグラウンドを持つ学習者　165
詩　114
　　詩のタイプ　119, 148（注18）
ジェスチャー　239, 243
視覚的作品　313
視覚リテラシー　20, 21, 318
自己概念　180, 213（注16）
自己効力感　79, 97（注28）
下書き　48, 50, 69
シックス・フラッグス　265（注2）
質問　186, 197
　　オープンな／自由回答形式の質問　75, 276
　　文字通りの質問　187, 214（注20）
　　推論を要する質問　214（注20）
　　選択回答形式の質問　276
　　批判的な質問　187, 214（注20）
自伝のライティング　131
指導　35
指導法　35
詩のタイプ　119, 148（注18）
　　折句詩　120
　　音韻詩　148（注16）
　　絵画詩　122
　　具象詩　121
　　五行詩　123
　　自由詩　148（注16）
　　叙情詩　114, 148（注16）
　　川柳　123
　　七行詩　123
　　二行詩　122
　　二重折句詩　120
　　俳句　122, 148（注16, 19）
　　物語詩　148（注16）
　　リマリック　148（注16）
自発的読書　156
自分なりに発明した綴り　17, 24
ジャーナル　27, 99, 107, 109
社会的なごっこ遊び　251
自由回答式の質問　97（注27）, 276
集計用紙　186
周辺的／背景的なリスニング　277
熟達した読み手　219
循環型指導　193, 214（注21）
証言利用　282
少数グループ　13
情緒的リテラシー　319
情報共有　165

情報コミュニケーション技術　305
情報収集読み　157, 166, 168
情報提供系テキスト　184, 285, 301（注 3）
情報文　139
書画カメラ　312
ショットの長さ　319
シンク・アラウド　68, 160
シンク・ペア・シェア　228
心描写の世界　167
新米の読み手　219
親密　220
推測する　192, 295
推論過程　167
推論読み　157
推論を要する質問　187, 214（注 20）
スカベンジャーハント　114, 148（注 14）
スクリプト　238
スケッチしてストレッチ　312
スタディ・スキル　194
スツール　239, 283
ストーリー・ジャーナル　278
ストーリー・チャート　46, 96（注 2）
ストーリー・ドラマ　258
ストーリー・マップ　48, 96（注 7）, 182, 314
ストーリータイム　204
ストーリーテリング　30, 240, 276
ストラテジー　12, 13, 66, 99, 157, 285
ストリーキルト　311, 324（注 5）
ストレス　224
スペリング／音から文字への変換　8
スマートボード　4
スモック　239
西漸運動（せいぜんうんどう）　286
正式　220
精神健康上の機能レベル　199, 214（注 28）
生徒の学習を助ける世話役　100, 110, 213（注 12）, 230
節　62
説得文（の）ライティング　60, 61, 101, 140, 142
説明文（の）ライティング　60, 61, 101, 140, 142
セラーペ　258
全体アプローチ　84
選択回答形式の質問　276
全米英語教師委員会　6
総括的アセスメント／評価　30, 89, 320
相互教授法　197

対外的な方向性　279
代替アセスメント　29, 40（注 13）
対話ジャーナル　81, 109
対話文　106, 148（注 10）
正しい順番に並べ替える活動　184, 293
多面的モダリテイ　14, 40（注 3）, 303, 305
段階別に分類された本　181
単語の壁　24, 158
短冊状の紙　130
耽美読み　157, 168

地下茎　14
チャプター・ブック　19, 103, 148（注 6）, 162
チャンク　24, 233
直喩／明喩　62, 96（注 23）, 119
著作鑑賞会　54, 96（注 11）
著者の椅子　54, 54（写真）, 80, 101
著者の著名度　289
つなぎことば／転換語　59, 130
ディスカッション・ウェップ　228
ディベート　139, 227
デイリーファイブ　157
テーブル・トピック　228
デコーディング　8
テスト漬け　201
手人形　247
転移　282
伝記　133
テンポ　65, 233
頭韻　8, 40（注 2）, 118
動機付け　19, 47, 96（注 6）, 109
統合　11
登場人物ウェッブ　171, 190
登場人物マップ　190, 311
トーン　95（注 26）, 224, 275, 277, 303
読書感想ジャーナル　105
特別な支援が必要な生徒　200
読解の指導　175
ドレス・リハーサル　261

内容の正確さ　50, 289
中身のない華美なことば　282
ナレーター　240
日常　220
ニューイングランド初等教本　9
人形劇用の人形　247
ノートテイキング　110, 135, 149（注 23）, 293
ノンフィクション教材　122, 271

ハイパーカード　80
ハイパーテキスト　311
ハイファンタジー　103, 148（注 7）
拍　233
発表／パブリッシング　53
パネル・ディスカッション　227
『はらぺこあおむし』　141, 248
バランスを重視するリタラシー・プログラム　159, 213（注 6）
バランスを重視するリタラシー指導理論　19, 159, 213（注 6）
パントマイム　253
バンドワゴン　282
ピアジュ, J.　269（注 1）
非音声的な言語　276
比較／対照する　7, 184, 295
ピクチャー・ウォーク　160, 182, 213（注 7）
非言語的な行動　254
非公式な評価尺席　201

ビジュアル・ツール　183
ビジュアル・プレゼンテーション　5, 26, 27, 303, 310
ビジュアル・リテラシー　21, 318
ピッチ　224
批判的な質問　214（注20）
批判的リテラシー　319, 320
ビューイング　13, 20, 25, 303, 305
評価　29, 40（注10）, 199, 214（注27）
　　総括的全体評価　89
　　分析的全体評価　89
描写文（の）ライティング　60
標準到達度テスト　29
フォー・コーナー　230
フォニックス　8, 19, 35
深い考察を行う／探求するストラテジー　295
フック／仕掛け　58, 67, 96（注17）, 102
ブッククラブ　189
ブックレット／小冊子　125
ブランケット・リーダー　153
振り返りの活動　47
フリップ・チャート　249
ブルーナ，J.　269（注1）
プルーフリード　50, 65, 96（注10）
ブレインストーミング　46, 70, 96（注1）, 106, 178, 226
プロセス　12, 252
プロダクト　12
ブロック・プログラム　157
プロット・オーガナイザー　317
プロパガンダ　281
文学サークル　230, 310
文章の味わい深さ　289
分析的全体評価　89
分節法　200
分類（する）　203, 218, 277
米国図書館協会　116, 284
ベイサル・リーダー　10, 169, 213（注5）
編集コーナー　52
ペンパル　112
ベン図　314
ボイス　47, 59, 96（注3, 18）
萌芽的リテラシー　17, 200, 288
ポーズ　224
ポートフォリオ　80
ホール・ランゲージ・アプローチ　12, 204
ホーンブック　9
ポケットチャート　131
ポケットブック　141
保持率　274
ほらふき話　247
本格的な劇活動　258
本の外見　289

マザーグース　265（注8）
マスキング　273
マップ作成／マッピング　47, 96（注5）

まとめる　153
漫画　311, 324（注6）
見返し　20, 192
ミツバチ・カンファレンス　74
ミニレッスン　63, 67
身振り言語　254
ムード　69, 97（注26）, 277
メカニクス　47, 69, 96（注4）
目線　319
目線の配り方　239
メタコミュニケーション上の気付き　282
メタ言語的な気付き　253
メタ認知　129, 177, 293
メロディー／旋律　224
メンターテキスト　8, 101
文字通りの質問　187, 214（注20）
文字を正式に学び始めていない子ども　169
モデリング／模範の提示　19
モニター　180, 228
物語文　60, 213（注8）
物語文（の）ライティング　60, 96（注21）, 103, 114
問題と解決　125, 296

誘導式リーディング　72, 161
「ゆかいなヘンリーくん」シリーズ　246
予測したらすぐ確認する　274
読みの流暢さ　233
読む前の活動　180
読んだあとの活動　181
読んでいる間の活動　180

ライティングのタイプ
　解説文ライティング　60, 73, 96（注22）, 114, 125
　説得文ライティング　60, 61, 101, 140, 142
　説明文ライティング　60, 61, 101, 140, 142
　描写文ライティング　60
　物語文ライティング　60, 96（注21）, 103, 114
ライティング・プロセス　46
　構想　45, 46, 47
　下書き　48, 50, 69
　改訂　49, 69, 138
　校正　50, 65, 69, 96（注10）
　発表／パブリッシング　53
　プルーフリード　50, 65, 96（注10）
ライティング・ワークショップ　43, 65, 73, 152, 286
ライティング広場　290, 301（注9）
ライフマップ　46, 96（注2）
ランドマーク　198
リーディング・インタビュー　201
リーディング・ワークショップ　165, 204
リーディングの交互作用理論　157, 167, 213（注3）
リーディング評価一覧表　29, 40（注12）, 201
リーディング用ポートフォリオ　202
リサーチプラン／調査計画　139
リストポエム　119
リスト作り・グループ分け・ラベル付け　180, 213（注16）

リスニング・ストラテジー　285
リスニング・センター　271, 284, 297
リスニングマップ　285
リズム　62, 114, 118, 233
リテラシー（活動）　5, 14, 82, 304, 313
リテリング　196, 286
リハーサル　47, 90, 243
リフレイン　235

略式のリーディング評価一覧表　29, 40（注12）
ルーブリック／評価指標表　29, 30, 32, 84, 231
ルーレット・ライティング　78
レッテル貼り　282
連接　224
朗読劇　238
ロールストーリー　250
六角柱モビール　314

監訳者・訳者紹介

高橋邦年（たかはし くにとし）　監訳担当
横浜国立大学教育人間科学部英語教育講座教授。国際基督教大学卒業後，カリフォルニア大学サン・ディエゴ校大学院言語学科，筑波大学大学院文芸・言語研究科にて言語学・英語学を学ぶ。1986年より現大学にて教鞭をとる。1996年～1997年に在外研究にてカリフォルニア大学サンタクルーズ校に滞在。主要業績には，『アメリカ日常語辞典』（共著）1994年（講談社），『高校総合英語Bloom』（監修）2001年（桐原書店），『ユースプログレッシブ英和辞典』（共著）2004年（小学館），『ケンブリッジ現代英語文法入門』（監訳）2007年（ケンブリッジ大学出版局），『小学館オックスフォード英語コロケーション辞典』（共著）2015年（小学館），『小学校英語の発音と指導』（共著）2015年（開拓社）など。

渡辺雅仁（わたなべ　まさひと）　第1章，第5章，第6章，第7章担当
横浜国立大学国際戦略推進機構基盤教育部門英語教育部教授。筑波大学大学院修士課程教育研究科教科教育専攻英語教育コース修了。1988年度より19年間にわたり明海大学外国語学部英米語学科に勤務した後，2007年度より現職。主な翻訳書および編著書：『マーフィーのケンブリッジ英文法（中級編）』（共訳）2010年（ケンブリッジ大学出版局），『アメリカンキッズ えいご絵じてん』（共訳）2011年（玉川大学出版部），『マーフィーのケンブリッジ英文法（初級編）』（共訳）2011年（ケンブリッジ大学出版局），『ケンブリッジ実用英単語（初級編）』（単訳）2012年（ケンブリッジ大学出版局），『TOEFL IPTテスト実践演習』（共編著）2015年（センゲージラーニング）など。

田島祐規子（たしま ゆきこ）　第2章，第3章担当
横浜国立大学国際戦略推進機構基盤教育部門英語教育部教授。1980年度より24年間にわたり神奈川県立高校勤務。在職中の1991年に米国コロンビア大学ティーチャーズカレッジ（東京）MA-TESOLにて修士学位取得。2001年6月～2004年2月北米大学教育交流委員会(EEP)第13期派遣生。米国オレゴン州ポートランド州立大学にて初・中級日本語非常勤講師。同大大学院応用言語学部にて2つ目の修士学位取得。2004年より現大学勤務。主な翻訳書および編著書：『マーフィーのケンブリッジ英文法（中級編）』（共訳）2010年（ケンブリッジ大学出版局），『マーフィーのケンブリッジ英文法（初級編）』（共訳）2011年（ケンブリッジ大学出版局），『TOEFL IPT 学習スタートブック』（共編著）2013年（Jリサーチ出版）など。

満尾貞行（みつお　さだゆき）　第4章担当
横浜国立大学国際戦略推進機構基盤教育部門英語教育部教授。横浜国立大学教育学部（英語），同大学院修士課程（教育研究科）修了。高校教員退職後，23年間の埼玉，東京の大学での勤務を経て，2010年4月より現大学。2010年に教育学博士号取得(Temple University)。主要業績に論文には，'A Japanese COLT: Analyzing Teaching Performance in a Junior High School Practicum' 2010年（ProQuest出版），「学習者の英語への関心・意欲——高学年～中学校1年夏と3年夏——」平成26年3月『ARCLE REVIEW研究紀要』No. 8などがある。辞書執筆（共著）に，『新英和中辞典』1999年（旺文社），『レクシス英和辞典』2002年（旺文社），『オーレックス和英辞典』2008年（旺文社）がある。

ランゲージアーツ
学校・教科・生徒をつなぐ6つの言語技術

2016年7月25日　初版第1刷発行

著　者　――――　パメラ・J・ファリス
　　　　　　　　ドナ・E・ウェルデリッヒ
監訳者　――――　高橋邦年
訳　者　――――　渡辺雅仁
　　　　　　　　田島祐規子
　　　　　　　　満尾貞行
発行者　――――　小原芳明
発行所　――――　玉川大学出版部
　　　　　　　　〒194-8610　東京都町田市玉川学園6-1-1
　　　　　　　　TEL 042-739-8935　FAX 042-739-8940
　　　　　　　　http://www.tamagawa.jp/up/
　　　　　　　　振替 00180-7-26665
装　幀　――――　松田洋一
編集協力　―――　木田賀夫（K's Counter）
印刷・製本　――　藤原印刷株式会社

乱丁・落丁本はお取り替えいたします。
©Tamagawa University Press 2016　Printed in Japan
ISBN978-4-472-40519-8 C0037 / NDC376